1 fr. 25 le volume

ŒUVRES COMPLÈTES D'HECTOR MALOT

CLOTILDE
MARTORY

PARIS
LIBRAIRIE MARPON & FLAMMARION
E. FLAMMARION, SUCC^r
26, RUE RACINE, PRÈS L'ODÉON

EN VENTE A LA MÊME LIBRAIRIE

ŒUVRES COMPLÈTES D'HECTOR MALOT

à 1 fr. 25 le volume

POUR PARAITRE SUCCESSIVEMENT DANS CETTE COLLECTION

LE LIEUTENANT BONNET
Un volume.

SUZANNE
Un volume.

MISS CLIFTON
Un volume.

POMPON
Un volume.

MARICHETTE
Deux volumes.

UN CURÉ DE PROVINCE
Un volume.

UN MIRACLE
Un volume.

ROMAIN KALBRIS
Un volume.

PARIS. — IMP. C. MARPON ET E. FLAMMARION, RUE RACINE, 26.

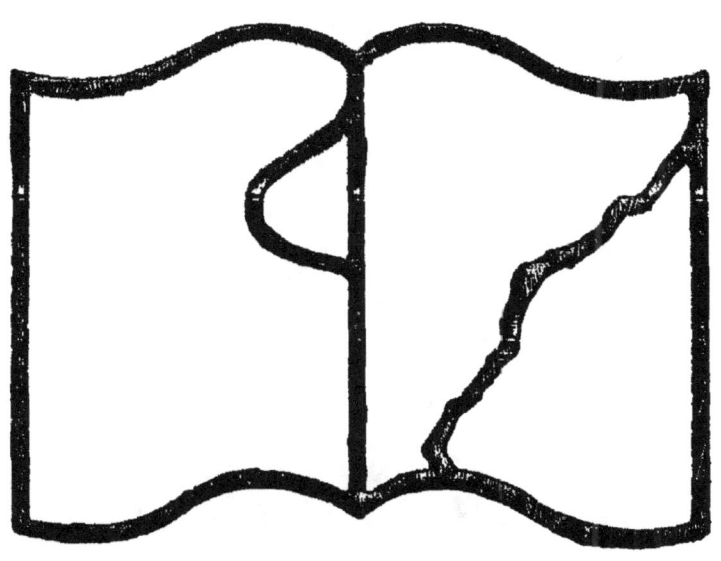

Texte détérioré — reliure défectueuse
NF Z 43-120-11

CLOTILDE
MARTORY

Ouvrages de HECTOR MALOT

COLLECTION GRAND IN-18 JÉSUS

LES VICTIMES D'AMOUR : LES AMANTS, LES ÉPOUX, LES ENFANTS...	3 vol.
LES AMOURS DE JACQUES..	1 —
ROMAIN KALBRIS...	1 —
UN BEAU-FRÈRE...	1 —
MADAME OBERNIN..	1 —
UNE BONNE AFFAIRE...	1 —
UN CURÉ DE PROVINCE..	1 —
UN MIRACLE...	1 —
SOUVENIRS D'UN BLESSÉ. — SUZANNE.......................	1 —
— — MISS CLIFTON....................	1 —
LA BELLE MADAME DONIS...	1 —
CLOTILDE MARTORY...	1 —
UNE BELLE-MÈRE...	1 —
LE MARI DE CHARLOTTE..	1 —
L'HÉRITAGE D'ARTHUR...	1
L'AUBERGE DU MONDE : LE COLONEL CHAMBERLAIN, LA MARQUISE DE LUCILLIÈRE....	1 —
— — IDA ET CARMELITA, THÉRÈSE.	1 —
MADAME PRÉTAVOINE...	2 —
CARA...	2 —
SANS FAMILLE...	2 —
LE DOCTEUR CLAUDE...	2 —
LA BOHÈME TAPAGEUSE...	2 —
UNE FEMME D'ARGENT...	1 —
POMPON...	1 —
SÉDUCTION...	1 —
LES MILLIONS HONTEUX...	1 —
LA PETITE SŒUR...	2 —
PAULETTE...	1 —
LES BESOIGNEUX...	2 —
MARICHETTE...	2 —
MICHELINE..	1 —
LE SANG BLEU..	1 —
LE LIEUTENANT BONNET..	1 —
BACCARA..	1 —
ZYTE..	1 —
VICES FRANÇAIS...	1 —
GHISLAINE..	1 —
CONSCIENCE...	1 —
JUSTICE...	1 —
MARIAGE RICHE..	1 —
MONDAINE..	1 —
MÈRE...	1 —
ANIE..	1

Mme HECTOR MALOT

FOLIE D'AMOUR...	1 —

ÉMILE COLIN. — IMPRIMERIE DE LAGNY.

CLOTILDE

MARTORY

PAR

HECTOR MALOT

PARIS

LIBRAIRIE MARPON ET FLAMMARION

E. FLAMMARION, SUCC^r

26, RUE RACINE, PRÈS L'ODÉON

Tous droits réservés.

AVERTISSEMENT

M. Hector Malot qui a fait paraître, le 20 mai 1859, son premier roman « LES AMANTS », va donner en octobre prochain son soixantième volume « COMPLICES »; le moment est donc venu de réunir cette œuvre considérable en une collection complète, qui par son format, les soins de son tirage, le choix de son papier, puisse prendre place dans une bibliothèque, et par son prix modique soit accessible à toutes les bourses, même les petites.

Pendant cette période de plus de trente années, Hector Malot a touché à toutes les questions de son temps ; sans se limiter à l'avance dans un certain nombre de sujets ou de tableaux qui l'auraient borné, il a promené le miroir du romancier sur tout ce qui mérite d'être étudié, allant des petits aux grands, des heureux aux misérables, de Paris à la Province, de la France à l'Étranger, traversant tous les mondes, celui de la politique, du clergé, de l'armée, de la magistrature, de l'art, de la science, de l'industrie, méritant que le poète Théodore de Banville écrivît de lui « que ceux qui voudraient reconstituer l'histoire intime de notre époque devraient l'étudier dans son œuvre ».

Il nous a paru utile que cette œuvre étendue, qui va du plus dramatique au plus aimable, tantôt douce ou tendre, tantôt passionnée ou justicière, mais toujours forte, toujours sincère, soit expliquée, et qu'il lui soit même ajouté une clé quand il en est besoin. C'est pourquoi nous avons demandé à l'auteur d'écrire sur chaque roman une notice que nous placerons à la fin du volume. Quand il ne prendra pas la parole lui-même, nous remplacerons cette notice par un article critique sur le roman publié au moment où il a paru, et qui nous paraîtra caractériser le mieux le livre ou l'auteur.

Jusqu'à l'achèvement de cette collection, un volume sera mis en vente tous les mois.

L'éditeur,

E. P.

CLOTILDE
MARTORY

Quand on a passé six années en Algérie à courir après les Arabes, les Kabyles et les Marocains, on éprouve une véritable béatitude à se retrouver au milieu du monde civilisé.

C'est ce qui m'est arrivé en débarquant à Marseille. Parti de France en juin 1845, je revenais en juillet 1851. Il y avait donc six années que j'étais absent; et ces années-là, prises de vingt-trois à vingt-neuf ans, peuvent, il me semble, compter double. Je ne mets pas en doute la légende des anachorètes, mais je me figure que ces sages avaient dépassé la trentaine, quand ils allaient chercher la solitude dans les déserts de la Thébaïde. S'il est un âge où l'on éprouve le besoin de s'ensevelir dans la continuelle admiration des œuvres divines, il en est un aussi où l'on préfère les distractions du monde aux pratiques de la pénitence. Je suis précisément dans celui-là.

A peine à terre je courus à la Cannebière. Il soufflait un mistral à décorner les bœufs, et des nuages de poussière passaient en tourbillons pour aller se perdre dans le vieux port. Je ne m'en assis pas moins devant un café et je restai plus de trois heures accoudé sur ma table, regardant, avec la joie du prisonnier échappé de sa cage, le mouvement des passants qui défilaient devant mes yeux émerveillés. Le va-et-vient des voitures très-intéressant ; l'accent provençal harmonieux et doux ; les femmes, oh ! toutes ravissantes ; plus de visages voilés ; des pieds chaussés de bottines souples, des mains finement gantées, des chignons, c'était charmant.

Je ne connais pas de sentiment plus misérable que l'injustice, et j'aurais vraiment honte d'oublier ce que je dois à l'Algérie ; ma croix d'abord et mon grade de capitaine, puis l'expérience de la guerre avec les émotions de la poursuite et de la bataille.

Mais enfin tout n'est pas dit quand on est capitaine de chasseurs et décoré, et l'on n'a pas épuisé toutes les émotions de la vie quand on a eu le plaisir d'échanger quelques beaux coups de sabre avec les Arabes. Oui, les nuits lumineuses du désert sont admirables. Oui, le *rapport* est intéressant... quelquefois. Mais il y a encore autre chose au monde.

Si comme toi, cher ami, j'avais le culte de la science ; si comme toi je m'étais juré de mener à bonne fin la triangulation de l'Algérie ; si comme toi j'avais parcouru pendant plusieurs années l'Atlas dans l'espérance d'apercevoir les montagnes de l'Espagne, afin de reprendre et d'achever ainsi les travaux de Biot et d'Arago sur la mesure du méridien, sans doute je serais désolé d'abandonner l'Afrique.

Quand on a un pareil but il n'y a plus de solitude, plus de déserts, on marche porté par son idée et perdu en elle. Qu'importe que les villages qu'on traverse soient habités par des guenons ou par des nymphes, ce n'est ni des nymphes ni des guenons qu'on a souci. Est-ce que dans notre expédition de Sidi-Brahim tu avais d'autre préoccupation que de savoir si l'atmosphère serait assez pure pour te permettre de reconnaître la sierra de Grenade ? Et cependant je crois que nous n'avons jamais été en plus sérieux danger. Mais tu ne pensais ni au danger, ni à la faim, ni à la soif, ni au chaud ; et quand nous nous demandions avec une certaine inquiétude si nous reverrions jamais Oran, tu te demandais, toi, si la brume se dissiperait.

Malheureusement, tous les officiers de l'armée française, même ceux de l'état-major, n'ont pas cette passion de la science, et au risque de t'indigner j'avoue que j'ignore absolument les entraînements et les délices de la triangulation ; la mesure elle-même du méridien me laisse froid ; et j'aurais pu, en restant deux jours de plus en Afrique, prolonger l'arc français jusqu'au grand désert que cela ne m'eût pas retenu.

— Cela est inepte, vas-tu dire, grossier et stupide.

— Je ne m'en défends pas, mais que veux-tu, je suis ainsi.

— Qu'es-tu alors ? une exception, un monstre ?

— J'espère que non.

— Si la guerre ne te suffit pas, si la science ne t'occupe pas, que te faut-il ?

— Peu de chose.

— Mais encore ?

La réponse à cet interrogatoire serait difficile à risquer en tête-à-tête, et me causerait un certain embarras, peut-être même me ferait-elle rougir, mais la plume en main est comme le sabre, elle donne du courage aux timides.

— Je suis... je suis un animal sentimental.

Voilà le grand mot lâché, à lui seul il explique pourquoi j'ai été si heureux de quitter l'Afrique et de revenir en France.

De là, il ne faut pas conclure que je vais me marier et que j'ai déjà fait choix d'une femme, dont le portrait va suivre.

Ce serait aller beaucoup trop vite et beaucoup trop loin. Jusqu'à présent, je n'ai pensé ni au mariage ni à la paternité, ni à la famille, et ce n'est ni d'un enfant, ni d'un intérieur que j'ai besoin pour me sentir vivre.

Le mariage, je n'en ai jamais eu souci ; il en est de cette fatalité comme de la mort, on y pense pour les autres et non pour soi ; les autres doivent mourir, les autres doivent se marier, nous, jamais.

Les enfants n'ont été jusqu'à ce jour, pour moi, que de jolies petites bêtes roses et blondes, surtout les petites filles, qui sont vraiment charmantes avec une robe blanche et une ceinture écossaise : ça remplace supérieurement les kakatoès et les perruches.

Quant à la famille, je ne l'accepterais que sans belle-mère, sans beau-père, sans beau-frère ou belle-sœur, sans cousin ni *cousine*, et alors ces exclusions la réduisent si bien, qu'il n'en reste rien.

Non, ce que je veux est beaucoup plus simple, ou tout au moins beaucoup plus primitif, — je veux aimer, et, si cela est possible, je veux être aimé.

Je t'entends dire que pour cela je n'avais pas besoin de quitter l'Afrique et que l'amour est de tous les pays, mais par hasard il se trouve que cette vérité, peut-être générale, ne m'est pas applicable puisque je suis un animal sentimental. Or, pour les animaux de cette espèce, l'amour n'est point une simple sensation d'épiderme, c'est au contraire la grande affaire de leur vie, quelque chose comme la métamorphose que subissent certains insectes pour arriver à leur complet développement.

J'ai passé six années en Algérie, et la femme qui pouvait m'inspirer un amour de ce genre, je ne l'ai point rencontrée.

Sans doute, si je n'avais voulu demander à une maîtresse que de la beauté, j'aurais pu, tout aussi bien que tant d'autres, trouver ce que je voulais. Mais, après? Ces liaisons, qui n'ont pour but qu'un plaisir de quelques instants, ne ressemblent en rien à l'amour que je désire.

Maintenant que me voici en France, serai-je plus heureux? Je l'espère et, à vrai dire même, je le crois, car je ne me suis point fait un idéal de femme impossible à réaliser. Brune ou blonde, grande ou petite, peu m'importe, pourvu qu'elle me fasse battre le cœur.

Si ridicule que cela puisse paraître, c'est là en effet ce que je veux. Je conviens volontiers qu'un monsieur qui, en l'an de grâce 1854, dans un temps prosaïque comme le nôtre, demande à ressentir « les orages du cœur » est un personnage qui prête à la plaisanterie.

Mais de cela je n'ai point souci. D'ailleurs, parmi ceux qui seraient les premiers à rire de moi si je faisais une confession publique, combien en trouverait-on qui ne se seraient jamais laissé entraîner par les joies ou par les douleurs de la passion! Dieu merci, il y a encore des gens en ce monde qui pensent que le cœur est autre chose qu'un organe conoïde creux et musculaire.

Je suis de ceux-là, et je veux que ce cœur qui me bat sous le sein gauche, ne me serve pas exclusivement à pousser le sang rouge dans mes artères et à recevoir le sang noir que lui rapportent mes veines.

Mes désirs se réaliseront-ils? Je n'en sais rien.

Mais il suffit que cela soit maintenant possible, pour que déjà je me sente vivre.

Ce qui arrivera, nous le verrons. Peut-être rien. Peut-être quelque chose au contraire. Et j'ai comme un pressentiment que cela ne peut pas tarder beaucoup. Donc, à bientôt.

Un voyage au pays du sentiment, pour toi cela doit être un voyage extraordinaire et fantastique, — en tous cas il me semble que cela doit être aussi curieux que la découverte du Nil blanc.

Le Nil, on connaîtra un jour son cours ; mais la femme, connaîtra-t-on jamais sa marche ? Saura-t-on d'où elle vient, où elle va ?

II

En me donnant Marseille pour lieu de garnison, le hasard m'a envoyé en pays ami, et nulle part assurément je n'aurais pu trouver des relations plus faciles et plus agréables.

Mon père, en effet, a été préfet des Bouches-du-Rhône pendant les dernières années de la Restauration, et il a laissé à Marseille, comme dans le département, des souvenirs et des amitiés qui sont toujours vivaces.

Pendant les premiers jours de mon arrivée, chaque fois que j'avais à me présenter ou à donner mon nom, on m'arrêtait par cette interrogation :

— Est-ce que vous êtes de la famille du comte de Saint-Nérée qui a été notre préfet ?

Et quand je répondais que j'étais le fils de ce comte de Saint-Nérée, les mains se tendaient pour serrer la mienne.

— Quel galant homme !
— Et bon, et charmant.
— Quel homme de cœur !

Un véritable concert de louanges dans lequel tout le monde faisait sa partie, les grands et les petits.

Il est assez probable que mon père ne me laissera pas autre chose que cette réputation, car s'il a toujours été l'homme aimable et loyal que chacun prend plaisir à se rappeler, il ne s'est jamais montré, par contre, bien soigneux de ses propres affaires, mais j'aime mieux cette réputation et ce nom honoré pour héritage que la plus belle fortune. Il y a vraiment plaisir à être le fils d'un honnête homme, et je crois que dans les jours d'épreuves, ce doit être une grande force qui soutient et préserve.

En attendant que ces jours arrivent, si toutefois la mauvaise chance veut qu'ils arrivent pour moi, le nom de mon père m'a ouvert les maisons les plus agréables de Marseille et m'a fait retrouver enfin ces relations et ces plaisirs du monde dont j'ai été privé pendant six ans. Depuis que je suis ici, chaque jour est pour moi un jour de fête, et je connais déjà presque toutes les villas du Prado, des Aygalades, de la Rose. Pendant la belle saison, les riches commerçants n'habitent pas Marseille, ils viennent seulement en ville au milieu de la journée pour leurs affaires ; et leurs matinées et leurs soirées se passent à la campagne avec leur famille. Celui qui ne connaîtrait de Marseille que Marseille, n'aurait qu'une idée bien incomplète des mœurs marseillaises. C'est dans les riches châteaux, les villas, les bastides de la banlieue qu'il faut voir le négociant et l'industriel ; c'est dans le cabanon qu'il faut voir le boutiquier et l'ouvrier. J'ai visité peu de cabanons, mais j'ai été reçu dans les châteaux et les villas et véritablement j'ai été plus d'une fois ébloui du luxe de leur organisation. Ce luxe, il faut le dire, n'est pas toujours de très-bon goût, mais le goût et l'harmonie n'est pas ce qu'on recherche.

On veut parler aux yeux avant tout et parler fort. N'a de valeur que ce qui coûte cher. Volontiers on prend l'étranger par le bras, et avec une apparente bonhomie, d'un air qui veut être simple, on le conduit devant un mur quelconque : — Voilà un mur qui n'a l'air de rien et cependant il m'a coûté 44,000 francs ; je n'ai économisé sur rien. C'est comme pour ma villa, je n'ai employé que les meilleurs ouvriers, je les payais 10 francs par jour ; rien qu'en ciment ils m'ont dépensé 42,000 francs. Aussi tout a été soigné et autant que possible amené à la perfection. Ce parquet est en bois que j'ai fait venir par mes navires de Guatemala, de la côte d'Afrique et des Indes ; leur réunion produit une chose unique en son genre ; tandis que le salon de mon voisin Salary chez qui vous dîniez la semaine dernière lui coûte 2 ou 3,000 francs parce qu'il est en simple parqueterie de Suisse, le mien m'en coûte plus de 20,000.

Mais ce n'est pas pour te parler de l'ostentation marseillaise que je t'écris ; il y aurait vraiment cruauté à détailler le luxe et le comfort de ces châteaux à un pauvre garçon comme toi vivant dans le désert et couchant souvent sur la terre nue ; c'est pour te parler de moi et d'un fait qui pourrait bien avoir une influence décisive sur ma vie.

Hier j'étais invité à la soirée donnée à l'occasion d'un mariage, le mariage de mademoiselle Bédarrides, la fille du riche armateur, avec le fils du maire de la ville. Bien que la villa Bédarrides soit une des plus belles et des plus somptueuses (c'est elle qui montre orgueilleusement ses

42,000 francs de ciment et son parquet de 20,000), on avait élevé dans le jardin une vaste tente sous laquelle on devait danser. Cette construction avait été commandée par le nombre des invités qui était considérable. Il se composait d'abord de tout ce qui a un nom dans le commerce marseillais, l'industrie et les affaires, c'était là le côté de la jeune femme et de sa famille, puis ensuite il comprenait ainsi tout ce qui est en relations avec la municipalité — côté du mari. En réalité, c'était le *tout-Marseille* beaucoup plus complet que ce qu'on est convenu d'appeler le *tout-Paris* dans les journaux. Il y avait là des banquiers, des armateurs, des négociants, des hauts fonctionnaires, des Italiens, des Espagnols, des Grecs, des Turcs, des Égyptiens mêlés à de petits employés et à des boutiquiers, dans une confusion curieuse.

Retenu par le général qui avait voulu que je vinsse avec lui, je n'arrivai que très-tard. Le bal était dans tout son éclat, et le coup d'œil était splendide : la tente était ornée de fleurs et d'arbustes au feuillage tropical et elle ouvrait ses bas côtés sur la mer qu'on apercevait dans le lointain miroitant sous la lumière argentée de la lune. C'était féerique avec quelque chose d'oriental qui parlait à l'imagination.

Mais je fus bien vite ramené à la réalité par l'oncle de la mariée, M. Bédarrides jeune, qui voulut bien me faire l'honneur de me prendre par le bras, pour me promener avec lui.

— Regardez, regardez, me dit-il, vous avez devant vous toute la fortune de Marseille, et si nous étions encore au temps où les corsaires barbaresques faisaient des descentes sur nos côtes, ils pourraient opérer ici une razzia générale qui leur payerait facilement un milliard pour se racheter.

Je parvins à me soustraire à ces plaisanteries financières et j'allai me mettre dans un coin pour regarder la fête à mon gré, sans avoir à subir des réflexions plus ou moins spirituelles.

Qui sait ? Parmi ces femmes qui passaient devant mes yeux se trouvait peut-être celle que je devais aimer. Laquelle ?

Cette idée avait à peine effleuré mon esprit, quand j'aperçus, à quelques pas devant moi, une jeune fille d'une beauté saisissante. Près d'elle était une femme de quarante ans, à la physionomie et à la toilette vulgaires. Ma première pensée fut que c'était sa mère.

Mais à les bien regarder toutes deux, cette supposition devenait improbable tant les contrastes entre elles étaient prononcés. La jeune fille, avec ses cheveux noirs, son teint mat, ses yeux profonds et veloutés, ses épaules tombantes, était la distinction même ; la vieille femme, petite, replète et couperosée, n'était rien qu'une vieille femme ; la toilette de la jeune fille était charmante de simplicité et de bon goût ; celle de son chaperon était ridicule dans le prétentieux et le cherché.

Je restai assez longtemps à la contempler, perdu dans une admiration émue ; puis, je m'approchai d'elle pour l'inviter. Mais forcé de faire un détour, je fus prévenu par un grand jeune homme lourdaud et timide, gêné dans son habit (un commis de magasin assurément), qui l'emmena à l'autre bout de la chambre.

Je la suivis et la regardai danser. Si elle était charmante au repos, dansant elle était plus charmante encore. Sa taille ronde avait une souplesse d'une grâce féline ; elle eût marché sur les eaux tant sa démarche était légère.

Quelle était cette jeune fille ? Par malheur, je n'avais

près de moi personne qu'il me fût possible d'interroger.

Lorsqu'elle revint à sa place, je me hâtai de m'approcher et je l'invitai pour une valse, qu'elle m'accorda avec le plus délicieux sourire que j'aie jamais vu.

Malheureusement, la valse est peu favorable à la conversation; et d'ailleurs, lorsque je la tins contre moi, respirant son haleine, plongeant dans ses yeux, je ne pensai pas à parler et me laissai emporter par l'ivresse de la danse.

Lorsque je la quittai après l'avoir ramenée, tout ce que je savais d'elle, c'était qu'elle n'était point de Marseille, et qu'elle avait été amenée à cette soirée par une cousine, chez laquelle elle était venue passer quelques jours.

Ce n'était point assez pour ma curiosité impatiente. Je voulus savoir qui elle était, comment elle se nommait, quelle était sa famille; et je me mis à la recherche de Marius Bédarrides, le frère de la mariée, pour qu'il me renseignât; puisque cette jeune fille était invitée chez lui, il devait la connaître.

Mais Marius Bédarrides, peu sensible au plaisir de la danse, était au jeu. Il me fallut le trouver; il me fallut ensuite le détacher de sa partie, ce qui fut long et difficile, car il avait la veine, et nous revînmes dans la tente juste au moment où la jeune fille sortait.

— Je ne la connais pas, me dit Bédarrides, mais la dame qu'elle accompagne est, il me semble, la femme d'un employé de la mairie. C'est une invitation de mon beau-frère. Par lui nous en saurons plus demain; mais il vous faut attendre jusqu'à demain, car nous ne pouvons pas décemment, ce soir, aller interroger un jeune marié; il a autre chose à faire qu'à nous répondre. Vous lui parleriez de votre jeune fille, que, s'il vous répondait, il vous parlerait de ma sœur; ça ferait un quiproquo impossible à débrouiller. Attendez donc à demain soir ; j'espère qu'il me sera possible de vous satisfaire ; comptez sur moi.

Il fallut s'en tenir à cela ; c'était peu ; mais enfin c'était quelque chose.

III

Je quittai le bal ; je n'avais rien à y faire, puisqu'elle n'était plus là.

Je m'en revins à pied à Marseille, bien que la distance soit assez grande. J'avais besoin de marcher, de respirer. J'étouffais. La nuit était splendide, douce et lumineuse, sans un souffle d'air qui fît résonner le feuillage des grands roseaux immobiles et raides sur le bord des canaux d'irrigation. De temps en temps, suivant les accidents du terrain et les échappées de vue, j'apercevais au loin la mer qui, comme un immense miroir argenté, réfléchissait la lune.

Je marchais vite ; je m'arrêtais ; je me remettais en route machinalement, sans trop savoir ce que je faisais. Je n'étais pas cependant insensible à ce qui se passait autour de moi, et en écrivant ces lignes, il me semble respirer encore l'âpre parfum qui s'exhalait des pinèdes que je traversais. Les ombres que les arbres projetaient sur la route blanche me paraissaient avoir quelque chose de fantastique qui me troublait ; l'air qui m'enveloppait me semblait habité, et des plantes, des arbres, des blocs de rochers sortaient des voix étranges qui me parlaient un langage mystérieux. Une pomme de pin qui se détacha d'une branche et tomba sur le sol, me souleva comme si j'avais reçu une décharge électrique.

Que se passait-il donc en moi? Je tâchai de m'interroger. Est-ce que j'aimais cette jeune fille que je ne connaissais pas, et que je ne devais peut-être revoir jamais ?

Quelle folie ! c'était impossible.

Mais alors pourquoi cette inquiétude vague, ce trouble, cette émotion, cette chaleur; pourquoi cette sensibilité nerveuse? Assurément, je n'étais pas dans un état normal.

Elle était charmante, cela était incontestable, ravissante, adorable. Mais ce n'était pas la première femme adorable que je voyais sans l'avoir adorée.

Et puis enfin on n'adore pas ainsi une femme pour l'avoir vue dix minutes et avoir fait quelques tours de valse avec elle. Ce serait absurde, ce serait monstrueux. On aime une femme pour les qualités, les séductions qui, les unes après les autres, se révèlent en elle dans une fréquentation plus ou moins longue. S'il en était autrement, l'homme serait à classer au même rang que l'animal; l'amour ne serait rien de plus que le désir.

Pendant assez longtemps, je me répétai toutes ces vérités pour me persuader que ma jeune fille m'avait seulement paru charmante, et que le sentiment qu'elle m'avait inspiré était un simple sentiment d'admiration, sans rien de plus.

Mais quand on est de bonne foi avec soi-même, on ne se persuade pas par des vérités de tradition; la conviction monte du cœur aux lèvres et ne descend pas des lèvres au cœur. Or, il y avait dans mon cœur un trouble, une chaleur, une émotion, une joie qui ne me permettaient pas de me tromper.

Alors, par je ne sais quel enchaînement d'idées, j'en vins à me rappeler une scène du *Roméo et Juliette* de

Shakspeare qui projeta dans mon esprit une lueur éblouissante.

Roméo masqué s'est introduit chez le vieux Capulet qui donne une fête. Il a vu Juliette pendant dix minutes et il a échangé quelques paroles avec elle. Il part, car la fête touchait à sa fin lorsqu'il est entré. Alors Juliette, s'adressant à sa nourrice, lui dit : « Quel est ce gentilhomme qui n'a pas voulu danser ? va demander son nom ; s'il est marié, mon cercueil pourrait bien être mon lit nuptial. »

Ils se sont à peine vus et ils s'aiment, l'amour comme une flamme les a envahis tous deux en même temps et embrasés. Et Shakspeare humain et vrai ne disposait pas ses fictions, comme nos romanciers, pour le seul effet pittoresque. Quelle curieuse ressemblance entre cette situation qu'il a inventée et la mienne ! c'est aussi dans une fête que nous nous sommes rencontrés, et volontiers comme Juliette je dirais : « Va demander son nom ; si elle est mariée, mon cercueil sera mon lit nuptial. »

Ce nom, il me fallut l'attendre jusqu'au surlendemain, car Marius Bédarrides ne se trouva point au rendez-vous arrêté entre nous. Ce fut le soir du deuxième jour seulement que je le vis arriver chez moi. J'avais passé toute la matinée à le chercher, mais inutilement.

Il voulut s'excuser de son retard ; mais c'était bien de ses excuses que mon impatience exaspérée avait affaire.

— Hé bien ?
— Pardonnez-moi.
— Son nom, son nom.
— Je suis désolé.
— Son nom ; ne l'avez-vous pas appris ?
— Si, mais je ne vous le dirai, que si vous me pardonnez de vous avoir manqué de parole hier.

— Je vous pardonne dix fois, cent fois, autant que vous voudrez.

— Hé bien, cher ami, je ne veux pas vous faire languir : connaissez-vous le général Martory ?

— Non.

— Vous n'avez jamais entendu parler de Martory, qui a commandé en Algérie pendant les premières années de l'occupation française ?

— Je connais le nom, mais je ne connais pas la personne.

— Votre princesse est la fille du général ; de son petit nom elle s'appelle Clotilde ; elle demeure avec son père à Cassis, un petit port à cinq lieues d'ici, avant d'arriver à la Ciotat. Elle est en ce moment à Marseille, chez un parent, M. Lieutaud, employé à la mairie ; M. Lieutaud avait été invité comme fonctionnaire, et mademoiselle Clotilde Martory a accompagné sa cousine. J'espère que voilà des renseignements précis ; maintenant, cher ami, si vous en voulez d'autres, interrogez, je suis à votre disposition ; je connais le général, je puis vous dire sur son compte tout ce que je sais. Et comme c'est un personnage assez original, cela vous amusera peut-être.

Marius Bédarrides, qui est un excellent garçon, serviable et dévoué, a un défaut ordinairement assez fatigant pour ses amis ; il est bavard et il passe son temps à faire des cancans ; il faut qu'il sache ce que font les gens les plus insignifiants, et aussitôt qu'il l'a appris, il va partout le racontant ; mais dans les circonstances où je me trouvais, ce défaut devenait pour moi une qualité et une bonne fortune. Je n'eus qu'à lui lâcher la bride, il partit au galop.

— Le général Martory est un soldat de fortune, un fils de paysans qui s'est engagé à dix-sept ou dix-huit ans ;

il a fait toutes les guerres de la première République.

— Comment cela? Mademoiselle Clotilde n'est donc que sa petite-fille?

— C'est sa fille, sa propre fille; et en y réfléchissant, vous verrez tout de suite qu'il n'y a rien d'impossible à cela. Né vers 1775 ou 76, le général a aujourd'hui soixante-quinze ou soixante-seize ans; il s'est marié tard, pendant les premières années du règne de Louis-Philippe, avec une jeune femme de Cassis précisément, une demoiselle Lieutaud, et de ce mariage est née mademoiselle Clotilde Martory, qui doit avoir aujourd'hui à peu près dix-huit ans. Quand elle est venue au monde, son père avait donc cinquante-huit ou cinquante-neuf ans; ce n'est pas un âge où il est interdit d'avoir des enfants, il me semble.

— Assurément non.

— Donc je reprends : L'empire trouva Martory simple lieutenant et en fit successivement un capitaine, un chef de bataillon et un colonel. Sa fermeté et sa résistance dans la retraite de Russie ont été, dit-on, admirables; à Waterloo il eut trois chevaux tués sous lui et il fut grièvement blessé. Cela n'empêcha pas la Restauration de le licencier, et je ne sais trop comment il vécut de 1815 à 1830, car il n'avait pas un sou de fortune. Louis-Philippe le remit en service actif et il devint général en Algérie. Ce fut alors qu'il se maria. Bientôt mis à la retraite, il vint se fixer à Cassis, où il est toujours resté. Il y passe son temps à élever dans son jardin des monuments à Napoléon, qui est son dieu. Ce jardin a la forme de la croix de la Légion d'honneur; et au centre se dresse un buste de l'empereur, ombragé par un saule pleureur dont la bouture a été rapportée de Sainte-Hélène : un saule pleureur à Cassis dans un terrain sec comme la cendre, il faut voir ça. Du mois de mai au mois d'octobre, le général consacre deux heures par jour à l'arroser, et quand la sécheresse est persistante, il achète de porte en porte de l'eau à tous ses voisins. Quand le saule jaunit, le général est menacé de la jaunisse.

— Mais c'est touchant ce que vous racontez là.

— Vous pourrez voir ça; le général montre volontiers son monument; et comme vous êtes militaire, il vous invitera peut-être à *dijuner*, ce qui vous donnera l'occasion de l'entendre rappeler sa cuisinière à l'ordre, si par malheur elle a laissé brûler la sauce dans la *casterole*. C'est là, en effet, sa façon de s'exprimer; car, pour devenir général, il a dépensé plus de sang sur les champs de bataille que d'encre sur le papier. En même temps, vous ferez connaissance avec un personnage intéressant aussi à connaître : le commandant de Solignac, qui a figuré dans les conspirations de Strasbourg et de Boulogne, et qui est l'ami intime, le commensal du vieux Martory; celui-là est un militaire d'un autre genre, le genre aventurier et conspirateur, et nous pourrions bien lui voir jouer prochainement un rôle actif dans la politique, si Louis-Napoléon voulait faire un coup d'État pour devenir empereur.

— Ce n'est pas l'ami du général Martory que je désire connaître, c'est sa fille.

— J'aurais voulu vous en parler, mais je ne sais rien d'elle ou tout au moins peu de chose. Elle a perdu sa mère quand elle était enfant et elle a été élevée à Saint-Denis, d'où elle est revenue l'année dernière seulement. Cependant, puisque nous sommes sur son sujet, je veux ajouter un mot, un avis, même un conseil si vous le permettez : Ne pensez pas à Clotilde Martory, ne vous occupez pas d'elle. Ce n'est pas du tout la femme qu'il vous faut : le général n'a pour toute fortune que sa pension de retraite, et il est gêné, même endetté. Si vous voulez vous marier, nous vous trouverons une femme qui vous permettra de soutenir votre nom. Nous avons tous, dans notre famille, beaucoup d'amitié pour vous, mon cher Saint-Nérée, et ce sera, pour une Bédarrides, un honneur et un bonheur d'apporter sa fortune à un mari tel que vous. Ce que je vous dis là n'est point paroles en l'air; elles sont réfléchies, au contraire, et concertées. Mademoiselle Martory a pu vous éblouir, elle ne doit point vous fixer.

IV

Ce n'était pas la première fois qu'on me parlait ce langage dans la famille Bédarrides, et déjà bien souvent on avait de différentes manières abordé avec moi ce sujet du mariage.

— Il faut que nous mariions M. de Saint-Nérée, disait madame Bédarrides mère chaque fois que je la voyais. Qu'est-ce que nous lui proposerions bien ?

Et l'on cherchait parmi les jeunes filles qui étaient à marier. Je me défendais tant que je pouvais, en déclarant que je ne me sentais aucune disposition pour le mariage, mais cela n'arrêtait pas les projets qui continuaient leur course fantaisiste.

Les gens qui cherchent à vous convertir à leur foi religieuse ou à leurs idées politiques deviennent heureusement de plus en plus rares chaque jour, mais ceux qui veulent vous convertir à la pratique du mariage sont toujours nombreux et empressés.

Le plus souvent, ils vivent dans leur intérieur comme chien et chat ; peu importe : ils vous vantent sérieusement les douceurs et les joies du mariage. Ils vous connaissent à peine, pourtant ils veulent vous marier, et il faudrait que vous eussiez vraiment bien mauvais caractère pour refuser celle à laquelle ils ont eu la complaisance de penser pour vous. C'est pour votre bonheur ; acceptez les yeux fermés, quand ce ne serait que pour leur faire plaisir.

On rit des annonces de celui qui a fait sanctionner le courtage matrimonial et qui en a été « l'initiateur et le propagateur ; » le monde cependant est plein de courtiers de ce genre qui font ce métier pour rien, pour le plaisir. Ayez mal à une dent, tous ceux que vous rencontrerez vous proposeront un remède excellent ; soyez garçon, tous ceux qui vous connaissent vous proposeront une femme parfaite.

Ce fut là à peu près la réponse que je fis à Marius Bédarrides, au moins pour le fond ; car pour la forme, je tâchai de l'adoucir et de la rendre à peu près polie. Les intentions de ce brave garçon étaient excellentes, et ce n'était pas sa faute si la manie matrimoniale était chez lui héréditaire.

— Je dois avouer, me dit-il d'un air légèrement dépité, que je ne sais comment concilier la répulsion que vous témoignez pour le mariage avec l'enthousiasme que vous ressentez pour mademoiselle Martory, car enfin vous ne comptez pas, n'est-ce pas, faire de cette jeune fille votre...

— Ne prononcez pas le mot qui est sur vos lèvres, je vous prie ; il me blesserait. J'ai vu chez vous une jeune fille qui m'a paru admirable ; j'ai désiré savoir qui elle était ; voilà tout. Je n'ai pas été plus loin que ce simple désir, qui est bien innocent et en tous cas bien naturel. Mon enthousiasme est celui d'un artiste qui voit une œuvre splendide et qui s'inquiète de son origine.

— Parfaitement. Mais enfin il n'en est pas moins vrai que la rencontre de mademoiselle Martory peut être pour vous la source de grands tourments.

— Et comment cela, je vous prie ?

— Mais parce que si vous l'aimez, vous vous trouvez dans une situation sans issue.

— Je n'aime pas mademoiselle Martory !

— Aujourd'hui ; mais demain ? Si vous l'aimez demain, que ferez-vous ? D'un côté, vous avez horreur du mariage ; d'un autre, vous n'admettez pas la réalisation de la chose à laquelle vous n'avez pas voulu que je donne de nom tout à l'heure. C'est là une situation qui me paraît délicate. Vous aimez, vous n'épousez pas, et vous ne vous faites pas aimer. Alors, que devenez-vous ? un amant platonique. A la longue, cet état doit être fatigant. Voilà pourquoi je vous répète : ne pensez pas à mademoiselle Martory.

— Je vous remercie du conseil, mais je vous engage à être sans inquiétude sur mon avenir. Il est vrai que j'ai peu de dispositions pour le mariage ; cependant, si j'aimais mademoiselle Clotilde, il ne serait pas impossible que ces dispositions prissent naissance en moi.

— Faites-les naître tout de suite, alors, et écoutez mes propositions qui sont sérieuses, je vous en donne ma parole, et inspirées par une vive estime, une sincère amitié pour vous.

— Encore une fois merci, mais je ne puis accepter. Qu'on se marie parce qu'un amour tout-puissant a surgi dans votre cœur, cela je le comprends, c'est une fatalité qu'on subit ; on épouse parce que l'on aime et que c'est le seul moyen d'obtenir celle qui tient votre vie entre ses mains. Mais qu'on se décide et qu'on s'engage à se marier, en se disant que l'amour viendra plus tard, cela je ne le comprends pas. On aime, on appartient à celle que l'on aime; on n'aime pas, on s'appartient. C'est là mon cas et je ne veux pas aliéner ma liberté ; si je le fais un jour, c'est qu'il me sera impossible de m'échapper. En un mot, montrez-moi celle que vous avez la bonté de me destiner, que j'en devienne amoureux à en perdre la raison et je me marie ; jusque-là ne me parlez jamais mariage, c'est exactement comme si vous me disiez : « Frère, il faut mourir. » Je le sais bien qu'il faut mourir, mais je n'aime pas à me l'entendre dire et encore moins à le croire.

L'entretien en resta là, et Marius Bédarrides s'en alla en secouant la tête.

— Je ne sais pas si vous devez mourir, dit-il en me serrant la main, mais je crois que vous commencez à être malade ; si vous le permettez, je viendrai prendre de vos nouvelles.

— Ne vous dérangez pas trop souvent, cher ami, la maladie n'est pas dangereuse.

Nous nous séparâmes en riant, mais pour moi, je riais des lèvres seulement, car, dans ce que je venais d'entendre, il y avait un fond de vérité que je ne pouvais pas me cacher à moi-même, et qui n'était rien moins que rassurant. Oui, ce serait folie d'aimer Clotilde et, comme le disait Marius Bédarrides, ce serait s'engager dans une impasse. Où pouvait me conduire cet amour ?

Pendant toute la nuit, j'examinai cette question, et, chaque fois que j'arrivai à une conclusion, ce fut toujours à la même : je ne devais plus penser à cette jeune fille, je n'y penserais plus. Après tout, cela ne devait être ni difficile ni pénible, puisque je la connaissais à peine ; il n'y avait pas entre nous de liens solidement noués et je n'avais assurément qu'à vouloir ne plus penser à elle pour l'oublier. Ce serait une étoile filante qui aurait passé devant mes yeux, — le souvenir d'un éblouissement.

Mais les résolutions du matin ne sont pas toujours déterminées par les raisonnements de la nuit. Aussitôt habillé, je me décidai à aller à la mairie, où je demandai M. Lieutaud. On me répondit qu'il n'arrivait pas de si bonne heure et qu'il était encore chez lui. C'était ce que j'avais prévu. Je me montrai pressé de le voir et je me fis donner son adresse ; il demeurait à une lieue de la ville, sur la route de la Rose, — la bastide était facile à trouver, au coin d'un chemin conduisant à Saint-Joseph.

Vers deux heures, je montai à cheval et m'allai promener sur la route de la Rose. Qui sait ? Je pourrais peut-être apercevoir Clotilde dans le jardin de son cousin. Je ne lui parlerais pas ; je la verrais seulement ; à la lumière du jour elle n'était peut-être pas d'une beauté aussi resplendissante qu'à la clarté des bougies ; le teint mat ne gagne pas à être éclairé par le soleil ; et puis n'étant plus en toilette de bal elle serait peut-être très-ordinaire. Ah ! que le cœur est habile à se tromper lui-même et à se faire d'hypocrites concessions ! Ce n'était pas pour trouver Clotilde moins séduisante, ce n'était pas pour l'aimer moins et découvrir en elle quelque chose qui refroidît mon amour, que je cherchais à la revoir.

Il faisait une de ces journées de chaleur étouffante qui sont assez ordinaires sur le littoral de la Provence ; on rôtissait au soleil, et, si les arbres et les vignes n'avaient point été couverts d'une couche de poussière blanche, ils auraient montré un feuillage roussi comme après un incendie. Mais cette poussière les avait enfarinés, de même qu'elle avait blanchi les toits des maisons, les chaperons des murs, les appuis, les corniches des fenêtres, et partout, dans les champs brûlés, dans les villages desséchés, le long des collines arides et pierreuses, on ne voyait qu'une teinte blanche qui, réfléchissant les rayons flamboyants du soleil, éblouissait les yeux.

Un Parisien, si amoureux qu'il eût été, eût sans doute renoncé à cette promenade ; mais il n'y avait pas là de quoi arrêter un Africain comme moi. Je mis mon cheval au trot, et je soulevai des tourbillons de poussière, qui allèrent épaissir un peu plus la couche que quatre mois de sécheresse avait amassée, jour par jour, minute par minute, continuellement.

Les passants étaient rares sur la route ; cependant, ayant aperçu un gamin étalé tout de son long sur le ventre à l'ombre d'un mur, j'allai à lui pour lui demander où se trouvait la bastide de M. Lieutaud.

— C'est celle devant laquelle un fiacre est arrêté, dit-il sans se lever.

Devant une bastide aux volets verts, un cocher était en train de charger sur l'impériale de la voiture une caisse de voyage.

Qui donc partait ?

Au moment où je me posais cette question, Clotilde parut sur le seuil du jardin. Elle était en toilette de ville et son chapeau était caché par un voile gris.

C'était elle qui retournait à Cassis ; cela était certain.

Sans chercher à en savoir davantage, je tournai bride et revins grand train à Marseille. En arrivant aux allées de Meilhan, je demandai à un commissionnaire de m'indiquer le bureau des voitures de Cassis.

En moins de cinq minutes, je trouvai ce bureau : un

facteur était assis sur un petit banc, je lui donnai mon cheval à tenir et j'entrai.

Ma voix tremblait quand je demandai si je pouvais avoir une place pour Cassis.

— Coupé ou banquette ?

Je restai un moment hésitant.

— Si M. le capitaine veut fumer, il ferait peut-être bien de prendre une place de banquette; il y aura une demoiselle dans le coupé.

Je n'hésitai plus.

— Je ne fume pas en voiture; inscrivez-moi pour le coupé.

— A quatre heures précises ; nous n'attendrons pas.

Il était trois heures ; j'avais une heure devant moi.

V

Depuis que j'avais aperçu Clotilde se préparant à monter en voiture jusqu'au moment où j'avais arrêté ma place pour Cassis, j'avais agi sous la pression d'une force impulsive qui ne me laissait pas, pour ainsi dire, la libre disposition de ma volonté. Je trouvais une occasion inespérée de la voir, je saisissais cette occasion sans penser à rien autre chose ; cela était instinctif et machinal, exactement comme le saut du carnassier qui s'élance sur sa proie. J'allais la voir !

Mais en sortant du bureau de la voiture et en revenant chez moi, je compris combien mon idée était folle.

Que résulterait-il de ce voyage en tête-à-tête dans le coupé de cette diligence ?

Ce n'était point en quelques heures que je la persuaderais de la sincérité de mon amour pour elle. Et d'ailleurs oserais-je lui parler de cet amour, né la veille, dans un tour de valse, et déjà assez puissant pour me faire risquer une pareille entreprise? Me laisserait-elle parler? Si elle m'écoutait, ne me rirait-elle pas au nez? Ou bien plutôt ne me fermerait-elle pas la bouche au premier mot, indignée de mon audace, blessée dans son honneur et dans sa pureté de jeune fille? Car enfin c'était une jeune fille, et non une femme auprès de laquelle on pouvait compter sur les hasards et les surprises d'un tête-à-tête.

Plus je tournai et retournai mon projet dans mon esprit, plus il me parut réunir toutes les conditions de l'insanité et du ridicule.

Je n'irais pas à Cassis, c'était bien décidé, et m'asseyant devant ma table, je pris un livre que je mis à lire. Mais les lignes dansaient devant mes yeux ; je ne voyais que du blanc sur du noir.

Après tout, pourquoi ne pas tenter l'aventure ? Qui pouvait savoir si nous serions en tête-à-tête ? Et puis, quand même nous serions seuls dans ce coupé, je n'étais pas obligé de lui parler de mon amour ; elle n'attendait pas mon aveu. Pourquoi ne pas profiter de l'occasion qui se présentait si heureusement de la voir à mon aise ? Est-ce que ce ne serait pas déjà du bonheur que de respirer le même air qu'elle, d'être assis près d'elle, d'entendre sa voix quand elle parlerait aux mendiants de la route ou au conducteur de la voiture, de regarder le paysage qu'elle regarderait ? Pourquoi vouloir davantage ? Dans une muette contemplation, il n'y avait rien qui pût la blesser: toute femme, même la plus pure, n'éprouve-t-elle pas une certaine joie à se sentir admirée et adorée ? c'est l'espérance et le désir qui font l'outrage.

J'irais à Cassis.

Pendant que je balançais, disant non et disant oui, l'heure avait marché : il était trois heures cinquante-cinq minutes. Je descendis mon escalier quatre à quatre et, en huit ou dix minutes, j'arrivai au bureau de la voiture ; en chemin j'avais bousculé deux braves commerçants qui causaient de leurs affaires, et je m'étais fait arroser par un cantonnier qui m'avait inondé ; mais ni les reproches des commerçants, ni les excuses du cantonnier ne m'avaient arrêté.

Il était temps encore ; au détour de la rue j'aperçus la voiture rangée devant le bureau, les chevaux attelés, la bâche ficelée : Clotilde debout sur le trottoir s'entretenait avec sa cousine.

Je ralentis ma course pour ne pas faire une sotte entrée. En m'apercevant, madame Lieutaud s'approcha de Clotilde et lui parla à l'oreille. Évidemment, mon arrivée produisait de l'effet.

Lequel ? Allait-elle renoncer à son voyage pour ne pas faire route avec un capitaine de chasseurs ? Ou bien allait-elle abandonner sa place de coupé et monter dans l'intérieur, où déjà heureusement cinq ou six voyageurs étaient entassés les uns contre les autres ?

J'avais dansé avec mademoiselle Martory, j'avais échangé deux ou trois mots avec la cousine, je devais, les rencontrant, les saluer. Je pris l'air le plus surpris qu'il me fut possible, et je m'approchai d'elles.

Mais à ce moment le conducteur s'avança et me dit qu'on n'attendait plus que moi pour partir.

Qu'allait-elle faire ?

Madame Lieutaud paraissait disposée à la retenir, cela était manifeste dans son air inquiet et grognon ; mais, d'un autre côté, Clotilde paraissait décidée à monter en voiture.

— Je vais écrire un mot à ton père ; François le lui remettra en arrivant, dit madame Lieutaud à voix basse.

— Cela n'en vaut pas la peine, répliqua Clotilde, et père ne serait pas content. Adieu, cousine.

Et sans attendre davantage, sans vouloir rien écouter, elle monta dans le coupé légèrement, gracieusement.

Je montai derrière elle, et l'on ferma la portière.

Enfin... Je respirai.

Mais nous ne partîmes pas encore. Le conducteur, si pressé tout à l'heure, avait maintenant mille choses à faire. Les voyageurs enfermés dans sa voiture, il était tranquille.

Madame Lieutaud fit le tour de la voiture et se haussant jusqu'à la portière occupée par Clotilde, elle engagea avec celle-ci une conversation étouffée. Quelques mots seulement arrivaient jusqu'à moi. L'une faisait sérieusement et d'un air désolé des recommandations, auxquelles l'autre répondait en riant.

Le conducteur monta sur son siége, madame Lieutaud abandonna la portière, les chevaux, excités par une batterie de coups de fouet, partirent comme s'ils enlevaient la malle-poste.

J'avais attendu ce moment avec une impatience nerveuse ; lorsqu'il fut arrivé je me trouvai assez embarrassé. Il fallait parler, que dire ? Je me jetai à la nage.

— Je ne savais pas avoir le bonheur de vous revoir sitôt, mademoiselle, et en vous quittant l'autre nuit chez madame Bédarrides, je n'espérais pas que les circonstances nous feraient rencontrer, aujourd'hui, dans cette voiture, sur la route de Cassis.

Elle avait tourné la tête vers moi, et elle me regardait d'un air qui me troublait ; aussi, au lieu de chercher mes mots, qui se présentaient difficilement, n'avais-je qu'une idée : me trouvait-elle dangereux ou ridicule ?

Après être venu à bout de ma longue phrase, je m'étais tu ; mais comme elle ne répondait pas, je continuai sans avoir trop conscience de ce que je disais :

— C'est vraiment là un hasard curieux.

— Pourquoi donc curieux ? dit-elle avec un sourire railleur.

— Mais il me semble...

— Il me semble qu'un vrai hasard a toujours quelque chose d'étonnant ; s'il a quelque chose de véritablement curieux, il est bien près alors de n'être plus un hasard.

J'étais touché : je ne répliquai point et, pendant quelques minutes, je regardai les maisons de la Capelette, comme si, pour la première fois, je voyais des maisons. Il était bien certain qu'elle ne croyait pas à une rencontre fortuite et qu'elle se moquait de moi. D'ordinaire j'aime peu qu'on me raille, mais je ne me sentis nullement dépité de son sourire ; il était si charmant ce sourire qui entr'ouvrait ses lèvres et faisait cligner ses yeux !

D'ailleurs sa raillerie était assez douce, et, puisqu'elle ne se montrait pas autrement fâchée de cette rencontre il me convenait qu'elle crût que je l'avais arrangée : c'était un aveu tacite de mon amour, et à la façon dont elle accueillait cet aveu je pouvais croire qu'il n'avait point déplu. Je continuai donc sur ce ton :

— Je comprends que ce hasard n'ait rien de curieux pour vous, mais pour moi il en est tout autrement. En effet, il y a deux heures je me doutais si peu que j'irais aujourd'hui à Cassis, que c'était à peine si je connaissais le nom de ce pays.

— Alors votre voyage est une inspiration ; c'est une idée qui vous est venue tout à coup... par hasard.

— Bien mieux que cela, mademoiselle, ce voyage a été décidé par une suggestion, par une intervention étrangère, par une volonté supérieure à la mienne ; aussi je dirais volontiers de notre rencontre comme les Arabes : « C'était écrit », et vous savez que rien ne peut empêcher ce qui est écrit ?

— Écrit sur la feuille de route de François, dit-elle en riant, mais qui l'a fait écrire ?

— La destinée.

— Vraiment ?

J'avais été assez loin ; maintenant il me fallait une raison ou tout au moins un prétexte pour expliquer mon voyage.

— Il y a un fort à Cassis ? dis-je.

— Oh ! oh ! un fort. Peut-être sous Henri IV ou Louis XIII cela était-il un fort, mais aujourd'hui je ne sais trop de quel nom on doit appeler cette ruine.

Une visite à ce fort était le prétexte que j'avais voulu donner, j'allais passer une journée avec un officier de mes amis en garnison dans ce fort ; mais cette réponse me déconcerta un moment. Heureusement je me retournai assez vite, et avec moins de maladresse que je n'en mets d'ordinaire à mentir :

— C'est précisément cette ruine qui a décidé mon voyage. J'ai reçu une lettre d'un membre de la commission de la défense des côtes qui me demande de lui faire un dessin de ce fort, en lui expliquant d'une façon exacte dans quel état il se trouve aujourd'hui, quels sont ses avantages et ses désavantages pour le pays. Vous me paraissez bien connaître Cassis, mademoiselle ?

— Oh ! parfaitement.

— Alors vous pouvez me rendre un véritable service. Le dessin, rien ne m'est plus facile que de le faire. Mais de quelle utilité ce fort peut-il être pour la ville, voilà ce qui est plus difficile. Il faudrait pour me guider et m'éclairer quelqu'un du pays. Sans doute, je pourrais m'adresser au commandant du fort, si toutefois il y a un commandant, ce que j'ignore, mais c'est toujours un mauvais procédé, dans une enquête comme la mienne, de s'en tenir aux renseignements de ceux qui ont un intérêt à les donner. Non, ce qu'il me faudrait, ce serait quelqu'un de compétent qui connût bien le pays, et qui en même temps ne fût pas tout à fait ignorant des choses de la guerre. Alors je pourrais envoyer à Paris une réponse tout à fait satisfaisante.

Elle me regarda un moment avec ce sourire indéfinissable que j'avais déjà vu sur ses lèvres, puis se mettant à rire franchement :

— C'est maintenant, dit-elle, que ce hasard que vous trouviez curieux tout à l'heure devient vraiment merveilleux, car je puis vous mettre en relation avec la seule personne qui précisément soit en état de vous bien renseigner ; cette personne habite Cassis depuis quinze ans et elle a une certaine compétence dans la science de la guerre.

— Et cette personne ? dis-je en rougissant malgré moi.

— C'est mon père, le général Martory, qui sera très-heureux de vous guider, si vous voulez bien lui faire visite.

VI

La fin de ce voyage fut un émerveillement, et bien que je ne me rappelle pas quels sont les pays que nous avons traversés, il me semble que ce sont les plus beaux du monde. Sur cette route blanche je n'ai pas aperçu un grain de poussière, et partout j'ai vu des arbres verts dans lesquels des oiseaux chantaient une musique joyeuse.

Cependant je dois prévenir ceux qui me croiraient sur parole que j'ai pu me tromper. Peut-être au contraire la route de Marseille à Aubagne et d'Aubagne à Cassis est-elle poussiéreuse ; peut-être n'a-t-elle pas les frais ombrages que j'ai cru voir ; peut-être les oiseaux sont-ils aussi rares sur ses arbres que dans toute la Provence, où il n'y en a guère. Tout est possible ; pendant un certain espace de temps dont je n'ai pas conscience, j'ai marché dans mon rêve, et c'est l'impression de ce rêve délicieux qui m'est restée, ce n'est pas celle de la réalité.

Ce n'était pas de la réalité que j'avais souci d'ailleurs. Que m'importait le paysage qui se déroulait devant nous, divers et changeant à mesure que nous avancions? Que m'importaient les arbres et les oiseaux? J'étais près d'elle ; et insensible aux choses de la terre j'étais perdu en elle.

En l'apercevant pour la première fois dans le bal j'avais été instantanément frappé par l'éclat de sa beauté qui m'avait ébloui comme l'eût fait un éclair ou un rayon de soleil ; maintenant c'était un charme plus doux, mais non moins puissant, qui m'envahissait et me pénétrait jusqu'au cœur ; c'était la séduction de son sourire, la fascination troublante de son regard, la musique de sa voix ; c'était son geste plein de grâce, c'était sa parole simple et joyeuse ; c'était le parfum qui se dégageait d'elle pour m'enivrer et m'exalter.

Jamais temps ne m'a paru s'écouler si vite, et je fus tout surpris lorsque, étendant la main, elle me montra dans le lointain, au bas d'une côte, un amas de maison sur le bord de la mer, et me dit que nous arrivions.

— Comment ! nous arrivons. Je croyais que Cassis était à quatre ou cinq lieues de Marseille. Nous n'avons pas fait cinq lieues !

— Nous en avons fait plus de dix, dit-elle en souriant.

— Je ne suis donc pas dans la voiture de Cassis ?

— Vous y êtes, et c'est Cassis que vous avez devant les yeux.

Mon étonnement dut avoir quelque chose de grotesque, car elle partit d'un éclat de rire si franc que je me mis à rire aussi ; elle eût pleuré, j'aurais pleuré : je n'étais plus moi.

— Alors nous marchons de merveilleux en merveilleux.

— Non, mais nous avons marché avec un détour ; par la côte de Saint-Cyr, Cassis est à quatre lieues de Marseille, mais nous sommes venus par Aubagne, ce qui a augmenté de beaucoup la distance.

— Je n'ai pas trouvé la distance trop longue ; nous serions venus par Toulon ou par Constantinople que je ne m'en serais pas plaint.

— La masse sombre que vous apercevez devant vous, dit-elle sans répondre à cette niaiserie, est le château qui a décidé votre voyage à Cassis. Plus bas auprès de l'église, où vous voyez un arbre dépasser les toits, est le jardin de mon père.

— Un saule, je crois.

— Non, un platane ; ce qui ne ressemble guère à un saule.

— Assurément, mais de loin la confusion est possible.

— Dites que la distinction est impossible et vous serez mieux dans la vérité ; aussi suis-je surprise que vous ayez cru voir un saule.

Elle dit cela en me regardant fixement ; mais je ne bronchai point, car je ne voulais point qu'elle eût la preuve que j'avais pris des renseignements sur elle et sur son père. Qu'elle soupçonnât que je n'étais venu à Cassis que pour la voir, c'était bien : mais qu'elle sût que j'avais fait préalablement une sorte d'enquête, c'était trop.

— Il est vrai qu'il y a un saule dans notre jardin, continua-t-elle, un saule dont la bouture a été prise à Sainte-Hélène, sur le tombeau de l'empereur, mais il n'a encore que quelques mètres de hauteur et nous ne pouvons l'apercevoir d'ici. A propos de l'empereur, l'aimez-vous ?

Je restai interloqué, ne sachant que répondre à cette question ainsi posée, et ne pouvant répondre d'un mot d'ailleurs, car le sentiment que m'inspire Napoléon est très-complexe, composé de bon et de mauvais ; ce n'est ni de l'amour ni de la haine, et je n'ai à son égard ni les superstitions du culte, ni les injustices de l'hostilité ; ni Dieu, ni monstre, mais un homme à glorifier parfois, à condamner souvent, à juger toujours.

— C'est que si vous voulez être bien avec mon père, dit-elle après un moment d'attente, il faut admirer et aimer l'empereur. Là-dessus il ne souffre pas la contradiction. Sa foi, je vous en préviens, est très-intolérante un mot de blâme est pour lui une injure personnelle. Mais tous les militaires admirent Napoléon.

— Tous au moins admirent le vainqueur d'Austerlitz.

— Eh bien, vous lui parlerez du vainqueur d'Austerlitz et vous vous entendrez. Mon père était à Austerlitz ; il pourra vous raconter sur cette grande bataille des choses intéressantes. Mon père a fait toutes les campagnes de l'empire et presque toutes celles de la République.

— L'histoire a gardé son nom dans la retraite de Russie et à Waterloo.

— Ah ! vous savez ? dit-elle en m'examinant de nouveau.

— Ce que tout le monde sait.

Mes yeux se baissèrent embarrassés devant les siens. Après un moment de silence, elle reprit :

— Vous ne regardez donc pas Cassis ?

— Mais si.

Nous descendions une côte, et à mesure que nous avancions, le village se montrait plus distinct au bas de deux vallons qui se joignent au bord de la mer. Au-dessus des toits et des cheminées, on apercevait quelques mâts de navires qui disaient qu'un petit port était là.

Si bien disposé que je fusse à trouver tout charmant, l'aspect de ces vallons me parut triste et monotone : point d'arbres, et seulement çà et là des oliviers au feuillage poussiéreux qui s'élevaient tortueux et rabougris dans un chaume de blé ou sur la clôture d'une vigne.

Les collines qui descendent sur ces vallons ne sont guère plus agréables ; d'un côté, des roches crevassées entièrement dénudées ; de l'autre, des bois de pins chétifs.

— Hé bien ! me dit-elle, comment trouvez-vous ce pays ?

— Pittoresque.

— Dites triste ; je comprends cela ; c'est la première impression qu'il produit : mais, en le pratiquant, cette impression change. Si vous restez ici quelques jours, allez vous promener à travers ces collines pierreuses, et, en suivant le bord de la mer, vous trouverez le gouffre de Portmiou où viennent sourdre les eaux douces qui se perdent dans les *paluns* d'Aubagne. Gravissez cette montagne que nous avons sur notre gauche, et, après avoir dépassé les bastides, vous trouverez de grands bois où la promenade est agréable. Ces bois vous conduiront au cap Canaille et au cap de l'Aigle qui vous ouvriront d'immenses horizons sur la Méditerranée et ses côtes. Même en restant dans le village, vous trouverez que le soleil, en se couchant, donnera à tout ce paysage une beauté pure et sereine qui parle à l'esprit. C'est mon pays et je l'aime.

Une fadaise me vint sur les lèvres; elle la devina et l'arrêta d'un geste moqueur.

— Nous arrivons, dit-elle, et pour faire le cicerone jusqu'au bout, je dois vous indiquer un hôtel. Descendez à la *Croix-Blanche* et faites-vous servir une bouillabaisse pour votre dîner; c'est la gloire de mon pays et l'on vient exprès de Marseille et d'Aubagne pour manger la bouillabaisse de Cassis.

La voiture était entrée, en effet, dans le village, dont nous avions dépassé les premières maisons. Bientôt elle s'arrêta devant une grande porte. J'espérais que ce serait le général Martory lui-même qui viendrait au-devant de sa fille, et qu'ainsi la présentation pourrait se faire tout de suite; mais mon attente fut trompée. Point de général. A sa place, une vieille servante, qui reçut Clotilde dans ses bras comme elle eût fait pour son enfant, et qui l'embrassa.

— Père n'est point malade, n'est-ce pas? demanda Clotilde.

— Malade? Voilà qui serait drôle; il a son rhumatisme, voilà tout; et puis il fait sa partie d'échecs avec le commandant, et vous savez, quand il est à sa partie, un tremblement de terre ne le dérangerait pas.

J'aurais voulu l'accompagner jusqu'à sa porte, mais je n'osai pas, et je dus me résigner à me séparer d'elle après l'avoir saluée respectueusement.

— A demain, dit-elle.

Je restai immobile à la suivre des yeux, regardant encore dans la rue longtemps après qu'elle avait disparu.

Le maître de l'hôtel me ramena dans la réalité en venant me demander si je voulais dîner.

— Dîner? Certainement; et faites-moi préparer de la bouillabaisse; rien que de la bouillabaisse.

Ce fut le soir seulement, en me promenant au bord de la mer, que je me retrouvai assez maître de moi pour réfléchir raisonnablement aux incidents de cette journée et les apprécier.

La nuit était tiède et lumineuse, le ciel profond et étoilé; la terre, après un jour de chaleur, s'était endormie et, dans le silence du soir, la mer seule, avec son clapotage monotone contre les rochers, faisait entendre sa voix mystérieuse.

Je restai longtemps, très-longtemps couché sur s pierres du rivage, examinant ce qui venait de se passer, m'examinant moi-même.

Le doute, les dénégations, les mensonges de la conscience n'étaient plus possibles; j'aimais cette jeune fille, et je l'aimais non d'un caprice frivole, non d'un désir passager, mais d'un amour profond, irrésistible, qui m'avait envahi tout entier. Un éclair avait suffi, le rayonnement de son regard, et elle avait pris ma vie.

Qu'allait-elle en faire? La question méritait d'être

étudiée, au moins pour moi; malheureusement la réponse que je pouvais lui faire dépendait d'une autre question que j'étais dans de mauvaises conditions pour examiner et résoudre; quelle était cette jeune fille?

Là, en effet, était le point essentiel et décisif, car je n'étais plus moi, j'étais elle; ce serait donc ce qu'elle voudrait, ce qu'elle ferait elle-même qui déciderait de ma vie.

Adorable, séduisante, elle l'est autant que femme au monde, cela est incontestable et saute aux yeux. Assurément, il y a un charme en elle, une fascination qui, par son geste, le timbre de sa voix, un certain mouvement de ses lèvres, surtout par ses yeux et son sourire, agit, pour ainsi dire, magnétiquement et vous entraîne.

Mais après ? Tout n'est pas compris dans ce charme. Son âme, son esprit, son caractère ? Comment a-t-elle été élevée ? que doit-elle à la nature ? que doit-elle à l'éducation ? Autant de mystères que de mots.

Ce n'est pas en quelques heures passées près d'elle dans cette voiture que j'ai pu la connaître. Sous le charme, dans l'ivresse de la joie, je n'ai même pas pu l'étudier.

A sa place, et dans les conditions où nous nous trouvions, qu'eût été une autre jeune fille? La jeune fille honnête et pure, la jeune fille idéale, par exemple ? Et Clotilde n'avait-elle pas été d'une facilité inquiétante pour l'avenir, d'une curiosité étrange, d'une coquetterie effrayante ?

Où est-il l'homme qui connaît les jeunes filles ? S'il existe, je ne suis pas celui-là et n'ai pas sa science. Ce fut inutilement que pendant plusieurs heures je tournai et retournai ces difficiles problèmes dans ma tête, et je rentré à la *Croix-Blanche* comme j'en étais parti : j'aimais Clotilde, voilà tout ce que je savais.

Fatiguée de m'attendre, la servante de l'hôtel s'était endormie sur le seuil de la porte, la tête reposant sur son bras replié. Je la secouai doucement d'abord, plus fort ensuite, et après quelques minutes je parvins à la réveiller. En chancelant et en s'appuyant aux murs, elle me conduisit à ma chambre.

VII

Quand j'ouvris les yeux le lendemain matin, ma chambre, dont les fenêtres étaient restées ouvertes, me parut teinte en rose. Je me levai vivement et j'allai sur mon balcon ; la mer et le ciel, du côté du Levant, étaient roses aussi ; partout, en bas, en haut, sur la terre, dans l'air, sur les arbres et sur les maisons, une belle lueur rose.

Je me frottai les yeux, me demandant si je rêvais ou si j'étais éveillé.

Puis je me mis à rire tout seul, me disant que décidément l'amour était un grand magicien, puisqu'il avait la puissance de nous faire voir tout en rose.

Mais ce n'était point l'amour qui avait fait ce miracle, c'était tout simplement l'Aurore « aux doigts de rose, » la vieille aurore du bonhomme Homère qui, sur ces côtes de la Provence, dans l'air limpide et transparent du matin, a la même jeunesse et la même fraîcheur que sous le climat de la Grèce.

J'avais de longues heures devant moi avant de pouvoir me présenter chez le général ; pour les passer sans trop d'impatience, je résolus de les employer à faire un croquis du fort. Puisque j'avais commencé cette histoire, il fallait maintenant la pousser jusqu'au bout en lui donnant un certain cachet de vraisemblance, au moins pour le général, car, pour Clotilde, il était assez probable qu'elle n'en croyait pas un mot. Ses questions à ce sujet, ses regards interrogateurs, son sourire incrédule m'avaient montré qu'elle avait des doutes sur le motif vrai qui avait déterminé mon voyage à Cassis ; si je voulais bien lui laisser ces doutes qui servaient mon amour, je ne voulais point par contre qu'ils pussent se présenter à l'esprit du général. Que Clotilde soupçonnât mon amour, c'était parfait puisqu'elle le tolérait et même l'encourageait d'une façon tacite, mais le général, c'était une autre affaire : les pères ont le plus souvent, à l'égard de l'amour, des idées qui ne sont pas celles des jeunes filles.

Il ne me fallut pas un long examen du fort pour voir que le prétexte de ma visite à Cassis était aussi mal trouvé que possible. Ce n'était pas un fort, en effet, mais une mauvaise bicoque, tout au plus bonne à quelque chose à l'époque de Henri IV ou de Louis XIII, comme me l'avait dit Clotilde. Jamais, bien certainement, l'idée n'avait pu venir à l'esprit d'un membre de la commission de la défense des côtes de se préoccuper de ce fort, et j'aurais sans doute bien du mal à faire accepter mon histoire par le général.

Cependant, comme j'étais engagé dans cette histoire et que je ne pouvais pas maintenant la changer, je me mis au travail et commençai mon dessin. C'était ce dessin qui devait donner l'apparence de la vérité à mon mensonge : quand un homme arrive un morceau de papier à la main, il a des chances pour qu'on l'écoute et le prenne au sérieux : le premier soin des lanceurs de spéculations n'est-il pas de faire imprimer avec tout le luxe de la typographie et de la lithographie le livre à souché de leurs actions? et le bon bourgeois, qui eût gardé son argent pour une affaire qui lui eût été honnêtement expliquée, l'échange avec empressement contre un chiffon de papier rose qu'on lui montre.

A dix heures, j'avais fait deux petits croquis qui étaient assez avancés pour que je pusse les laisser voir. Qui m'eût dit, il y a quinze ans, lorsque je travaillais le dessin avec goût et plaisir, que je tirerais un jour ce parti de ma facilité à manier le crayon? Mais tout sert en ce monde, et l'homme qui sait deux métiers vaut deux hommes. Dans les circonstances présentes, seul avec mon sabre, je serais resté embarrassé; j'ai trouvé un auxiliaire dans un dessinateur qui est mon meilleur ami, et ce sera un fidèle complice qui me rendra peut-être plus d'un service.

Le cœur me battait fort quand je sonnai à la porte du général Martory. La vieille servante qui s'était trouvée la veille à l'arrivée de la voiture vint m'ouvrir, et à la façon dont elle m'accueillit, il me sembla qu'elle m'attendait.

Néanmoins je lui remis ma carte en la priant de la porter au général et de demander à celui-ci s'il voulait bien me recevoir.

— Ce n'est pas la peine, me dit cette domestique aux mœurs primitives, allez au bout du vestibule et entrez, vous trouverez le général qui est en train de *sacrer*.

Sacrer? Si mes lèvres ne demandèrent point en quoi consistait cette opération, mes yeux surpris parlèrent pour moi.

— C'est la douleur qui le fait jurer, continua la vieille

servante ; elle a augmenté de force cette nuit. Une visite lui fera du bien ; ça le distraira.

Puisque c'était là l'usage de la maison, je devais m'y conformer : je suivis donc le vestibule dallé de larges plaques de pierre grise jusqu'à la porte qui m'avait été indiquée. Il était d'une propreté anglaise, ce vestibule, passé au sable chaque matin comme le pont d'un navire de guerre, frotté, essuyé, et partout sur les murailles brillantes, sur les moulures luisantes de la boiserie on voyait qu'on était dans une maison où les soins du ménage étaient poussés à l'extrême.

Arrivé à la porte qui se trouvait à l'extrémité de ce vestibule, je frappai. J'avais espéré que ce serait Clotilde qui me répondrait, car je me flattais qu'elle serait avec son père ; mais, au lieu de la voix douce que j'attendais, ce fut une voix rude et rauque qui me répondit :
« Entrez. »

Je poussai la porte, et avant d'avoir franchi le seuil, mon regard chercha Clotilde ; elle n'était pas là. La seule personne que j'aperçus fut un vieillard à cheveux blancs qui se tenait assis dans un fauteuil, la jambe étendue sur un tabouret, et lisant sans lunettes le dernier volume de l'*Annuaire*.

Je m'avançai et me présentai moi-même.

— Parfaitement, parfaitement, dit le général sans se lever et en me rendant mon salut du bout de la main. Je vous attendais, capitaine, et, pour ne rien cacher, j'ajouterai que je vous attendais avec une curiosité impatiente, car il n'y a que vous pour m'expliquer ce que ma fille m'a raconté hier soir.

— C'est bien simple.

— Je n'en doute pas, mais c'est le récit de ma fille qui n'est pas simple, pour moi au moins. Il est vrai que je n'ai jamais rien compris aux histoires de femmes ; et vous, capitaine ? Mais je suis naïf de vous poser cette question ; vous êtes à l'âge où les femmes ont toutes les perfections. Moi, je n'ai jamais eu cet âge heureux, mais j'ai vu des camarades qui l'avaient.

Ce langage, que je rapporte à peu près textuellement, confirma en moi l'impression que j'avais ressentie en apercevant le général. C'est, en effet, un homme qu'on peut juger sans avoir besoin de l'étudier longtemps. Après l'avoir vu pendant deux minutes et l'avoir écouté pendant dix, on le connaît comme si l'on avait vécu des années avec lui.

Au physique, un homme de taille moyenne, aux épaules larges et à la poitrine puissante ; un torse et une encolure de taureau ; tous ses cheveux, qu'il porte coupés ras, et qui lui font comme une calotte d'autant plus blanche que le front, les oreilles et le cou sont plus rouges ; toutes ses dents solidement plantées dans de fortes mâchoires qui font saillie de chaque côté de la figure, comme celles d'un carnassier ; une voix sonore qui dans une bataille jetant le cri : « En avant ! » devait dominer le tapage des tambours battant la charge. Avec cela, une tenue et une attitude régimentaires ; un col de crin tenant la tête droite ; une redingote bleue boutonnée d'un seul rang de boutons comme une tunique, et cousu sur le drap même, à la place du cœur, le ruban de la Légion d'honneur.

Au moral, deux mots l'expliqueront : — une culotte de peau, qui a été un sabreur.

— C'est donc au mariage de mademoiselle Bédarrides que vous avez rencontré ma fille ?

— Oui, général.

— Bonnes gens, ces Bédarrides. Je les connais beaucoup ; ça n'apprécie que la fortune ; ça se croit quelque chose parce que ça a des millions ; mais, malgré tout, bonnes gens qui rendent à l'officier ce qu'ils lui doivent.

— Pour moi, je leur suis reconnaissant de m'avoir fourni l'occasion de faire la connaissance de mademoiselle votre fille, et par là la vôtre, général.

— Ma fille m'a dit que vous venez à Cassis pour visiter le fort et savoir ce qu'on en peut tirer de bon ; est-ce cela ?

— Précisément.

— Mais ce n'est pas vraisemblable.

Je fus un moment déconcerté ; mais me remettant bientôt, je tâchai de m'expliquer, et lui répétai la fable que j'avais déjà débitée à sa fille.

— C'est bien là ce que Clotilde m'a dit, mais je ne voulais pas le croire ; comment, il y a dans la commission de la défense de nos côtes des officiers assez bêtes pour s'occuper de ça ; c'est un marin, n'est-ce pas ? ce n'est pas un militaire.

J'évitai de répondre directement, car il ne me convenait pas de trop préciser dans une affaire aussi sottement engagée.

— Peut-être veut-on transformer le fort en prison ; peut-être veut-on vendre le terrain ; je ne sais rien autre chose si ce n'est qu'on m'a demandé comme service, et en dehors de toute mission officielle, de faire quelques dessins de ce fort et de les envoyer à Paris avec les renseignements que je pourrais réunir sur son utilité ou son inutilité.

— Maintenant que vous l'avez vu, je n'ai rien à vous en dire, n'est-ce pas ? vous en savez tout autant que moi puisque vous êtes militaire.

— J'en ai cependant fait deux croquis.

Et je présentai mes dessins au général, car gêné par le mensonge dans lequel je m'étais embarqué si légèrement, et que j'avais été obligé de continuer, j'éprouvais le besoin de m'appuyer sur quelque chose qui me soutînt.

— C'est bien ça, tout à fait ça, très-gentil, et c'est vous qui avez fait ces deux petites machines, capitaine?

— Mais oui, mon général.

— Je vous félicite; un officier qui sait faire ces petites choses-là peut rendre des services à un général en campagne; c'est comme un officier qui parle la langue du pays dans lequel on se trouve; cependant pour moi je n'ai jamais su dessiner, et en Allemagne, en Égypte, en Italie, en Espagne, en Russie, en Algérie, je n'ai jamais parlé que ma langue et je m'en suis tout de même tiré.

Pendant que le général Martory m'exposait ainsi de cette façon naïve ses opinions sur les connaissances qui pouvaient être utiles à l'officier en campagne, je me demandais avec une inquiétude qui croissait de minute en minute, si je ne verrais pas Clotilde et si ma visite se passerait sans qu'elle parût.

Elle devait savoir que j'étais là, cependant, et elle ne venait pas; mes belles espérances, dont je m'étais si délicieusement bercé, ne seraient-elles que des chimères?

A mesure que le temps s'écoulait, le sentiment de la tromperie dont je m'étais rendu coupable pour m'introduire dans cette maison m'était de plus en plus pénible; c'était pour la voir que j'avais persisté dans cette fable ridicule, et je ne la voyais pas. Près d'elle je n'aurais probablement pensé qu'à ma joie, mais en son absence je pensais à ma position et j'en étais honteux. Car cela est triste à dire, le fardeau d'une mauvaise action qui ne réussit pas est autrement lourd à porter que le poids de celle qui réussit.

VIII

J'aurais voulu conduire mon entretien avec le général de manière à lui donner un certain intérêt qui fît passer le temps sans que nous en eussions trop conscience, mais les yeux fixés sur la porte, je n'avais qu'une idée dans l'esprit : cette porte s'ouvrirait-elle devant Clotilde ?

Cette préoccupation m'enlevait toute liberté et me faisait souvent répondre à contre-sens aux questions du général.

Enfin il arriva un moment où, malgré tout mon désir de prolonger indéfiniment ma visite et d'attendre l'entrée de Clotilde, je crus devoir me lever.

— Hé bien ! qu'avez-vous donc ? demanda le général.

— Mais, mon général, je ne veux pas abuser davantage de votre temps.

— Abuser de mon temps, est-ce que vous croyez qu'il est précieux, mon temps ? vous l'occupez, et cela faisant, vous me rendez service. En attendant le *dîjuner*, d'ailleurs, nous n'avons rien de mieux à faire qu'à causer, puisque ce diable de rhumatisme me cloue sur cette chaise.

— Mais, général...

— Pas d'objections, capitaine, je ne les accepte pas, ni les refus, ni les politesses ; cela est entendu, vous me faites le plaisir de *dîjuner* avec moi ou plutôt de dîner, car j'ai gardé les anciennes habitudes, je dîne à midi et je soupe le soir.

Si heureux que je fusse de cette invitation, je voulus me défendre, mais le général me coupa la parole.

— Capitaine, vous n'êtes pas ici chez un étranger, vous êtes chez un camarade, chez un frère; un simple soldat viendrait chez moi, je le garderais à ma table; pour moi, c'est une obligation; ce n'est pas M. de Saint-Nérée que j'invite, c'est le soldat; quand les moines voyagent, ils sont reçus de couvent en couvent; je veux que quand un soldat passe par Cassis, il trouve l'hospitalité chez le général Martory; c'est la règle de la maison; obéissance à la règle, n'est-ce pas?

La porte en s'ouvrant interrompit les instances du général.

Enfin, c'était elle. Ah! qu'elle était charmante dans sa simple toilette d'intérieur; une robe de toile grise sans ornements sur laquelle se détachaient des manchettes et un col de toile blanche.

— J'ai fait servir le dîner dans la salle à manger, dit-elle en allant à son père, mais si tu ne veux pas te déranger, on peut apporter la table ici.

— Pas du tout; je marcherai bien jusqu'à la salle. Il ne faut pas écouter sa carcasse, qui se plaint toujours. Si je l'avais écoutée en Russie, je serais resté dans la neige avec les camarades; quand elle gémissait, je criais plus fort qu'elle; alors elle tâchait de m'attendrir; je tapais dessus : « en Espagne, tu disais que tu avais trop chaud, maintenant tu dis que tu as trop froid; tais-toi, femelle, et marche, » et elle marchait. Il n'y a qu'à vouloir.

Cependant, bien qu'il voulût commander à son rhumatisme, il ne put retenir un cri en posant sa jambe à terre; mais il n'en resta pas moins debout, et repoussant sa fille qui lui tendait le bras, il se dirigea tout seul vers la salle en grondant :

— Vieillir ! misère, misère.

Je ne sais plus quel est le poëte qui a dit qu'il ne fallait pas voir manger la femme aimée. Pour moi, ce poëte était un poseur et très-probablement un ivrogne ; en tout cas, il n'a jamais été amoureux, car alors il aurait senti que, quoi qu'elle fasse, la femme aimée est toujours pleine d'un charme nouveau. Chaque mouvement, chaque geste qui est une révélation est une séduction : j'aurais vu Clotilde laver la vaisselle que bien certainement je l'aurais trouvée adorable dans cette occupation, qui entre ses mains n'aurait plus eu rien de vulgaire ni de repoussant.

Je la vis croquer des olives du bout de ses dents blanches, tremper dans son verre ses lèvres roses, égrener des raisins noirs dont les grains mûrs tachaient le bout de ses doigts transparents, et je me levai de table plus épris, plus charmé que lorsque j'avais pris place à ce dîner.

En rentrant dans le salon, le général reprit sa place dans son fauteuil, puis, après avoir allumé sa pipe à une allumette que sa fille lui apporta, il se tourna vers moi :

— A soixante-dix-sept ans, dit-il, on se laisse aller à des habitudes qui deviennent tyranniques. Ainsi, après dîner, je suis accoutumé à faire une sieste de quinze ou vingt minutes ; ma fille me joue quelques airs et je m'endors. Ne m'en veuillez donc pas et, si cela vous est possible, ne vous en allez pas.

Clotilde se mit au piano.

— J'aimerais mieux une belle sonnerie de trompette

que le piano, continua le général en riant, mais je ne pouvais pas demander à ma fille d'apprendre la trompette; je lui ai demandé seulement d'apprendre les vieux airs qui m'ont fait défiler autrefois devant l'empereur et marcher sur toutes les routes de l'Europe, et cela elle l'a bien voulu.

Clotilde, sans attendre, jouait le *Veillons au salut de l'Empire*, ensuite elle passa à la *Ronde du camp de Grandpré*, puis vinrent successivement : *Allez-vous-en, gens de la noce*, *Elle aime à rire, elle aime à boire*, et d'autres airs que je ne connais pas, mais qui avaient le même caractère.

Étendu dans son fauteuil, la tête renversée, fumant doucement sa pipe, le général marquait le mouvement de la main, et quelquefois, quand l'air lui rappelait un souvenir plus vif ou plus agréable, il chantait les paroles à mi-voix.

Mais peu à peu le mouvement de la main se ralentit, il ne chanta plus et sa tête s'abaissa sur sa poitrine; il s'était endormi.

Clotilde joua encore durant quelques instants, puis, se levant doucement, elle me demanda si je voulais venir faire un tour de promenade dans le jardin avec lequel le salon communique de plain-pied par une porte vitrée.

— Mon père est bien endormi, dit-elle, il ne se réveillera pas avant un quart d'heure au moins.

Ce qu'on appelle ordinairement un jardin sur ces côtes de la Provence, est un petit terrain clos de murs, où la chaleur du soleil se concentrant comme dans une rôtissoire, ne laisse vivre que quelques touffes d'immortelle, des grenadiers, des câpriers et des orangers qui ne rapportent pas de fruits mangeables. Je fus surpris de trouver celui dans lequel nous entrâmes verdoyant et touffu. Au fond s'élève un beau platane à la cime arrondie, et de chaque côté, les murs sont cachés sous des plantes grimpantes en fleurs, des bignonias, des passiflores. Au centre se trouve une étoile à cinq rayons doubles émaillée de pourpiers à fleurs blanches, et au milieu de ces rayons se dresse un buste en bronze sur lequel retombent les rameaux déliés d'un saule pleureur. Ce buste est celui de Napoléon, vêtu de la redingote grise et coiffé du petit chapeau.

— Voici l'autel de mon père, me dit Clotilde, et son dieu, l'empereur.

Puis, me regardant en face avec son sourire moqueur:

— Je ne vous parle pas de l'arbre qui ombrage ce buste, car bien que cet arbre ne soit pas encore arrivé, malgré nos soins, à dépasser les murs, vous l'avez du haut de la montagne aperçu et nommé ; de près vous le reconnaissez, n'est-ce pas, c'est le saule pleureur que vous m'avez montré hier.

Je restai un moment sans répondre, puis prenant mon courage et ne baissant plus les yeux :

— Je vous remercie, mademoiselle, d'aborder ce sujet, car il me charge d'un poids trop lourd.

— Vous êtes malheureux d'avoir pris un platane pour un saule ; c'est trop de susceptibilité botanique.

— Ce n'est pas de la botanique qu'il s'agit, mais d'une chose sérieuse.

Il était évident qu'elle voulait que l'entretien sur ce sujet n'allât pas plus loin ; mais, puisque nous étions engagés, je voulais, moi, aller jusqu'au bout.

— Je vous en prie, mademoiselle, écoutez-moi sérieusement.

— Il me semble cependant qu'il n'y a rien de sérieux là dedans ; j'ai voulu plaisanter, et je vous assure que dans mes paroles, quelque sens que vous leur prêtiez, il n'y a pas la moindre intention de reproche ou de blâme.

— Si le blâme n'est pas en vous, il est en moi.

— Hé bien alors, pardonnez-vous vous-même et n'en parlons plus.

— Parlons-en au contraire, et je vous demande en grâce de m'écouter ; soyez convaincue que vous n'entendrez pas un mot qui ne soit l'expression du respect le plus pur.

Arrivés au bout du jardin, nous allions revenir sur nos pas et déjà elle s'était retournée, je me plaçai devant elle, et, de la main, du regard, je la priai de s'arrêter.

— Hier, je vous ai dit, mademoiselle, que je venais à Cassis pour y remplir une mission dont on m'avait chargé, et sur cette parole vous avez bien voulu m'ouvrir votre maison et me mettre en relation avec monsieur votre père ; eh bien, cette parole était fausse.

Elle recula de deux pas, et me regardant d'une façon étrange où il y avait plus de curiosité que de colère :

— Fausse ? dit-elle.

— Voici la vérité. Après avoir dansé avec vous sans vous connaître, attiré seulement près de vous par une profonde sympathie et par une vive admiration, — pardonnez-moi le mot, il est sincère, — j'ai demandé à Marius Bédarrides qui vous étiez. Alors il m'a parlé de vous, du général et de ce *saule*, — témoignage d'une pieuse reconnaissance. J'ai voulu vous revoir, et en vous retrouvant dans le coupé de cette diligence, au lieu de me taire ou de vous dire la vérité, j'ai inventé cette fable ridicule d'une mission à Cassis.

— Sinon ridicule, au moins étrange dans l'intention qui l'a inspirée.

— Oh! l'intention, je la défendrai, car je vous fais le serment qu'elle n'était pas coupable. J'ai voulu vous revoir, voilà tout. Et en me retrouvant avec vous, j'ai été amené, je ne sais trop comment, peut-être par crainte de paraître avoir cherché et préparé cette rencontre, j'ai été entraîné dans cette histoire qui s'est faite en sortant de mes lèvres et qui depuis s'est compliquée d'incidents auxquels le hasard a eu plus de part que moi. Mais en me voyant accueilli comme je l'ai été par vous et par monsieur votre père, je ne peux pas persister plus longtemps dans ce mensonge dont j'ai honte.

Il y eut un moment de silence entre nous qui me parut mortel, car ce qu'elle allait répondre déciderait ma vie et l'angoisse m'étreignait le cœur. Je ne regrettais pas d'avoir parlé, mais j'avais peur d'avoir mal parlé, et ce que j'avais dit n'était pas tout ce que j'aurais voulu dire.

— Et que voulez-vous que je réponde à cette confidence extraordinaire ? dit-elle enfin sans lever les yeux sur moi.

— Rien qu'un mot, qui est que, sachant la vérité, vous continuerez d'être ce que vous étiez alors que vous ne le saviez pas.

J'attendais ce mot, et pendant plusieurs secondes, une minute peut-être, nous restâmes en face l'un de l'autre, moi les yeux fixés sur son visage épiant le mouvement de ses lèvres, elle le regard attaché sur le sable de l'allée.

— Allons rejoindre mon père, dit-elle enfin, il doit être maintenant réveillé.

Ça n'était pas la réponse que j'espérais, ce n'était pas davantage celle que je craignais, et cependant c'était une réponse.

IX

Sans doute il est bon pour l'harmonie universelle que l'homme et la femme n'aient point l'esprit fait de même, mais dans les choses de la vie cette diversité amène souvent des difficultés de s'entendre et de se comprendre. L'homme, pour avoir voulu trop préciser, est accusé de grossièreté ou de dureté par la femme ; la femme, pour être restée dans une certaine indécision, voit l'homme lui reprocher ce qu'il appelle de la duplicité et de la tromperie.

C'était précisément cette indécision que je reprochais à Clotilde en marchant silencieux près d'elle pour venir retrouver son père. Qu'y avait-il au juste dans sa réponse ? On pouvait l'interpréter dans le sens que l'on désirait, mais lui donner une forme nette et précise était bien difficile.

Je n'eus pas le temps, au reste, d'étudier longuement ce point d'interrogation qu'elle venait de me planter dans le cœur, car en entrant dans le salon nous trouvâmes le général éveillé et de fort mauvaise humeur, grommelant, bougonnant et même *sacrant*, comme disait la vieille servante.

— Comprends-tu ce qui se passe? s'écria-t-il lorsqu'il vit sa fille entrer, l'abbé Peyreuc me fait avertir qu'il lui est impossible de venir faire ma partie, et comme Solignac ne reviendra de Marseille que demain, me voilà pour une journée entière collé sur ce fauteuil avec mon sacré rhumatisme pour toute distraction. Vieillir ! misère, misère.

— Si tu veux de moi ? dit-elle.

— La belle affaire de jouer contre un partenaire tel que toi ; croiriez-vous, capitaine, qu'en jouant l'autre jour avec elle j'ai fait l'échec du berger ; une partie finie au quatrième coup sans qu'aucune pièce ait été enlevée, comme c'est amusant ! Il faudrait jouer au *pion coiffé*.

Je n'osais profiter de l'occasion qui s'offrait à moi, car dans mon incertitude sur le sens que je devais donner à la réponse de Clotilde j'avais peur que celle-ci ne se fâchât de ma proposition. Cependant je finis par me risquer :

— Si vous vouliez m'accepter, général ?

C'était à Clotilde bien plus qu'au général que ces paroles s'adressaient.

Mais ce fut le général qui répondit :

— Trop de complaisance, capitaine, vous n'êtes pas venu à Cassis pour jouer aux échecs.

Je ne quittais pas Clotilde des yeux, elle me regarda et je sentis qu'elle me disait d'insister : alors elle excusait donc ma tromperie ?

Cette espérance me rendit éloquent pour insister, et le général qui ne demandait pas mieux que d'accepter, se laissa persuader que j'étais heureux de faire sa partie.

Et, de fait, je l'étais pleinement : l'esprit tranquillisé par ma confession, le cœur comblé de joie par le regard de Clotilde, je me voyais accueilli dans cette maison et, sans trop de folie, je pouvais tout espérer.

Je m'appliquai à jouer de mon mieux pour être agréable au général. Mais j'étais dans de mauvaises conditions pour ne pas commettre des fautes. J'étais frémissant d'émotion et le regard de Clotilde que je rencontrais souvent (car elle s'était installée dans le salon), n'était pas fait pour me calmer. D'un autre côté, la façon de jouer du général me déroutait. Pour lui, la partie était une véritable bataille, et il y apportait l'ardeur et l'entraînement qu'il montrait autrefois dans les batailles d'hommes : je commandais les Russes, et lui commandait naturellement les Français; mon roi était Alexandre, le sien était Napoléon, et chaque fois qu'il le faisait marcher il battait aux champs; après un succès il criait : Vive l'empereur !

Ce qui devait arriver se produisit, je fus battu, mais après une défense assez convenable et assez longue pour que le général fût fier de sa victoire.

— Honneur au courage malheureux ! dit-il en me serrant chaudement la main, vous êtes un brave ; il y a de bons éléments dans la jeune armée.

— Voulez-vous me donner une revanche, général?

— Assez pour aujourd'hui, mais la prochaine fois que vous reviendrez à Cassis, car vous reviendrez nous voir, n'est-ce pas ? A propos de la jeune armée, dites-moi donc un peu, capitaine, ce qu'on pense de la situation politique dans votre régiment.

— Nous arrivons d'Afrique et vous savez, là-bas, loin des villes, n'ayant pas de journaux, on s'occupe peu de politique.

— Je comprends ça, mais enfin on a cependant un sentiment, et c'est ce sentiment que je vous demande : vous êtes pour le rétablissement de l'empire, j'espère ?

L'entretien prenait une tournure dangereuse, ou tout au moins gênante, car si je ne voulais pas blesser les opinions du général, d'un autre côté il ne me convenait pas de donner un démenti aux miennes ; c'était assez de mon premier mensonge.

— Je serais assez embarrassé pour vous dire le sentiment de mes hommes, car, à parler franchement, je crois qu'ils n'en ont pas; j'ai entendu parler d'une grande propagande socialiste qui se faisait dans l'armée, et encore plus d'une très-grande propagande bonapartiste ; mais chez nous ni l'une ni l'autre n'a réussi.

— Auprès des soldats, bien ; mais auprès des officiers? Nous sommes dans une situation où les gens qui sont capables d'intelligence et de raisonnement doivent prendre un parti. Il y a plus de deux ans que le prince Louis-Napoléon a été nommé président de la République, qu'a-t-il pu faire depuis ce temps-là pour le bonheur de la France?

— Rien.

— Pourquoi n'a-t-il rien fait? Tout simplement parce qu'il est empêché par les partis royalistes, qui ont l'influence dans l'Assemblée. Ces partis font-ils eux-mêmes quelque chose d'utile? Rien que de se disputer le pouvoir, sans avoir personne en état de l'exercer. Incapables de faire, ils n'ont de puissance que pour empêcher de faire. Avec eux, tout gouvernement est impossible : la République aussi bien que la monarchie. Cela peut-il durer ? Non, n'est-ce pas? Il faut donc que cela cesse ; et cela ne peut cesser que par le rétablissement de l'empire.

— Et que serait l'empire sans un empereur? Je ne crois pas qu'un homme comme Napoléon se remplace.

— Non ; mais on peut le continuer en s'inspirant de ses idées, et son neveu est son héritier.

— Par droit de naissance, peut-être ; mais la naissance ne suffit pas pour une tâche aussi grande.

— C'est la tentative de Strasbourg qui vous fait parler ainsi ; je vous concède que c'était une affaire mal combinée, et cependant voyez quel effet a produit cette tentative : des officiers qui ne connaissaient pas ce jeune homme se sont laissé entraîner par l'influence de son nom, et des soldats ont refusé de marcher contre lui parce qu'il était le neveu de l'empereur. Cela ne prouve-t-il pas la puissance du prestige napoléonien ?

— Je ne nie pas ce prestige, et je crois qu'une partie de la nation le subit, mais je doute que celui dont vous parlez soit de taille à le porter et à l'exercer.

— Je ne pense pas comme vous ; en admettant que ce que vous dites ait été juste un moment, cela ne le serait plus maintenant, car précisément l'affaire de Strasbourg aurait changé cela en prouvant à ce jeune homme qu'il portait dans sa personne ce prestige napoléonien. Cette affaire qui n'a pas réussi immédiatement lui a donc donné une grande force au moins pour l'avenir, et s'il n'a pas encore demandé à cette force de produire tout ce qu'elle peut, c'est qu'il attend l'heure favorable. Boulogne a produit le même résultat : on a ri du petit chapeau et de l'aigle...

— A-t-on eu tort ?

— Certes non, et, pour moi, c'est presque une profanation ; mais pendant qu'on riait, on ne voyait pas que des généraux étaient prêts à se rallier au prétendant et qu'un régiment était gagné. C'était là un fait considérable ; et s'il a pu se produire sous un gouvernement régulier, qui en somme répondait dans une certaine mesure aux besoins du pays, que doit-il arriver aujourd'hui avec un gouvernement comme celui que nous avons ! La France va se jeter dans l'empire comme une rivière se jette dans la mer ; nous avons vu la rivière se former à Strasbourg, grossir à Boulogne, devenir irrésistible le 10 décembre ; aujourd'hui, elle n'a plus qu'à arriver à la mer, et si ce n'est demain, ce sera après demain.

Je levai la main pour prendre la parole et répondre,

mais Clotilde posa son doigt sur ses lèvres, et devant ce geste qui était une sorte d'engagement et de complicité, j'eus la faiblesse de me taire : pourquoi contrarier les opinions du général ?

— Qu'est-ce que l'empire, d'ailleurs, continua le général, qui s'échauffait en parlant, si ce n'est la dictature au profit du peuple ; puisque le peuple ne peut pas encore faire ses affaires lui-même, il faut bien qu'il charge quelqu'un de ce soin ; entre la monarchie et la République il faut une transition, et c'est le sang de Napoléon se mariant au sang de la France, qui seul peut nous faire traverser ce passage difficile. Il n'y a qu'un nom populaire et puissant en France, un nom capable de dominer les partis, c'est le nom de Napoléon. Et pourquoi ? Parce que Napoléon est tombé avec la France sur le champ de bataille, les armes à la main ; la France et lui, lui et la France ont été écrasés en même temps par l'étranger, et Dieu merci, il y a assez de patriotisme dans notre pays pour qu'on n'oublie pas ces choses-là. Ah ! s'il s'était fait faire prisonnier misérablement sur un champ de bataille où le sang de tout le monde aurait coulé excepté le sien ; ou bien s'il s'était sauvé honteusement dans un fiacre pour échapper à une émeute, on l'aurait depuis longtemps oublié, et si l'on se souvenait de lui encore ce serait pour le mépriser. Mais non, mais non, il est mort dans le drapeau tricolore, martyr des tyrans de l'Europe, et voilà pourquoi la France crie « Vive l'empereur ! »

Malgré son rhumatisme, il se dressa sur ses deux jambes et, d'une voix formidable qui fit trembler les vitres, il poussa trois fois ce cri. Des larmes roulaient dans ses yeux.

— Voilà pourquoi j'attends le rétablissement de l'empire avec tant d'impatience et que je veux le voir avant de mourir. Je veux voir l'empereur vengé. Vous pensez bien, n'est-ce pas, que ce sera la première chose que fera son neveu ; ou bien alors il n'aurait pas une goutte du sang des Napoléon dans les veines. Mais je suis sans inquiétude et je suis bien certain qu'il commencera par battre ces gueux d'Anglais : il n'oubliera pas Wellington ni Sainte-Hélène. C'est comme si c'était écrit. Puis après les Anglais ce sera le tour d'un autre. Il débarrassera l'Allemagne des Prussiens ; il nous rendra la frontière du Rhin, et nous verrons des préfets français à Cologne et à Mayence comme autrefois. La France est dans une situation admirable ; il pourra organiser la première armée du monde et il l'organisera, car ce n'est pas sur l'armée qu'un Bonaparte ferait des économies ; vous verrez quelle armée nous aurons. Mais ce n'est pas seulement à l'étranger qu'il relèvera la France ; à l'intérieur, il nous délivrera du clergé, et comme les Napoléon sont des honnêtes gens, il remettra les financiers à leur place et ne laissera pas la spéculation corrompre le pays. Chargé des affaires du peuple, il gouvernera pour le peuple : et comme les Napoléon sont les héritiers de la Révolution, il promènera le sabre de la Révolution sur toute l'Europe pour rendre tous les peuples libres.

Pensant au rôle de Napoléon Ier, je ne pus m'empêcher de secouer la tête.

— Vous ne croyez pas ça ? dit le général. C'est parce que je m'explique mal. Mais venez dîner un de ces jours ; vous vous rencontrerez avec le commandant Solignac, qui est l'ami de Louis-Napoléon. Il connaît les idées du prince, il vous les expliquera, il vous convertira. Voulez-vous venir dimanche ?

Je n'avais aucune envie de connaître les idées du

prince, et ne voulais pas être converti par le commandant Solignac; mais je voulais voir Clotilde, la voir encore, la voir toujours, j'acceptai avec bonheur.

X

Dans l'invitation du général Martory je n'avais vu tout d'abord qu'une heureuse occasion de passer une journée avec Clotilde, mais la réflexion ne tarda pas à me montrer qu'il y avait autre chose.

Clotilde et son père ne seraient pas seuls à ce dîner, il s'y trouverait aussi le commandant de Solignac qui introduirait entre nous un élément étranger, — la politique.

Faire de la politique avec le général, c'était bien ou plutôt cela était indifférent; en réalité, il s'agissait tout simplement de le laisser parler et d'écouter sa glorification de Napoléon. Il avait vu des choses curieuses ; sa vie était un long récit ; il y avait intérêt et souvent même profit à le laisser aller sans l'interrompre. Qu'importaient ses opinions et ses sentiments? c'était le représentant d'un autre âge. Je ne suis point de ceux qui, en présence d'une foi sincère, haussent les épaules parce que cette foi leur paraît ridicule, ou bien qui partent en guerre pour la combattre. Tant que nous resterions dans les limites de la théorie de l'impérialisme et dans le domaine de la dévotion à saint Napoléon, je n'avais qu'à ouvrir les oreilles et à fermer les lèvres.

Mais avec le commandant de Solignac, me serait-il possible de rester toujours sur ce terrain et de m'y enfermer ?

Instinctivement et sans trop savoir pourquoi, ce commandant de Solignac m'inquiétait.

Quel était cet homme ?

Un ami du président de la République, disait le général Martory, un confident de ses idées ; un conspirateur de Strasbourg et de Boulogne, m'avait dit Marius Bédarrides.

Il n'y avait pas là de quoi me rassurer.

Le président de la République, je ne le connais pas, mais ce que je sais de lui n'est pas de nature à m'inspirer estime ou sympathie pour ses amis et confidents. J'ai peur d'un prince qui, par sa naissance comme par son éducation, n'a appris que le dédain de la moralité et le mépris de l'humanité, et quand je vois qu'un tel homme trouve des amis, j'ai peur de ses amis.

Si à ce titre d'ami de ce prince on joint celui de conspirateur de Strasbourg et de Boulogne, ma peur et ma défiance augmentent, car pour s'être lancé dans de pareilles entreprises, il me semble qu'il fallait être le plus étourdi ou le moins scrupuleux des aventuriers.

Revenu à Marseille je voulus avoir le cœur net de mon inquiétude et savoir un peu mieux ce qu'était ce commandant de Solignac. Mais comme il ne me convenait pas d'interroger ceux de mes camarades qui pouvaient le connaître, je m'en allai à la bibliothèque de la ville. Je trouverais là sans doute des livres et des documents qui m'apprendraient le rôle qu'avait joué le commandant dans les deux conspirations de Louis-Napoléon. En faisant une sorte d'enquête parmi mes amis j'avais des chances de tomber sur quelqu'un qui aurait eu autrefois des relations avec le commandant de Solignac ou l'aurait approché d'assez près pour me dire qui il était ; mais ce moyen pouvait éveiller la curiosité, et une fois la curiosité excitée on pouvait apprendre ma visite à Cassis ; et je ne le voulais pas. Autant par respect pour Clotilde que par jalousie, je ne voulais pas qu'on pût soupçonner mon amour.

Quand je fis ma demande au bibliothécaire, que j'avais rencontré chez un ami commun et qui me connaissait, il me regarda en souriant.

— Vous aussi, dit-il, vous voulez étudier les conspirations de Louis-Napoléon ?

— Cela vous étonne ?

— Pas le moins du monde, car depuis deux ans plus de cent officiers sont venus m'adresser la même demande que vous. C'est une bonne fortune pour notre bibliothèque qui n'était point habituée à voir MM. les officiers fréquenter la salle de lecture. On prend ses précautions.

— Croyez-vous que je veuille apprendre l'art de conspirer ?

— Nous ne nous inquiétons des intentions de nos lecteurs, dit-il en remontant ses lunettes par un geste moqueur, que lorsque nous avons affaire à un collégien qui nous demande *la Captivité de Saint-Malc* de Lafontaine pour avoir les *Contes*, ou bien un Diderot complet pour lire *les Bijoux indiscrets* et *la Religieuse* en place de *l'Essai sur le Mérite et la Vertu*. Mais avec un officier, nous ne sommes pas si simples.

— Pour moi, cher monsieur, vous ne l'êtes point encore assez et vous cherchez beaucoup trop loin les raisons d'une demande toute naturelle.

— Je ne cherche rien, mon cher capitaine, je constate que vous êtes le cent unième officier qui veut connaître l'histoire des conspirations de Louis-Napoléon, et je vous assure qu'il n'y a aucune mauvaise pensée sous mes paroles. Pendant dix ans, les documents qui traitent de ces conspirations n'ont point eu de lecteurs, maintenant ils sont à la mode ; voilà tout.

Blessé de voir qu'on pouvait me soupçonner de chercher à apprendre comment une conspiration militaire réussit ou échoue, je me départis de ma réserve.

— Les circonstances politiques, dis-je avec une certaine raideur, ont fait rentrer dans l'armée des officiers qui ont pris part aux affaires de Strasbourg et de Boulogne ; nous sommes tous exposés à avoir un de ces officiers pour chef ou pour camarade ; nous voulons savoir quel rôle il a joué dans cette affaire ; voilà ce qui explique notre curiosité.

— Je n'ai jamais prétendu autre chose, dit le bibliothécaire en me faisant apporter les livres qui pouvaient m'être utiles.

La lecture confirma l'opinion qui m'était restée de ces équipées : rien ne pouvait être plus follement, plus maladroitement combiné, et le rôle que le prince Louis-Napoléon avait joué dans les deux me parut tout à fait misérable, sans un seul de ces actes de courage téméraire, sans un seul de ces sentiments romanesques, de ces mots chevaleresques qu'on trouve si souvent dans la vie des aventuriers les plus vulgaires.

D'un bout à l'autre la lecture de ces pièces révèle la platitude la plus absolue chez le chef de ces entreprises. Napoléon revenant de l'île d'Elbe a marché en triomphe sur Paris; comme il se dit l'héritier de Napoléon, il doit marcher en triomphe de Strasbourg à Paris la première fois, de Boulogne à Paris la seconde; son oncle avait un petit chapeau, il aura un petit chapeau sur lequel il portera un morceau de viande pour qu'un aigle, dressé à venir prendre là sa nourriture, vole au-dessus de sa tête.

Si tout cela n'avait pas le caractère de l'authenticité,

on ne voudrait pas le croire, et l'on dirait qu'on a affaire à un monomane, non à un prétendant ; et c'est ce monomane qu'on a accepté pour Président de la République, et dont on voudrait aujourd'hui faire un empereur! Pourquoi le parti royaliste et le parti républicain ne répandent-ils pas ces deux procès dans toute la France? il n'y a qu'à faire connaître cet homme pour qu'il devienne un sujet de risée : si les paysans veulent un Napoléon, ils ne voudront pas un faux Napoléon ; s'ils acceptent un aigle, ils se moqueront d'un perroquet

Mais ce n'est pas du chef que j'ai souci, c'est du comparse ; ce n'est pas du prince Louis, c'est du commandant de Solignac. Et si nous n'étions pas dans des circonstances politiques qui menacent de nous conduire à une révolution militaire, je n'aurais bien certainement point passé mon temps à étudier les antécédents judiciaires du futur empereur.

Quant à ceux du commandant de Solignac, pour être d'un autre genre que ceux de son chef de troupe, ils n'en sont pas moins curieux et intéressants. Malheureusement, ils ne sont pas aussi complets qu'on pourrait le désirer, car, dans ces deux conspirations, il paraît n'avoir occupé qu'un rang très-secondaire.

A l'audience, ses explications sont des plus simples : il a servi la cause du prince Louis-Napoléon parce qu'il croit que c'est celle de la France ; pour lui, ses croyances, ses espérances se résument dans un nom : « l'Empereur, » et le prince Louis est l'héritier de l'empereur. Il a été entraîné par la reconnaissance du souvenir et par la fidélité des convictions ; il le serait encore. Il ne se défend donc pas ; il se contente de répondre ; on peut faire de lui ce qu'on voudra : une condamnation sera la confirmation du devoir accompli.

Une pareille attitude avait quelque chose de grand ; il me semble que c'eût été celle du général Martory, s'il avait pris part à ces complots. Par malheur pour le commandant de Solignac, il y a dans ses réponses des inconséquences, et quand on les rapproche de celles de ses coaccusés, on trouve des contradictions qui font douter de sa sincérité.

Au lieu d'avoir été un simple soldat de la conspiration, comme il veut le faire croire, il paraît avoir été un de ses chefs ; au lieu d'avoir été entraîné, il semble qu'il a entraîné les autres ; au lieu d'avoir obéi à la voix de la France, il pourrait bien n'avoir écouté que celle de son intérêt et de son ambition.

Mais ce sont plutôt là des insinuations résultant de l'ensemble des deux procès que des accusations nettement formulées, tant la conduite du commandant a toujours été habile et prudente : jamais il ne s'est avancé, jamais il ne s'est compromis au premier rang, et bien que l'on sente partout son action, nulle part on ne peut le saisir en flagrant délit : c'est un Bertrand malin qui se sert des pattes de Raton pour tirer du feu les marrons qu'il doit croquer.

Une seule chose plaide fortement contre lui, c'est l'état de ses affaires au moment où il se fait le complice de son prince. Elles étaient au plus bas, ces affaires, et telles qu'elles ne pouvaient être relevées que par un coup désespéré.

Né en 1790, M. de Solignac fait les dernières campagnes de l'empire ; à Waterloo il est capitaine. Bien que d'origine noble et apparenté à de bonnes familles, il avance difficilement sous la Restauration ; et, en 1832, commandant la première circonscription de remonte, il donne sa démission. Il y a de graves irrégularités dans sa caisse, et un grand nombre de paysans du Calvados se plaignent de ne pas avoir touché le prix des chevaux qu'ils ont vendus, ces prix ayant été encaissés par le commandant. Il prend alors du service dans l'armée belge, mais pour peu de temps, car bientôt encore il donne sa démission.

J'en étais là de mon étude quand je m'entendis appeler par mon nom.

C'était Vimard, le capitaine d'état-major que tu as dû connaître quand il était à Oran; il s'était assis en face de moi sans que je le visse entrer.

— On me dit que vous avez le volume de l'*Histoire de dix ans* où se trouve le procès de Strasbourg ; si vous ne vous en servez pas, voulez-vous me le prêter ?

Je le lui tendis et me remis à ma lecture. Décidément le bibliothécaire ne m'avait pas trompé, ce procès était à la mode.

Jusqu'au moment de la fermeture de la bibliothèque, nous restâmes en face l'un de l'autre, lisant tous deux et ne nous parlant pas.

Mais en sortant Vimard me prit par le bras et cela me surprit jusqu'à un certain point, car si nous sommes bien ensemble, nous ne sommes pas cependant sur le pied de l'intimité.

— Êtes-vous pressé de rentrer? me dit-il.
— Nullement.
— Alors, voulez-vous que nous allions jusqu'au Prado?
— Et quoi faire au Prado?
— Causer.
— Il s'agit donc d'un complot?
— Pouvez-vous me dire cela, à moi surtout!
— Vous cherchez le silence et le mystère.
— C'est qu'il s'agit d'une chose sérieuse que je veux

examiner avec vous, sans qu'on nous écoute et nous dérange.

— Allons donc au Prado.

XI

De la bibliothèque au Prado la distance est assez longue ; pendant le temps que nous mîmes à la franchir par le cours Julien et le cours Lieutaud, Vimard garda un silence obstiné qui me laissa toute liberté pour réfléchir à sa demande d'entretien.

Pourquoi cet entretien ?

Pourquoi ce mystère ?

Pourquoi nous étions-nous rencontrés à la bibliothèque consultant l'un et l'autre l'histoire des conspirations du prince Louis ?

Enfin en arrivant au Prado, qui se trouvait à peu près désert, Vimard se décida à parler.

— Mon silence vous surprend, n'est-ce pas ?

— Beaucoup.

— C'est que je ne désire pas que ce que j'ai à vous dire soit entendu, et quand je suis sous l'impression d'une forte préoccupation, je ne peux pas parler pour ne rien dire.

— Maintenant, je serai seul à vous entendre.

— J'aborde donc le sujet qui nous amène ici ; et si je le fais franchement, c'est parce que j'ai en vous toute confiance.

Il ajouta encore quelques paroles qu'il est inutile de rapporter, et après que je l'eus remercié, comme je le devais de la sympathie qu'il me témoignait, il continua :

— L'idée de m'ouvrir à vous m'est venue en vous trouvant à la bibliothèque et en vous voyant étudier les procès de Strasbourg et de Boulogne que je venais moi-même lire. Il m'a paru qu'il y avait dans cette rencontre quelque chose qui ne tenait point au seul hasard, et que si tous deux en même temps nous nous occupions du même sujet, c'était que très probablement nous avions les mêmes raisons pour le faire. Je vais vous dire quelles sont les miennes, et si vous le trouvez bon, vous me direz après quelles sont les vôtres. Mais ce n'est pas un marché que je vous propose et je ne vous dis pas : confidence pour confidence. Bien entendu, vous restez maître de votre secret.

Que voulait-il ? M'entraîner dans une conspiration ? Cela n'était guère probable, étant donné son caractère honnête et droit. Mais alors, s'il ne s'agissait pas de complot, que signifiaient ces précautions de langage ? Il ne pouvait pas avoir les mêmes raisons que moi pour vouloir connaître le commandant de Solignac. J'avoue que ma curiosité était vivement excitée.

— Mon secret est bien simple, dis-je.

— Je vous en félicite et je voudrais que le mien fût comme le vôtre, mais il ne l'est pas et voilà pourquoi je persiste dans mon idée de m'en ouvrir à vous, afin que nous tenions à nous deux une sorte de petit conseil de guerre. Tout d'abord j'avais cru que ce secret serait le même pour nous deux et alors nous aurions eu l'un et l'autre les mêmes raisons pour prendre une résolution. Mais bien que par le peu de mots que vous venez de dire, je vois que vous n'êtes pas dans une situation identique à la mienne, je n'en veux pas moins vous consulter.

Ici, il me dit de nouveau mille choses obligeantes que je ne veux pas rapporter, mais que je dois constater cependant pour expliquer la confiance qu'il me témoignait.

A la fin, toutes ses précautions oratoires étant prises, il abandonna le langage obscur et entortillé dont il s'était jusque-là servi pour parler plus clairement :

— Si on venait vous tâter, me dit-il, pour savoir de quel côté vous vous rangeriez dans le cas d'un conflit entre le président de la République et l'Assemblée, quelle serait votre réponse ?

— Elle serait simple et nette ; je me rangerais du côté de celui qui respecterait la loi et contre celui qui la violerait. Nous n'avons pas autre chose à faire, nous autres soldats ; notre route est tracée, nous n'avons qu'à la suivre : c'est très-facile.

— Pour ceux qui voient cette route, mais tout le monde ne la voit pas comme vous, et alors dans l'obscurité, il est bien permis d'hésiter et de tâtonner.

— Qui fait cette obscurité ?

— Les circonstances politiques.

— Et qui fait les circonstances politiques ?

— Le hasard, ou, si vous le voulez, la Providence.

— Disons les hommes pour ne point nous perdre, et disons en même temps que les hommes dirigent ces circonstances suivant les besoins de leur ambition. Si on a fait l'obscurité dans la situation politique, c'est qu'on espère profiter de cette obscurité ; l'ombre est propice aux complots.

— Vous croyez donc aux complots ?

— Et vous ?

Il hésita un moment, mais sa réserve ne dura que quelques secondes.

— Moi, dit-il, je crois à un travail considérable qui se fait dans l'armée.

— Au profit de qui ?
— Au profit de Louis-Napoléon.
— Hé bien, cela doit vous suffire pour éclairer votre route. Si Louis-Napoléon travaille l'esprit de l'armée, c'est pour se l'attacher. Dans quel but? Est-ce par amour platonique pour l'armée ? Non, n'est-ce pas, mais par intérêt, pour s'appuyer sur nous et se faire président à vie ou empereur. Hé bien, dans ces conditions, je dis que notre voie est indiquée. Nous ne sommes pas des prétoriens pour faire des empereurs de notre choix. Nous sommes l'armée de la France et c'est à la France qu'il appartient de choisir son gouvernement, ce n'est pas à nous de lui imposer par la force de nos baïonnettes celui qu'il nous plaît de prendre. Nous ne devons pas écouter les émissaires du président ; car le jour où celui-ci aura la conviction que l'armée le suivra, l'empire sera fait par une révolution militaire. En bon soldat que je suis, j'aime trop l'armée pour admettre qu'elle peut se charger de ce crime et de cette honte.

— Et cependant il y a dans l'armée des esprits honnêtes, qui croient que l'empire doit faire la grandeur de la France.

— C'est leur droit, comme c'est mon droit de voir le bonheur de la France dans le rétablissement de la monarchie légitime ou dans la consolidation de la République. Mais ce que nous avons le droit de penser n'est pas ce que nous avons le droit de faire, ou bien alors c'est la guerre civile ; tandis que vous soutiendrez l'empire, je soutiendrai Henri V ; notre colonel, qui a été l'ami et l'officier d'ordonnance du duc d'Aumale, soutiendra les princes d'Orléans ; notre chef d'escadron, qui est républicain, soutiendra la République ; Mazurier, qui aime le désordre et la canaille, soutiendra la canaille, et nous

nous battrons tous ensemble, les uns contre les autres, ce qui sera le triomphe de l'anarchie. Voilà, mon cher, à quoi l'on arrive en écoutant ses sentiments personnels, ses opinions ou ses intérêts, au lieu d'écouter sa conscience. Et c'est là ce qui m'indigne contre Louis-Napoléon qui, pour faire triompher son ambition, ne craint pas de corrompre l'armée ; est-ce que les autres partis, Henri V, les d'Orléans, les républicains agissent comme lui ? il est le seul à vouloir faire de l'armée un instrument de révolution. S'il réussit, la France est perdue ; il n'y a plus d'armée ; il n'y a plus d'honneur militaire.

— Vous n'aimez pas Louis-Napoléon.

— C'est vrai, je l'avoue hautement parce que la répulsion qu'il m'inspire n'est point causée par des préférences que j'aurais pour le représentant d'un autre parti. Je n'ai point de préférences politiques, ou plutôt je n'ai pas d'opinions exclusives. Par mes traditions de famille, je devrais être légitimiste ; je ne le suis pas ; je ne suis pas davantage orléaniste ou républicain.

— Alors qu'êtes-vous donc ?

— Je suis ce que sont bien d'autres Français ; je suis du parti du gouvernement adopté par le pays et qui s'exerce honnêtement en respectant les droits et la liberté de chacun. Je n'aurais peut-être pas choisi le gouvernement que nous avons en ce moment, mais c'est un gouvernement légal et jamais je ne mettrai mon sabre, si léger qu'il puisse être, au service de ceux qui voudraient renverser ce gouvernement.

Vimard s'arrêta, et me prenant la main qu'il me serra fortement :

— Ma foi, mon cher, vous me faites plaisir ; je suis heureux de vous entendre parler ainsi ; dans ce temps de trouble où nous vivons, d'incertitude et d'indécision, cela soutient de voir quelqu'un de ferme, qui ne cherche pas son chemin.

— Et cependant, l'on m'a reproché souvent mon indifférence en matières politiques. Peut-être, en effet, vaut-il mieux être un homme de parti, comme il vaut mieux peut-être aussi être un homme religieux. Les convictions bien arrêtées sont, je crois, une grande force. Mais enfin l'indifférence politique, comme l'indifférence religieuse, n'empêche pas d'être un honnête homme. Et pour en revenir au sujet de notre entretien, je vous donne ma parole que, dans les circonstances présentes, quoi qu'il arrive, je saurai rester un honnête soldat.

Nous marchâmes pendant quelques instants, réfléchissant l'un et l'autre ; Vimard à je ne sais trop quoi, moi à ce que cet entretien avait de singulier ; car venu au Prado pour écouter les confidences et les secrets de Vimard, j'avais parlé presque seul. Il rompit le premier le silence.

— Ainsi, dit-il, on ne vous a jamais fait d'ouvertures dans l'intérêt du parti napoléonien ?

— Jamais.

— Hé bien, je l'ai cru en vous voyant à la bibliothèque, et c'est pour savoir comment vous les aviez accueillies que je vous ai amené ici pour tenir conseil et m'entendre avec vous.

— On vous a donc fait ces ouvertures à vous ?

— Oui, à moi, comme à un grand nombre d'officiers.

— Une conspiration ?

— Non, car s'il avait été question d'une conspiration, on y aurait mis, je pense, plus de réserve.

— C'est tout haut qu'on vous demande si vous êtes disposés à appuyer le rétablissement de l'empire.

— Hé, mon cher, ce n'est pas cela qu'on nous demande,

car, au premier mot, beaucoup d'officiers, moins fermes que vous, tourneraient le dos au négociateur. On nous représente seulement qu'un jour ou l'autre un conflit éclatera entre le président de la République et l'Assemblée, et l'on insiste sur les avantages qu'il y a pour l'armée à se ranger du côté de Louis-Napoléon; en même temps on glisse quelques mots adroits sur les avantages personnels qui résulteront pour les officiers disposés à prendre ce parti. Tout cela se fait doucement, habilement, par un homme qui est l'agent du bonapartisme dans le Midi, le commandant de Solignac.

En entendant ce nom, il m'échappa un mouvement involontaire.

— Vous le connaissez? demanda Vimard.

— Non; j'ai entendu son nom et je l'ai vu figurer dans les procès de Strasbourg et de Boulogne.

— C'était précisément pour savoir quel avait été son rôle dans ces deux affaires que je suis allé à la bibliothèque. Ici il se remue beaucoup, et il n'y a pas d'officier qu'il n'ait vu à Marseille, à Toulon, à Grenoble, à Montpellier; si vous n'arriviez pas d'Afrique, vous le connaîtriez aussi; c'est un homme que je crois très-habile.

— Le procès le montre tel.

— S'il y a jamais un mouvement napoléonien, il tiendra tout le Midi dans sa main, et c'est là un point très-important, car la Provence entière est légitimiste ou républicaine, et l'on assure que la Société des montagnards y est très-puissante. Ce qu'il y a de curieux dans cette action du commandant de Solignac, c'est qu'elle s'exerce d'une façon mystérieuse; on sent sa main partout, mais on ne la trouverait nulle part, si l'on voulait la saisir. En apparence, il vit tranquillement à Cassis, comme un vieux soldat retraité, et il paraît n'avoir pas d'autre occupation que de faire la partie du général Martory, une culotte de peau, celui-là, et tout à fait inoffensif. Pour mieux tromper les soupçons, il fait dire, ou tout au moins il laisse dire qu'il est au mieux avec la fille du général.

— C'est une infamie ! je connais mademoiselle Martory ; c'est une jeune fille charmante ; un pareil propos sur son compte est une monstruosité.

— Je ne connais pas mademoiselle Martory ; ce que je dis n'a donc aucune importance à son égard, mais seulement à l'égard de Solignac.

— Mademoiselle Martory n'a pas vingt ans, ce Solignac en a soixante.

— Pour moi, cela ne prouverait rien ; j'ai vu des jeunes filles séduites par des vieillards ; Dieu vous garde, mon cher Saint-Nérée, d'aimer jamais une femme qui ait été perdue par un vieux libertin. Toute femme peut se relever, excepté quand elle a été flétrie par un vieillard. C'est l'expérience de quelqu'un qui a souffert de ce mal affreux, qui vous parle en ce moment. Enfin, je crois d'autant plus volontiers à la fausseté du bruit qui court sur mademoiselle Martory, que ce bruit profite à Solignac. Mais puisque vous connaissez le général Martory, je ne parle pas davantage du Solignac, car bien certainement un jour ou l'autre vous le rencontrerez, et comme il voudra vous tâter et vous engager, vous verrez alors quel homme c'est. Parole d'honneur, je suis content qu'il s'adresse à vous, il aura à qui parler.

— Croyez bien qu'il a déjà entendu plus d'une fois ce que je lui répondrai : l'armée n'est pas si disposée à se livrer qu'on le veut dire.

XII

Si la présence de ce Solignac au dîner du général Martory m'avait tout d'abord inspiré une certaine inquiétude, maintenant elle me révoltait. A la pensée de me trouver à la même table que cet homme, je n'étais plus maître de moi ; des bouffées de colère m'enflammaient le sang ; l'indignation me soulevait.

Et cependant je ne croyais pas un mot de ce que m'avait dit Vimard. Pas même pendant l'espace d'un millième de seconde, je n'admis la possibilité que ce propos infâme eût quelque chose de fondé. C'était une immonde calomnie, une invention diabolique dont se servait le plus misérable des hommes pour masquer ses cheminements souterrains.

Mais enfin une blessure profonde m'avait été portée ; le souffle empoisonné de cette calomnie avait passé sur mon amour naissant comme un coup de mistral passe au premier printemps sur les campagnes de la Provence : les plantes surprises dans leur éclosion garderont pour toute leur vie la marque de ses brûlures ; sur leurs rameaux reverdis il poussera de nouvelles feuilles, il s'épanouira d'autres fleurs, ce ne seront point celles qui ont été desséchées dans leur bouton.

Et j'allais m'asseoir près de cet homme ; il me parlerait ; je devrais lui répondre.

Sous peine de me voir fermer la maison dont la porte s'ouvrait devant moi, il me faudrait arranger mes réponses au gré du général, au gré même de Clotilde, qui partageait les idées de son père, ou qui tout au moins voulait qu'on ne les contrariât point.

La situation était délicate, difficile, et, quoi qu'il advînt, elle serait pour moi douloureuse. Ce ne fut donc pas le cœur joyeux et l'esprit tranquille que le dimanche matin je me mis en route pour Cassis.

Le général me reçut comme si j'étais son ami depuis dix ans ; quand j'entrai dans le salon il quitta son fauteuil pour venir au-devant de moi et me serrer les mains.

— Exact, c'est parfait, bon soldat ; en attendant le dîner, nous allons prendre un verre de *riquiqui* ; je n'ai plus mon rhumatisme : vive l'empereur !

Il appela pour qu'on nous servît ; mais, au lieu de la servante, ce fut Clotilde qui parut. Elle aussi me reçut comme un vieil ami, avec un doux sourire elle me tendit la main.

Les inquiétudes et les craintes qui m'enveloppaient l'esprit se dissipèrent comme le brouillard sous les rayons du soleil, et instantanément je vis le ciel bleu.

Mais cette éclaircie splendide ne dura pas longtemps, le général me ramena d'un mot dans la réalité.

— Puisque vous êtes le premier arrivé, dit-il, je veux vous faire connaître les convives avec lesquels vous allez vous trouver ; quand on est dans l'intimité comme ici, c'est une bonne précaution à prendre, ça donne toute liberté dans la conversation sans qu'on craigne de casser les vitres du voisin. D'abord, mon ami le commandant de Solignac, dont je vous ai déjà assez parlé pour que je n'aie rien à vous en dire maintenant ; un brave soldat qui eût été un habile diplomate, un habile financier, enfin, un homme que vous aurez plaisir à connaître.

Je m'inclinai pour cacher mon visage et ne pas me trahir.

— Ensuite, continua le général, l'abbé Peyrcuc. Que ça ne vous étonne pas trop de voir un prêtre chez un vieux bleu comme moi; l'abbé Peyreuc n'est pas du tout cagot, c'est un ancien curé de Marseille qui s'est retiré à Cassis, son pays natal; autrefois il pratiquait, dit-on, la gaudriole, maintenant il entend très-bien la plaisanterie. Pas besoin de vous gêner avec lui. Enfin, le troisième convive, César Garagnon, négociant à Cassis, marchand de vin, marchand de pierre, marchand de corail, marchand de tout ce qui se vend cher et s'achète bon marché, un beau garçon en train de faire une belle fortune qu'il serait heureux d'offrir à mademoiselle Clotilde Martory. Mais celle-ci n'en veut pas, ce dont je l'approuve, car la fille d'un général n'est pas faite pour un pékin de cette espèce.

Au moment où le général prononçait ce dernier mot, la porte s'ouvrit devant M. César Garagnon lui-même, et ma jalousie, qui s'éveillait déjà, se calma aussitôt. Il pouvait aimer Clotilde, il devait l'aimer, mais il ne serait jamais dangereux : le parfait bourgeois de province avec toutes les qualités et les défauts qui constituent ce type, qu'il soit Provençal ou Normand, Bourguignon ou Girondin. Puis arriva un prêtre gros, gras et court, la figure rouge, la physionomie souriante, marchant à pas glissés avec des génuflexions, l'abbé Peyreuc, ce qu'on appelle dans le monde « un bonhomme de curé. »

Enfin j'entendis sur les dalles sonores du vestibule un pas rapide et sautillant qui me résonna dans le cœur, et je vis entrer un homme petit, mais vigoureux, maigre et vif, le visage noble et fait pour inspirer confiance s'il n'avait point été déparé par des yeux perçants et mobiles qui ne regardaient jamais qu'à la dérobée, sans se fixer sur rien. Avec cela une rapidité de mouvements vraiment troublante, et en tout la tournure d'un homme d'affaires intrigant et brouillon plutôt que celle d'un militaire ; un vêtement de jeune homme, la moustache et les cheveux teints; des pierres brillantes aux doigts; une voix chantante et fausse.

Je n'eus pas le temps de bien me rendre compte de l'impression qui me frappait, car il vint à moi amené par le général, et une présentation en règle eut lieu. Il me semble qu'il me dit qu'il était heureux de faire ma connaissance ou quelque chose dans ce genre, mais j'entendis à peine ses paroles; en tous cas je n'y répondis que par une inclinaison de tête.

Comment allait-on nous placer à table? M. de Solignac serait-il à côté de Clotilde? lui donnerait-il le bras pour passer dans la salle à manger? Ces interrogations m'obsédaient sans qu'il me fût possible d'en détacher mon esprit. Déjà je n'étais plus tout au bonheur de voir Clotilde; malgré moi le souvenir des paroles de Vimard me pesait sur le cœur; en regardant Clotilde et M. de Solignac je me disais, je me répétais que c'était impossible, absolument impossible, et cependant je les regardais, je les épiais.

Heureusement rien de ce que je craignais ne se réalisa: Clotilde entra la première dans la salle à manger, et comme la femme n'était rien dans la maison du général, celui-ci plaça à sa droite et à sa gauche l'abbé Peyreuc et M. de Solignac. Assis près de Clotilde, frôlant sa robe, je respirai. Pourvu qu'on n'entreprît pas ma conversion politique, je pouvais être pleinement heureux; après le dîner, si M. de Solignac m'emmenait dans le jardin pour me catéchiser, je saurais me défendre. Mais un mot dit par hasard ou avec intention ne nous entraînerait-il pas dans la politique pendant ce dîner? la question était là.

Tout d'abord les choses marchèrent à souhait pour

moi, grâce au général et à l'abbé Peyreuc, qui s'engagèrent dans une discussion sur « le maigre. » Le général, qui avait connu chez Murat le fameux Laguipierre, racontait que celui-ci lui avait affirmé et juré qu'au temps où il était cuisinier au couvent des Chartreux, la règle traditionnelle dans cette maison était de faire des sauces maigres avec « du bon consommé et du blond de veau. » L'abbé Peyreuc soutenait que c'était là une invention voltairienne, et la querelle se continuait avec force drôleries du côté du général, qui tombait sur les moines, et contait, à l'appui de son anecdote, toutes les plaisanteries plus ou moins grivoises qui avaient cours à la fin du XVIIIe siècle. L'abbé Peyreuc se défendait et défendait « la religion » sérieusement. Tout le monde riait, surtout le général, qui méprisait « la prêtraille » et n'admettait le prêtre qu'individuellement « parce que, malgré tout, il y en a de bons : l'abbé, par exemple, qui est bien le meilleur homme que je connaisse. »

Mais au dessert ce que je craignais arriva : un mot dit en l'air par le négociant nous fit verser dans la politique, et instantanément nous y fûmes plongés jusqu'au cou.

— Il paraît qu'on a encore découvert des complots, dit M. Garagnon.

— On en découvrira tant que nous n'aurons pas un gouvernement assuré du lendemain, répliqua M. de Solignac; tant que les partis ne se sentiront pas impuissants, ils s'agiteront, surtout les républicains, qui croient toujours qu'on veut leur voler leur République. Ces gens-là sont comme ces mères de mélodrame à qui l'on « a volé leur enfant. »

Pendant que M. de Solignac s'exprimait ainsi, je remarquai en lui une particularité qui me parut tout à fait caractéristique. C'était à M. Garagnon qu'il répondait et il s'était tourné vers lui ; mais, bien que par ses paroles, par la direction de la tête, par les gestes, il s'adressât au négociant, par ses regards circulaires, qui allaient rapidement de l'un à l'autre, il s'adressait à tout le monde. Cette façon de quêter l'approbation me frappa.

— Voilà qui prouve, conclut le général, qu'il nous faut au plus vite le rétablissement de l'empire, ou bien nous retombons dans l'anarchie.

— Je crois que la conclusion du général, reprit M. de Solignac, est maintenant généralement adoptée ; je ne dis pas qu'elle le soit par tout le monde, — le regard circulaire s'arrondit jusqu'à moi, — mais elle l'est par la majorité du pays. Ce n'est plus qu'une affaire de temps.

— Et comment croyez-vous que cela se produira ? demanda l'abbé Peyreuc.

— Ah ! cela, bien entendu, je n'en sais rien. Mais peu importent la forme et les moyens. Quand une idée est arrivée à point, elle se fait jour fatalement ; quelques obstacles qu'elle rencontre, elle les perce pour éclore.

— Vous prévoyez donc des obstacles ? demanda l'abbé Peyreuc, qui décidément tenait à pousser à fond la question.

— Il faut toujours en prévoir.

— C'est là ce qui fait le bon officier, dit le général ; il voit la résistance qu'on lui opposera, et il s'arrange de manière à l'enfoncer.

— Dans le cas présent, continua M. de Solignac, je ne vois pas d'où la résistance pourrait venir. On me répondra peut-être, — le regard circulaire s'arrêta sur moi, — et l'armée ? En effet, l'armée seule pourrait, si elle le voulait, maintenir le semblant de gouvernement que nous avons et le faire fonctionner, mais elle ne le voudra pas.

— Assurément, elle ne le voudra pas, affirma le général.

— Elle ne le voudra pas, reprit M. de Solignac, parce que l'armée n'a pas de politique.

— Eh bien! alors? demanda M. Garagnon, surpris.

— Je comprends que ce que je dis vous étonne ; mais vous, négociant, vous devez l'admettre mieux que personne. Je dis que l'armée en général n'a pas de politique, mais je dis en même temps qu'elle a des intérêts, et c'est à ses intérêts qu'en fin de compte on obéit toujours en ce monde.

Bien que je me fusse promis de ne pas intervenir dans cette discussion, je ne fus pas maître de moi, et, en entendant cette théorie qui atteignait l'armée dans son honneur, et par là m'atteignait personnellement, je ne pensai plus à la réserve que je voulais garder et levai la main pour répondre.

Mais, en même temps, je sentis un pied se poser doucement sur le mien.

C'était Clotilde qui me demandait de garder le silence.

Je la regardai ; elle sourit ; je restai interdit, éperdu, enivré, le bras levé, les lèvres ouvertes et ne parla point.

XIII

Avec son habitude de regarder sans cesse autour de mi pour savoir qui l'appuyait ou le désapprouvait, M. de Solignac avait parfaitement vu mon mouvement.

Il s'arrêta et, me regardant en face pour une seconde :

— M. de Saint-Nérée veut parler, il me semble, dit-il.

Ainsi mis en cause directement, je ne pouvais plus me taire. Mais le pied de Clotilde me pressa plus fortement. J'hésitai un moment, quelques secondes peut-être.

— Eh bien? demanda le général.

Clotilde à son tour me regarda.

— Je n'ai rien à dire, général.

— Capitaine, je vous demande pardon, dit M. de Solignac, j'ai mal vu : j'ai de si mauvais yeux.

— Vous vous adressiez à M. Garagnon, dit Clotilde.

— Parfaitement, et je disais que l'armée, ni plus ni moins qu'un individu, obéissait toujours à ses intérêts. Cela est bien naturel, n'est-ce pas, monsieur Garagnon?

— Pour soi d'abord, pour son voisin ensuite.

— Cela n'est pas chrétien, dit l'abbé Peyreuc en souriant finement.

— Non, mais cela est humain, et le genre humain existait avant le christianisme, continua M. de Solignac; c'est pour cela sans doute qu'il obéit si souvent à ses vieilles habitudes. Or, dans les circonstances présentes, qui peut le mieux servir les intérêts de l'armée? Si nous trouvons une réponse à cette question, nous aurons bien des chances de savoir, ou, si l'on aime mieux, — le regard se glissa vers moi, — de prévoir dans quelle balance l'armée doit déposer son épée. Ce n'est pas le parti légitimiste, n'est-ce pas? Nous n'avons pas oublié que nous avons été les brigands de la Loire.

— Je m'en souviens, interrompit le général en frappant sur la table.

— Ce n'est pas davantage le parti orléaniste, car, sous le gouvernement de la bourgeoisie, l'armée est livrée aux remplaçants militaires. Ce n'est pas davantage le parti républicain, qui demande la suppression des armées permanentes.

5.

— Quelle stupidité ! s'écria le général.

— Si ces trois partis ne peuvent rien pour l'armée, il en reste un qui peut tout pour elle : le parti bonapartiste. C'est un Napoléon seul qui peut donner à la France la revanche de Waterloo et déchirer les traités de 1815. C'est sous le premier des Napoléon qu'on a vu le soldat devenir maréchal de France, duc et prince. L'armée est donc bonapartiste dans ses chefs et dans ses soldats, et elle ne pourrait pas ne pas l'être quand même elle le voudrait, puisque Napoléon est synonyme de victoire et de gloire, les deux mots les plus entraînants pour les esprits français.

— Bravo ! cria le général, très-bien, admirablement raisonné. C'est évident.

— Si l'armée ne s'oppose pas au rétablissement de l'empire, qui s'y opposera ? Est-ce le clergé ? Je ne le crois pas. Le clergé sait très-bien qu'il a plus à gagner avec l'empire qu'avec le gouvernement de Henri V.

— Hum ! hum ! dit le général en grommelant.

— Je m'en rapporte à M. l'abbé.

J'eus un moment d'espérance, croyant que l'abbé allait protester; il n'était pas retenu comme moi, et il pouvait parler au nom de la vérité, de la dignité et de la justice.

— Le prince Louis-Napoléon paraît vouloir respecter la liberté religieuse, dit l'abbé Peyreuc.

— J'étais certain que M. l'abbé Peyreuc ne me contredirait pas, poursuivit M. de Solignac. Henri V n'a pas besoin du clergé; le prince, au contraire, en a besoin; voilà pourquoi le clergé préférera le prince à Henri V : il sera certain de se faire payer cher les services qu'il rendra. Pas plus que le clergé, la bourgeoisie ne résistera, elle a besoin d'un gouvernement stable.

— Il nous faut un gouvernement fort, interrompit M. Garagnon, qui nous laisse travailler et fasse nos affaires politiques à l'étranger pendant que nous faisons nos affaires commerciales chez nous. C'est au moins celui-là que veulent les honnêtes gens. Ceux qui s'occupent de politique sont des « propres à rien » qui ont des effets en souffrance ; ils comptent sur les révolutions pour ne pas les payer.

Celui-là aussi désertait à son tour, et je restais seul pour protester, mais je ne protestai point.

— Quant au peuple, c'est lui qui gagnera le plus au rétablissement de l'empire, qui est la continuation de 89.

L'empire continuateur des idées de 89, l'empire qui a détourné le cours de la Révolution et rétabli à son profit les institutions de l'ancien régime, c'était vraiment bien fort, mais j'avais entendu déjà trop de choses de ce genre sans répliquer pour ne pas laisser passer encore celle-là. Que m'importait après tout, car bien que ce discours s'adressât à moi, je pouvais me taire tant qu'il ne me prenait pas directement à partie? le mépris du silence était un genre de réponse, genre peu courageux, peu digne, il est vrai, mais je payais ma lâcheté d'un plaisir trop doux pour me révolter contre elle.

D'ailleurs je n'avais plus besoin de prudence que pour peu de temps, le dîner touchait à sa fin.

Mais un incident se présenta, qui vint me prouver que je m'étais flatté trop tôt, d'échapper au danger de me prononcer franchement et de me montrer l'homme que j'étais.

On avait apporté sur la table une vieille bouteille de vin du cap de l'Aigle, dont l'aspect était tout à fait vénérable.

— Le vin blanc que vous avez bu jusqu'à présent, me

dit le général, et que vous avez trouvé bon, n'est pas le seul produit de notre pays; nous faisons aussi du vin de liqueur, et voici une vieille bouteille qui mérite d'être dégustée religieusement. Aussi je trouve que le meilleur usage que nous en puissions faire, c'est de la boire au souvenir de Napoléon.

Il emplit son verre, et la bouteille passa de main en main.

Alors le général, levant son verre de sa main droite et posant sa main gauche sur son cœur:

— A Napoléon, à l'empereur!

Incontestablement j'aurais mieux aimé boire mon vin tout simplement sans y joindre cet accompagnement; mais enfin ce n'était là qu'un toast historique, et, pour être agréable à Clotilde, je pouvais le porter sans scrupule.

Je levai donc mon verre et le choquai doucement contre celui de tous les convives, en m'arrangeant cependant pour paraître effleurer celui de M. de Solignac, et, en réalité, ne pas le toucher.

Puis le vin bu, et il était excellent, je me dis que j'en étais quitte à bon compte; mais tout n'était pas fini.

— Puisque nous sommes ici tous unis dans une même pensée, dit M. de Solignac remplissant de nouveau son verre, je demande à porter un toast qui complétera celui du général: A l'héritier de Napoléon, à son neveu, à Napoléon III.

Cette fois, c'était trop: Clotilde me tendit la bouteille, je la passai à mon voisin sans emplir mon verre.

Le pied de Clotilde pressa plus fortement le mien.

— Ce vin ne vous paraît pas bon? demanda le général.

— Il est exquis; mais le premier verre me suffit; je ne saurais en boire un second.

M. de Solignac étendit le bras. Je ne bougeai point. Rapidement le pied de Clotilde se retira de dessus le mien. Je voulus le reprendre ; je ne le trouvai point. Pendant ce temps, les verres sonnaient les uns contre les autres.

Heureusement on se leva bientôt de table, et ce fut une distraction au malaise que cette scène avait causé à tout le monde, — M. de Solignac excepté.

Le négociant était un brave homme qui aimait la paix, il voulut nous empêcher de revenir à une discussion qui l'effrayait, et il proposa une promenade en mer, qui fut acceptée avec empressement.

Nous nous rendîmes au port ; mais malgré tous mes efforts pour rester seul en arrière avec Clotilde, je ne pus y réussir. J'aurais voulu m'expliquer, m'excuser, lui faire sentir que je me serais avili en portant ce toast ; mais elle ne parut pas comprendre mon désir, ou tout au moins elle ne voulut pas le satisfaire.

Nous nous embarquâmes dans le canot sans qu'il m'eût été possible de lui dire un seul mot en particulier.

Le but de notre promenade était le gouffre de Portmiou, qui se trouve à une petite distance de Cassis ; c'est une anse pittoresque s'ouvrant tout à coup dans la ligne des montagnes blanchâtres qui va jusqu'à Marseille ; la mer pénètre dans cette anse par une étroite ouverture, puis, s'élargissant, elle forme là un petit port encaissé dans de hauts rochers déchiquetés ; au milieu de ce port jaillissent plusieurs sources d'eau douce.

On aborda, et nous descendîmes sur la terre, ou, plus justement, sur la pierre, car sur ces côtes à l'aspect désolé la terre végétale n'étant plus retenue par les racines des arbres ou des plantes, a été lavée et emportée à la mer, de sorte qu'il ne reste qu'un tuf raboteux et crevassé.

Nous nous étions assis à l'ombre d'un grand rocher. Après quelques minutes, Clotilde se leva et se mit à sauter de pierre en pierre. Peu de temps après, je me levai à mon tour et la suivis.

Quand je la rejoignis, elle était sur la pointe d'un petit promontoire et elle regardait au loin, droit devant elle, comme si, par ses yeux, elle voulait s'enfoncer dans l'azur.

— N'est-ce pas que c'est un curieux pays que la Provence? dit-elle en entendant mon pas sur les rochers et en se tournant vers moi, mais peut-être n'aimez-vous pas la Provence comme je l'aime?

— Ce n'est pas pour vous parler de la Provence que j'ai voulu vous suivre, c'est pour vous expliquer ce qui s'est passé à propos de ce toast...

— Oh! de cela, pas un mot, je vous prie. J'ai voulu vous empêcher de prendre part à une discussion dangereuse; je n'ai pas réussi, c'est un malheur. Je regrette de m'être avancée si imprudemment; je suis punie par où j'ai péché. C'est ma faute. Je suis seule coupable. Mon intention cependant était bonne, croyez-le.

— C'est moi...

— De grâce, brisons là; ce qui rappelle ce dîner me blesse...

Et elle me tourna le dos pour s'avancer à l'extrémité du promontoire; elle alla si loin qu'elle était comme suspendue au-dessus de la mer brisant à vingt mètres sous ses pieds. J'eus peur et je m'avançai pour la retenir. Mais elle se retourna et revint de deux pas en arrière.

Je voulus reprendre l'entretien où elle l'avait interrompu, mais elle me prévint :

— Monsieur votre père est l'ami de Henri V, n'est-ce pas? dit-elle brusquement.

— Mon père a donné sa démission en 1830; mais il n'est pas en relations suivies avec le roi.

— Enfin il lui est resté fidèle et dévoué?

— Assurément.

— Et vous, vous êtes l'ami du duc d'Aumale?

— J'ai servi sous ses ordres en Afrique, et il m'a toujours témoigné une grande bienveillance; mais je ne suis point son ami dans le sens que vous donnez à ce mot.

— Enfin cela suffit; cela explique tout.

J'aurais mieux aimé qu'elle comprît les véritables motifs de ma répulsion pour Louis-Napoléon, et j'aurais voulu qu'elle ne se les expliquât point par des questions de personne ou d'intérêt, mais enfin, puisqu'elle acceptait cette explication et paraissait s'en contenter, c'était déjà quelque chose; j'avais mieux à faire que de me jeter dans la politique.

— Puisque vous m'avez interrogé, lui dis-je, permettez-moi de vous poser aussi une question et faites-moi, je vous en supplie, la grâce d'y répondre : Partagez-vous les idées de monsieur votre père?

— Certainement.

— Oui, mais enfin les avez-vous adoptées avec une foi aveugle, exclusive, qui élève une barrière entre vous et ceux qui ne partagent pas ces idées?

— Et que vous importe ce que je pense ou ne pense pas en politique et même si je pense quelque chose?

Il fallait parler.

— C'est que cette question est celle qui doit décider mon avenir, mon bonheur, ma vie. Et si je vous la pose avec une si poignante angoisse, la voix tremblante, frémissant comme vous me voyez, c'est que je vous aime, chère Clotilde, c'est que je vous adore...

— Oh! taisez-vous! dit-elle, taisez-vous!

— Non! il faut que je parle, il faut que vous m'entendiez, il faut que vous sachiez...

Elle étendit vivement la main, et son geste fut si impérieux que je m'arrêtai.

— M. de Solignac, dit-elle à voix étouffée.

C'était en effet M. de Solignac qui nous rejoignait après avoir escaladé les rochers par le lit d'un ravin.

— Vous arrivez bien, dit Clotilde restant la main toujours étendue; vous allez nous départager : M. de Saint-Nérée dit que le navire que vous voyez là-bas manœuvrant pour entrer à Marseille, est un vapeur; moi je soutiens que c'est un bateau à voiles; et vous, que dites-vous?

XIV

Ma vie depuis deux mois a été un enchantement.

Ce mot explique mon long silence; je n'ai eu que juste le temps d'être heureux, et dans mes journées trop courtes il ne m'est pas resté une minute pour conter mon bonheur.

Le bonheur, Dieu merci, n'est pas une chose définie et bornée. Malgré les progrès de la science, on n'est pas encore arrivé à déterminer d'une manière rigoureuse, par l'analyse, ses éléments constitutifs :

Amour,	1,730
Gaîté,	0,367
Tempérament,	0,001
Divers,	0,415
	2,513

Température variable, mais toujours au-dessus de zéro.

Il me semble d'ailleurs que le mot enchantement dont je me suis servi explique mieux que de longues phrases mon état moral : j'ai vécu depuis deux mois dans un rêve délicieux.

Réveillé, racontez votre rêve à quelqu'un, ou simplement racontez-vous-le à vous-même, et ce qui vous a charmé ne sera plus que peu de chose : il y a des sensations comme des sentiments que les paroles humaines ne sauraient rendre.

Il est vrai qu'il y a des poètes qui ont su parler du bonheur et qui l'ont fait admirablement ; c'étaient des poètes, je ne suis qu'un soldat : ce que j'ai vu, je sais le dire tant bien que mal ; ce que j'ai entendu, je sais le rapporter plus ou moins fidèlement, mais analyser des sentiments, expliquer un caractère, résumer une série d'incidents dans un trait saillant, ce n'est point mon fait.

Dans ces deux mois, je n'ai eu qu'une semaine d'inquiétude, mais elle a été terriblement longue et douloureuse. C'est celle qui a suivi notre entretien au gouffre de Portmiou.

Surpris par M. de Solignac nous avions dû redescendre par le lit du ravin sans qu'il nous fût possible d'échanger une seule parole en particulier. On ne pouvait marcher qu'à la file dans ce ravin étroit et raboteux : Clotilde était passée la première, M. de Solignac l'avait rapidement suivie et j'étais resté le dernier. Dans cette position il nous était impossible de nous dire un mot intime, et j'avais dû me contenter d'écouter Clotilde parlant avec volubilité de la mer, du ciel, des navires, de Marseille et de dix autres choses, ce qui en ce moment n'était pour moi qu'un vain bruit.

J'espérais être plus heureux en arrivant au rivage, mais là encore M. de Solignac s'était placé entre nous, et de même en bateau quand nous nous étions rembarqués.

On a fait une comédie sur ce mot que, quand on dit aux gens qu'on les aime, il faut au moins leur demander ce qu'ils en pensent. Cette situation était exactement la mienne ; seulement au lieu de la prendre par le côté comique, je la prenais par le côté tragique : la crainte et l'angoisse m'oppressaient le cœur ; j'avais dit à Clotilde que je l'aimais : que pensait-elle de mon amour? que pensait-elle surtout de mon aveu?

Si je ne pouvais la presser de questions et la supplier de me répondre, je pouvais au moins l'interroger du regard. Ce fut le langage que je parlai, en effet, toutes les fois que mes yeux purent rencontrer les siens.

Mais qui sait lire dans les yeux d'une femme, avec la certitude de ne pas se tromper? Je n'ai point cette science. Chaque fois que le regard de Clotilde se posa sur moi, il me sembla qu'il n'était chargé ni de reproches ni de colère, mais qu'il était troublé, au contraire, par une émotion douce. Seulement, cela n'était-il pas une illusion de l'espérance? Le désir pour la réalité? La question était poignante pour un esprit comme le mien, toujours tourmenté du besoin de certitude, qui voudrait que dans la vie tout se décidât par un oui ou par un non.

Ah ! qu'un mot appuyant et confirmant ce regard m'eût été doux au cœur !

Cependant, il fallut partir sans l'avoir entendu ce mot, et il fallut pendant huit jours rester à Marseille en proie au doute, à l'incertitude et à l'impatience.

Enfin, ces huit jours s'écoulèrent secondes après secondes, heures après heures, et le dimanche arriva : je pouvais maintenant faire une visite au général, je le devais.

Je m'arrangeai pour arriver à Cassis au moment où le général se lèverait de table.

Quand celui-ci me vit entrer, il poussa des exclamations de gronderie :

— Voilà un joli soldat qui se présente quand on sort de table ; pourquoi n'êtes-vous pas venu pour *déjuner*?

— Je suis venu pour faire votre partie et vous demander ma revanche.

— Ça, c'est une excuse.

Le regard de Clotilde que j'épiais parut m'approuver.

Comme la première fois que j'avais déjeuné à Cassis, le général s'allongea dans son fauteuil, et, sa pipe allumée, il écouta : « *Veillons au salut de l'empire* » que lui joua sa fille. Puis bientôt il s'endormit.

C'était le moment que j'attendais. J'allais pouvoir parler, j'allais savoir. Jamais mon cœur n'avait battu si fort, même lorsque j'ai chargé les Kabyles pour mon début.

Lors de mon premier déjeuner à Cassis, Clotilde, voyant son père endormi, m'avait proposé une promenade au jardin. En serait-il de même cette fois ? J'attendis. Puis, voyant qu'elle restait assise devant son piano, sans jouer, je lui demandai si elle ne voulait pas venir dans le jardin.

Alors, elle se tourna vers moi, et me regardant en face, elle me dit à voix basse :

— Restons près de mon père.

— Mais j'ai à vous parler ; il faut que je vous parle ; je vous en supplie.

— Et moi, dit-elle, je vous supplie de ne pas insister, car il ne faut pas que je vous écoute.

— Vous m'écoutiez l'autre jour.

— C'est un bonheur que vous ayez été interrompu, et

si vous ne l'aviez pas été, je vous aurais demandé, comme je vous demande aujourd'hui, de n'en pas dire davantage.

— Eh quoi, c'était là ce que vos regards disaient?

Elle garda un moment le silence; mais bientôt elle reprit d'une voix étouffée:

— A votre tour, écoutez-moi; maintenant que vous connaissez les idées de mon père, croyez-vous qu'il écouterait ce que vous voulez me dire?

Je la regardai stupéfait et ne répondis point.

— Si vous le croyez, dit-elle en continuant, parlez et je vous écoute; si, au contraire, vous ne le croyez pas, épargnez-moi des paroles qui seraient un outrage.

Le mauvais de ma nature est de toujours faire des plans d'avance, et quand je prévois que je me trouverai dans une situation difficile de chercher les moyens pour en sortir. Cela me rend quelquefois service mais le plus souvent me laisse dans l'embarras, car il est bien rare dans la vie que les choses s'arrangent comme nous les avons disposées. Ce fut ce qui m'arriva dans cette circonstance. J'avais prévu que Clotilde refuserait de venir dans le jardin et de m'écouter, j'avais prévu qu'elle y viendrait et me laisserait parler; mais je n'avais pas du tout prévu cette réponse. Aussi je restai un moment interdit, ne comprenant même pas très-bien ce qu'elle m'avait dit, tant ma pensée était éloignée de cette conclusion.

Mais, après quelques secondes d'attention, la lumière se fit dans mon esprit.

— Vous me défendez cette maison! m'écriai-je sans modérer ma voix et oubliant que le général dormait.

— Voulez-vous donc éveiller mon père?

En effet, le général s'agita sur son fauteuil

Clotilde aussitôt se remit à son piano, et bientôt la respiration du général montra qu'il s'était rendormi.

Pendant assez longtemps nous restâmes l'un et l'autre silencieux : je ne sais ce qui se passait en elle; mais pour moi j'avais peur de reprendre notre entretien qui, sur la voie où il se trouvait engagé, pouvait nous entraîner trop loin. J'avais brusquement, emporté par une impatience plus forte que ma volonté, avoué mon amour; mais si angoissé que je fusse d'obtenir une réponse décisive, j'aimais mieux rester à jamais dans l'incertitude que d'arriver à une rupture.

Clotilde avait répondu d'une façon obscure ; fallait-il maintenant l'obliger à expliquer ce qui était embarrassé et préciser ce qui était indécis? Déjà, pour n'avoir pas voulu me contenter du regard qui avait été sa première réponse, j'avais vu ma situation devenir plus périlleuse ; maintenant, fallait-il insister encore et la pousser à bout ?

Était-elle femme, d'ailleurs, à parler la langue nette et précise que je voulais entendre? Et ne trouverait-elle pas encore le moyen de donner à sa pensée une forme qui permettrait toutes les interprétations ?

Ce fut elle qui rompit la première ce silence.

— Qu'avez-vous donc compris? dit-elle, je cherche et ne trouve pas; vous défendre cette maison, moi?

— Il me semble...

— Je ne me rappelle pas mes paroles, mais je suis certaine de n'avoir pas dit un mot de cela.

— Si ce ne sont pas là vos propres paroles, c'est au moins leur sens général.

— Alors, je me suis bien mal expliquée : j'ai voulu vous prier de ne pas revenir sur un sujet qui avait été interrompu l'autre jour, et pour cela je vous ai demandé de considérer les sentiments de mon père. Il me semblait que ces sentiments devraient nous interdire des paroles comme celles qui vous ont échappé à Portmiou. Voilà ce que j'ai voulu dire ; cela seulement et rien de plus. Vous voyez bien qu'il n'a jamais été dans ma pensée de vous « défendre cette maison. »

— Et si malgré moi, entraîné par mon... par la violence de..., si je reviens à ce sujet?

— Mais vous n'y reviendrez pas, puisque maintenant vous savez qu'il ne peut pas avoir de conclusion.

— Jamais?

— Et qui parle de jamais? pourquoi donc donnez-vous aux mots une étendue qu'ils n'ont pas? Jamais, c'est bien long. Je parle d'aujourd'hui, de demain. Qui sait où nous allons, et ce que nous serons? Chez mon père, même chez vous, les sentiments peuvent changer ; pourquoi ne se modifieraient-ils pas comme les circonstances? Mon père a pour vous beaucoup de sympathie, je dirai même de l'amitié, et vous pouvez pousser ce mot à l'extrême, vous ne serez que dans la vérité : laissez faire cette amitié, laissez faire aussi le temps...

— Eh bien, que dites-vous donc? demanda le général en s'éveillant.

— Je dis à M. de Saint-Nérée que tu as pour lui une vive sympathie.

— Très-vrai, mon cher capitaine, et je vous prie de croire que ce qui s'est passé l'autre jour ne diminue en rien mon estime pour vous. J'aimerais mieux que nous fussions de la même religion ; mais un vieux bleu comme moi sait ce que c'est que la liberté de conscience.

On apporta les échecs et je me plaçai en face du général, pendant que Clotilde s'installait à la porte qui ouvre sur le jardin. En levant les yeux je la trouvais devant moi la tête inclinée sur sa tapisserie; c'était un admirable profil qui se dessinait avec netteté sur le fond de verdure; de temps en temps elle se tournait vers nous pour voir où nous en étions de notre partie, et alors nos regards se rencontraient, se confondaient.

Notre partie fut longuement débattue, et cette fois encore je la perdis avec honneur.

— Puisque vous n'êtes pas venu dîner, vous allez rester à souper, dit le général; vous vous en retournerez à la fraîche.

— Êtes-vous à cheval ou en voiture? demanda Clotilde.

— En voiture, mademoiselle.

— Eh bien, alors je propose à père de vous accompagner ce soir; la nuit sera superbe; nous vous conduirons jusqu'à la Cardiolle et nous reviendrons à pied. Cela te fera du bien de marcher, père.

Ce fut ainsi que, malgré notre diversité d'opinions, nous ne nous trouvâmes pas séparés. Je retournai à Cassis le dimanche suivant, puis l'autre dimanche encore; puis enfin, il fut de règle que j'irais tous les jeudis et tous les dimanches. Je ne pouvais pas parler de mon amour; mais je pouvais aimer et j'aimais.

M. de Solignac, presque toujours absent, me laissait toute liberté, — j'entends liberté de confiance.

XV

Je crus qu'il me fallait un prétexte auprès du général pour justifier mes fréquentes visites à Cassis, et je ne trouvai rien de mieux que de le prier de me raconter ses campagnes. Bien souvent, dans le cours de la conversation, il m'en avait dit des épisodes, tantôt l'un, tantôt l'autre, au hasard; mais ce n'étaient plus des extraits que je voulais, c'était un ensemble complet.

Je dois avouer qu'en lui adressant cette demande, je pensais que j'aurais quelquefois des moments durs à passer; tout ne serait pas d'un intérêt saisissant dans cette biographie d'un soldat de la République et de l'empire, mais j'aurais toujours Clotilde devant moi, et s'il fallait fermer les oreilles, je pourrais au moins ouvrir les yeux.

Mais en comptant que dans ces récits il faudrait faire une large part aux redites et aux rabâchages d'un vieux militaire, qui trouve une chose digne d'être rapportée en détail, par cela seul qu'il l'a faite ou qu'il l'a vue, — j'avais poussé les prévisions beaucoup trop loin. Très-curieux, au contraire, ces récits, pleins de faits que l'histoire néglige, parce qu'ils ne sont pas nobles, mais qui seuls donnent bien la physionomie et le caractère d'une époque, — et quelle époque que celle qui voit finir le vieux monde et commencer le monde nouveau! — remplie, largement remplie pour un soldat, la période qui va de 1792 à 1815.

Le général Martory est fils d'un homme qui a été une illustration du Midi, mais une des illustrations qui conduisaient autrefois à la potence ou aux galères, et non aux honneurs. Le père Martory, Privat Martory, était en effet, sous Louis XV et Louis XVI, le plus célèbre des faux-sauniers des Pyrénées, et il paraît que ses exploits sont encore racontés de nos jours dans les anciens pays du Conflent, du Vallespire, de la Cerdagne et du Caspir. Ses démêlés et ses luttes avec ce qu'on appelait alors la *justice bottée* sont restés légendaires.

Dès l'âge de neuf ans, le fils accompagna le père dans ses expéditions, et tout enfant il prit l'habitude de la marche, de la fatigue, des privations et même des coups de fusil. Depuis le port de Vénasque jusqu'au col de Pertus il n'est pas un passage des Pyrénées qu'il n'ait traversé la nuit ou le jour avec une charge de sel ou de tabac sur le dos.

A pareille vie les muscles, la force, le caractère et le courage se forment vite. Aussi, à quinze ans, le jeune Martory est-il un homme.

Mais précisément au moment même où il va pouvoir prendre place à côté de son père et continuer les exploits de celui-ci, deux incidents se présentent qui l'arrêtent dans sa carrière. Le premier est la mort de Privat Martory, qui attrape une mauvaise balle dans une embuscade à la frontière. Le second est la loi du 10 mai 1790, qui supprime la gabelle.

Le jeune Martory est fier, il ne veut pas rester simple paysan dans le pays où il a été une sorte de héros, car les faux-sauniers étaient des personnages au temps de la gabelle, où ils devenaient une providence pour les pauvres gens qui voulaient fumer une pipe et saler leur soupe. Il quitte son village n'ayant pour tout patrimoine qu'une veste de cuir, une culotte de velours et de bons souliers.

Où va-t-il? il n'en sait rien, droit devant lui, au hasard; il a de bonnes jambes, de bons bras et l'inconnu l'attire. Avec cela, il n'a pas peur de rester un jour ou deux sans manger; il en est quitte pour serrer la ceinture de sa culotte, et quand une bonne chance se présente, il dîne pour deux.

Après six mois, il ne s'est pas encore beaucoup éloigné de son village; car il s'est arrêté de place en place, là où le pays lui plaisait et où il trouvait à travailler, valet de ferme ici, domestique d'auberge là. Au mois de novembre, il arrive à la montagne Noire, ce grand massif escarpé qui commence les Cévennes.

La saison est rude, le froid est vif, les jours sont courts, les nuits sont longues, la terre est couverte de neige, et l'on ne trouve plus de fruits aux arbres : la route devient pénible pour les voyageurs et il ferait bon trouver un nid quelque part pour passer l'hiver. Mais où s'arrêter, le pays est pauvre, et nulle part on ne veut prendre un garçon de quinze ans qui n'a pour tous mérites qu'un magnifique appétit.

Il faut marcher, marcher toujours comme le juif errant, sans avoir cinq sous dans sa poche.

Il marche donc jusqu'au jour où ses jambes refusent de le porter, car il arrive un jour où lui, qui n'a jamais été malade, se sent pris de frisson avec de violentes douleurs dans la tête et dans les reins; il a soif, le cœur lui manque, et grelottant, ne se soutenant plus, il est obligé de demander l'hospitalité à un paysan.

La nuit tombait, le vent soufflait glacial, on ne le repoussa point et on le conduisit à une bergerie où il put se coucher; la chaleur du fumier et celle qui se dégageait de cent cinquante moutons tassés les uns contre les autres, l'empêcha de mourir de froid, mais elle ne le réchauffa point, et toute la nuit il trembla.

Le lendemain matin, en entrant dans l'étable, le pâtre le trouva étendu sur son fumier, incapable de faire un mouvement. Sa figure et ses mains étaient couvertes de boutons rouges. C'était la petite vérole.

On voulut tout d'abord le renvoyer; mais à la fin on eut pour lui la pitié qu'on aurait eue pour un chien, et on le laissa dans le coin de son étable. Malheureusement les gens chez lesquels le hasard l'avait fait tomber étaient si pauvres, qu'ils ne pouvaient rien pour le secourir, les moutons appartenant à un propriétaire dont ils n'étaient que les fermiers.

Pendant un mois, il resta dans cette étable, s'enfonçant dans le fumier quand se faisait sentir le froid de la nuit, et n'ayant, pour se soutenir, d'autre ressource que de téter les brebis qui venaient d'agneler.

Cependant il avait l'âme si solidement chevillée dans le corps, qu'il ne mourut point.

Ce fut quand il commença à entrer en convalescence qu'il endura les plus douloureuses souffrances, — celles de la faim, car les braves gens qui le gardaient dans leur étable n'avaient pas de quoi le nourrir, et le lait des brebis ne suffisait plus à son appétit féroce.

Il faut que le visage tuméfié et couvert de pustules il se remette en route au milieu de la neige pour chercher un morceau de pain. La France n'avait point alors des établissements hospitaliers dans toutes les villes. Presque toutes les portes se ferment devant lui; on le repousse par peur de la contagion.

A la fin, on veut bien l'employer à Castres comme terrassier pour vider un puisard empoisonné et il est heureux de prendre ce travail que tous les ouvriers du pays ont refusé.

Il se rétablit, et son esprit aventureux le pousse de pays en pays : bûcheron ici, chien de berger là, maquignon, marinier, etc.

Pendant ce temps, la Révolution s'accomplit, la France est envahie, on parle de patrie, d'ennemis, de bataille, de victoire; il a dix-sept ans, il s'engage comme tambour.

Enfin, il a trouvé sa vocation, et il faut convenir qu'il a été bien préparé au dur métier de soldat de la Révolution et de l'empire; pendant vingt-trois ans il parcourra l'Europe dans tous les sens, et les fatigues pas plus que les maladies ne pourront l'arrêter un seul jour; il rôtira dans les sables d'Égypte, il pourrira dans les boues de la Pologne, il gèlera dans la retraite de Russie, et toujours on le trouvera debout le sabre en main. C'est avec ces hommes qui ont reçu ce rude apprentissage de la vie, que Napoléon accomplira des prodiges qui paraissent invraisemblables aux militaires d'aujourd'hui.

Pour son début, il est enfermé dans Mayence, ce qui est vraiment mal commencer pour un beau mangeur; mais la famine qu'il endure à Mayence ne ressemble en rien à la faim atroce dont il a souffert dans la montagne Noire. Il en rit.

En Vendée, il rit aussi de la guerre des chouans et de leurs ruses; il en a vu bien d'autres dans les passages des Pyrénées, au temps où il était faux-saunier. Ce n'est pas lui qui se fera canarder derrière une haie ou cerner dans un chemin creux.

Où se bat-il, ou plutôt où ne se bat-il pas? Le récit en serait trop long à faire ici, et bien que j'aie pris des notes pour l'écrire un jour, je retarde ce jour. Un trait seulement pris dans sa vie achèvera de le faire connaître.

En 1804, il y a dix ans qu'il est soldat, et il est toujours simple soldat; il a un fusil d'honneur, mais il n'est pas gradé.

A la revue de l'armée d'Égypte, passée à Lyon par le premier consul, celui-ci fait sortir des rangs le grenadier Martory.

— Tu étais à Lodi?
— Oui, général.
— A Arcole?
— Oui, général.

— Tu as fait la campagne d'Égypte ; tu as un fusil d'honneur ; pourquoi es-tu simple soldat ?

Martory hésite un moment, puis, pâle de honte, il se décide à répondre à voix basse :

— Je ne sais pas lire.

— Tu es donc un paresseux, car tes yeux me disent que tu es intelligent ?

— Je n'ai pas eu le temps d'apprendre.

— Eh bien ! il faut trouver ce temps, et quand tu sauras écrire, tu m'écriras. Dépêche-toi.

— Oui, général.

Et à vingt-six ans, il se met à apprendre à lire et à écrire avec le courage et l'acharnement qu'il a mis jusque-là aux choses de la guerre.

La paix d'Amiens lui donne le temps qui, jusque-là, lui a manqué ; l'ambition, d'ailleurs, commence à le mordre, il voudrait être sergent ; et il travaille si bien, qu'au moment de la création de la Légion d'honneur, dont il fait partie de droit, ayant déjà une arme d'honneur, il peut signer son nom sur le grand-livre de l'ordre.

C'est le plus beau jour de sa vie, et pour qu'il soit complet, il écrit le soir même une lettre au premier consul ; six lignes :

« Général premier consul,

» Vous m'avez commandé d'apprendre à écrire ; je vous ai obéi ; s'il vous plaît maintenant de me commander d'aller vous chercher la Lune, ce sera, j'en suis certain, possible.

» C'est vous dire, mon général, que je vous suis dévoué jusqu'à la mort.

» MARTORY,
« Chevalier de la Légion d'honneur,
grenadier à la garde consulaire. »

6.

A partir de ce moment, le chemin des grades s'ouvre pour le grenadier : caporal, sergent, sous-lieutenant. Il franchit ces divers étages en deux ans et l'empire le trouve lieutenant.

Pendant ces deux années, il n'a dormi que cinq heures par nuit, et tout le temps qu'il a pu prendre sur le service il l'a donné au travail de l'esprit.

Voilà l'homme dont j'ai ri il y a quelques mois lorsque je l'ai entendu m'inviter à *dijuner*.

Et maintenant, quand je compare ce que je sais, moi qui n'ai eu que la peine d'ouvrir les yeux et les oreilles pour recevoir l'instruction qu'on me donnait toute préparée, quand je compare ce que je sais à ce qu'a appris ce vieux soldat qui a commencé par garder les moutons, je suis saisi de respect pour la grandeur de sa volonté. Il peut parler de *dijuner* et de *casterolle*, je n'ai plus envie de rire.

Combien parmi nous, chauffés pour l'examen de l'école, ont, depuis ce jour-là, oublié de mois en mois, d'année en année, ce qui avait effleuré leur mémoire, sans jamais se donner la peine d'apprendre rien de nouveau, plus ignorants lorsqu'ils arrivent au grade de colonel que lorsqu'ils sont partis du grade de sous-lieutenant. Lui, le misérable paysan, à chaque grade gagné s'est rendu digne d'en obtenir un plus élevé, et au prix de quel labeur !

Quels hommes ! et quelle séve bouillonnait en eux !

Peut-être, s'il n'était pas le père de Clotilde, ne provoquerait-il pas en moi ces accès d'enthousiasme. Mais il est son père, et je l'admire ; comme elle, je l'adore.

XVI

J'ai quitté Marseille pour Paris, et ce départ s'est accompli dans des circonstances bien tristes pour moi.

Il y a huit jours, le 17 novembre, j'ai reçu une lettre de mon père dans laquelle celui-ci me disait qu'il était souffrant depuis quelque temps, même malade, et qu'il désirait que je vinsse passer quelques jours auprès de lui : je ne devais pas m'inquiéter, mais cependant je devais ne pas tarder et aussitôt que possible partir pour Paris.

A cette lettre en était jointe une autre, qui m'était écrite par le vieux valet de chambre que mon père a à son service depuis trente-cinq ans, Félix.

Elle confirmait la première et même elle l'aggravait : mon père, depuis un mois, avait été chaque jour en s'affaiblissant, il ne quittait plus la chambre, et, sans que le médecin donnât un nom particulier à sa maladie, il en paraissait inquiet.

Ces deux lettres m'épouvantèrent, car j'avais vu mon père à mon retour d'Afrique à Marseille, et, bien qu'il m'eût paru amaigri avec les traits légèrement contractés, j'étais loin de prévoir qu'il fût dans un état maladif.

Je n'avais qu'une chose à faire, partir aussitôt, c'est-à-dire le soir même. Après avoir été retenir ma place à la diligence, je me rendis chez le colonel pour lui demander une permission.

D'ordinaire, notre colonel est très-facile sur la question des permissions, et il trouve tout naturel que de temps en temps un officier s'en aille faire un tour à Paris, — ce qu'il appelle « une promenade à Cythère ; » il faut bien que les jeunes gens s'amusent, dit-il. Je croyais donc que ma demande si légitime passerait sans la moindre observation. Il n'en fut rien.

— Je ne vous refuse pas, me dit-il, parce que je ne peux pas vous refuser, mais je vous prie d'être absent le moins longtemps possible.

— C'est mon père qui décide mon voyage, c'est sa maladie qui décidera mon retour.

— Je sais que nous ne commandons pas à la maladie, seulement je vous prie de nous revenir aussitôt que possible, et, bien que votre permission soit de vingt jours, vous me ferez plaisir si vous pouvez ne pas aller jusqu'à la fin. Prenez cette recommandation en bonne part, mon cher capitaine ; elle n'a point pour but de vous tourmenter. Mais nous sommes dans des circonstances où un colonel tient à avoir ses bons officiers sous la main. On ne sait pas ce qui peut arriver. Et s'il arrive quelque chose, vous êtes un homme sur lequel on peut compter. Vous-même d'ailleurs seriez fâché de n'être pas à votre poste s'il fallait agir.

Je n'étais pas dans des dispositions à soutenir une conversation politique, et j'avais autre chose en tête que de répondre à ces prévisions pessimistes du colonel. Je me retirai et partis immédiatement pour Cassis. Je voulais faire mes adieux à Clotilde et ne pas m'éloigner de Marseille sans l'avoir vue.

— Quel malheur que vous ne soyez pas parti hier, dit le général quand je lui annonçai mon voyage, vous auriez fait route avec Solignac. Voyez-le à Paris, où il restera peu de temps, et vous pourrez peut-être revenir ensemble : pour tous deux ce sera un plaisir ; la route est longue de Paris à Marseille.

Je pus, à un moment donné, me trouver seul avec Clotilde pendant quelques minutes dans le jardin.

— Je ne sais pour combien de temps je vais être séparé de vous, lui dis-je, car si mon père est en danger, je ne le quitterai pas.

N'osant pas continuer, je la regardai, et nous restâmes pendant assez longtemps les yeux dans les yeux. Il me sembla qu'elle m'encourageait à parler. Je repris donc :

— Depuis trois mois, j'ai pris la douce habitude de vous voir deux fois par semaine et de vivre de votre vie pour ainsi dire ; car le temps que je passe loin de vous, je le passe en réalité près de vous par la pensée... par le cœur.

Elle fit un geste de la main pour m'arrêter, mais je continuai :

— Ne craignez pas, je ne dirai rien de ce que vous ne voulez pas entendre. C'est une prière que j'ai à vous adresser, et il me semble que, si vous pensez à ce que va être ma situation auprès de mon père malade, mourant peut-être, vous ne pourrez pas me refuser. Permettez-moi de vous écrire.

Elle recula vivement.

— Ce n'est pas tout... promettez-moi de m'écrire.

— Mais c'est impossible !

— Il m'est impossible, à moi, de vivre loin de vous sans savoir ce que vous faites, sans vous dire que je pense à vous. Ah ! chère Clotilde...

Elle m'imposa silence de la main. Puis comme je voulais continuer, elle prit la parole :

— Vous savez bien que je ne peux pas recevoir vos lettres et que je ne peux pas vous écrire ostensiblement.

— Qui vous empêche de jeter une lettre à la poste, soit ici, soit à Marseille ? personne ne le saura.

— Cela, jamais.

— Cependant...

— Laissez-moi chercher, car Dieu m'est témoin que je voudrais trouver un moyen de ne pas ajouter un chagrin ou un tourment à ceux que vous allez endurer.

Pendant quelques secondes elle resta le front appuyé dans ses mains, puis laissant tomber son bras :

— S'il vous est possible de sortir quand vous serez à Paris, dit-elle, choisissez-moi une babiole, un rien, un souvenir, ce qui vous passera par l'idée, et envoyez-le-moi ici très-franchement, en vous servant des Messageries. J'ouvrirai moi-même votre envoi, qui me sera adressé personnellement, et s'il y a une lettre dedans, je la trouverai.

— Ah ! Clotilde, Clotilde !

— J'espère que je pourrai vous répondre pour vous remercier de votre envoi.

— Vous êtes un ange.

— Non, et ce que je fais là est mal, mais je ne peux pas, je ne veux pas être pour vous une cause de chagrin. Si je ne fais pas tout ce que vous désirez, je fais au moins plus que je ne devrais, plus qu'il n'est possible, et vous ne pourrez pas m'accuser.

Je voulus m'avancer vers elle, mais elle recula, et, se tournant vers un grand laurier rose dont quelques rameaux étaient encore fleuris, elle en cassa une branche et me la tendant :

— Si, en arrivant à Paris, vous mettez ce rameau dans un vase, dit-elle, il se ranimera et restera longtemps vert, c'est mon souvenir que je vous donne d'avance.

Puis vivement et sans attendre ma réponse, elle rentra dans le salon où je la suivis.

L'heure me pressait ; il fallut se séparer ; le dernier mot du général fut une recommandation d'aller voir M. de Solignac ; le mien fut une répétition de mon adresse ou plutôt de celle de mon père, n° 50, rue de l'Université ; le dernier regard de Clotilde fut une promesse. Et je m'éloignai plein de foi ; elle penserait à moi.

Mon voyage fut triste et de plus en plus lugubre à mesure que j'approchais de Paris. En partant de Marseille, je me demandais avec inquiétude en quel état j'allais trouver mon père ; en arrivant aux portes de Paris, je me demandais si j'allais le trouver vivant encore.

Bien que séparé depuis longtemps de mon père, par mon métier de soldat, j'ai pour lui la tendresse la plus grande, une tendresse qui s'est développée dans une vie commune de quinze années pendant lesquelles nous ne nous sommes pas quittés un seul jour.

Après la mort de ma mère que je perdis dans ma cinquième année, mon père prit seul en main le soin de mon éducation et de mon instruction. Bien qu'à cette époque il fût préfet à Marseille, il trouvait chaque matin un quart d'heure pour venir surveiller mon lever, et dans la journée, après le déjeuner, il prenait encore une heure sur ses occupations et ses travaux pour m'apprendre à lire. Jamais la femme de chambre qui m'a élevé, ne m'a fait répéter une leçon.

Convaincu que c'est notre première éducation qui fait notre vie, mon père n'a jamais voulu qu'une volonté autre que la sienne pesât sur mon caractère ; et ce que je sais, ce que je suis, c'est à lui que je le dois. Bien véritablement, dans toute l'acception du mot, je suis deux fois son fils.

La Révolution de juillet lui ayant fait des loisirs forcés, il se donna à moi tout entier, et nous vînmes habiter cette même rue de l'Université, dans la maison où il demeure encore en ce moment.

Mon père était un révolutionnaire en matière d'éducation et il se permettait de croire que les méthodes en usage dans les classes étaient le plus souvent faites pour la commodité des maîtres et non pour celle des élèves. Il se donna la peine d'en inventer de nouvelles à mon usage, soit qu'il les trouvât dans ses réflexions, soit qu'il les prît dans les ouvrages pédagogiques dont il fit à cette époque une étude approfondie.

Ce fut ainsi qu'au lieu de me mettre aux mains un abrégé de géographie dont je devrais lui répéter quinze ou vingt lignes tous les jours, il me conduisit un matin sur le Mont-Valérien, d'où nous vîmes le soleil se lever au delà de Paris. Sans définition, je compris ce que c'était que le Levant. Puis, la leçon continuant tout naturellement, je compris aussi comment la Seine, gênée tantôt à droite, tantôt à gauche par les collines, avait été obligée de s'infléchir de côté et d'autre pour chercher un terrain bas dans lequel elle avait creusé son lit. Et sans que les jolis mots de cosmographie, d'orographie, d'hydrographie eussent été prononcés, j'eus une idée intelligente des sciences qu'ils désignent.

Plus tard, ce fut le cours lui-même de la Seine que nous suivîmes jusqu'au Havre. A Conflans, je vis ce qu'était un confluent et je pris en même temps une leçon d'étymologie ; à Pont-de-l'Arche, j'appris ce que c'est que le flux et le reflux ; à Rouen, je visitai des filatures de coton et des fabriques d'indiennes ; au Havre, du bout de la jetée, à l'endroit même où cette Seine se perd dans la mer, je vis entrer les navires qui apportaient ce coton brut qu'ils avaient été chercher à la Nouvelle-Orléans ou à Charlestown, et je vis sortir ceux qui portaient ce coton travaillé aux peuples sauvages de la côte d'Afrique.

Ce qu'il fit pour la géographie, il le fit pour tout ; et quand, à quatorze ans, je commençai à suivre les classes du collége Saint-Louis, il ne m'abandonna pas. En sortant après chaque classe, je le trouvais devant la porte, m'attendant patiemment.

Quel contraste, n'est-ce pas, entre cette éducation paternelle, si douce, si attentive, et celle que le hasard, à la main rude, donna au général Martory?

Je ne sais si elle fera de moi un général comme elle en a fait un du contrebandier des Pyrénées, mais ce qu'elle a fait jusqu'à présent, ç'a a été de me pénétrer pour mon père d'une reconnaissance profonde, d'une ardente amitié.

Aussi, dans ce long trajet de Marseille, me suis-je plus d'une fois fâché contre la pesanteur de la diligence, et, à partir de Châlon, contre la lenteur du chemin de fer.

Pauvre père!

XVII

Nous entrâmes dans la gare du chemin de fer de Lyon à dix heures vingt-cinq minutes du soir; à onze heures j'étais rue de l'Université.

L'appartement de mon père donne sur la rue. Dès que je pus apercevoir la maison, je regardai les fenêtres. Toutes les persiennes étaient fermées et sombres. Nulle part je ne vis de lumière. Cela m'effraya, car mon père a toujours eu l'habitude de veiller tard dans la nuit.

Je descendis vivement de voiture.

Sous la porte cochère je me trouvai nez à nez avec Félix, le valet de chambre de mon père.

— Mon père?

— Il n'est pas plus mal; il vous attend; et si je suis venu au-devant de vous, c'est parce que M. le comte avait calculé que vous arriveriez à cette heure-ci; il a voulu que je sois là pour vous rassurer.

Je trouvai mon père allongé dans un fauteuil, et comme je m'attendais à le voir étendu dans son lit, je fus tout d'abord réconforté. Il n'était point si mal que j'avais craint.

Mais après quelques minutes d'examen, cette impression première s'effaça; il était bien amaigri, bien pâli, et sous la lumière de la lampe concentrée sur la table par un grand abat-jour, sa main décolorée semblait transparente.

— J'ai voulu me lever pour te recevoir, me dit-il; j'étais certain que tu arriverais ce soir; j'avais étudié l'*Indicateur des chemins de fer*, et j'avais fait mon calcul de Marseille à Lyon et de Lyon à Châlon; seulement, je me demandais si à Lyon tu prendrais le bateau à vapeur ou si tu continuerais en diligence.

Ordinairement la voix de mon père était pleine, sonore et harmonieusement soutenue; je fus frappé de l'altération qu'elle avait subie : elle était chantante, aiguë et, par intervalles, elle prenait des intonations rauques comme dans l'enrouement; parfois aussi les lèvres s'agitaient sans qu'il sortît aucun son; des syllabes étaient aussi complétement supprimées.

Mon père remarqua le mouvement de surprise douloureuse qui se produisit en moi, et, me tendant affectueusement la main :

— Il est vrai que je suis changé, mon cher Guillaume, mais tout n'est pas perdu. Tu verras le docteur demain, et il te répétera sans doute ce qu'il m'affirme tous les jours, c'est-à-dire que je n'ai point de véritable maladie : seulement une grande faiblesse. Avec des soins les forces reviendront, et avec les forces la santé se rétablira.

Il me sembla qu'il disait cela pour me donner de l'espérance, mais qu'il ne croyait pas lui-même à ses propres paroles.

— Maintenant, dit-il, tu vas souper.

Je voulus me défendre en disant que j'avais dîné à Tonnerre ; mais il ne m'écouta point, et il commanda à Félix de me servir.

— Ne crains pas de me fatiguer, dit-il, au contraire tu me ranimes ! Je t'ai fait préparer un souper que tu aimais autrefois quand nous revenions ensemble du théâtre, et je me fais fête de te le voir manger. Qu'aimais-tu autrefois ?

— La mayonnaise de volaille.

— Eh bien ! tu as pour ce soir une mayonnaise. Allons, mets-toi à table et tâche de retrouver ton bel appétit de quinze ans.

Je me levai pour passer dans la salle à manger, mais il me retint :

—Tu vas souper là, près de moi ; maintenant que je t'ai, je ne te laisse plus aller.

Félix m'apporta un guéridon tout servi et je me plaçai en face de mon père. En me voyant manger, il se prit à sourire :

— C'est presque comme autrefois, dit-il ; seulement, autrefois, tu avais un mouvement d'attaque, en cassant ton pain, qui était plus net ; on sentait que l'affaire serait sérieuse.

Je n'étais guère disposé à faire honneur à ce souper, car j'avais la gorge serrée par l'émotion ; cependant, je m'efforçai à manger, et j'y réussis assez bien pour que tout à coup mon père appelât Félix.

— Donne-moi un couvert, dit-il ; je veux manger une feuille de salade avec Guillaume. Il me semble que je retrouve la force et l'appétit.

En effet, il s'assit sur son fauteuil et il mangea quelques feuilles de salade ; il n'était plus le malade anéanti que j'avais trouvé en entrant, ses yeux s'étaient animés, sa voix s'était affermie, le sang avait rougi ses mains.

— Décidément, dit-il, je ne regrette plus de t'avoir appelé à Paris et je vois que j'aurais bien fait de m'y décider plus tôt ; tu es un grand médecin, tu guéris sans remède, par le regard.

— Et pourquoi ne m'avez-vous pas écrit la vérité plus tôt ?

— Parce que, dans les circonstances où nous sommes, je ne voulais pas t'enlever à ton régiment ; qu'aurais-tu dit, si à la veille d'une expédition contre les Arabes, je t'avais demandé de venir passer un mois à Paris ?

— En Algérie, j'aurais jusqu'à un certain point compris cela, mais à Marseille nous ne sommes pas exposés à partir en guerre d'un jour à l'autre.

— Qui sait ?

— Craignez-vous une révolution ?

— Je la crois imminente, pouvant éclater cette nuit, demain, dans quelques jours. Et voilà pourquoi, depuis trois semaines que je suis malade, j'ai toujours remis à t'écrire ; je l'attendais d'un jour à l'autre, et je voulais que tu fusses à ton poste au moment de l'explosion. Un père, plus politique que moi, eût peut-être profité de sa maladie pour garder son fils près de lui et le soustraire ainsi au danger de se prononcer pour tel ou tel parti. Mais de pareils calculs sont indignes de nous, et jusqu'au dernier moment, j'ai voulu te laisser la liberté de faire ton devoir. Il suffit d'un seul officier honnête homme dans un régiment pour maintenir ce régiment tout entier.

— Mon régiment n'a pas besoin d'être maintenu et je vous assure que mes camarades sont d'honnêtes gens.

— Tant mieux alors, il n'y aura pas de divisions entre vous. Mais si tu n'as pas besoin de retourner à ton régiment pour lui, tu en as besoin pour toi ; il ne faut pas que plus tard on puisse dire que dans des circonstances critiques, tu as eu l'habileté de te mettre à l'abri pendant la tempête et d'attendre l'heure du succès pour te prononcer.

— Mais je ne peux pas, je ne dois pas vous quitter ; je ne le veux pas.

— Aujourd'hui non, ni demain ; mais j'espère que ta présence va continuer de me rendre la force ; tu vois ce qu'elle fait, je parle, je mange.

— Je vous excite et je vous fatigue sans doute.

— Pas du tout, tu me ranimes ; aussi prochainement tu seras libre de retourner à Marseille ; de sorte que, si les circonstances l'exigent, tu pourras engager bravement ta conscience. C'est ce que doit toujours faire l'honnête homme, comme, dans la bataille, le soldat doit engager sa personne; après arrive que voudra; si on est tué ou broyé, c'est un malheur; au moins, l'honneur est sauf. Cette ligne de conduite a toujours été la mienne, et, bien que je sois réduit à vivre aujourd'hui dans ce modeste appartement, sans avoir un sou à te laisser après moi, je te la conseille, pour la satisfaction morale qu'elle donne. Je t'assure, mon cher enfant, que la mort n'a rien d'effrayant quand on l'attend avec une conscience tranquille.

— Oh père !

— Oui, tu as raison, ne parlons pas de cela ; je vais me dépêcher de reprendre des forces pour te renvoyer. Cela me donnerait la fièvre de te voir rester à Paris.

— Avez-vous donc des raisons particulières pour craindre une révolution immédiate ?

— Si je ne sors pas de cette chambre depuis un mois, je ne suis cependant pas tout à fait isolé du monde. Mon voisinage du Palais-Bourbon fait que les députés que je connais me visitent assez volontiers ; certains qu'ils sont de me trouver chez moi, ils entrent un moment en allant à l'Assemblée ou en retournant chez eux. Plusieurs des amis du général Bedeau, qui demeure dans la maison, sont aussi les miens, et en venant chez le général ils montent jusqu'ici. De sorte que cette chambre est une petite salle des Pas-Perdus où une douzaine de députés d'opinions diverses se rencontrent. Eh bien ! de tout ce que j'ai entendu, il résulte pour moi la conviction que nous sommes à la veille d'un coup d'État.

— Il me semble qu'il ne faut pas croire aux coups d'État annoncés à l'avance ; il y a longtemps qu'on en parle...

— Il y a longtemps qu'on veut le faire ; et si on ne l'a pas encore risqué, c'est que toutes les dispositions n'étaient pas prises...

— Le président ?

— Sans doute. Ce n'est pas de l'Assemblée que viendra un coup d'État. Il a été un moment où elle devait faire acte d'énergie, c'était quand, après les revues de Satory, dans lesquelles on a crié : Vive l'empereur ! le président et ses ministres en sont arrivés à destituer le général Changarnier. Alors, l'Assemblée devait mettre

Louis-Napoléon en accusation. Elle n'a pas osé parce que, si dans son sein il y a des gens qui sachent parler et prévoir il n'y en a pas qui sachent agir. Du côté de Louis-Napoléon, on ne sait pas parler, on n'a pas non plus grande capacité politique, mais on est prêt à l'action, et le moment où cette action va se manifester me paraît venu. Les partis, par leur faute, ont mis une force redoutable au profit de ce prétendant, qui se trouve ainsi un en-cas pour le pays entre la terreur blanche et la terreur rouge. L'homme est médiocre, incapable de bien comme de mal, par cette excellente raison qu'il ne sait ni ce qui est bien ni ce qui est mal. En dehors de sa personnalité, du but qu'il poursuit, de son intérêt immédiat, rien n'existe pour lui; et c'est là ce qui le rend puissant et dangereux, car tous ceux qui n'ont pas de sens moral sont avec lui, et, dans un coup d'État, ce sont ces gens-là qui sont redoutables; rien ne les arrête. Si on avait su le comte de Chambord favorable aux coquins, il y a longtemps qu'il serait sur le trône. On parle toujours de la canaille qui attend les révolutions populaires avec impatience. Je l'ai vue à l'œuvre; je ne nierai donc pas son existence; mais, à côté de celle-ci, il y en a une autre; à côté de la basse canaille, il y a la haute. Tout ce qu'il y a d'aventuriers, de bohémiens, d'intrigants, de déclassés, de misérables, de coquins dans la finance, dans les affaires, dans l'armée ont tourné leurs regards vers ce prétendant sans scrupule. Voyant qu'il n'y avait rien à faire pour eux ni avec le comte de Chambord, ni avec le duc d'Aumale, ni avec le général Cavaignac, ils ont mis leurs espérances dans cet homme qui par certains côtés de sa vie d'aventure leur promet un heureux règne. Il ne faut pas oublier que ce qui a fait la force de Catilina c'est qu'il était l'assassin de son frère, de sa femme, de son fils et qu'il avait pour amis quiconque était poursuivi par l'infamie, le besoin, le remords. Quand on a une pareille troupe derrière soi, on peut tout oser et quelques centaines d'hommes sans lendemain peuvent triompher dans un pays où le luxe est en lutte avec la faim, cette mauvaise conseillère (*malesuada fames*). Dans ces conditions je tremble et je suis aussi assuré d'un coup d'État que si j'étais dans le complot. Quand éclatera-t-il? Je n'en sais rien, mais il est dans l'air; on le respire si on ne le voit pas. Tout ce que je demande à la Providence pour le moment, c'est qu'il n'éclate pas avant ton retour à Marseille.

Pendant une heure encore, nous nous entretînmes, puis mon père me renvoya sans vouloir me permettre de rester auprès de lui.

— Je ne garde même pas Félix, me dit-il. Si j'ai besoin, je t'appellerai. De ta chambre, tu entendras ma respiration, comme autrefois j'entendais la tienne quand j'avais peur que tu ne fusses malade. Va dormir. Tu retrouveras ta chambre d'écolier avec les mêmes cartes aux murailles, la sphère sur ton pupitre taillé et tes dictionnaires tachés d'encre. A demain, Guillaume. Maintenant que tu es près de moi, je vais me rétablir. A demain.

XVIII

Nous vivons dans une époque qui, quoi qu'on fasse pour résister, nous entraîne irrésistiblement dans un tourbillon vertigineux.

L'état maladif de mon père m'épouvante, mon éloignement de Cassis m'irrite et cependant, si rempli que je sois de tourments et d'angoisses, je ne me trouve pas encore à l'abri des inquiétudes de la politique. C'est que la politique, hélas ! en ce temps de trouble, nous intéresse tous tant que nous sommes et que sans parler du sentiment patriotique, qui est bien quelque chose, elle nous domine et nous asservit tous, pauvres ou riches, jeunes ou vieux, par un côté ou par un autre.

Si Louis-Napoléon fait un coup d'État, je serai dans un camp opposé à celui où se trouvera le général Martory et Clotilde : quelle influence cette situation exercera-t-elle sur notre amour ?

Cette question est sérieuse pour moi, et bien faite pour m'inquiéter, car chaque jour que je passe à Paris me confirme de plus en plus dans l'idée que ce coup d'État est certain et imminent.

Comment l'Assemblée ne s'en aperçoit-elle pas et ne prend-elle pas des mesures pour y échapper, je n'en sais vraiment rien. Peut-être, entendant depuis longtemps parler de complots contre elle, s'est-elle habituée à ces bruits qui me frappent plus fortement, moi nouveau venu à Paris. Peut-être aussi se sent-elle incapable d'organiser une résistance efficace, et compte-t-elle sur le hasard et les événements pour la protéger.

Quoi qu'il en soit, il faut vouloir fermer les yeux pour ne pas voir que dans un temps donné, d'un moment à l'autre peut-être, un coup de force sera tenté pour mettre l'Assemblée à la porte.

Ainsi les troupes qui composent la garnison de Paris ont été tellement augmentées, que les logements dans les casernes et dans les forts sont devenus insuffisants et qu'il a fallu se servir des casemates. Ces troupes sont chaque jour consignées jusqu'à midi et on leur fait la théorie de la guerre des rues, on leur explique comment on attaque les barricades, comment on se défend des coups de fusil qui partent des caves, comment on chemine par les maisons. Les officiers ont dû parcourir les rues de Paris pour étudier les bonnes positions à prendre.

Pour expliquer ces précautions, on dit qu'elles ne sont prises que contre les sociétés secrètes qui veulent descendre dans la rue, et dans certains journaux, dans le public bourgeois, on parle beaucoup de complots socialistes. Sans nier ces complots qui peuvent exister, je crois qu'on exagère fort les craintes qu'ils inspirent et qu'on en fait un épouvantail pour masquer d'autres complots plus sérieux et plus redoutables.

Il n'y a qu'à écouter le langage des officiers pour être fixé à ce sujet. Et bien que depuis mon arrivée à Paris j'aie peu quitté mon père, j'en ai assez entendu dans deux ou trois rencontres que j'ai faites pour être bien certain que l'armée est maintenant préparée et disposée à prendre parti pour Louis-Napoléon.

L'irritation contre l'Assemblée est des plus violentes ; on la rend seule responsable des difficultés de la situation ; on accuse la droite de ne penser qu'à nous ramener le drapeau blanc, la gauche de vouloir nous donner le drapeau rouge avec le désordre et le pillage ; entre ces deux extrêmes il n'y a qu'un homme capable d'organiser un gouvernement qui satisfasse les opinions du pays et ses besoins ; c'est le président ; il faut donc soutenir Louis-Napoléon et lui donner les moyens, coûte que coûte, d'organiser ce gouvernement ; un pays ne peut pas tourner toujours sur lui-même sans avancer et sans faire un travail utile comme un écureuil en cage ; si c'est la Constitution qui est cette cage, il faut la briser.

D'autres moins raisonnables (car il faut bien avouer que dans ces accusations il y a du vrai, au moins en ce qu'elles s'appliquent à l'aveuglement des partis qui usent leurs forces à se battre entre eux, sans souci du troisième larron), d'autres se sont ralliés à Louis-Napoléon parce qu'ils sont las d'être commandés par des avocats et des journalistes.

— L'armée doit avoir pour chef un militaire, disent-ils, c'est humiliant d'obéir à un pékin.

Et si on leur fait observer que pour s'être affublé de broderies et de panaches, Louis-Napoléon n'est pas devenu militaire d'un instant à l'autre, ils se fâchent. Si on veut leur faire comprendre qu'un simple pékin comme Thiers, par exemple, qui a étudié à fond l'histoire de l'armée, nous connaît mieux que leur prince empanaché, ils vous tournent le dos.

C'est un officier de ce genre qui dernièrement répondait à un député, son ami et son camarade : « Vous avez voté une loi pour mettre l'armée aux ordres des questeurs, c'est bien, seulement ne t'avise pas de me donner un ordre ; sous les armes je ne connais que l'uniforme ; si tu veux que je t'obéisse, montre-moi tes étoiles ou tes galons. »

On parle aussi de réunions qui auraient eu lieu à l'Élysée, et dans lesquelles les colonels d'un côté, les généraux d'un autre, auraient juré de soutenir le président, mais cela est tellement sérieux que je ne peux le croire sans preuves, et les preuves, bien entendu, je ne les ai pas. Je ne rapporte donc ces bruits que pour montrer quel est l'esprit de l'armée ; sans qu'elle proteste ou s'indigne, elle laisse dire que ses chefs vont se faire les complices d'un coup d'État et tout le monde trouve cela naturel.

Non-seulement on ne proteste pas, mais encore il y a des officiers de l'entourage de Louis-Napoléon qui annoncent ce coup d'État et qui en fixent le moment à quelques jours près. C'est ce qui m'est arrivé avec un de ces officiers, et cela me paraît tellement caractéristique que je veux le consigner ici.

Tous ceux qui ont servi en Algérie, de 1842 à 1848, ont connu le capitaine Poirier. Quand Poirier, engagé volontaire, arriva au corps en 1842, il était précédé par une formidable réputation auprès des officiers qui avaient vécu de la vie parisienne; ses maîtresses, ses duels, ses dettes lui avaient fait une sorte de célébrité dans le monde qui s'amuse. Et ce qui avait pour beaucoup contribué à augmenter cette célébrité, c'était l'origine de Poirier. Il était fils, en effet, du père Poirier, le restaurateur, chez qui les jeunes générations de l'Empire et de la Restauration ont dîné de 1810 à 1835. A faire sauter ses casseroles, le père Poirier avait amassé une belle fortune, dont le fils s'était servi pour effacer rapidement le souvenir de son origine roturière. En quelques années, le nom du fils avait tué le nom du père, et Poirier était ainsi arrivé à cette sorte de gloire que, lorsqu'on prononçait son nom, on ne demandait point s'il était « le fils du père Poirier »; mais bien s'il était le beau Poirier, l'amant d'Alice, des Variétés. Il s'était conquis une personnalité.

Malheureusement, ce genre de conquête coûte cher. A vouloir être l'amant des lorettes à réputation; à jouer gros jeu; à ne jamais refuser un billet de mille francs aux emprunteurs, de peur d'être accusé de lésinerie bourgeoise; à vivre de la vie des viveurs, la fortune s'émiette vite. Celle qui avait été lentement amassée par le père Poirier s'écoula entre les doigts du fils comme une poignée de sable. Et, un beau jour, Poirier se trouva en relations suivies avec les usuriers et les huissiers.

Il n'abandonna pas la partie, et pendant plus de dix-huit mois, il fut assez habile pour continuer de vivre, comme au temps où il n'avait qu'à plonger la main dans la caisse paternelle.

Cependant, à la fin et après une longue lutte qui révéla chez Poirier des ressources remarquables pour l'intrigue, il fallut se rendre : il était ruiné et tous les usuriers de Paris étaient pour lui brûlés. En cinq ans, il avait dépensé deux millions et amassé trois ou quatre cent mille francs de dettes.

Cependant tout n'avait pas été perdu pour lui dans cette vie à outrance ; s'il avait dissipé la fortune paternelle, il avait acquis par contre une amabilité de caractère, une aisance de manières, une souplesse d'esprit que son père n'avait pas pu lui transmettre. En même temps il s'était débarrassé de préjugés bourgeois qui n'étaient pas de mode dans le monde où il avait brillé. C'était ce qu'on est convenu d'appeler « un charmant garçon, » et il n'avait que des amis.

Assurément, s'il lui fût resté quelques débris de sa fortune ou bien s'il eût été convenablement apparenté, on lui aurait trouvé une situation au moment où il était contraint de renoncer à Paris, — une sous-préfecture ou un consulat. Mais comment s'intéresser au fils « du père Poirier, » alors surtout qu'il était complétement ruiné ?

Il avait fait ainsi une nouvelle expérience qui lui avait été cruelle, et qui n'avait point disposé son cœur à la bienveillance et à la douceur.

Il fallait cependant prendre un parti ; il avait pris naturellement celui qui était à la mode à cette époque, et en quelque sorte obligatoire « pour un fils de famille ; » il s'était engagé pour servir en Algérie.

Son arrivée au régiment, où il était connu de quelques officiers, fut une fête : on l'applaudit, on le caressa, et chacun s'employa à lui faciliter ses débuts dans la vie militaire.

Il montait à cheval admirablement, il avait la témérité d'un casse-cou, il compta bientôt parmi ses amis autant d'hommes qu'il y en avait dans le régiment, officiers comme soldats, et les grades lui arrivèrent les uns après les autres avec une rapidité qui, chose rare, ne lui fit pas d'envieux.

Quand j'entrai au régiment, il était lieutenant, et il voulut bien me faire l'honneur de me prendre en amitié. Avec la naïve assurance de la jeunesse, j'attribuai cette sympathie de mon lieutenant à mes mérites personnels. Heureusement, je ne tardai pas à deviner les véritables motifs de cette sympathie : j'étais vicomte, et ce titre valait toutes les qualités auprès « du fils du père Poirier. »

Cela, je l'avoue, me refroidit un peu ; j'aurais préféré être aimé pour moi-même plutôt que pour un titre qui flattait la vanité de « mon ami. » En même temps, quelques découvertes que je fis en lui contribuèrent à me mettre sur mes gardes : il était, en matière de scrupules, beaucoup trop libre pour moi, et je n'aimais pas ses railleries, spirituelles d'ailleurs, contre les gens qu'il appelait des « belles âmes. »

Mais un hasard nous rapprocha et nous obligea, pour ainsi dire, à être amis. Poirier était la bravoure même, mais la bravoure poussée jusqu'à la folie de la témérité ; quand il se trouvait en face de l'ennemi, il s'élançait dessus, sans rien calculer : « Il y a un grade à gagner, disait-il en riant ; en avant ! »

A la fin de 1846, lors d'une expédition sur la frontière

du Maroc, il employa encore ce système, et son cheval ayant été tué, lui-même étant blessé, j'eus la chance de le sauver, non sans peine et après avoir reçu un coup de sabre à la cuisse, que les changements de température me rappellent quelquefois.

— Mon cher, me dit-il dans ce langage qui lui est particulier, je vous payerai ce que vous venez de faire pour moi. Si vous m'aviez sauvé l'honneur, je ne vous le pardonnerais pas, car je ne pourrais pas vous voir sans penser que vous connaissez ma honte, mais vous m'avez sauvé la vie dans des conditions héroïques pour nous deux, et je serai toujours fier de m'en souvenir et de le rappeler devant tout le monde.

En 1848, il revint à Paris, se mit à la disposition de Louis-Napoléon ; et lorsque celui-ci fut nommé président de la République, il l'attacha à sa personne pour le remercier des services qu'il lui avait rendus.

Tel est l'homme qui, en une heure de conversation et par ce que j'ai vu autour de lui, m'a convaincu que nous touchions à une crise décisive.

XIX

C'était en sortant pour porter aux Messageries le souvenir et la lettre que j'envoyais à Clotilde, que j'avais rencontré Poirier. Sur le Pont-Royal j'avais entendu prononcer mon nom et j'avais aperçu Poirier qui descendait de la voiture dans laquelle il était pour venir au-devant de moi.

— A Paris, vous, et vous n'êtes pas encore venu me voir ?

Je lui expliquai les motifs qui m'avaient amené et qui me retenaient près de mon père.

— Enfin, puisque vous avez pu sortir aujourd'hui, je vous demande que, si vous avez demain la même liberté, vous veniez me voir. J'ai absolument besoin d'un entretien avec vous : un service à me rendre; un poids à m'ôter de dessus la conscience.

— Vous parlez donc de votre conscience, maintenant?

— Je ne parle plus que de cela : conscience, honneur, patrie, vertu, justice, c'est le fonds de ma langue; j'en fais une telle consommation qu'il ne doit plus en rester pour les autres. Mais assez plaisanté; sérieusement, je vous demande, je vous prie de venir rue Royale, n° 7, aussitôt que vous pourrez, de onze heures à midi. Il s'agit d'une affaire sérieuse que je ne peux vous expliquer ici, car j'ai dans ma voiture un personnage qui s'impatiente et que je dois ménager. Viendrez-vous?

— Je tâcherai.

— Votre parole?

— Vous n'y croyez pas.

— Pas à la mienne ; mais à la vôtre, c'est différent.

— Je ferai tout ce que je pourrai.

Je n'allai point le voir le lendemain, mais j'y allai le surlendemain, assez curieux, je l'avoue, de savoir ce qu'il y avait sous cette insistance.

Arrivé rue Royale, on m'introduisit dans un très-bel appartement au premier étage, et je fus surpris du luxe de l'ameublement, car je croyais Poirier très-gêné dans ses affaires. Dans la salle à manger une riche vaisselle plate en exposition sur des dressoirs. Dans le salon, des bronzes de prix. Partout l'apparence de la fortune, ou tout au moins de l'aisance dorée.

— Je parie que vous vous demandez si j'ai fait un héritage, dit Poirier en m'entraînant dans son cabinet; non, cher ami, mais j'ai fait quelques affaires ; et d'ailleurs, si je puis vivre en Afrique en soldat, sous la tente, à Paris il me faut un certain confortable. Cependant, je suis devenu raisonnable. Autrefois, il me fallait 500,000 francs par an; aujourd'hui, 50,000 me suffisent très-bien. Mais ce n'est pas de moi qu'il s'agit, et je vous prie de croire que je ne vous ai pas demandé à venir me voir pour vous montrer que je n'habitais pas une mansarde. Si je n'avais craint de vous déranger auprès de monsieur votre père malade, vous auriez eu ma visite ; je n'aurais pas attendu la vôtre. Vous savez que je suis votre ami, n'est-ce pas ?

Il me tendit la main, puis continuant :

— Vous avez dû apprendre ma position auprès du prince. Le prince, qui n'a pas oublié que j'ai été un des premiers à me mettre à son service, alors qu'il arrivait en France isolé, sans que personne allât au-devant de lui, à un moment où ses quelques partisans dévoués en étaient réduits à se réunir chez un bottier du passage des Panoramas, le prince me témoigne une grande bienveillance dont j'ai résolu de vous faire profiter.

— Moi ?

— Oui, cher ami, et cela ne doit pas vous surprendre, si vous vous rappelez ce que je vous ai dit autrefois en Afrique.

En entendant cette singulière ouverture, je fus puni de ma curiosité, et je me dis qu'au lieu de venir rue Royale pour écouter les confidences de Poirier, j'aurais beaucoup mieux fait d'aller me promener pendant une heure aux Champ-Élysées.

Mais je n'eus pas l'embarras de lui faire une réponse immédiate ; car, au moment où j'arrangeais mes paroles dans ma tête, nous fûmes interrompus par un grand bruit qui se fit dans le salon : un brouhaha de voix, des portes qui se choquaient, des piétinements, tout le tapage d'une altercation et d'une lutte.

Se levant vivement, Poirier passa dans le salon, et dans sa précipitation, il tira la porte avec tant de force, qu'après avoir frappé le chambranle, elle revint en arrière et resta entr'ouverte.

— Je savais bien que je le verrais, cria une voix courroucée.

— Il n'y avait pas besoin de faire tout ce tapage pour cela : je ne suis pas invisible, répliqua Poirier.

— Si, monsieur, vous êtes invisible, puisque vous vous cachez ; il y a trois heures que je suis ici et que je vous attends ; vos domestiques ont voulu me renvoyer, mais je ne me suis pas laissé prendre à leurs mensonges. Tout à l'heure on a laissé entrer quelqu'un qu'on a fait passer par la salle à manger, tandis que j'étais dans le vestibule. Alors j'ai été certain que vous étiez ici, j'ai voulu arriver jusqu'à vous et j'y suis arrivé malgré tout, malgré vos domestiques, qui m'ont déchiré, dépouillé.

— Ils ont eu grand tort, et je les blâme.

— Oh ! vous savez, il ne faut pas me faire la scène de M. Dimanche ; je la connais, j'ai vu jouer le *Festin de Pierre*, arrêtez les frais, pas besoin de faire l'aimable avec moi ; je ne partirai pas séduit par vos manières ; ce n'est pas des politesses qu'il me faut, c'est de l'argent. Oui ou non, en donnez-vous ?

— Je vous ai déjà expliqué, la dernière fois que je vous ai vu, que j'étais tout disposé à vous payer, mais que je ne le pouvais pas en ce moment.

— Oui, il y a trois mois.

— Croyez-vous qu'il y ait trois mois ?

— Ne faites donc pas l'étonné; ce genre-là ne prend pas avec moi. Oui ou non, payez-vous?

— Aujourd'hui non, mais dans quelques jours.

— Donnez-vous un à-compte?

— Je vous répète qu'aujourd'hui cela m'est impossible, je n'attendais pas votre visite; mais demain...

— Je le connais, votre demain, il n'arrive jamais; il ne faut pas croire que les bourgeois d'aujourd'hui sont bêtes comme ceux d'autrefois; les débiteurs de votre genre ont fait leur éducation.

— Êtes-vous venu chez moi pour me dire des insolences?

— Je suis venu aujourd'hui, comme je suis déjà venu cent fois, vous demander de l'argent et vous dire que, si vous ne payez pas, je vous poursuis à outrance.

— Vous avez commencé.

— Hé bien, je finis! et vous verrez que si adroit que vous soyez à manœuvrer avec les huissiers, vous ne nous échapperez pas : il nous reste encore des moyens de vous atteindre que vous ne soupçonnez pas. Ne faites donc pas le méchant.

— Il me semble que si quelqu'un fait le méchant, ce n'est pas moi, c'est vous.

— Croyez-vous que vous ne feriez pas damner un saint avec vos tours d'anguille qu'on ne peut pas saisir?

— Vous m'avez cependant joliment saisi, dit Poirier en riant.

Mais le créancier ne se laissa pas désarmer par cette plaisanterie, et il reprit d'une voix que la colère faisait trembler :

— Écoutez-moi, je n'ai jamais vu personne se moquer des gens comme vous, et je suis bien décidé à ne plus me laisser rouler. De remise en remise, j'ai attendu jusqu'au jour d'aujourd'hui, et maintenant vous êtes plus endetté que vous ne l'étiez il y a trois mois, comme dans trois mois vous le serez plus que vous ne l'êtes aujourd'hui. Je connais votre position mieux peut-être que vous ne la connaissez vous-même. Vos chevaux sont à Montel, vos voitures à Glorieux ; depuis un an vous n'avez pas payé chez Durand, et depuis six mois chez Voisin ; vous devez 30,000 francs chez Mellerio, 6,000 francs à votre tailleur...

— Qu'importe ce que je dois, si j'ai des ressources pour payer ?

— Mais où sont-elles, vos ressources ? c'est là précisément ce que je demande : prouvez-moi que vous pourrez me payer dans six mois, dans un an, et j'attends. Allez-vous vous marier ? c'est bien ; avez-vous un héritage à recevoir ? c'est bien. Mais non, vous n'avez rien, et il ne vous reste qu'à disparaître de Paris et à aller vous faire tuer en Afrique.

— Vous croyez ?

— Vous parlez de vos ressources.

— Je parle de mes amis et des moyens que j'ai de vous payer prochainement, très-prochainement.

— Vos amis, oui, parlons-en. Le président de la République, n'est-ce pas ? C'est votre ami, je ne dis pas non, mais ce n'est pas lui qui payera vos dettes, puisqu'il ne paye pas les siennes. Depuis qu'il est président, il n'a pas payé ses fournisseurs ; il doit à son boucher, à son fruitier ; à son pharmacien, oui, à son pharmacien, c'est le mien, j'en suis sûr ; il doit à tout le monde, et pour leur faire prendre patience il leur promet qu'ils seront nommés « fournisseurs de l'empereur » quand il sera empereur. Mais quand sera-t-il empereur ? Est-ce que s'il pouvait donner de l'argent à ses amis, il laisserait vendre l'hôtel de M. de Morny?

— Il ne sera pas vendu.

— Il n'est pas moins affiché judiciairement pour le moment, et celui-là est de ses amis, de ses bons amis, n'est-ce pas? Il est même mieux que ça, et pourtant on va le vendre.

— Écoutez, interrompit Poirier, je n'ai qu'un mot à dire : s'il ne vous satisfait pas, allez-vous-en ; si, au contraire, il vous paraît raisonnable, pesez-le ; c'est votre fortune que je vous offre ; nous sommes aujourd'hui le 25 novembre, accordez-moi jusqu'au 15 décembre, et je vous donne ma parole que le 16, à midi, je vous paye le quart de ce que je vous dois.

— Vous me payez 12,545 francs?

— Le 16 ; maintenant, si cela ne vous convient pas ainsi, faites ce que vous voudrez ; seulement, je vous préviens que votre obstination pourra vous coûter cher, très-cher.

Le créancier se défendit encore pendant quelques instants, puis il finit par partir et Poirier revint dans le cabinet.

— Excusez-moi, cher ami, c'était un créancier à congédier, car j'ai encore quelques créanciers ; reprenons notre entretien. Je disais que le prince était pour moi plein de bienveillance et que je vous offrais mon appui près de lui : je vous emmène donc à l'Élysée et je vous présente ; le prince est très-sensible aux dévouements de la première heure, j'en suis un exemple.

— Je vous remercie...

— N'attendez pas que le succès ait fait la foule autour du prince, venez et prenez date pendant qu'il en est temps encore ; plus tard, vous ne serez plus qu'un courtisan ; aujourd'hui, vous serez un ami.

— Ni maintenant, ni plus tard. Je vous suis reconnaissant de votre proposition, mais je ne puis l'accepter.

— Ne soyez pas « belle âme, » mon cher Saint-Nérée, et réfléchissez que le prince va être maître de la France et qu'il serait absurde de ne pas profiter de l'occasion qui se présente.

— Pour ne parler que de la France, je ne vois pas la situation comme vous.

— Vous la voyez mal, le pays, c'est-à-dire la bourgeoisie, le peuple, le clergé, l'armée sont pour le prince.

— Vous croyez donc que Lamoricière, Changarnier, Bedeau sont pour le prince?

— Il ne s'agit pas des vieux généraux, mais des nouveaux : de Saint-Arnaud, Herbillon, Marulas, Forey, Cotte, Renault, Cornemuse, qui valent bien les anciens. Qu'est-ce que vous croyez avoir été faire en Kabylie?

— Une promenade militaire.

— Vous avez été faire des généraux, c'est là une invention du commandant Fleury, qui est tout simplement admirable. Par ces nouveaux généraux que nous avons fait briller dans les journaux et qui nous sont dévoués, nous tenons l'armée. Allons, c'est dit, je vous emmène.

Mais je me défendis de telle sorte que Poirier dut abandonner son projet ; il était trop fin pour ne pas sentir que ma résistance serait invincible.

— Enfin, mon cher ami, vous avez tort, mais je ne peux pas vous faire violence ; seulement, souvenez-vous plus tard que j'ai voulu vous payer une dette et que vous n'avez pas voulu que je m'acquitte ; quel malheur que tous les créanciers ne soient pas comme vous ! Bien entendu, je reste votre débiteur ; malheureusement, si vous réclamer votre dette plus tard, je ne serai plus dans des conditions aussi favorables pour m'en libérer.

XX

Depuis le 25 novembre, jour de ma visite chez Poirier, de terribles événements se sont passés, — terribles pour tous et pour moi particulièrement : j'ai perdu mon pauvre père et une révolution s'est accomplie.

Maintenant il me faut reprendre mon récit où je l'ai interrompu et revenir en arrière, dans la douleur et dans la honte.

J'étais sorti de chez Poirier profondément troublé.

Hé quoi, cette expédition qu'on venait d'entreprendre dans la Kabylie n'avait été qu'un jeu ! On avait provoqué les Kabyles qui vivaient tranquilles chez eux, on avait fait naître des motifs de querelles, et après avoir accusé ces malheureuses tribus de la province de Constantine de révolte, on s'était rué sur elles. Une forte colonne expéditionnaire avait été formée sous le commandement du général de Saint-Arnaud, qui n'était encore que général de brigade, et la guerre avait commencé.

On avait fait tuer des Français ; on avait massacré des Kabyles, brûlé, pillé, saccagé des pays pour que ce général de brigade pût devenir général de division d'abord, ministre de la guerre ensuite, et, enfin, instrument docile d'une révolte militaire. Les journaux trompés avaient célébré comme un triomphe, comme une gloire pour la France cette expédition qui, pour toute l'armée, n'avait été qu'une cavalcade ; dans l'esprit du public, les vieux généraux africains Bedeau, Lamoricière, Changarnier, Cavaignac avaient été éclipsés par ce nouveau venu. Et celui qu'on avait été prendre ainsi pour en faire le rival d'honnêtes et braves soldats, au moyen d'une expédition de théâtre et d'articles de journaux, était un homme qui deux fois avait quitté l'armée dans des conditions dont on ne parlait que tout bas : ceux qui le connaissaient racontaient de lui des choses invraisemblables ; il avait été comédien, disait-on, à Paris et à Londres, commis voyageur, maître d'armes en Angleterre ; sa réputation était celle d'un aventurier.

Roulant dans ma tête ce que Poirier venait de m'apprendre, je me laissai presque rassurer par ce choix de Saint-Arnaud. Pour qu'on eût été chercher celui-là, il fallait qu'on eût été bien certain d'avance du refus de tous les autres. L'armée n'était donc pas gagnée, comme on le disait, et il n'était pas à craindre qu'elle se laissât entraîner par ce général qu'elle connaissait. Était-il probable que d'honnêtes gens allaient se faire ses complices? La raison, l'honneur se refusaient à le croire.

Mais lorsque, revenu près de mon père, je lui racontai ma visite à Poirier, il ne jugea pas les choses comme moi.

— Tu parles de Saint-Arnaud général, me dit-il, mais maintenant c'est de Saint-Arnaud ministre qu'il s'agit, et tu dois être bien certain que les opinions ont changé sur son compte : le comédien, le maître d'armes, le geôlier de la duchesse de Berry ont disparu, et l'on ne voit plus en lui que le ministre de la guerre, c'est-à-dire le maître de l'avancement comme de la disponibilité. Je trouve, au contraire, que l'affaire est habilement combinée. On a mis à la tête de l'armée un homme sans scrupules, prêt à courir toutes les aventures, et je crains bien que l'armée ne le suive quels que soient les chemins par lesquels il voudra la conduire. L'obéissance passive n'est-elle pas votre première règle ? Pour les prudents, pour les malins, pour ceux qui sont toujours disposés à passer du côté du plus habile ou du plus fort, l'obéissance passive sera un prétexte et une excuse. « Je suis soldat ; je ne sais qu'une chose, obéir. » Vos anciens généraux ont eu grand tort d'abandonner l'armée pour la politique ; aujourd'hui ils sont députés, diplomates, vice-président de l'Assemblée, ils seraient mieux à la tête de leurs régiments, où leur prestige et leur honnêteté auraient la puissance morale nécessaire pour retenir les indécis dans le devoir. Maintenant, on a fait de jeunes généraux, suivant l'expression du capitaine Poirier, et comme on a dû les choisir parmi les officiers dont on se croyait sûr, ce seront ces jeunes généraux qui entraîneront l'armée. Tout est si bien combiné qu'on peut fixer le jour précis où l'affaire aura produit ses fruits : il n'y a pas que le capitaine Poirier qui a dû prendre des échéances pour le 15 décembre. Veux-tu repartir ce soir pour Marseille ?

Je ne pouvais pas accepter cette proposition, que je refusai en tâchant de ne pas inquiéter mon père.

— Combien l'homme est fou de faire des combinaisons basées sur l'avenir ! dit-il en continuant. Ainsi, quand tout jeune, tu as manifesté le désir d'être soldat, j'en ai été heureux. Et depuis, quand nous sommes restés longtemps séparés, et que je t'ai su exposé aux dangers et aux fatigues d'une campagne, je n'ai jamais regretté d'avoir cédé à ta vocation, parce que si j'étais tourmenté d'un côté, j'étais au moins rassuré d'un autre. Quand on a vu comme moi cinq ou six révolutions dans le cours de son existence, c'est un grand embarras que de choisir une position pour son fils : où trouver une place que le flot des révolutions n'atteigne pas ? Ce n'est assurément pas dans la magistrature, ni dans l'administration, ni dans la diplomatie. J'avais cru que l'armée t'offrirait ce port tranquille où tu pourrais servir honnêtement ton pays sans avoir à t'inquiéter d'où venait le vent et surtout d'où il viendrait le lendemain. Mais voici que maintenant l'armée n'est plus à l'abri de la politique. Ceci est nouveau et il fallait l'ambition de ce prétendant besogneux pour introduire en France cette innovation. Jusqu'à présent on avait vu des gouvernements corrompre les députés, les magistrats, les membres du clergé, il était réservé à un Bonaparte de corrompre l'armée. Que deviendra-t-elle entre ses mains, et jusqu'où ne nous fera-t-il pas descendre? La royauté est morte, le clergé s'éteint, l'armée seule, au milieu des révolutions, était restée debout : elle aussi va s'effondrer.

— Quelques généraux, quelques officiers ne font pas l'armée.

— Garde ta foi, mon cher enfant ; je ne dirai pas un mot pour l'ébranler ; mais je ne peux pas la partager.

Cette foi, autrefois ardente, était maintenant bien affaiblie, et c'était plutôt l'amour-propre professionnel qui protestait en moi que la conviction. Comme mon père, j'avais peur et, comme lui, j'étais désolé.

Mais, si vives que fussent mes appréhensions patriotiques, elles durent s'effacer devant des craintes d'une autre nature plus immédiates et plus brutales.

Le mieux qui s'était manifesté dans l'état de mon père, après mon arrivée à Paris, ne se continua point, et la maladie reprit bien vite son cours menaçant.

Cette maladie était une anémie causée par des ulcérations de l'intestin, et, après l'avoir lentement et pas à pas amené à un état de faiblesse extrême, elle était arrivée maintenant à son dernier période. L'abattement moral qui avait un moment cédé à la joie de me revoir, avait redoublé et s'était compliqué d'une sorte de stupeur, qui pour n'être pas continuelle n'en était pas moins très-inquiétante dans ses accès capricieux. Les douleurs névralgiques étaient devenues intolérables. Enfin il était survenu de l'infiltration aux membres inférieurs.

Parvenue à ce point, la maladie avait marché à une terminaison fatale avec une effrayante rapidité, et le vendredi soir, le médecin, après sa troisième visite dans la même journée, m'avait prévenu qu'il ne fallait plus conserver d'espérance.

Bien que depuis deux jours j'eusse le sinistre pressentiment que ce coup allait me frapper d'un moment à l'autre, il m'atteignait si profondément qu'il me laissa durant quelques minutes anéanti, éperdu. Sous la parole nette et précise du médecin qui ne permettait plus le doute, il s'était fait en moi un déchirement, — une corde s'était cassée, et je m'étais senti tomber dans le vide.

Cependant, comme je devais revenir immédiatement près de mon père pour ne pas l'inquiéter, j'avais fait effort pour me ressaisir, et j'étais rentré dans sa chambre.

Mais je n'avais pas pu le tromper.

— Tu es bien pâle, me dit-il, tes mains tremblent, tes lèvres sont contractées, le docteur a parlé, n'est-ce pas? Hé bien, mon pauvre fils, il faut nous résigner tous deux; on ne lutte pas contre la mort.

Je balbutiai quelques mots, mais j'étais incapable de me dominer.

— Ne cache pas ta douleur, dit-il, soyons francs tous deux dans ce moment terrible et ne cherchons point mutuellement à nous tromper; puisque l'un et l'autre nous savons la vérité, passons librement les quelques heures qui nous restent à être ensemble. Mets-toi là bien en face de moi, dans la lumière, et laisse-moi te regarder.

Puis, après un long moment de contemplation, pendant lequel ses yeux alanguis où déjà flottait la mort, restèrent fixés, attachés sur moi :

— Comme tu me rappelles ta mère ! Oh ! tu es bien son fils !

Ce souvenir amollit sa résignation, et une larme coula sur sa joue amaigrie et décolorée. La voix, déjà faible et haletante, s'arrêta dans sa gorge, et, durant quelques minutes, nous restâmes l'un et l'autre silencieux.

Il reprit le premier la parole.

— Il y a une chose, dit-il, qui me pèse sur la conscience, et que j'ai souvent voulu traiter avec toi depuis que tu es ici. J'ai toujours reculé, pour ne point te peiner en parlant de notre séparation ; mais maintenant ce scrupule n'est plus à observer. Je vais partir sans te laisser un sou de fortune à recueillir.

— Je vous en prie, ne parlons pas de cela en un pareil moment.

— Parlons-en, au contraire, car cette pensée est pour moi lourde et douloureuse et ce me sera peut-être un soulagement de m'en expliquer avec toi. Tu sais par quelle série de circonstances malheureuses ma fortune et celle de ta mère ont passé en d'autres mains que les nôtres.

— J'aime mieux recueillir pour héritage le souvenir de votre désintéressement dans ces circonstances, que la fortune elle-même qu'il vous a coûté.

— Je le pense ; mais enfin le résultat matériel a été de me laisser sans autres ressources que ma pension de retraite et la rente viagère que me devaient nos cousins d'Angers, en tout dix mille francs par an. Avec la pension que j'ai eu le plaisir de te servir, avec mes dépenses personnelles, je n'ai point fait d'économies. Sans doute, j'aurais pu diminuer mes dépenses.

— Ah! père.

— Oui, cela eût mieux valu et j'aurais un remords de moins aujourd'hui. Mais je ne l'ai pas fait ; j'ai été entraîné chaque année, et pour excuse, je me suis dit que tu serais colonel et richement marié quand je te quitterais, et que les quelques mille francs amassés péniblement par ton père ne seraient rien pour toi. Je te quitte, tu n'es pas colonel, tu n'es pas marié, je ne t'ai rien amassé et c'est à peine si tu trouveras quelques centaines de francs dans ce tiroir. En tout autre temps cela ne serait pas bien grave ; mais maintenant que va-t-il se passer ? Pourras-tu rester soldat ? Cette inquiétude me torture et m'empoisonne les derniers moments qui nous restent à passer ensemble. Ces questions sont terribles pour un mourant, et plus pour moi que pour tout autre peut-être, car j'ai toujours eu horreur de l'incertitude. Enfin, mon cher Guillaume, quoi qu'il arrive, n'hésite jamais entre ton devoir et ton intérêt. La misère est facile à porter quand notre conscience n'est pas chargée. Mon dernier mot, mon dernier conseil, ma dernière prière s'adressent à ta conscience ; n'obéis qu'à elle seule, et quand tu seras dans une situation décisive, fais ce que tu dois ; me le promets-tu ?

— Je vous le jure.

— Embrasse-moi.

Il m'est impossible de faire le récit de ce qui se passa pendant les deux jours suivants. Je n'ai pas pu encore regarder le portrait de mon père. Je ne peux pas revenir en ce moment sur ces deux journées ; peut-être plus tard le souvenir m'en sera-t-il supportable, aujourd'hui il m'exaspère.

Mon père mourut le 1ᵉʳ décembre au moment où le jour se levait, — jour lugubre pour moi succédant à une nuit affreuse.

XXI

Je n'ai jamais pu admettre l'usage qui nous fait abandonner nos morts à la garde d'étrangers.

Qu'a donc la mort de si épouvantable en elle-même qu'elle nous fait fuir? Vivant, nous l'avons soigné, adoré; il n'est plus depuis quelques minutes à peine, son corps n'est pas encore refroidi, et nous nous éloignons.

Ces yeux ne voient plus, ces lèvres ne parlent plus, et cependant de ce cadavre sort une voix mystérieuse qu'il est bon pour notre âme d'entendre et de comprendre. C'est un dernier et suprême entretien dont le souvenir se conserve toujours vivace au fond du cœur.

Je veillai donc mon père.

Mais, dérangé à chaque instant pendant la journée par ces mille soins que les convenances de la mort commandent, je fus bien peu maître de ma pensée.

La nuit seulement je me trouvai tout à fait seul avec ce pauvre père qui m'avait tant aimé. Je m'assis dans le fauteuil sur lequel il était resté étendu pendant sa maladie, et je me mis à lire la série des lettres que je lui avais écrites depuis le jour où j'avais su tenir une plume entre mes doigts d'enfant. Ces lettres avaient été classées par lui et serrées soigneusement dans un bureau où je les avais trouvées.

Pendant les premières années, elles étaient rares ; car alors nous ne nous étions pour ainsi dire pas quittés, et je n'avais eu que quelques occasions de lui écrire pendant de courtes absences qu'il faisait de temps en temps. Mais à mesure que j'avais grandi, les séparations étaient devenues plus fréquentes, puis enfin était arrivé le moment où la vie militaire m'avait enlevé loin de Paris, et alors les lettres s'étaient succédé longues et suivies.

C'était l'histoire complète de notre vie à tous deux, de la sienne autant que de la mienne ; elles parlaient de lui autant que de moi, n'étant point seulement un récit, un journal de ce que je faisais ou de ce qui m'arrivait, mais étant encore, étant surtout des réponses à ce qu'il me disait, des remercîments pour sa sollicitude et ses témoignages de tendresse.

Aussi, en les lisant dans le silence de la nuit, me semblait-il parfois que je m'entretenais véritablement avec lui. La mort était une illusion, le corps que je voyais étendu sur sa couche funèbre n'était point un cadavre et la réalité était que nous étions ensemble l'un près de l'autre, unis dans une même pensée.

Alors les lettres tombaient de mes mains sur la table et, pendant de longs instants, je restais perdu dans le passé, me le rappelant pas à pas, le vivant par le souvenir. L'heure qui sonnait à une horloge, le roulement d'une voiture sur le pavé de la rue, le craquement d'un meuble ou d'une boiserie, un bruit mystérieux, me ramenaient brusquement dans la douloureuse réalité. Hélas ! la mort n'était pas une illusion, c'était le rêve qui en était une.

Vers le matin, je ne sais trop quelle heure il pouvait être, mais c'était le matin, car le froid se faisait sentir ; Félix entra doucement dans la chambre. Lui aussi avait voulu veiller et il était resté dans la pièce voisine.

— Je ne voudrais pas vous troubler, me dit-il, mais il

se passe quelque chose d'extraordinaire dans la rue.

— Que m'importe la rue?

— Vous n'avez pas entendu des bruits de pas sur le trottoir?

— Je n'ai rien entendu, laisse-moi, je te prie.

— Moi, j'ai entendu ces bruits et j'ai regardé par la fenêtre de la salle à manger; j'ai vu des agents de police passer et repasser; il y en a aussi d'autres au coin de la rue du Bac; ils ont l'air de vouloir se cacher. C'est la Révolution.

J'étais peu disposé à me laisser distraire de mes tristes pensées; cependant, cette insistance de Félix m'amena à la fenêtre de la salle à manger, et à la lueur des becs de gaz, je vis en effet des groupes sombres qui paraissaient postés en observation. Bien qu'ils fussent cachés dans l'ombre, on pouvait reconnaître des sergents de ville. Plusieurs levèrent la tête vers notre fenêtre éclairée. Au coin de la rue du Bac, un afficheur était occupé à coller de grands placards dont la blancheur brillait sous la lumière du gaz.

Il était certain que ces agents étaient placés là, dans cette rue tranquille, pour accomplir quelque besogne mystérieuse.

Mais laquelle? je n'avais pas l'esprit en état d'examiner cette question. Je rentrai dans la chambre et repris ma place près de mon père.

Au bout d'un certain temps Félix revint de nouveau, et comme je faisais un geste d'impatience pour le renvoyer, il insista.

— On assassine le général Bedeau, dit-il, ils sont entrés dans la maison.

En effet, on entendait un tumulte dans l'escalier, un bruit de pas précipités et des éclats de voix.

Assassiner le général Bedeau ! Mon premier mouvement fut de me lever précipitamment et de courir sur le palier. Mais je n'avais pas fait cinq pas que la réflexion m'arrêta. C'était folie. Des agents de police ne pouvaient pas s'être introduits dans la maison pour porter la main sur un homme comme le général. Félix était affolé par la peur.

Mais le tapage qui retentissait dans l'escalier avait redoublé. J'ouvris la porte du palier.

— A la trahison ! criait une voix forte.

Puis, en même temps, on entendait des piétinements, des fracas de portes, le tumulte d'une troupe d'hommes, tout le bruit d'une lutte.

Je descendis vivement. D'autres locataires de la maison étaient sortis comme moi ; plusieurs portaient des lampes et des bougies qui éclairaient l'escalier.

— Oserez-vous arracher d'ici, comme un malfaiteur, le général Bedeau, vice-président de l'Assemblée, dit le général aux agents qui l'entouraient ?

A ce moment le commissaire de police, qui était à la tête des agents, se jeta sur le général et le saisit au collet.

Les agents suivirent l'exemple qui leur était donné par leur chef et, se ruant sur le général, le saisissant aux bras, le tirant, le poussant, l'entraînèrent au bas de l'escalier avec cette rapidité brutale que connaissent seulement ceux qui ont vu opérer la police.

— A moi ! à moi ! criait le général.

Descendant rapidement derrière les agents, j'étais arrivé aux dernières marches de l'escalier comme ils s'engageaient sous le vestibule, je voulus m'élancer au secours du général, mais deux agents se jetèrent devant moi et me barrèrent le passage.

— A l'aide ! criait le général, se débattant toujours, à moi, à moi, je suis le général Bedeau.

— Mettez-lui donc un bâillon, cria une voix.

Les agents m'avaient saisi chacun par un bras, je voulus me dégager, mais ils étaient vigoureux, et je ne pus me débarrasser de leur étreinte.

— Ne bougez donc pas, dit l'un d'eux, ou l'on vous enlève aussi.

Le général et le groupe qui l'entraînait étaient arrivés dans la rue, et l'on entendait toujours la voix du général, s'adressant sans doute aux passants qui s'étaient arrêtés.

— Au secours, citoyens ! on arrête le vice-président de l'Assemblée ; je suis le général Bedeau.

Je parvins à me dégager en repoussant l'un des agents et en traînant l'autre avec moi.

Mais comme j'arrivais sous le vestibule, la porte de la rue se referma avec violence et en même temps on entendit une voiture qui partait au galop.

Il était trop tard, le général était enlevé. Mes deux agents s'étaient jetés de nouveau sur moi. En entendant ce bruit, ils me lâchèrent.

— Ça se retrouvera, dit l'un d'eux en me montrant le poing.

Puis, comme ils avaient d'autre besogne pressée, ils se firent ouvrir la porte, et s'en allèrent sans m'emmener avec eux.

Je remontai l'escalier, et, en arrivant sur le palier de l'appartement du général, je trouvai le domestique de celui-ci qui se lamentait au milieu d'un groupe de curieux.

— C'est ma faute, disait-il, faut-il que je sois maladroit ! quand le commissaire a sonné, je l'ai pris pour M. Valette, le secrétaire de la présidence de l'Assemblée, et je l'ai conduit à la chambre du général. Ils vont le fusiller. Ah ! mon Dieu ! c'est moi, c'est moi !

Ainsi le coup d'État s'accomplissait par la police, et c'était en faisant arrêter les représentants chez eux que Louis-Napoléon voulait prendre le pouvoir.

En réfléchissant un moment, j'eus un soupir de soulagement égoïste : l'armée ne se faisait pas la complice de Louis-Napoléon ; l'honneur au moins était sauf.

Le recueillement et la douleur sans émotions étrangères n'étaient plus possibles ; les bruits de la rue montaient jusque dans cette chambre funèbre où la lumière du jour ne pénétrait pas.

A chaque instant les nouvelles arrivaient jusqu'à moi quoi que je fisse pour me boucher les oreilles. On avait arrêté les questeurs de l'Assemblée. Le palais Bourbon était gardé par les troupes. Les soldats encombraient les quais et les places.

Il n'y avait plus d'illusion à se faire : l'armée prêtait son appui au coup d'État, ou tout au moins une partie de l'armée ; quelques régiments gagnés à l'avance, sans doute.

L'enterrement avait été fixé à onze heures. Pourrait-il se faire au milieu de cette révolution ? La fusillade n'allait-elle pas éclater d'un moment à l'autre, et les barricades n'allaient-elles pas se dresser au coin de chaque rue ?

L'arrivée des employés des pompes funèbres redoubla mon trouble : leurs paroles étaient contradictoires ; tout était tranquille ; au contraire on se battait dans le faubourg Saint-Antoine, à l'Hôtel de ville.

Je ne savais à quel parti m'arrêter ; la venue de deux amis de mon père ne me tira pas d'angoisse, et il me fallut tenir conseil avec eux pour savoir si nous ne devions pas différer l'enterrement. L'un, M. le marquis de Planfoy, voulait qu'il eût lieu immédiatement ; l'autre, M. d'Aray, voulait qu'il fût retardé, et je dus discuter avec eux, écouter leurs raisons, prendre une décision et tout cela dans cette chambre où depuis deux jours nous n'osions pas parler haut.

— Veux-tu exposer le corps de ton père à servir de barricade? disait M. d'Aray. Paris tout entier est soulevé. Je viens de traverser la place de l'École-de-Médecine et j'ai trouvé un rassemblement considérable formé par les jeunes gens des écoles. Il est vrai que ce rassemblement, chargé par les gardes municipaux à cheval, a été dissipé, mais il va se reformer ; la lutte va s'engager, si elle n'est pas commencée.

— Et moi je vous affirme, dit M. de Planfoy, qu'il n'y aura rien au moins pour le moment. Je viens de traverser les Champs-Élysées et la place de la Concorde ; j'ai vu Louis-Napoléon à la tête d'un nombreux état-major passer devant les troupes qui l'acclament, et qui sont si bien disposées en sa faveur, qu'il leur fait crier ce qu'il veut ; ainsi, devant le palais de l'Assemblée, les gendarmes ayant crié « Vive l'empereur ! » il a fait répondre « Vive la République ! » par les cuirassiers de son escorte. Avant de tenter une résistance, on réfléchira. Les généraux africains et les chefs de l'Assemblée sont arrêtés ; il y a cinquante ou soixante mille hommes de troupes dévoués à Louis-Napoléon dans Paris, et le peuple ne bouge pas ; il lit les affiches avec plus de curiosité que de colère ; et comme on lui dit qu'il s'agit de défendre la République contre l'Assemblée, qui voulait la renverser, il le croit ou il feint de le croire. On lui rend le suffrage universel, on met à la porte la majorité royaliste, il ne voit pas plus loin. La bourgeoisie et les gens intelligents comprennent mieux ce qui se passe, mais ce n'est pas la bourgeoisie qui fait les barricades. La garde nationale ne bouge pas, nulle part je n'ai entendu battre le rappel. S'il y a résistance, ce ne sera pas aujourd'hui, on est indigné, mais on est encore plus désorienté, car on n'avait rien prévu, rien organisé en vue de ce coup d'État que tout le monde attendait. Demain on se retrouvera : on tentera peut-être quelque chose, mais il sera trop tard ; Louis-Napoléon sauvera facilement la société et l'empire n'en sera que plus solidement établi. Je t'engage, mon pauvre Guillaume, à ne pas différer cette triste cérémonie.

M. d'Aray est timide, M. de Planfoy est au contraire résolu ; il a été représentant à la Constituante, il a le sentiment des choses politiques, j'eus confiance en lui et me rangeai de son côté.

XXII

Mon père, dans nos derniers entretiens, m'avait donné ses instructions pour son enterrement et m'avait demandé d'observer strictement sa volonté.

Il avait toujours eu horreur de la représentation, et il trouvait que les funérailles, telles qu'on les pratique dans notre monde, sont une comédie au bénéfice des vivants, bien plus qu'un hommage rendu à la mémoire des morts.

Partant de ces idées qui, chez lui, étaient rigoureuses, il avait arrêté la liste des personnes que je devrais inviter à son convoi, non par une lettre banale imprimée suivant la formule, mais par un billet écrit de ma main.

— Je ne veux pas qu'on m'accuse d'être une cause de

dérangement, m'avait-il dit, et je ne veux pas non plus que ceux qui me suivront jusqu'au cimetière, trouvent dans cette promenade un prétexte à causerie. Je ne veux derrière moi, près de toi, que des amis dont le chagrin soit en harmonie avec ta douleur. Aussi, comme les véritables amis sont rares, la liste que je vais te dicter ne comprendra que dix amis sincères et dévoués.

Je m'étais religieusement conformé à ces recommandations, et je n'avais de mon côté invité personne. Ce n'était pas d'un témoignage de sympathie donné à ma personne qu'il s'agissait, mais d'un hommage rendu à mon père.

A onze heures précises, huit des dix amis qui avaient été prévenus étaient arrivés ; les deux qui manquaient ne viendraient pas, ayant été arrêtés le matin et conduits à Mazas.

Quand je fus dans la rue derrière le char, mon cœur se serra sous le coup d'une horrible appréhension : pourrions-nous aller jusqu'au Père-Lachaise et traverser ainsi tout Paris, les abords de l'Hôtel de ville, la place de la Bastille, le faubourg Saint-Antoine ? Le souvenir des paroles de M. d'Aray m'était revenu, il s'était imposé à mon esprit, et je voyais partout des barricades : on nous arrêtait ; on renversait le char ; on jetait le cercueil au milieu des pavés ; la lutte s'engageait, c'était une hallucination horrible.

Je regardai autour de moi. Je fus surpris de trouver à la rue son aspect accoutumé ; les magasins étaient ouverts, les passants circulaient, les voitures couraient, c'était le Paris de tous les jours ; je me rassurai, M. de Planfoy avait raison. Mais par un sentiment contradictoire que je ne m'explique pas, je fus indigné de ce calme qui m'était cependant si favorable. Hé quoi ! c'était ainsi qu'on acceptait cette révolution militaire! personne n'avait le courage de protester contre cet attentat!

Mais à regarder plus attentivement, il me sembla que ce calme était plus apparent que réel : il y avait des groupes sur les trottoirs, dans lesquels on causait avec animation ; au coin des rues on lisait les proclamations en gesticulant. Et d'ailleurs nous étions dans le faubourg Saint-Germain, et ce n'est pas le quartier des résistances populaires ; il faudrait voir quand nous approcherions des faubourgs.

Et j'avais la tête si troublée, si faible, qu'après m'être rassuré sans raison, je retombai dans mes craintes sans que rien qu'une appréhension vague justifiât ces craintes.

Le calme de l'église apaisa ces mouvements contradictoires qui me poussaient d'un extrême à l'autre. Je pus revenir à mes pensées. Je n'eus plus que mon père présent devant les yeux, mon père qui m'allait être enlevé pour jamais.

Elle était pleine de silence, cette église, et de recueillement. Soit que les troubles du dehors n'eussent point pénétré sous ses voûtes, soit qu'ils n'eussent point touché l'âme de ses prêtres, les offices s'y célébraient comme à l'ordinaire. Les chantres psalmodiaient, l'orgue chantait, et au pied des piliers, dans les chapelles sombres, il y avait des femmes qui priaient.

Sans la présence d'un horrible maître des cérémonies qui tournait et retournait autour de moi, me saluant, me faisant des révérences et des signes mystérieux, j'aurais pu m'absorber dans ma douleur. Mais ce figurant ridicule me rejetait à chaque instant dans la réalité, et quand dans une génuflexion il ramenait les plis de son manteau, il me semblait qu'il m'ouvrait un jour sur la rue, — ses émotions et ses troubles.

Il fallut enfin quitter l'église et reprendre ma place derrière le char en nous dirigeant vers le Père-Lachaise.

Avec quelle anxiété je regardais devant moi ! A me voir, les passants devaient se dire que j'avais une singulière contenance. Et, de fait, à chaque instant, je me penchais à droite ou à gauche pour regarder au loin, si quelque obstacle n'allait pas nous barrer le passage.

Jusqu'aux quais je trouvai l'apparence du calme que j'avais déjà remarquée ; mais en arrivant à un pont, je ne sais plus lequel, un corps de troupe nous arrêta. Les soldats, l'arme au pied, obstruaient le passage ; les tambours étaient assis sur leurs caisses, mangeant et buvant ; les officiers, réunis en groupe, causaient et riaient.

La chaleur de l'indignation me monta au visage : c'étaient là mes camarades, mes compagnons d'armes ; ils riaient.

La troupe s'ouvrit pour laisser passer notre cortége et jusqu'au cimetière notre route se continua sans incident. Partout dans les rues populeuses, dans les places, dans les faubourgs l'ordre et le calme des jours ordinaires.

Ce que fut la fin de cette lugubre cérémonie, je demande à ne pas le raconter ; je sens là-dessus comme les anciens, il est de certaines choses qu'il ne faut pas nommer et dont il ne faut pas parler ; c'est bien assez d'en garder le souvenir, un souvenir tenace que toutes les joies de la terre n'effaceront jamais.

Lorsque tout fut fini, je sentis un bras se passer sous le mien, c'était celui de M. de Planfoy.

— Et maintenant, dit-il, que veux-tu faire, où veux-tu aller ?

— Rentrer dans la maison de mon père.

— Eh bien, je vais aller avec toi et nous nous en retournerons, à pied.

— Mais vous demeurez rue de Reuilly.

— Qu'importe ? je te reconduirai, il y a des moments où il est bon de marcher pour user la fièvre et abattre sa force corporelle.

Nous nous mîmes en route à travers les tombes. Au tournant du chemin, Paris nous apparut couché dans la brume. Tous deux, d'un même mouvement, nous nous arrêtâmes.

De cette ville immense étalée à nos pieds, il ne s'échappait pas un murmure qui fût le signe d'une émotion populaire. Les cheminées des usines lançaient dans le ciel gris leurs colonnes de fumée. On travaillait.

— Et pourtant, dit M. de Planfoy, il vient de s'accomplir une révolution autrement grave que celle que voulait tenter Charles X. Les temps sont changés.

Nous descendions la rue de la Roquette. En approchant de la Bastille, M. de Planfoy fut salué par deux personnes qui l'abordèrent.

— Eh bien ! dit l'une de ces personnes, vous voyez où nous ont conduits les folies de la majorité.

Et ils se mirent à parler tous trois des événements qui s'accomplissaient : des arrestations de la nuit, de l'appui de l'armée, de l'apathie du peuple. Je compris que c'étaient deux membres de l'Assemblée appartenant au parti républicain. Nous arrivions sur la place de la Bastille. Devant nous un groupe assez compacte était massé sur la voûte du canal.

— L'apathie du peuple n'est pas ce que vous croyez, dit l'un des représentants ; le peuple est trompé, mais déjà il comprend la vérité de la situation. Vous voyez qu'il se rassemble et s'émeut. Je vais parler à ces gens ; ils m'écouteront. C'est en divisant la résistance que nous épuiserons les troupes. Il suffit d'un centre de résistance pour organiser une défense formidable. Si le faubourg se soulève, des quatre coins de Paris on viendra se joindre à nous.

Disant cela, il prit les devants et s'approcha du groupe.

Mais ce n'était point le souci de la chose publique et de la patrie qui l'avait formé : deux saltimbanques en maillot se promenaient gravement pendant qu'un paillasse faisait la parade, demandant « quatre sous encore, seulement quatre pauvres petits sous, avant de commencer. »

Le représentant ne se découragea point, et s'adressant d'une voix ferme à ces badauds, il leur adressa quelques paroles vigoureuses et faites pour les toucher.

Mais une voix au timbre perçant et criard couvrit la sienne.

— Vas-tu te taire, hein ? disait cette voix, tu empêches la parade ; si tu veux enfoncer le pitre, commence par être plus drôle que lui.

Nous nous éloignâmes.

— Voilà l'attitude du peuple, dit M. de Planfoy. Avais-je tort ce matin ? Il considère que tout cela ne le touche pas, et que c'est une querelle entre les bonapartistes et les monarchistes dans laquelle il n'a rien à faire. Et puis il n'est peut-être pas fâché de voir écraser la bourgeoisie, qui l'a battu aux journées de Juin.

Dans la rue Saint-Antoine, à l'Hôtel de ville, il n'y avait pas plus d'émotion que sur la place de la Bastille. Décidément, les Parisiens acceptaient le coup d'État qui se bornerait à l'arrestation de quelques représentants.

Çà et là seulement on rencontrait des rassemblements de troupes qui attendaient.

Comme nous arrivions dans la rue de l'Université, nous aperçûmes une foule compacte et un spectacle que je n'oublierai jamais s'offrit à nos yeux.

Un long cortége descendait la rue. En tête marchaient le général Forey et le capitaine Schmitz, son aide de camp; puis venait une colonne de troupes, puis après cette troupe, entre deux haies de soldats, plus de deux cents prisonniers.

Ces prisonniers étaient les représentants à l'Assemblée nationale, qu'on venait d'arrêter à la mairie du 10e arrondissement; à leur tête marchait leur président, qu'un agent de police tenait au collet.

Le passage de ces députés, conduits entre des soldats comme des malfaiteurs, provoquait quelques cris de: « Vive l'Assemblée, » mais en général il y avait plus d'étonnement dans la foule que d'indignation. Et comme M. de Planfoy demandait à un boutiquier où se rendait ce cortége:

— A la caserne du quai d'Orsay, dit-il; mais vous comprenez bien, tout ça c'est pour la farce.

En rentrant dans l'appartement de mon père, je me laissai tomber sur une chaise, j'étais anéanti, écœuré.

Une lettre qu'on me remit ne me tira point de cette prostration. Elle était de Clotilde, cependant. Mais j'étais dans une crise de découragement où l'on est insensible à toute espérance. D'ailleurs, les plaisanteries, les bavardages gais et légers de cette lettre, les paroles de coquetterie qu'elle contenait n'étaient pas en rapport avec ma situation présente, et elle me blessait plus qu'elle ne me soulageait.

— Tu vas retourner à Marseille? me demanda M. de Planfoy après un long temps de silence.

— Oui, ce soir, et je partirais tout de suite, si je n'avais auparavant à remettre à quelques personnes des papiers importants dont mon père était le dépositaire: c'est un soin dont il m'a chargé et qu'il m'a recommandé vivement. Ces papiers ont, je suppose, une importance politique.

— Alors hâte-toi, car nous entrons dans une période où il faudra ne pas se compromettre : Louis-Napoléon a débuté par le ridicule et il voudra sans doute effacer cette impression première par la terreur. Si tu ne peux remettre ces papiers à ceux qui en sont propriétaires, et si tu veux me les confier, je te remplacerai. Je te voudrais à ton régiment.

— Je dois d'abord essayer d'accomplir ce que mon père m'a demandé ; si je ne peux pas réussir, j'aurai ensuite recours à vous, car il m'est impossible de rester à Paris en ce moment. Je voudrais être à Marseille, et pourtant je tremble de savoir ce qui s'y passe. Qui sait si mon régiment n'a pas fait comme l'armée de Paris ?

— Si tu as besoin de moi, je rentrerai ce soir vers onze heures, et je sortirai demain à huit heures.

Il m'embrassa tendrement en me serrant à plusieurs reprises dans ses bras, et je restai seul.

XXIII

Il était trois heures : le train que je voulais prendre partait à huit heures du soir, je n'avais donc que très peu de temps à moi pour porter ces papiers à leurs adresses ; je me mis en route aussitôt.

J'avais quatre courses à faire ; dans le quartier de l'Observatoire, aux Champs-Élysées, dans la Chaussée-d'Antin et rue du Rocher.

Je commençai par l'Observatoire et l'accueil qu'on me fit n'était pas de nature à m'encourager à persister dans l'accomplissement de ma mission.

La personne que j'allais chercher habite une de ces maisons assez nombreuses dans ce quartier qui participent à la fois de la maison de santé, de l'hôtel meublé et du couvent. Elle me reçut tout d'abord avec une grande affabilité et me parla de mon père en termes sympathiques, mais quand je lui tendis la liasse de papiers qui portait son nom, elle changea brusquement de physionomie, l'affabilité fut remplacée par la dureté, le calme par l'inquiétude.

— Comment, dit-elle, en me prenant vivement la liasse des mains, c'est pour me remettre ces lettres insignifiantes que vous vous êtes exposé à parcourir Paris un jour de révolution ?

— Mon père m'avait chargé de remettre ce paquet entre vos mains, et comme je pars ce soir pour rejoindre mon régiment, je ne pouvais pas choisir un autre jour. Au reste je n'ai couru aucun danger.

— Vous avez couru celui d'être arrêté, fouillé, et bien que ces lettres n'aient aucune importance...

— J'ai cru, à la façon dont mon père me les recommandait, qu'elles avaient un intérêt pour vous.

— Aucun ; cependant, en ces temps de révolution, il eût été mauvais qu'elles tombassent aux mains de personnes étrangères qui eussent pu les interpréter faussement.

Bien que ces lettres n'eussent aucun intérêt, aucune importance comme on me le disait, on les comptait cependant attentivement et on les examinait.

— Il eût fallu que je fusse tué, dis-je avec une certaine raideur.

— Ou simplement arrêté, et les deux étaient possibles, cher monsieur ; tandis qu'en gardant ces papiers chez vous, vous supprimiez tout danger, surtout en déchirant l'enveloppe qui porte mon nom. Monsieur votre père était assurément un homme auquel on pouvait se fier en toute confiance, mais peut-être portait-il la précaution jusqu'à l'extrême.

— Mon père n'avait souci que de son devoir.

— Sans doute, c'est ce que je veux dire ; seulement il y a des moments pour faire son devoir.

Je me levai vivement.

— J'aurais été peiné que pour une liasse de documents insignifiants, vous vous fussiez trouvé pris dans des... complications désagréables, pour vous d'abord et aussi pour ceux qui se seraient trouvés entraînés avec vous, innocemment.

Ce fut tout mon remercîment, et je me retirai sans répondre aux génuflexions et aux pas glissés qui accompagnèrent ma sortie. A la Chaussée-d'Antin, l'accueil fut tout autre, et quand je tendis mon paquet cacheté, on me l'arracha des mains plutôt qu'on ne me le prit.

— Votre père était un bien brave homme, et vous, capitaine, vous êtes son digne fils ; votre main, je vous prie, que je la serre avec reconnaissance.

Je tendis ma main.

— Voilà les hommes qu'on regrette ; il a pensé à vous charger de ces papiers, ce cher comte. J'aurais voulu le voir. Quand j'ai appris sa maladie, j'ai eu l'idée d'aller lui rendre visite, mais on ne fait pas ce qu'on veut. Nous vivons dans un temps bizarre où il faut être prudent ; cette nouvelle révolution est la preuve qu'il faut être prêt à tout et ne pas encombrer sa route à l'avance. Cette démarche auprès de moi n'est pas la seule dont vous avez été chargé, n'est-ce pas ?

— Mon père s'est vu mourir, et il a pu prendre toutes ses dispositions.

— C'était un homme précieux, en qui l'on pouvait se fier entièrement; il a eu bien des secrets entre les mains. Si jamais je puis vous être utile, je vous donne ma parole que je serai heureux de m'employer pour vous. Venez me voir. On va avoir besoin de moi, et en attendant que les choses aient repris leur cours naturel et légitime, ce que je souhaite aussi vivement que pouvait le souhaiter votre pauvre père, je pourrai peut-être rendre quelques services à mes amis. Croyez que vous êtes du nombre. Au revoir, mon cher capitaine. Soyez prudent, ne vous exposez pas ; demain, la ville sera probablement en feu.

— Demain, je serai à Lyon.

— A Lyon. Ah! tant mieux.

Le paquet que j'avais à remettre rue du Rocher portait le nom d'une dame que j'avais entendu prononcer chez mon père, quand j'étais jeune. Il était beaucoup plus volumineux que les trois autres, et au toucher, il paraissait renfermer autre chose que des lettres, — une boîte, un étui.

On me fit entrer dans un salon où se trouvaient deux femmes, une vieille et une jeune; la vieille parée comme pour un grand jour de grande réception, la jeune remarquablement belle.

Ce fut la vieille dame qui m'adressa la parole.

— Vous êtes le fils du comte de Saint-Nérée ? dit-elle en regardant ma carte avec un lorgnon.

— Oui, madame.

Elle releva les yeux et me regarda :

— En deuil! Ah! mon Dieu!

J'étais en effet en noir, le costume avec lequel j'avais suivi l'enterrement.

— Odette, laisse-nous, je te prie, dit la vieille dame.

Puis quand nous fûmes seuls :
— Votre père ? dit-elle.
Je baissai la tête.
— Ah ! mon Dieu, s'écria-t-elle, c'est affreux.
Et, s'asseyant, elle se cacha les yeux avec la main. Je fus touché de ces regrets donnés à la mémoire de mon père, et je regardai avec émotion cette vieille femme qui pleurait celui que j'avais tant aimé. Assurément elle était la grand'mère de la jeune femme qui venait de nous quitter et elle avait dû être aussi belle que celle-ci, mais avec plus de grandeur et de noblesse.
— Quand ? dit-elle les yeux baissés.
— Nous l'avons conduit aujourd'hui au Père-Lachaise.
— Aujourd'hui, mon Dieu !
— Pendant sa maladie, il m'a recommandé de remettre en vos mains cette liasse de lettres.
— Ah ! oui, dit-elle tristement en recevant mon paquet, c'était ainsi que je devais apprendre sa mort. Votre père était un galant homme, monsieur le comte...
Ce titre qu'on me donnait pour la première fois me fit frissonner.
— C'était un homme d'honneur, dit-elle en continuant, un homme de cœur, et le meilleur vœu que puisse former un femme qui l'a bien... qui l'a beaucoup connu, c'est de souhaiter que vous lui ressembliez en tout.
Elle releva les yeux et me regarda longuement.
— Vous avez son air, dit-elle, sa tournure à la Charles 1er.
Elle se leva, et, ouvrant un meuble avec une petite clef en or qu'elle portait suspendue à la chaîne de son lorgnon, elle en tira un étui en maroquin que le temps avait usé et jauni.
— Le voici jeune, dit-elle en ouvrant cet étui, voyez.

Une miniature me montra mon père sous l'aspect d'un homme de trente ans.

— Avez-vous un portrait de votre père jeune? me dit-elle.

— Non, madame.

— Eh bien! celui-là sera pour vous; je vous demande seulement de me le laisser encore; je vais écrire un mot derrière cette miniature pour dire que je vous la donne; on vous la remettra quand je ne serai plus. Guillaume est votre nom, n'est-ce pas?

— Oui, madame.

— Votre père s'appelait Henri.

Je remerciai et me levai pour me retirer; elle voulut me retenir, mais l'heure me pressait; je lui expliquai les raisons qui m'obligeaient à partir.

Alors elle appela la jeune femme qui s'était retirée à mon arrivée, et me présentant à elle:

— Monsieur, dit-elle, est le fils du comte de Saint-Nérée, de qui je parle si souvent quand je veux citer un modèle: si jamais tu rencontres monsieur dans le monde, j'espère que la petite-fille aura pour le fils un peu de l'amitié que la grand'mère avait pour le père.

Elle me reconduisit jusqu'à la porte, puis, comme je m'inclinais pour prendre congé d'elle, elle me retint par la main.

— Voulez-vous que je vous embrasse, mon enfant?

Pendant que je lui baisais la main, elle m'embrassa sur le front.

— Soyez tranquille à Marseille, me dit-elle, il ne manquera pas de fleurs.

Je sortis profondément troublé et me dirigeai vers les Champs-Élysées.

Jusque-là, j'avais été assez heureux pour trouver chez

elles les personnes que j'avais besoin de voir; mais aux Champs-Élysées cette chance ne se continua point : le personnage politique auquel mon dernier paquet était adressé était absent, et l'on ne savait où je pourrais le rencontrer.

Je me décidai à attendre un moment et alors je fus témoin d'une scène caractéristique, qui me prouva, une fois de plus, que l'armée de Paris était dévouée au coup d'État.

Deux régiments de carabiniers et deux de cuirassiers occupaient les Champs-Élysées. Tout à coup, une immense clameur s'éleva de cette troupe, des cris enthousiastes se mêlant au cliquetis des sabres et des cuirasses : c'était Louis-Napoléon qui passait devant ces régiments et qu'on acclamait; jamais troupes victorieuses proclamant empereur leur général vainqueur, n'ont poussé plus de cris de triomphe.

Le temps s'écoula. J'attendis, la montre dans la main, suivant sur le cadran la marche des aiguilles et me demandant ce que je devais faire : Fallait-il partir pour Marseille sans remettre mon paquet? Fallait-il le confier à M. de Planfoy? Fallait-il au contraire retarder mon départ jusqu'au lendemain matin?

A tort ou à raison, je supposais que ce dernier paquet était le plus important de tous ; et le nom du personnage à qui je devais le rendre, son rôle dans les événements politiques de ces vingt dernières années, son caractère, ses relations avec des partis opposés me faisaient une loi de ne pas agir à la légère.

Je passai là une heure d'incertitude pénible, décidé à rester, décidé à partir, et trouvant alternativement autant de bonnes raisons pour une résolution que pour l'autre. Mon devoir de soldat et mon amour me poussaient vers Marseille;

mon engagement envers mon père me retenait à Paris.

Enfin ce fut ce dernier parti qui l'emporta : douze heures de retard n'avaient pas grande importance maintenant. Que ferais-je à Marseille trois jours après que la nouvelle de la révolution y serait parvenue ? Mon régiment, mes camarades et mes soldats se seraient prononcés depuis longtemps. Il ne fallait pas que l'influence de Clotilde pesât sur moi pour m'empêcher de remplir la promesse que j'avais faite à mon père. Ce n'était qu'un retard de quelques heures, que j'abrégerais d'ailleurs en prenant le lendemain matin le train de grande vitesse.

J'attendis encore. Mais les heures s'ajoutèrent aux heures ; à huit heures du soir mon personnage n'était pas de retour.

Je laissai un mot pour dire que je reviendrais dans la soirée et je rentrai dans Paris.

Chose bizarre et qui doit paraître invraisemblable, les boulevards n'étaient pas déserts et les magasins n'étaient pas fermés. Il y avait foule au contraire sur les trottoirs et dans les restaurants ; dans les cafés on voyait le public habituel de ces établissements. Aux fenêtres d'un de ces restaurants qui reçoit ordinairement les noces de la petite bourgeoisie, j'aperçus une illumination éblouissante ; on dansait, et l'on entendait de la chaussée les grincements du violon et les notes éclatantes du cornet à piston.

C'était à croire qu'on marchait endormi et qu'on rêvait.

Où donc était Paris ?

A onze heures, je retournai aux Champs-Élysées ; même absence. J'attendis de nouveau, cette fois jusqu'à une heure du matin. Enfin, à une heure, je laissai une nouvelle lettre pour annoncer que je reviendrais le lendemain matin, à six heures.

XXIV

Étant donné le caractère du personnage que je devais voir, il fallait conclure de son absence qu'il ne trouvait pas prudent de rentrer chez lui, soit qu'il eût peur d'être arrêté comme tant de représentants l'avaient été, soit, ce qui était plus probable, qu'il craignît d'être entraîné à se prononcer pour le nouveau gouvernement, avant que ce gouvernement fût solidement établi.

Dans ces conditions, j'étais exposé à rester longtemps à Paris, car les chances de Louis-Napoléon me paraissaient bien fragiles; la France, qui s'était unanimement soulevée contre Paris au moment des journées de juin, ne serait pas moins énergique contre cette révolution sans doute. Et alors mon personnage ferait le mort jusqu'au jour où il ne verrait plus de danger à ressusciter, pour prendre parti.

Je n'avais donc qu'une chose à faire, retourner aux Champs-Élysées, comme je l'avais promis, et si je ne le trouvais pas, partir pour Marseille, après avoir remis mes papiers à M. de Planfoy. Par ce moyen, tout me semblait concilié.

J'arrivai un peu après six heures aux Champs-Élysées, et ce qui m'avait paru probable se trouva une réalité; mon personnage n'était pas rentré et on l'attendait toujours, mais je dois le dire, sans inquiétude apparente.

Je me mis alors en route vers le faubourg Saint-Antoine, pour aller chez M. de Planfoy, qui habite, rue de Reuilly, ce qu'on appelait autrefois « une petite maison » ou « une folie. » Il a reçu cette maison dans un héritage, et comme il est peu fortuné, il a trouvé commode de l'habiter ; le jardin qui l'entoure est vaste, et pour Mme de Planfoy qui adore ses enfants, c'est une considération qui l'a fait passer sur les inconvénients du quartier ; ils vivent là un peu comme en province, mais au moins ils ont de l'air et de l'espace.

Quand je quittai les Champs-Élysées, le jour commençait à poindre, mais sombre et pluvieux ; cependant il était assez clair pour que j'aperçusse, aussi loin que mes yeux pouvaient porter, une grande masse de troupes : infanterie, cavalerie et artillerie, qui campait dans les Champs-Élyséees et aux abords des Tuileries.

Comme j'avais du temps devant moi, je pris par les boulevards, curieux de voir une dernière fois l'aspect de la ville. Paris semblait endormi d'un sommeil de mort.

Cependant, à mesure que j'avançais, je remarquai une certaine animation ; des groupes se formaient dans lesquels on discutait fiévreusement, mais sans crier. On s'arrêtait devant les affiches posées pendant la nuit, et toutes ces affiches ne provenaient pas de la Préfecture de police ; j'en lus plusieurs qui appelaient le peuple aux armes ; les unes annonçaient que Louis-Napoléon était mis hors la loi ; les autres, que Lyon, Rouen, Strasbourg s'étaient soulevés pour défendre la Constitution. Les agents de police arrachaient ces affiches, mais on en trouvait cependant partout, sur les volets, sur les portes, sur les troncs d'arbres. Cela indiquait bien évidemment que des tentatives de résistance s'organisaient.

Mais que pourrait faire cette résistance ? les précautions militaires étaient prises et paraissaient redoutables ; les maisons d'angle étaient occupées par les soldats et à chaque instant on entendait les tambours et les clairons des troupes qui défilaient pour aller occuper des positions. Ainsi, à partir du boulevard des Filles-du-Calvaire, je marchai en avant d'une brigade d'infanterie qui venait s'établir sur la place de la Bastille. Devant ces troupes, les groupes qui occupaient les boulevards se dispersaient et rentraient dans les rues latérales.

Dans la rue du Faubourg-Saint-Antoine, l'animation me parut plus grande : des rassemblements d'ouvriers encombraient les trottoirs et ne paraissaient pas disposés à entrer dans les ateliers ; des individus vêtus en bourgeois allaient de groupes en groupes et paraissaient les haranguer. En passant je m'arrêtai.

— Voulez-vous donc laisser rétablir l'empire? dit l'un de ces individus.

— Napoléon est mort, répliqua un ouvrier.

— Pourquoi nous avez-vous désarmés aux jours de juin ? dit un autre avec colère.

— On rétablit le suffrage universel, dit un troisième.

Mais à ce moment il se fit un bruit du côté de la Bastille, qui interrompit ce colloque ; des omnibus, escortés par quelques lanciers, remontaient la rue.

— Les représentants qu'on emmène à Vincennes, cria une voix.

Les groupes s'agitèrent, un mouvement général se produisit, quelques voix crièrent : « Délivrons-les, » et l'on vit quelques hommes courir à la tête des chevaux.

Le convoi s'arrêta ; que se passa-t-il alors, je ne le sais pas précisément, car je n'entendis pas ce qui se dit ; je vis seulement qu'un colloque rapide s'engagea entre ceux qui avaient arrêté les omnibus et ceux qui se trouvaient dans ces omnibus. Puis, après un court moment d'attente, les voitures se mirent en route.

— Ils ne veulent pas être délivrés, cria une voix.

Alors des rires éclatèrent dans la foule se mêlant à des huées, et le souvenir du mot que j'avais entendu la veille en regardant défiler ces représentants me revint à la mémoire : « Tout ça, c'est pour la farce. »

Je continuai mon chemin jusqu'à la rue de Reuilly, étrangement impressionné.

— Je t'attendais, dit M. de Planfoy en me voyant entrer, je parie que tu n'as pas trouvé ceux que tu cherchais et que tu viens me demander de garder les papiers que tu n'as pu remettre toi-même.

Je lui racontai mes visites aux Champs-Élysées.

— Tu vois que je ne me trompais pas, dit-il en souriant tristement ; si tu avais eu mon expérience des choses et des hommes, tu serais parti hier soir et tu n'aurais point répété ces visites inutiles. Les gens en évidence qui couchent chez eux en temps de révolution sont des braves, et dans le monde politique les braves sont rares. Hier, après t'avoir quitté, j'ai vu un personnage de ce monde qui le matin, en apprenant l'arrestation bien réussie des députés, a accepté de faire partie du gouvernement ; à une heure, quand il a su que les représentants réunis à la mairie du dixième organisaient la résistance, il a fait dire qu'il refusait ; à quatre heures, quand les représentants ont été coffrés à la caserne du quai d'Orsay, il a accepté. Le tien appartient à cette variété, seulement, plus habile, il se cache et ne rend point publiques ses hésitations : il aura toujours été de cœur avec le parti qui finalement triomphera, empêché seulement par des circonstances indépendantes de sa volonté de manifester hautement ses opinions et ses désirs. Donne ton paquet ; je le lui porterai. Quel malheur que ces papiers ne m'appartiennent pas ! je m'en servirais pour lui faire une belle peur.

Je tendais mon paquet ; en entendant ces mots, je retirai ma main.

— Ne crains rien, dit M. de Planfoy, la volonté de ton père sera sacrée pour moi comme elle l'est pour toi ; je ne voudrais pas plaisanter avec son souvenir, si justifiable que fût la plaisanterie. Tu pars donc?

— Dans une heure.

— Eh bien ! je vais te conduire quelques pas.

Il était en vareuse du matin, avec un foulard au cou ; il se coiffa d'un mauvais chapeau de jardin et m'ouvrit la porte.

Au moment où nous sortions, madame de Planfoy parut.

— Est-ce que vous sortez? dit-elle à son mari.

— Je vais conduire Guillaume jusqu'au bout de la rue.

— Soyez prudent, je vous en prie.

Je la rassurai, et pour lui prouver qu'il n'y avait aucun danger, je lui racontai ce qui venait de se passer dans la rue du Faubourg, quand on avait voulu délivrer les représentants.

Mais elle secoua la tête et réitéra à M. de Planfoy ses recommandations.

— Je reviens tout de suite.

Nous avions fait à peine quelques pas dans la rue de Reuilly, quand nous entendîmes une clameur derrière nous, c'est-à-dire vers la rue du Faubourg-Saint-Antoine; en nous retournant, nous aperçûmes des hommes qui couraient.

— Je ne suis pas aussi assuré que toi, qu'il ne se passera rien de grave aujourd'hui, me dit M. de Planfoy; il y a eu toute la nuit des allées et venues dans le faubourg, et bien certainement on a dû essayer d'organiser une résistance ; les révolutions populaires ne s'improvisent pas, il leur faut plusieurs jours, trois jours généralement, pour mettre leurs combattants sur pied. Nous ne sommes qu'au deuxième jour.

Pendant qu'il me parlait ainsi, nous étions revenus en arrière : nous eûmes alors l'explication du tumulte que nous avions entendu.

Une barricade était commencée au coin des rues Cotte et Sainte-Marguerite, et des représentants ceints de leur écharpe parcouraient la rue du Faubourg-Saint-Antoine en criant : « Aux armes ! vive la République ! »

Cette barricade n'avait aucune solidité ; elle était formée d'un omnibus renversé et de deux charrettes, et c'était à peine si elle obstruait le milieu de la chaussée, assez large en cet endroit.

Les défenseurs qui devaient combattre derrière ce mauvais abri n'étaient pas non plus bien redoutables : c'était à peine s'ils atteignaient le nombre d'une centaine, et encore, dans cette centaine, en voyait-on plusieurs qui ne paraissaient guère résolus, allant de çà de là, causant, s'arrêtant, regardant au loin, tantôt du côté de la Bastille, tantôt du côté de la barrière du Trône, comme s'ils avaient d'autres préoccupations que de se battre.

Au coin de chaque rue, des rassemblements assez compacts commençaient à se masser ; mais ils étaient composés de curieux et d'indifférents.

Je n'avais jamais vu de révolution ; en 1830, j'étais enfant, et, en 1848, j'étais en Afrique ; je fus surpris de ce calme apathique, et il me sembla que les représentants et ceux qui les accompagnaient en criant : « Aux armes ! » s'adressaient à des sourds ; ils criaient dans le vide, leurs voix n'éveillaient aucun écho.

Parmi ces représentants se trouvait celui que nous avions vu la veille sur la place de la Bastille et qui avait voulu entraîner le peuple.

M. de Planfoy l'aborda.

— Eh bien, dit-il, vous organisez la résistance?

— Nous la tentons.

— Serez-vous soutenus?

— Vous voyez l'inertie du peuple. Nous espérons le galvaniser, car nous ne comptons plus que sur lui.

— Il paraît bien froid.

— Il est trompé. Depuis quelques mois il est travaillé par les meneurs de l'Élysée, et en rétablissant le suffrage universel on nous enlève notre force. D'autres raisons encore le retiennent. Cette nuit nous avons eu une réunion à laquelle nous avions convoqué les chefs des associations ouvrières. Nous leur avons expliqué qu'il fallait organiser un centre de résistance ; que dans ce centre tous les représentants restés libres viendraient se placer au milieu du peuple, et alors la lutte pourrait commencer avec des chances sérieuses. Savez-vous ce qu'ils nous ont répondu! Le chef de ces associations, leur délégué plutôt, s'est avancé et d'une voix honteuse : — « Nous ne pouvons vous promettre notre appui, a-t-il dit, nous avons des commandes. »

— Et, malgré cela, vous entreprenez la lutte?

— Nous le devons.

Ému à la pensée que ces braves allaient se faire massacrer, je voulus expliquer à ce représentant que la place de leur barricade était mal choisie, et qu'ils ne pouvaient se défendre. En quelques mots, je lui expliquai les raisons stratégiques qui devaient faire abandonner cette position.

— Il ne s'agit pas de stratégie, dit-il tristement; il s'agit d'un devoir à accomplir; il s'agit de verser son sang pour la justice, et, pour cela, toute place est bonne.

Puis serrant la main de M. de Planfoy il rejoignit les

autres représentants qui allaient et venaient, s'adressant aux ouvriers groupés sur les trottoirs et s'efforçant d'allumer en eux une étincelle.

— Voilà un brave, dit M. de Planfoy, et s'il s'en trouve beaucoup comme lui, tout n'est pas fini.

XXV

J'avais lu bien des récits d'insurrection, et ce qui se passait devant mes yeux déroutait absolument les leçons que je tenais de la tradition. Pour moi une insurrection était quelque chose d'irrésistible ; c'était une explosion populaire, une éruption de pavés ; une barricade dans une rue, toutes les rues devaient s'emplir de barricades.

C'était au moins ce que j'avais lu dans les livres et dans les journaux, mais la réalité ne ressemblait pas aux récits des livres.

La barricade élevée au coin de la rue Sainte-Marguerite n'en avait point fait jaillir d'autres ; on parlait, il est vrai, d'une barricade qui s'élevait dans le faubourg du côté de la barrière du Trône, mais cela ne paraissait pas sérieux. Ce qu'il y avait de certain et de visible, c'était qu'autour de ce chétif barrage improvisé tant bien que mal dans la rue, une centaine d'hommes s'agitaient comme des comédiens devant des spectateurs qui n'ont point à se mêler à l'action.

Ce qui rendait cette impression plus saisissante encore, c'était d'entendre les propos de ces spectateurs.

— Ça une barricade, disait une vieille femme que j'avais à ma droite, si ça ne fait pas suer !

Et, de son aiguille à tricoter, elle montrait l'omnibus, en haussant les épaules.

Vêtue d'une camisole d'indienne, coiffée d'une marmotte, chaussée de savates éculées, avec cela des cheveux gris ébouriffés, de la barbe au menton, le nez barbouillé de tabac, la voix cassée, c'était le type de la terrible tricoteuse d'autrefois.

— Une barricade, répliqua son interlocuteur, c'était celle de juin.

Celui-là était un ouvrier de quarante-cinq à quarante-huit ans, que la sciure du bois d'acajou avait teint en rouge.

— Elle arrivait au troisième étage des maisons et elle barrait l'entrée des trois rues du faubourg; c'était de l'ouvrage propre; ça avait été fait avec amour; mais le peuple en était.

— Ah! voilà.

— Aujourd'hui c'est des bourgeois, et les bourgeois ça n'est bon à rien par eux-mêmes, ça ne sait que faire travailler les autres.

— Oui, mais il faut que les autres veuillent travailler.

— Et au jour d'aujourd'hui, ils ne veulent pas.

— Le faubourg n'a pas oublié les journées de juin.

— Ça n'empêche pas que ça va être drôle quand la ligne va arriver.

— Faut voir ça.

— Hé allez donc.

— Où qu'elle est la ligne?

— Sur la place.

— Elle va arriver?

— Pas encore; nous avons le temps de prendre un mêlé.

— C'est moi qui vous l'offre, madame Isidore.

Cependant, on avait travaillé à consolider la barricade, mais sans entrain ; les gamins eux-mêmes faisaient défaut, et les quelques moellons qui avaient été apportés pour appuyer les voitures ne pouvaient pas être d'un grand secours.

Ce qu'il y avait de lamentable, c'était de voir d'un côté les efforts des représentants pour entraîner le peuple à la résistance, et de l'autre l'inertie de ce peuple. Ils allaient de groupe en groupe, d'homme en homme, et de loin on les voyait parler et gesticuler.

A mesure qu'ils passaient devant nous, M. de Planfoy me les désignait et me nommait ceux qu'il connaissait : Bastide, l'ancien ministre des affaires étrangères ; Charamaule, l'ancien député ; Schœlcher, Alphonse Esquiros, Baudin, de Flotte, Bruckner, Versigny, Dulac, Malardier, Bourzat, et d'autres dont je n'ai pas retenu les noms.

Je n'avais pas encore vu d'armes aux mains de ceux qui se préparaient à combattre ; bientôt on apporta quelques fusils avec quelques cartouches et j'entendis dire que les postes du Marché-Noir et de la rue de Montreuil s'étaient laissé désarmer sans faire résistance.

J'aurais cru qu'un pareil fait, connu dans la foule, devait produire un certain entraînement ; mais il n'en fut rien et on eut grand'peine à trouver des combattants pour les vingt fusils qui avaient été apportés.

Et, comme le représentant Baudin tendait un de ces fusils à un ouvrier qui se tenait sur le trottoir les mains dans ses poches, celui-ci haussa les épaules et dit nonchalamment :

— Plus souvent que je vas me faire tuer pour vous garder vos vingt-cinq francs.

— Eh bien ! restez là, dit Baudin sans colère et avec

un sourire désolé, vous allez voir comment on meurt pour vingt-cinq francs.

Depuis quelques instants, j'étais sous le poids d'une émotion étouffante : l'héroïsme de cette folie me gagnait. Ce mot m'entraîna, j'étendis la main pour prendre le fusil que l'ouvrier n'avait pas voulu, mais M. de Planfoy me retint.

— Tu n'es pas républicain, me dit-il à mi-voix.

— C'est pour la justice et l'honneur que ces gens-là vont se battre.

— Tu es soldat; vas-tu tirer sur tes camarades? as-tu envoyé ta démission à ton colonel?

Pendant cette discussion, le fusil avait été pris; je ne répliquai point à M. de Planfoy; nos esprits n'étaient point en disposition de s'entendre.

D'ailleurs il s'était fait du côté de la Bastille un bruit qui commandait l'attention : la troupe approchait.

Il y eut alors dans la foule un mouvement de retraite rapide qui en tout autre moment m'eût fait bien rire : en quelques secondes la rue encombrée se vida, les portes et les volets se fermèrent, mais comme la curiosité ne perd jamais ses droits, des têtes apparurent aux fenêtres se penchant prudemment pour jouir, sans trop s'exposer, du spectacle de la rue. En voyant venir la troupe, les représentants s'étaient rapprochés de la barricade, et M. de Planfoy et moi nous nous étions collés contre les maisons.

— Eh bien, Schœlcher, dit Bastide à son ami en lui montrant les soldats qui avançaient rapidement, qu'est-ce que tu penses de l'abolition de la peine de mort?

Schœlcher, soit qu'il n'eût point entendu, soit qu'il fût trop préoccupé pour répliquer à cette plaisanterie, ne répondit pas et monta vivement sur la barricade, suivi de cinq ou six autres représentants.

L'instant était solennel ; la troupe n'était plus qu'à une courte distance de la barricade : elle se composait de trois compagnies d'infanterie et elle occupait toute la largeur de la chaussée. D'un côté, une forêt de baïonnettes ; de l'autre, vingt combattants attendant la mort silencieusement derrière ce mauvais abri.

Si la place était dangereuse pour eux, elle l'était aussi pour nous ; mais nous étions trop fortement émus pour penser à cela, et j'étais immobile comme si mes pieds eussent été fixés au sol.

— Ne tirez pas, dirent les représentants en s'adressant aux défenseurs de la barricade, nous allons parler aux soldats.

En effet, ils descendirent de dessus la barricade et s'avancèrent au-devant de la troupe. Dans ma vie de soldat, j'ai été témoin de bien des actes de calme et de courage, mais je n'ai jamais rien vu de plus imposant que ces sept hommes s'avançant sur une même ligne, lentement, sans armes dans la main, n'ayant pour les protéger que leur écharpe de représentants déployée sur leur poitrine.

Les soldats qui marchaient au pas accéléré s'arrêtèrent d'eux-mêmes, instinctivement, sans qu'il eût été fait de commandement : un capitaine était à leur tête.

— Écoutez-nous, dit un des représentants, nous sommes représentants du peuple et nous défendons la loi, rangez-vous de notre côté.

— Taisez-vous, dit le capitaine, je ne peux pas vous entendre ; j'ai reçu des ordres que je dois exécuter.

— Vous violez la loi.

— Je ne connais que mes ordres : dispersez-vous.

— Vous ne passerez pas.

— Ne m'obligez pas à commander le feu ; retirez-vous !

— Vive la République! vive la Constitution!

— Mais retirez-vous donc! s'écria le capitaine d'une voix forte; vous voyez bien que vous n'êtes pas soutenus.

— Puis, se tournant vers ses soldats :

— Apprêtez armes!

A ce commandement les représentants ne reculèrent point et tous ensemble poussèrent de nouveau le cri de « Vive la République. »

Les soldats se mirent en marche et arrivèrent sur les représentants qu'ils poussèrent devant eux en les bousculant.

Ceux-ci voulurent résister et faire une barricade de leurs corps, pour empêcher les soldats d'aller plus loin.

Mais ils n'étaient que sept au milieu de cette large chaussée; que pouvaient-ils contre cette troupe qui les enveloppait et les débordait?

Ils furent poussés jusqu'au pied de la barricade, tentant toujours avec leurs mains portées en avant de s'opposer à cet envahissement.

Quelques soldats abaissèrent leurs armes, et l'un des représentants fut couché en joue : la pointe de la baïonnette était contre sa poitrine. Il mit la main sur son écharpe, et d'une voix vibrante, il dit :

— Tire donc, cochon, si tu l'oses!

Le soldat releva son fusil et le coup partit en l'air.

Mais un des défenseurs de la barricade, n'ayant pas vu, au milieu du tumulte et de la bagarre, ce qui se passait, crut qu'on avait tiré sur les représentants et il déchargea son arme sur la troupe. Un soldat tomba.

Alors, tous les fusils du premier rang s'abaissèrent avec ensemble, et sans que le commandement de faire feu eût été donné, une décharge générale se fit entendre.

Un représentant était resté sur la barricade, Baudin ; il fut renversé par cette décharge, et un jeune homme qui se tenait à ses côtés tomba avec lui.

En moins d'une seconde la barricade fut escaladée par les soldats, et ses défenseurs se dispersèrent.

Dans la bagarre je fus séparé de M. de Planfoy et entraîné jusqu'à la rue Cotte ; un coup de baïonnette m'effleura le bras et mon habit fut troué.

Ne trouvant pas de résistance sérieuse, la troupe ne fit pas d'autre décharge, et rapidement divisée, elle se lança à la poursuite des républicains dans les rues Cotte et Sainte-Marguerite pour les empêcher de se reformer.

J'avais trouvé un abri dans l'allée d'une maison dont la porte était restée ouverte ; quand les soldats eurent défilé, je revins sur le lieu de la lutte pour chercher M. de Planfoy.

Avait-il été atteint dans la décharge? La barricade avait été si rapidement enlevée, et les soldats nous étaient tombés si brusquement sur le dos, que je n'avais rien pu distinguer ; j'avais été entraîné par une avalanche et j'avais eu assez affaire de me garer des coups de baïonnette.

Les soldats étaient occupés à relever le cadavre du représentant Baudin ; l'autre victime, qui était tombée avec lui, avait déjà disparu.

Qu'était devenu M. de Planfoy?

Avait-il été entraîné par les soldats?

Avait-il pu gagner la rue de Reuilly et rentrer chez lui?

Je restai un moment hésitant et perplexe ; puis je me décidai à aller rue de Reuilly ; je ne pouvais pas rester dans l'incertitude. Si M. de Planfoy n'était pas chez lui, je devais le chercher et le trouver.

Mon départ serait une fois encore retardé, je ne pouvais pas abandonner M. de Planfoy. S'il avait été arrêté, sa situation devenait des plus graves, car au moment où je lui avais donné mes papiers, il les avait mis dans la poche de sa vareuse ; et ces papiers trouvés sur lui pouvaient le compromettre sérieusement.

XXVI

J'avais à peine frappé à la porte de la rue de Reuilly qu'elle s'ouvrit devant moi.

— Ce n'est pas monsieur, cria la domestique qui m'avait ouvert.

— Mon mari ? où est mon mari ? s'écria vivement madame de Planfoy.

Dans mon trouble, je n'avais eu souci que de mon inquiétude ; je n'avais point pensé à celle que j'allais allumer dans cette maison.

— Mon mari, mon mari, répéta madame de Planfoy.

Il fallait répondre. J'expliquai comment nous avions été séparés et comment, ne le retrouvant pas, j'avais cru qu'il était rentré chez lui. Ces explications, par malheur, n'étaient pas de nature à calmer l'angoisse de madame de Planfoy ; je ne le comprenais que trop à mesure que j'entassais paroles sur paroles.

— Il sera revenu à la barricade, dis-je enfin ; je vais y retourner, le retrouver et le ramener.

— Je vais avec vous, dit-elle.

Mais ses enfants se pendirent après elle, et je parvins, grâce à leur aide, à l'empêcher de sortir ; je lui promis de ne pas prendre une minute de repos avant d'avoir retrouvé son mari, et je partis.

Dans la rue du Faubourg-Saint-Antoine, je retrouvai les représentants qui avaient été au-devant des soldats : ceux-ci les ayant débordés, les avaient laissés derrière eux; et les représentants, sans perdre courage, parcouraient le faubourg, en appelant le peuple aux armes. Mais leur voix se perdait dans le vide; on les saluait en mettant la tête à la fenêtre, on criait quelquefois : Vive la République ! mais on ne descendait pas dans la rue pour les suivre et recommencer le combat.

Après le départ des soldats, les curieux qui s'étaient sauvés un peu partout étaient revenus aux abords de la barricade. Ce fut en vain que je cherchai M. de Planfoy dans ces groupes; je ne le vis nulle part. En allant et venant, j'entendais raconter la mort du représentant Baudin, et cette mort, au lieu de produire l'intimidation, provoquait l'exaspération. Ceux qui n'avaient pas voulu se joindre à lui exaltaient maintenant son courage : mutuellement, on s'accusait de l'avoir laissé tuer sans le soutenir. J'interrogeai deux ou trois de ceux qui disaient avoir tout vu, mais on ne put pas me parler de M. de Planfoy. Enfin, je trouvai un gamin de dix ou onze ans qui répondit à mes questions.

— Un vieux en chapeau de paille, hein ! Oh ! le bon chapeau; le soleil ne le brûlera pas maintenant, il a eu trop de précaution, il est à l'ombre : les soldats l'ont emmené.

— Où?

— Peux pas savoir; quand les soldats ont escaladé la barricade en allongeant des coups de baïonnette à droite et à gauche, le vieux au chapeau s'est fâché : « Vous voyez bien que cet homme ne se défend pas ! » qu'il a dit aux troupiers. Mais les troupiers n'étaient pas en disposition de rire; ils ont empoigné le vieux, ils l'ont bousculé, et, comme il se défendait, il l'ont emmené.

— Où l'ont-ils emmené ?

— Au poste, bien sûr.

— A quel poste ?

— Est-ce que je sais ? mais, pour sûr, ce n'est pas au poste de la rue Sainte-Marguerite, parce que les soldats ont filé. Quand ils ne sont pas les plus forts, ils déménagent ; quand ils sont en force, ils reviennent et ils cognent.

— Enfin, de quel côté se sont-ils dirigés ?

— Je n'ai pas vu ; vous savez, dans la bagarre, chacun pour soi ; et puis les soldats avaient sauté sur le représentant pour l'emporter, de peur qu'on ne promène son cadavre, et là, vous comprenez, c'était plus drôle que de suivre le vieux au chapeau. Il avait trois trous à la tête, les os étaient cassés, la cervelle sortait.

Pendant que le gamin, tout fier de ce qu'il avait vu, me racontait comment on avait enlevé le cadavre du malheureux représentant, j'écrivais deux lignes à madame de Planfoy pour la prévenir que je me mettais à la recherche de son mari.

— Veux-tu gagner vingt sous ? dis-je au gamin.

— S'il faut crier : Vive l'empereur !

— Il faut porter ce papier rue de Reuilly, à deux pas d'ici, et raconter comment tu as vu arrêter le vieux monsieur.

— Ça va, si vous payez d'avance.

Au moment où je lui remettais ses vingt sous, nous vîmes arriver deux obusiers.

— Des canons, dit mon gamin, je ne peux pas faire votre course ; ça va chauffer, faut voir ça.

Je ne pus le décider qu'en changeant la pièce de vingt sous en une pièce de cinq francs.

— Je ne veux pas vous voler votre argent, je vous préviens donc que je ne tirerai pas mon histoire en longueur.

Et il partit en courant.

C'était quelque chose de savoir que M. de Planfoy avait été arrêté, mais ce n'était pas tout, il fallait apprendre maintenant où il avait été conduit et le faire mettre en liberté.

Les soldats qui avaient pris la barricade appartenaient à la brigade qui occupait la place de la Bastille ; si, par hasard, je connaissais des officiers dans les régiments qui formaient cette brigade, je pourrais, par leur entremise, faire relâcher M. de Planfoy.

Je me dirigeai donc rapidement vers la Bastille ; au carrefour de la rue de Charonne, je trouvai deux obusiers pointés pour que l'un enfilât la rue de Charonne et l'autre la rue du Faubourg-Saint-Antoine ; les artilleurs, prêts à manœuvrer leurs pièces, étaient soutenus par une compagnie du 44° de ligne.

On ne me barra pas le passage et je pus arriver jusqu'à la place de la Bastille, qui était occupée militairement avec toutes les précautions en usage dans une ville prise d'assaut : des pièces étaient pointées dans diverses directions, commandant les grandes voies de communication ; toutes les maisons placées avantageusement pour pouvoir tirer étaient pleines de soldats postés aux fenêtres ; sur la place, le long du canal, sur le boulevard, les troupes étaient massées. L'aspect de ces forces ainsi disposées était fait pour inspirer la terreur à ceux qui voudraient se soulever : on sentait qu'à la première tentative de soulèvement tout serait impitoyablement balayé ; une demi-section du génie était là pour dire que, s'il le fallait, on cheminerait à travers les maisons, et que la hache et la mine achèveraient ce que le canon aurait commencé.

Les Parisiens, et surtout les Parisiens des faubourgs, ont maintenant assez l'expérience de la guerre des rues pour comprendre que, dans ces conditions, s'ils se soulèvent, ils seront broyés. Aussi faut-il peut-être expliquer, par ces réflexions que chacun peut faire, l'inertie du peuple ; s'il y a apathie et indifférence dans le grand nombre, il doit y avoir aussi, chez quelques-uns, le sentiment de l'impossibilité et de l'impuissance. A quoi bon se faire tuer inutilement? les vrais martyrs sont rares, et ceux qui veulent bien risquer la lutte veulent généralement s'exposer en vue d'un succès probable et pour un but déterminé : mourir pour le succès est une chose, mourir pour le devoir en est une autre, et celle-là ne fera jamais de nombreuses victimes. C'est là, selon moi, ce qui rend admirable la conduite de ces représentants qui veulent soulever le faubourg : ils n'ont pas l'espérance, ils n'ont que la foi.

Si ces Parisiens dont je parle avaient pu entendre les propos des soldats, ils auraient compris mieux encore combien la répression serait terrible, s'il y avait insurrection.

Tous ceux qui connaissent les soldats et qui ont assisté à une affaire, savent que bien rarement les hommes sont excités avant le combat, c'est pendant la lutte, c'est quand on a eu des amis frappés près de soi, c'est quand la poudre a parlé que la colère et l'exaltation nous enflamment. Dans les troupes de l'armée de Paris, il en est autrement : avant l'engagement, ces troupes sont animées des passions brutales de la guerre ; les fusils brûlent les doigts, ils ne demandent qu'à partir.

« »Les lâches ! disent les soldats en montrant le poing

aux ouvriers qui les regardent, ils ne bougeront donc pas, qu'on cogne un peu.

Qui les a excités ainsi? Est-ce le souvenir de la bataille de Juin encore vivace en eux? Il me semble que Juin 1848 est bien loin, et la rancune ordinairement n'enfonce pas de pareilles racines dans le cœur français.

Un mot que j'ai entendu pourrait peut-être répondre à cette question.

Pendant que je tourne autour des troupes cherchant un visage ami, un régiment de cuirassiers arrive sur la place.

— Qu'est-ce qu'ils viennent encore faire ceux-là ? dit un soldat, il n'y en a que pour eux ; tandis que nous n'avons eu que du veau, ils ont eu de l'oie et du poulet.

Mais je n'étais pas là pour ramasser des mots, si caractéristiques qu'ils pussent être, et ne trouvant personne de connaissance dans ces régiments, je m'adressai au premier officier qui voulut bien se laisser aborder.

Si j'avais été en uniforme rien n'eût été plus facile, on m'eût écouté et on m'eût répondu ; mais j'étais en costume civil, et c'était ce jour-là une mauvaise recommandation auprès des soldats, qui me repoussaient et ne voulaient même pas entendre mon premier mot.

Enfin, mon ruban rouge, ma moustache et ma tournure militaire attirèrent l'attention d'un lieutenant qui voulut bien m'écouter. Je lui expliquai ce que je désirais en lui disant qui j'étais.

— C'est une compagnie du 19ᵉ qui a été engagée ; il faudrait voir le colonel du 19ᵉ ou bien le général.

— Et où est le général ?

— Je crois qu'il est au carrefour de Montreuil, à moins qu'il ne soit au pont d'Austerlitz. Le plus sûr est de l'attendre ici ; il reviendra d'un moment à l'autre.

C'était évidemment ce qu'il y avait de mieux à faire pour aborder le général ; mais, en attendant, l'angoisse de madame de Planfoy s'accroissait ; je ne pouvais donc attendre.

Ce fut ce que j'expliquai à mon lieutenant, en lui demandant de me donner un sergent pour me conduire au pont d'Austerlitz ou au carrefour de Montreuil. Mais cela n'était pas possible : un soldat seul au milieu du faubourg pouvait être désarmé et massacré.

— Attendez un peu, me dit mon lieutenant, l'agitation se calme, la mort du représentant aura produit le meilleur effet ; ils ont peur, ils ne bougeront pas.

Sur ce mot je le quittai et me rendis au carrefour de Montreuil. Après dix tentatives, je parvins à approcher, non le général, mais un officier de son état-major, et je lui répétai mes explications et mes prières.

Mais, malgré toute la complaisance de cet officier, et elle fut grande, quand il sut qu'il parlait à un camarade, il lui fut impossible de me renseigner. Il n'avait point été fait de prisonniers par la troupe, ou, s'il en avait été fait, ils avaient été immédiatement remis à la police. C'était à la police qu'il fallait s'adresser.

Où trouver la police ? Cette question est facile à résoudre en temps ordinaire, mais en temps d'émeute il en est autrement. La police devient invisible. Les quelques agents que je pus interroger ne savaient rien de précis ; seulement ils affirmaient que si on avait fait des prisonniers dans le faubourg, on avait dû, par suite de l'abandon des postes, les conduire à Vincennes.

Je partis pour Vincennes, où j'avais la chance de connaître un officier.

Mais Vincennes était en émoi ; on venait de recevoir les représentants arrêtés, et l'on ne savait où les loger.

Mon ami, chargé de ce soin, perdait la tête ; il se voyait obligé de laisser ces prisonniers en contact avec les troupes et les ouvriers civils employés dans le fort, et il trouvait ce rapprochement impolitique et dangereux : en tous cas il n'avait pas reçu M. de Planfoy.

Le temps s'écoulait, et je tournais dans un cercle sans avancer. Je pensai alors à m'adresser à Poirier, et je partis pour l'Élysée. Si je n'avais pas voulu de sa protection pour ma fortune, je n'avais aucune répugnance à la réclamer pour sauver un ami. Puisqu'il était un des bras du coup d'État, il aurait ce bras assez long sans doute pour me rendre M. de Planfoy.

XXVII

Je marchais depuis six heures du matin sans m'être arrêté pour ainsi dire, et je commençais à sentir la fatigue ; mais une affiche que je lus aux abords de l'Hôtel de ville me donna des jambes.

Quelques curieux rassemblés devant cette affiche, qui venait d'être collée sur la muraille, poussaient des exclamations de colère et d'indignation.

Je m'approchai et je lus cette affiche. Elle avertissait les habitants de Paris qu'en vertu de l'état de siége le ministre de la guerre décrétait que « tout individu pris construisant ou défendant une barricade ou les armes à la main *serait fusillé.* » Cela était signé Saint-Arnaud et était accompagné de considérations doucereuses pour rassurer les bons citoyens. C'était au nom de la société et de la famille menacées qu'on fusillerait ces ennemis de l'ordre « qui ne combattaient pas contre le gouvernement, mais qui voulaient le pillage et la destruction. »

Je savais Saint-Arnaud capable de bien des choses, mais je n'aurais jamais supposé qu'un militaire français pût mettre son nom au-dessous d'une pareille infamie; jamais je n'aurais cru qu'un homme qui avait l'honneur de tenir une épée décréterait, en vertu d'une loi qui n'avait jamais existé, qu'on ne ferait pas de prisonniers et qu'on fusillerait ses ennemis désarmés. Les hommes du coup d'État avaient eu la main heureuse : ils avaient trouvé le ministre qu'il fallait à leurs desseins.

Se trouverait-il dans l'armée un officier pour mettre à exécution un ordre aussi féroce? Deux jours avant le coup d'État je me serais fâché contre celui qui m'eût posé cette question; mais ce que j'avais vu avait porté une rude atteinte à mes croyances.

Le pauvre M. de Planfoy avait été précisément pris derrière une barricade, et peut-être l'avait-on déjà fusillé. Il n'y avait pas un instant à perdre.

Mais je ne pouvais aller aussi vite que j'aurais voulu. Je n'avais pas pu passer par l'Hôtel de ville à cause des troupes, et j'avais dû remonter jusqu'à la rue Rambuteau par la rue Vieille-du-Temple. Dans ces quartiers l'émotion et l'agitation étaient grandes. La mort de Baudin n'avait pas produit « le meilleur effet, » selon le mot de mon lieutenant, et la proclamation de Saint-Arnaud achevait ce que le récit de cette mort avait commencé : on se révoltait, et de la conscience où il avait jusque-là grondé, ce mot passait dans l'action.

On croisait des groupes d'hommes en armes, et sur les affiches de la préfecture de police on en collait d'autres qui appelaient le peuple à la résistance.

Dans la rue Rambuteau, aux jonctions de la rue Saint-Martin, de la rue Saint-Denis, on élevait des barricades, et en arrivant aux halles, je vis un gamin qui, monté sur une brouette, lisait tout haut la féroce proclamation de Saint-Arnaud. Près de lui sept ou huit hommes s'occupaient à dépaver la rue.

— Ne faites donc pas tant de bruit, cria le gamin en arrêtant sa lecture, ça vous empêche d'entendre le prix qu'on vous payera pour votre travail.

Et reprenant d'une voix perçante, en détachant ses mots comme un crieur public, il lut :

« Tout individu pris construisant ou défendant une barricade, ou les armes à la main, sera fusillé. »

— Pas de difficultés pour le prix, n'est-ce pas? dit-il en riant, on sera fusillé, pas de pourboire.

Un éclat de rire accueillit cette plaisanterie. Le gamin continua, lisant toujours :

« Restez calmes, habitants de Paris. Ne gênez pas les mouvements des braves soldats qui vous protégent de leurs baïonnettes... » En attendant qu'ils vous les enfoncent dans le ventre ou dans le dos, au gré des amateurs.

Arrivé rue Royale, je montai chez Poirier : il n'était pas chez lui, et depuis deux nuits il couchait à l'Élysée. C'était ce que j'avais prévu, je ne fus pas désappointé. Seulement, comme je pouvais très-bien être repoussé de l'Élysée, je demandai au valet de chambre de Poirier de m'accompagner.

— Vous savez que je suis l'ami de votre maître, lui dis-je, conduisez-moi à l'Élysée, il s'agit d'une affaire de la plus haute importance.

— Les rues ne sont pas sûres pour les honnêtes gens.

Ce mot dans une pareille bouche m'eût fait rire si j'avais eu le cœur à la gaieté. Je parvins à le décider à sortir, et à l'Élysée, devant le domestique du capitaine Poirier, les portes s'ouvriront qui seraient restées closes pour le capitaine de Saint-Nérée.

Mais Poirier n'était pas à l'Élysée, on ne savait quand il rentrerait, peut-être d'un instant à l'autre, peut-être dans une heure, seulement on était certain qu'il rentrerait. Il était mon unique ressource. Je demandai à l'attendre, et la toute-puissante protection de son valet de chambre me fit introduire dans un petit salon où l'on me laissa seul.

A me trouver dans ce palais d'où étaient partis les ordres qui mettaient en ce moment la France à feu et à sang, j'éprouvai une impression indéfinissable. Tout était calme, silencieux, et l'on pouvait se croire dans l'hôtel le plus honnête de Paris. A quelques centaines de pas cependant le sang coulait pour l'ambition de celui qui jouissait de ce calme : il avait choisi ses instruments, et maintenant il attendait plus ou moins tranquillement le résultat du coup qu'il avait joué ; s'il gagnait, l'empire ; s'il perdait, l'exil, d'où il était venu et où il retournerait.

Je fus distrait de ces réflexions par une conversation qui s'engagea dans l'antichambre : soit que mon attitude silencieuse eût fait oublier ma présence dans le salon, soit que celui qui m'avait introduit ne fût pas avec les interlocuteurs pour leur rappeler que par la porte ouverte je pouvais entendre ce qui se disait, on causait librement.

— Eh bien, comment ça va-t-il ?

— Mieux qu'hier. Il y a eu un moment dur à passer. Ç'a été le matin quand la cavalerie n'est pas arrivée. Il paraît que la cavalerie de Versailles et de Saint-Germain a été prévenue en retard, et au lieu d'arriver au petit jour comme c'était convenu, elle n'a commencé à paraître qu'à midi. On a cru qu'elle ne voulait pas appuyer le prince, et les heures ont été longues. Il y en a plus d'un ici qui a pensé à prendre ses précautions.

— Dame ! ça pouvait mal tourner si la cavalerie refusait son appui.

— Pour moi, vous pensez bien que je n'ai pas attendu pour mettre à l'abri ce qui m'appartient ; je n'ai ici que l'habit que je porte sur le dos ; le reste est chez ma femme.

— Quand on a vu des révolutions !

— Le fait est que celle-là n'est pas la première, mais elle me paraît maintenant bien marcher. Hier, il n'est venu personne en visite. On attendait beaucoup de monde ; personne n'est venu ; on aurait dit qu'il y avait un mort dans la maison ; on parlait bas, on regardait autour de soi. Mais aujourd'hui il est venu des personnages qui n'avaient jamais paru ici.

— C'est bon signe.

— Et puis il paraît qu'on commence à faire des barricades.

— Eh bien, alors ?

— Si les bourgeois n'ont pas peur, ils crieront ; et si la troupe n'a rien à faire, elle ne sera pas contente. Il faut donc des barricades.

— Je comprends ça. Mais quand les barricades commencent, on ne peut pas savoir où et comment elles finiront.

— On n'en laissera faire que juste ce qu'il faudra.

Un nouvel arrivant interrompit ce colloque, et je retombai dans mes réflexions.

Je passai là deux heures dans une angoisse mortelle. Enfin Poirier arriva. Dès qu'il me reconnut, il vint à moi, souriant et les mains tendues.

— Vous voulez que je vous présente au prince ? dit-il.

— Vous me mépriseriez si j'avais attendu l'heure du succès pour me décider à pareille démarche.

— Je ne méprise que les imbéciles, et cette démarche serait d'un homme intelligent et pratique ; j'aime beaucoup les gens pratiques. Enfin, puisque ce n'est pas de cela qu'il s'agit, que puis-je pour vous ?

Je lui expliquai le service que j'attendais de sa toute-puissance.

— Si votre ami n'est pas déjà fusillé, ce que vous demandez est, je crois, assez facile. Il faut s'adresser au préfet de police pour le faire relâcher.

— Ne pouvez-vous pas demander sa liberté au préfet de police ?

— Assurément je le peux et il ne me la refusera pas. Seulement je ne peux pas le faire tout de suite, car je suis chargé par le prince d'une mission qui ne souffre pas de retard.

— La mise en liberté de M. de Planfoy ne souffre pas de retard non plus ; pendant chaque minute qui s'écoule on peut le fusiller.

— Sans doute, mais l'intérêt général doit passer avant l'intérêt particulier ; dans une heure je serai à la préfecture, allez m'attendre à la porte du quai des Orfèvres.

Et comme j'insistais pour qu'il se hâtât :

— Voyez vous-même si je peux faire plus. Le prince, convaincu que ce qui perd souvent les troupes, c'est le manque de vivres et de soin, a voulu que l'armée de Paris, qui se dévoue en ce moment pour sauver la société, ne fût pas exposée à ce danger ; il a transformé en argent tout ce qui lui restait, vous entendez bien, *tout ce qui lui restait*, et c'est une partie de cet argent que je dois distribuer homme par homme dans les brigades qui m'ont été confiées. J'ai encore deux régiments à visiter; je viens chercher l'argent qui m'est nécessaire ; aussitôt qu'il sera distribué, je vous rejoins. Croyez-vous que je puisse retarder une mission aussi belle, aussi noble, et tromper la générosité du prince, même pour sauver la vie d'un ami ?

Il n'y avait rien à répliquer ; car j'en aurais eu trop à dire, et ce n'était pas dans les circonstances où je me trouvais que je pouvais m'expliquer franchement. Je refoulai les paroles qui du cœur me montaient aux lèvres, et me rendis à la préfecture.

C'était donc avec de l'argent, avec des vivres, avec des boissons, qu'on achetait le concours des soldats. Ah ! l'honneur de l'armée française, notre honneur à tous, l'honneur du pays !

Poirier fut exact au rendez-vous, et, derrière lui, je pénétrai dans le cabinet du fonctionnaire qui tenait en ce moment la place du préfet de police.

— Eh bien, dit ce personnage, cela va mal : on se soulève au faubourg Saint-Antoine et dans le quartier du Temple ; Caussidière et Mazzini arrivent à Paris ; le prince de Joinville est débarqué à Cherbourg pour entraîner la flotte ; on construit partout des barricades.

— Et vous n'êtes pas content, dit Poirier en souriant, ce matin vous vouliez des barricades, maintenant on vous en fait et vous vous plaignez.

Poirier eut un singulier sourire en prononçant les mots « on vous en fait. »

— Je me plains que nous ne soyons pas soutenus : le peuple est contre nous, la bourgeoisie n'est pas avec nous, nulle part nous ne rencontrons de sympathie.

— Et l'armée ?

— Là est notre salut : la police, hier, par ses arrestations ; l'armée, aujourd'hui, par son attitude, ont jusqu'à présent assuré notre succès ; mais demain la guerre commence.

— Demain l'armée imprimera une terreur salutaire, et après-demain vous pourrez vous reposer, soyez-en certain. Pour le moment, obligez-moi de rendre service à mon ami, je vous prie.

Et il expliqua en peu de mots ce que je désirais.

On me remit alors deux pièces, ainsi conçues : la première : « Laissez passer M. le capitaine de Saint-Néréo, et donnez-lui protection en cas de besoin ; » la seconde : « Remettez entre les mains de M. le capitaine de Saint-Néréo, M. le marquis de Planfoy, partout où on le trouvera, s'il est encore en vie. »

Ces pièces étaient revêtues de toutes les signatures et de tous les cachets nécessaires.

XXVIII

C'était beaucoup d'avoir aux mains l'ordre de mise en liberté de M. de Planfoy, mais ce n'était pas tout. Il fallait maintenant savoir où se trouvait M. de Planfoy, et là était le difficile.

Ce fut ce que j'expliquai. On m'envoya dans un autre bureau de la Préfecture, avec toutes les recommandations nécessaires pour que l'on fît les recherches utiles.

Par respect pour ces recommandations, l'employé auquel je m'adressai me reçut convenablement, mais quand je lui exposai ma demande, c'est-à-dire le désir de savoir où se trouvait M. de Planfoy, il haussa les épaules sans me répondre. Puis comme j'insistais en lui disant qu'à la préfecture de police on devait savoir où l'on enfermait les personnes qu'on arrêtait :

— Certainement, me dit-il, on doit le savoir et en temps ordinaire on le sait, mais nous ne sommes pas en temps ordinaire, et ce que vous me demandez, c'est de chercher une aiguille dans une botte de foin ; encore vous ne me dites pas où est cette botte de foin.

— Je vous le demande.

— Et que voulez-vous que je vous réponde : tout le monde arrête depuis deux jours ; non-seulement ceux qui ont qualité pour le faire, mais encore tous ceux qui veulent. La Préfecture a fait faire des arrestations, et celles-là je peux vous en rendre compte. Mais, d'un autre côté, les commissaires et les agents en font spontanément, en même temps que les généraux, les officiers, les sergents, les soldats en font aussi. Comment diable voulez-vous que nous nous reconnaissions dans un pareil gâchis ; tout cela se réglera plus tard.

— Et ceux qui sont arrêtés injustement ?

— On les relâchera.

— Et ceux qui auront été fusillés par erreur ?

— Sans doute cela sera très-malheureux, et voilà pourquoi on aurait dû laisser la Préfecture opérer seule. Mais chacun se mêle de la police.

Cette idée le fit sortir du calme qu'il avait jusque-là gardé.

— Je dis que c'est de l'anarchie au premier chef, s'écria-t-il. Cette confusion des pouvoirs est déplorable. En temps ordinaire, tout le monde accuse la police, en temps de crise chacun veut lui prendre sa besogne. Je vous demande, monsieur le capitaine, est-ce que l'armée devrait faire des arrestations ? Où allons-nous ? Cela est d'un exemple pernicieux. Ainsi je suis certain que votre ami aura été arrêté par la troupe, ce qui, dans l'espèce, se comprend, puisque c'est la troupe qui a pris la barricade, mais enfin, votre ami arrêté, il fallait nous le confier. Nous l'aurions gardé et nous saurions où il est. Maintenant, du diable si je me doute où le chercher.

— On met les prisonniers quelque part, sans doute.

— Assurément; mais comme on est encombré dans les prisons, on en met partout; dans les postes, dans les casernes, dans les forts, au Mont-Valérien, à Ivry, à Bicêtre, à Vincennes. On a été pris à l'improviste. Et d'ailleurs on ne pouvait pas, à l'avance, préparer les logements, cela eût donné l'éveil aux futurs prisonniers, et nous eût empêché d'opérer comme nous l'avons fait hier. On rendra justice à la police un jour. Songez que nous n'avons été prévenus que dans la nuit; huit cents sergents de ville et les brigades de sûreté ont été consignés à la préfecture; à trois heures du matin, on a été chercher les officiers de paix et les quarante commissaires de police; à cinq heures, tous les commissaires ont été appelés un à un dans le cabinet de M. le préfet, qui, avec une chaleur de cœur et un enthousiasme, un dévouement admirable, a enlevé leur concours; il s'agissait d'arrêter des généraux célèbres, d'anciens ministres, des hommes que la France était habituée à honorer : pas un seul commissaire n'a hésité un moment. Est-ce beau le devoir ? Ils sont partis aussitôt, et à huit heures, tout était fini ; à l'exception de l'Assemblée qui avait été réservée au colonel Espinasse, la police avait tout fait.

A ce moment, un bruit de rumeurs vagues pénétra du dehors et l'on entendit quelques coups de fusils.

— Nous sommes cernés, s'écria mon personnage en bondissant sur son fauteuil, on nous abandonne; nous n'avons pas d'artillerie, pas de cavalerie; personne ne répond à nos réquisitions.

Il sortit en courant et me laissa seul. Cet effarement, succédant brusquement à l'orgueil du triomphe, avait quelque chose de grotesque, et ce qui le rendait plus risible encore, c'était la cause qui le provoquait. Ces rumeurs en effet étaient trop faibles, et les quelques coups de fusils étaient trop éloignés pour faire croire que la préfecture cernée allait être prise d'assaut.

Bientôt mon homme revint. Il paraissait calmé, et il n'était plus troublé que par le souvenir de son émotion et la rapidité de sa course.

— Ce n'était qu'une fausse alerte, dit-il; ce ne sera rien. Mais c'est égal, quand on pense que la préfecture est à la merci d'un coup de main, c'est effrayant.

Un nouvel arrivant entra dans le cabinet.

— Des canons, de la cavalerie, s'écria vivement mon employé. Donnez-nous donc ce qui nous est nécessaire pour nous protéger; que deviendriez-vous sans nous?

— Vous pouvez vous coucher tranquillement, répondit celui à qui s'adressaient ces demandes, tout va bien.

— Mais on construit partout des barricades, rue Saint-Martin, rue Saint-Denis, dans le quartier du Temple, dans le faubourg Saint-Martin; la troupe laisse faire.

— La troupe va rentrer dans ses quartiers, et on pourra faire autant de barricades qu'on voudra; demain, à deux heures, les troupes, reposées et bien nourries, commenceront leur mouvement général d'attaque, on envahira par la terreur les quartiers où la résistance sera concentrée, et en quelques heures tout sera fini. Vous pouvez donc pour ce soir dormir en paix; la police doit maintenant laisser la parole à l'armée; demain ou après-demain, vous reprendrez votre rôle, et vous aurez fort à faire; reposez-vous et prenez des forces.

Tous ces incidents nous avaient distraits de notre sujet. Je rappelai que M. de Planfoy était en prison et que les minutes qui s'écoulaient étaient terribles pour lui et pour nous.

— C'est très-juste et je vous promets de faire ce que je pourrai. Je vais donc donner des ordres pour qu'on le recherche partout. Vous, de votre côté, cherchez-le aussi. Allez à Ivry, à Bicêtre, avec les recommandations dont vous êtes porteur; on vous répondra. Si vous ne le trouvez pas, revenez à la préfecture; je serai toujours à votre disposition.

Avant d'aller à Ivry, je voulus passer rue de Reuilly, car si mon inquiétude était grande, combien devaient être poignantes les angoisses de cette pauvre femme qui pleurait son mari, et de ces enfants qui attendaient leur père!

A mon inquiétude d'ailleurs se mêlait une espérance bien faible, il est vrai, mais enfin qui était d'une réalisation possible. Pourquoi M. de Planfoy n'aurait-il pas été relâché? Pendant que je le cherchais, il était peut-être chez lui; il avait pu se sauver; il avait pu aussi faire reconnaître son innocence; tout ce qu'on se dit quand on veut espérer.

Mais aucune de ces heureuses hypothèses n'était vraie. Madame de Planfoy et ses enfants étaient dans les larmes, attendant toujours.

Lorsqu'on me vit arriver seul, l'émotion redoubla : les affiches, portant l'épouvantable proclamation de Saint-Arnaud, avaient été apposées dans le faubourg, et l'on ne parlait que de fusillade.

— La vérité, s'écria madame de Planfoy lorsque j'entrai, la vérité : je meurs d'angoisse!

— J'ai l'ordre de le faire mettre en liberté.

— Où est-il, l'avez-vous vu?

Je fus obligé de dire la vérité.

— On ne sait pas où il est, dit-elle avec un sanglot, en retombant de l'espérance dans l'inquiétude; mais qui vous assure qu'il est encore en vie?

Je lui dis tout ce que je pus trouver pour la rassurer; mais quelle puissance peuvent avoir nos paroles lorsque c'est l'esprit qui les arrange et non la foi qui les inspire?

— Vous avez cet ordre? dit-elle, lorsque je fus arrivé au bout de mon récit.

— C'est un ordre de libération qui n'admet pas le refus ou la résistance.

Puis, comme je voulais changer l'entretien :

— Voulez-vous me le montrer? dit-elle.

Il était impossible de refuser, sous peine de laisser croire que je n'avais pas cet ordre. Je le donnai.

— Vous voyez bien, s'écria-t-elle désespérément: « s'il est encore en vie; » eux-mêmes admettent qu'il a dû être fusillé. Ah! mes pauvres enfants!

A ce cri, les enfants se jetèrent au cou de leur mère, et ce fut une scène déchirante; je savais ce qu'était la perte d'un père; leur douleur raviva la mienne.

Mais nous n'étions pas dans des conditions à nous abandonner librement à nos émotions. Je me raidis contre ma faiblesse et j'expliquai à madame de Planfoy que j'allais immédiatement au fort d'Ivry où j'avais des chances de trouver M. de Planfoy.

— Je vais avec vous, dit-elle.

Il me fallut lutter pour lui faire comprendre que cela n'était pas possible.

— Il n'y a aucune utilité, lui dis-je, à venir avec moi; soyez bien convaincue que je ferai tout ce qui sera possible.

— Je le sais, mais je ne peux pas me résigner à passer une nuit pareille à ma journée; je ne peux pas rester dans cette maison à attendre; vous ne savez pas ce qu'a été cette horrible attente qui va recommencer.

Enfin, je parvins à lui faire abandonner son idée. Il était déjà tard; Ivry était loin de Paris; nous ne pouvions y aller qu'à pied; elle me retarderait, et dans la campagne elle pourrait m'être un embarras et un danger. Je partis donc seul par Bercy et la Gare : les rues de ces quartiers étaient mornes et désertes; on eût pu se croire dans une ville ensevelie; mes pas seuls troublaient le silence.

A la barrière on m'arrêta, et je fus obligé de donner des explications aux hommes de police qui occupaient le poste : on ne sortait plus de Paris librement.

Je savais à peu près où se trouvait le fort d'Ivry, mais, dans la nuit, j'étais assez embarrassé pour ne pas faire des pas inutiles; comme j'hésitais à la croisée de deux routes, j'entendis une rumeur devant moi. Je me hâtai, et bientôt je rejoignis un convoi en marche.

C'étaient précisément des prisonniers que des chasseurs de Vincennes conduisaient au fort; ils étaient au nombre d'une quarantaine, enveloppés de soldats; en queue marchaient des agents de police; les chasseurs criaient et causaient comme des gens excités par la boisson, les prisonniers étaient silencieux. Dans la nuit, ce défilé au milieu des campagnes avait quelque chose de sinistre; il semblait qu'on marchait vers un champ d'exécution.

J'abordai un agent de police, et après m'être fait reconnaître, je lui demandai d'où venaient ces prisonniers.

— D'un peu partout; on fait de la place dans les prisons pour demain; c'est une bonne précaution.

La nuit m'empêchait de voir si M. de Planfoy était dans ce convoi et je ne pouvais m'approcher des prisonniers, je dus aller jusqu'au fort.

Là, sur la présentation que je fis des ordres de la préfecture de police, on me permit d'assister à l'entrée des prisonniers dans la casemate où ils devaient être enfermés.

A la lueur d'un falot, je les vis défiler un à un devant moi : toutes les classes de la société avaient des représentants parmi ces malheureux : il y avait des ouvriers avec leur costume de travail, et il y avait aussi des bourgeois, des vieillards, des jeunes gens qui étaient presque des enfants.

Plus d'un en passant devant moi me lança un regard de colère et de mépris dans lequel le mot « mouchard » flamboyait ; mais le plus grand nombre garda une attitude accablée : on eût dit des bœufs ou des moutons qu'on conduisait à la boucherie et qui se laissaient conduire.

M. de Planfoy n'était point parmi ces prisonniers, et il n'était pas davantage parmi ceux qui avaient été déjà amenés au fort.

Je me remis en route pour Paris, et comme il m'était impossible de pénétrer cette nuit dans Bicêtre ou dans le Mont-Valérien, je rentrai chez moi ; j'étais accablé de fatigue ; je marchais sans repos depuis dix-huit heures.

Les rues étaient silencieuses, sans une seule voiture, sans un seul passant attardé : deux fois seulement je rencontrai de fortes patrouilles de cavalerie : Paris était-il vaincu sans avoir combattu, ou bien se préparait-il à la lutte ?

XXIX

Le lendemain, c'est-à-dire le jeudi 4 décembre, avant le jour, je partis pour Bicêtre, mais, plus heureux que la veille, je pus trouver une voiture dont le cocher voulut bien me conduire.

Arrivés au carrefour de Buci, nous fûmes arrêtés par une barricade; rue Dauphine nous en trouvâmes une seconde, rue de la Harpe une troisième. La nuit avait été mise à profit pour la résistance. Quelques groupes se montraient çà et là, et dans ces groupes on voyait briller quelques fusils. Pas de troupes, pas de patrouilles, pas de rondes de police dans les rues, la ville semblait livrée à elle-même.

L'agitation d'un côté, le silence de l'autre produisaient une étrange impression; en se rappelant ce qu'avait été Paris la veille, on se sentait malgré soi le cœur serré : qu'allait-il se passer? Où les troupes étaient-elles embusquées? Instinctivement on regardait au loin, au bout des rues désertes, cherchant des canons pointés et des escadrons formés en colonnes; les sentiments qu'on éprouvait doivent être ceux du gibier qui se sait pris dans un immense affût.

Ma voiture était un *milord*, et par suite des différents changements de direction qui nous avaient été imposés par les barricades, je m'étais trouvé souvent en communication avec le cocher qui se retournait sur son siége et m'adressait ses observations.

— Ça va chauffer, dit-il en montant la rue Mouffetard, le général Neumayer arrive à la tête de ses troupes pour défendre l'Assemblée, seulement le malheur c'est qu'on a déjà fusillé Bedeau et Charras, sans compter les autres, car hier on a massacré tous les prisonniers.

Il n'y avait aucune importance à attribuer à ces bruits, cependant, malgré moi, j'en fus péniblement impressionné ; que devait éprouver la malheureuse madame de Planfoy si ces rumeurs arrivaient jusqu'à elle !

A la barrière d'Italie on nous arrêta, et des agents de police dirent au cocher qu'il ne pourrait pas rentrer dans Paris.

— Pourquoi ?
— Lisez l'affiche.

Sur les murs des bureaux de l'octroi une proclamation venait d'être collée, elle prévenait les habitants de Paris que la circulation des voitures était interdite, et que le stationnement des piétons dans les rues serait dispersé par la force sans sommation : « les citoyens paisibles devaient rester chez eux, car il y aurait péril à contrevenir à ces dispositions. »

Les termes de cette proclamation n'étaient que trop clairs ; ils disaient que la ville appartenait à la troupe, et que la vraie bataille allait commencer ; la veille, c'étaient les prisonniers seulement qui devaient être fusillés, aujourd'hui, ceux qui se trouvaient dans la rue s'exposaient à être massacrés sans sommations, — la sommation c'était cette proclamation du préfet de police Maupas qui continuait dignement celle du ministre Saint-Arnaud.

Mon cocher était resté interloqué en apprenant qu'il ne pourrait pas rentrer dans Paris, je le décidai à me conduire à Bicêtre en lui promettant de le garder pour aller au Mont-Valérien si je ne trouvais pas à Bicêtre la personne que je cherchais : l'idée de travailler pendant que tous les cochers de Paris se reposeraient le fit rire.

En gravissant la rampe qui conduit au fort, nous dépassâmes des femmes qui marchaient en traînant leurs enfants par la main. A l'entrée du fort, d'autres femmes étaient assises sur le gazon humide. Quelles étaient ces femmes? Venaient-elles visiter leurs maris prisonniers? ou bien voulaient-elles voir si parmi les prisonniers qu'on amenait ne se trouvaient pas leurs maris ou leurs fils? Les malheureuses n'avaient pas comme moi un talisman pour pénétrer derrière ces murailles, et le « passez au large » des factionnaires les tenait à distance.

M. de Planfoy n'était point à Bicêtre et je me mis en route pour le Mont-Valérien, sans grande espérance, il est vrai, mais décidé néanmoins à aller jusqu'au bout et à ne pas m'arrêter avant de l'avoir retrouvé.

Lorsque en temps ordinaire on se trouve sur une hauteur aux environs de Paris, on entend une vague rumeur, quelque chose comme un profond mugissement; c'est l'effort de la ville en travail, le bourdonnement de cette ruche immense. Surpris de ne pas entendre le canon ou la fusillade, je fis deux ou trois fois arrêter la voiture; mais aucun bruit n'arrivait jusqu'à nous, ni le roulement des voitures, ni le ronflement des machines à vapeur : tout semblait frappé de mort dans cette énorme agglomération de maisons, et ce silence était sinistre.

De Bicêtre au Mont-Valérien, la distance est longue, surtout pour un cheval de fiacre; je laissai ma voiture au bas de la côte et montai au fort. Là aussi les prisonniers étaient nombreux; mais M. de Planfoy n'était point parmi eux.

L'officier qui me répondit le fit avec beaucoup moins de complaisance que ceux à qui j'avais eu affaire à Ivry et à Bicêtre : il me croyait évidemment un ami de la préfecture, et il ne se gênait pas pour m'en marquer son mépris.

— Ils ne savent donc pas ce qu'ils font, me dit-il comme j'insistais pour qu'on cherchât M. de Planfoy, ce n'est pas à moi de reconnaître leurs prisonniers ; c'est bien assez de les garder.

Ce mot de révolte était le premier que j'entendais dans la bouche d'un officier. Je m'expliquai franchement avec ce brave militaire, et nous nous séparâmes en nous serrant la main.

J'étais à bout et ne savais plus à quelle porte frapper. Où chercher maintenant ? à qui s'adresser ? Je pensai à aller chez le personnage qui m'avait offert sa protection lorsque je lui avais remis les lettres de mon père. Il connaissait M. de Planfoy, il consentirait peut-être à s'occuper de lui et à joindre ses démarches aux miennes. Après avoir quitté ma voiture à l'Arc-de-Triomphe, je me dirigeai vers la Chaussée-d'Antin.

Ceux-là seuls qui ont parcouru les Champs-Élysées à quatre ou cinq heures du matin peuvent se faire une idée de leur aspect, le 4 décembre, à une heure de l'après-midi. L'étranger qui fût arrivé à ce moment, ne sachant rien de la révolution, eût cru assurément qu'il entrait dans une ville morte, comme Pompéi.

Ce fut seulement en approchant de la place de la Concorde que je trouvai une grande masse de troupes; on attendait toujours; la bataille n'avait donc pas encore commencé.

Je me hâtai vers la Chaussée-d'Antin, et à mesure que j'avançais, je trouvais les curieux des jours précidents : on causait avec animation dans les groupes, et tout haut on raillait les soldats et les agents de police.

Je ne m'arrêtai point pour écouter ces propos, mais le peu que j'entendis me surprit ; on ne paraissait pas prendre la situation par le côté sérieux.

La mauvaise fortune voulut que mon personnage ne fût point chez lui, et je me trouvai déconcerté, comme il arrive dans les moments de détresse quand on s'est cramponné à une dernière espérance, et que cette branche vous casse dans la main.

Il ne restait plus que la préfecture de police ; je me dirigeai de ce côté. En arrivant au boulevard, je trouvai le passage intercepté par des troupes qui défilaient, infanterie et artillerie. La foule avait été refoulée dans la rue et elle regardait le défilé, tandis qu'aux fenêtres s'entassaient des curieux. On criait : Vive la Constitution ! à bas Soulouque ! à bas les prétoriens ! Et les soldats passaient sans se retourner.

Tout à coup il se fit un brouhaha auquel se mêla un tapage de ferraille ; c'était une pièce d'artillerie qui s'était engagée sur le trottoir, les chevaux s'étaient jetés dans les arbres et ne pouvaient se dégager. Les hommes criaient, juraient, claquaient ; un cheval glissant sur l'asphalte s'abattit.

Cet incident, bien ordinaire cependant, avait mis la confusion dans la batterie ; on entendait les commandements, les jurons et les coups de fouet qui se mêlaient dans une inextricable confusion.

— Ils sont soûls comme des grives, dit une voix dans la foule.

Et de fait, plusieurs hommes chancelaient sur leurs chevaux ; tous avaient la figure allumée et les yeux brillants.

Pendant que j'attendais que le passage fût devenu libre, j'aperçus dans la foule un de mes anciens camarades de classe; il me reconnut en même temps et s'approcha de moi.

— En bourgeois, dit il, tu n'es pas avec ces gens-là, tu me fais plaisir; alors tu viens voir cette mascarade militaire. Quelle grotesque comédie ! ça va finir dans des sifflets comme la descente de la Courtille ; c'est aussi ridicule que Boulogne et ce n'est pas peu dire.

— Tu crois ?

— Tu vois bien que tout cela n'est pas sérieux ; la foule n'est là que pour blaguer les soldats qui se sauveraient honteusement si on ne les avait pas soûlés.

— Je suis beaucoup moins rassuré que toi ; tu n'as donc pas lu la proclamation du préfet de police ?

— Ça, c'est une autre comédie, c'est ce qu'on peut appeler la blague de la proclamation ; hier, Saint-Arnaud qui veut qu'on fusille les prisonniers; aujourd'hui, Maupas qui veut qu'on fusille les passants ; demain, nous aurons Morny qui nous menacera de quelque autre folie. Ce sont les fantoches de l'intimidation. Il faut bien que ces gens-là gagnent les vingt millions qu'ils ont fait prendre à la Banque et qu'ils se sont partagés : leur coup d'État n'a pas eu d'autre but; maintenant qu'ils ont l'argent, ils vont filer avec la caisse.

Et comme je me récriais contre ce scepticisme :

— Va voir la barricade du boulevard Poissonnière, dit-il, c'est eux qui l'ont faite avec le magasin d'accessoires du Gymnase, elle est en carton et elle n'est à autres fins que d'intimider le bourgeois; de même que ces civières qu'on promène partout avec des infirmiers et des soldats qui portent à la main un écriteau sur lequel on lit : « Service des hôpitaux militaires, » crois-tu que c'est sérieux ? De la blague et de la mise en scène.

Les troupes ayant défilé, nous suivîmes le boulevard en discourant ainsi. Déjà, les curieux étaient revenus sur les trottoirs et à l'entrée de la rue Taitbout nous trouvâmes des groupes assez nombreux dans lesquels il y avait des femmes et des enfants.

Au moment où j'allais quitter mon ancien camarade, nous vîmes arriver un régiment de cavalerie, le 1ᵉʳ de lanciers, commandé par le colonel de Rochefort, que je reconnus en tête de ses hommes et alors, au lieu de traverser la chaussée du boulevard, je restai dans la rue.

La tête de la colonne nous dépassait de quelques mètres à peine, lorsque des groupes qui occupaient le trottoir partirent quelques cris de : Vive la Constitution ! et à bas le dictateur !

Brusquement le colonel retourna son cheval, et lui faisant franchir les chaises, il tomba au milieu des groupes ; ses officiers se précipitèrent après lui, suivis de quelques lanciers, et en moins de quelques secondes ce fut un horrible piétinement de chevaux au milieu de cette foule ; on frappait du sabre et de la lance ; les malheureux que les pieds des chevaux épargnaient étaient percés à coups de lance.

Le hasard permit que nous fussions au milieu même de la rue ; nous pûmes nous jeter en arrière et nous sauver devant cette attaque furieuse : dix pas de moins ou dix pas de plus, nous étions écrasés contre les maisons du boulevard, comme l'avaient été ces malheureux.

Une porte était entr'ouverte, nous nous jetâmes dedans, et elle se referma aussitôt. Quelques personnes étaient entrées avant nous, elles me parurent folles de terreur ; elles allaient et venaient en tournoyant et se jetaient contre les murs. Au dehors on entendait le galop des chevaux et les coups de lances dans les portes et les fenêtres.

Puis tout à coup une terrible fusillade éclata. Contre qui pouvait-elle être dirigée : il n'y avait plus personne sur le boulevard ? Un cliquetis de verres cassés tombant dans la rue fut la réponse à cette question. La troupe tirait dans les fenêtres.

— Eh bien, dis-je à mon camarade, crois-tu à la proclamation de Maupas, maintenant ?

— Oh ! les monstres !

Alors le souvenir des paroles qui avaient été prononcées devant moi à la préfecture de police me revint : c'était là ce qu'on appelait « envahir un quartier par la terreur. »

XXX

La fusillade continuait toujours sur le boulevard ; il y avait des feux de peloton, des coups isolés, puis des courts intervalles de repos pendant lesquels on entendait le tapage des carreaux qui tombaient.

Dans la maison dont l'allée nous servait de refuge, ce tapage de vitres se mêlait aux cris des locataires qui, éperdus de terreur, se sauvaient dans les appartements intérieurs ou dans l'escalier ; ils s'appelaient les uns les autres ; puis tout à coup leurs cris étaient étouffés dans une décharge générale qui dominait tous les bruits par son roulement sinistre.

Pourquoi cette fusillade continuait-elle ? lui répondait-on des fenêtres du boulevard ? Nous ne pouvions rien voir et nous en étions réduits à attendre sans rien comprendre à ce qui se passait au dehors ; chacun faisait ses réflexions, donnait ses explications, toutes plus déraisonnables les unes que les autres.

— Les soldats se battent entre eux.

— Ils sont cernés par les républicains.

— Ils tirent à poudre.

— Allons donc, à poudre; est-ce que les coups chargés à poudre font ce bruit strident ?

— Et les carreaux, est-ce la poudre qui les casse?

Nous étions quatre ou cinq personnes ayant pu nous réfugier dans la cour de cette maison, et parmi nous se trouvait un jeune homme qui avait reçu un coup de sabre sur le bras. Mais il ne s'inquiétait pas de sa blessure, qui saignait abondamment, et il ne pensait qu'à se faire ouvrir la porte.

— Où est ma mère? disait-il désespérément; laissez-moi aller la chercher.

— Vous êtes entré malgré moi, disait le concierge ; vous n'ouvrirez pas malgré moi.

Et tandis qu'il suppliait le concierge en répétant toujours d'une voix désolée : « Ouvrez-moi ! ouvrez-moi ! » d'autres personnes criaient avec colère : « N'ouvrez pas, ou vous nous faites massacrer ! »

La fusillade ne se ralentissait pas et les carreaux continuaient à tomber dans notre escalier, nous avertissant que notre maison était un but de tir. On entendait aussi les balles ricocher contre la grande porte ou s'enfoncer dans le bois.

Tout à coup, les personnes qui se trouvaient dans l'escalier se précipitèrent dans le vestibule, et trouvant une petite porte, s'engouffrèrent dans la cave; mais en ce moment deux ou trois détonations éclatèrent sous nos pieds. On tirait par les soupiraux.

Alors il se produisit une confusion terrible; les personnes qui étaient déjà dans la cave remontèrent précipitamment et se jetèrent sur celles qui descendaient; ce fut un tourbillon, les malheureux se poussaient, se renversaient, marchaient les uns sur les autres; c'était à croire qu'ils étaient frappés d'une folie furieuse.

Des coups de crosse retentirent à la porte, qui trembla dans ses ferrures.

— N'ouvrez pas ! crièrent quelques voix.

— Ouvrez ! ouvrez ! criait-on du dehors, ou nous enfonçons la porte.

Et, presque en même temps, trois ou quatre coups de fusil furent tirés dans les serrures.

Au milieu de ce désordre et de cette terreur affolée j'avais conservé une certaine raison, et si je ne m'expliquais pas ce qui se passait sur le boulevard, je comprenais tout le danger qu'il y avait à ne pas ouvrir cette porte; les soldats allaient l'enfoncer et, se précipitant furieux dans la maison, ils commenceraient par jouer de la baïonnette.

Ce fut ce que j'expliquai en quelques mots, et nous obligeâmes le concierge à tirer son cordon.

Des gendarmes se ruèrent dans l'entrée la baïonnette baissée; vivement j'allai au-devant d'eux; ils se jetèrent sur moi et me collèrent contre le mur.

— Vous avez tiré, dit un sergent en me prenant les deux mains, qu'il flaira.

Si je ne sentais pas la poudre, il sentait, lui, terriblement l'eau-de-vie.

— Au mur ! cria un gendarme en voulant m'entraîner dans la cour.

— C'est un *gant jaune*, dit un autre, au mur !

D'autres gendarmes, une quinzaine, une vingtaine

peut-être, s'étaient précipités dans la maison, et tandis que les uns couraient dans la cour, les autres montaient l'escalier; deux étaient restés à la porte la baïonnette basse pour nous empêcher de sortir.

— Au mur! répéta le gendarme qui me tenait par un bras.

Je les aurais suppliés de m'écouter, j'aurais voulu m'expliquer avec calme, très-probablement j'aurais été fusillé, ce fut l'habitude du commandement militaire qui me sauva.

Je repoussai le gendarme qui m'avait pris par le bras, puis m'adressant au sergent qui donnait des ordres à ses hommes, je lui dis :

— Sergent, avancez ici.

Il se retourna vers moi.

— Vous m'accusez d'avoir tiré?

— On a tiré de dedans les maisons; je ne dis pas que c'est vous; nous cherchons qui.

— En voilà un, crièrent deux ou trois gendarmes en poussant contre le mur de la cour le jeune homme blessé, son fusil a crevé dans sa main, il saigne.

Le pauvre garçon tomba sur les genoux et tendit vers les gendarmes un bras suppliant ; mais ceux-ci reculèrent de quatre ou cinq pas, trois fusils s'abaissèrent, et le malheureux, fusillé presque à bout portant, tomba la face sur le pavé.

Cette scène horrible s'était passée en moins de quelques secondes, sans que personne de nous, tenu en respect par une baïonnette, eût pu intervenir.

A ce moment un officier entra sous la porte, j'écartai les baïonnettes qui me menaçaient et courus à lui.

— Lieutenant, il se passe ici des choses monstrueuses, vos hommes sont fous; arrêtez-les.

Et je lui montrai le cadavre étendu sur le pavé de la cour.

— Il avait tiré, dit le lieutenant.

— Mais non, il n'avait pas tiré, pas plus que moi, pas plus que nous tous. Je suis officier comme vous, je vous donne ma parole de soldat que personne n'a tiré ici.

— Et qui me prouve cela?

Le rouge me monta aux joues.

— Ma parole.

— Qui me prouve que vous êtes soldat!

Heureusement, je pensai au laisser-passer de la préfecture. Je le lui montrai. Il me fit alors ses excuses et écouta mes explications.

— C'est possible pour cette maison; mais il n'en est pas moins vrai qu'on a tiré sur les lanciers; c'est un guet-apens.

— J'étais sur le boulevard quand les lanciers ont paru, je vous affirme qu'on n'a pas tiré.

— Des hommes sont tombés de cheval.

— Cela est possible, mais ils ne sont point tombés frappés par une balle; il est probable que dans un brusque mouvement pour suivre leur colonel, ils auront été désarçonnés; vous avez dû voir comme moi que plusieurs étaient ivres.

— Sergent, dit le lieutenant sans me répondre, appelez vos hommes.

Puis, s'adressant au concierge :

— Vous allez fermer votre porte, dit-il, et vous ne l'ouvrirez pour personne; ceux qui seront trouvés dans la rue seront fusillés.

Pendant plus de deux heures nous restâmes ainsi enfermés, entendant le canon dans le lointain, auquel se mêla bientôt le bruit d'une fusillade, analogue à celle qui avait suivi la charge des lanciers : les feux de peloton se succédaient sans relâche et enflammèrent tout le boulevard ; c'était à croire que Paris était en feu depuis la Madeleine jusqu'à la Bastille. En réalité il l'était depuis la Chaussée-d'Antin jusqu'à la porte Saint-Denis, car c'était à ce moment qu'éclatait l'inexplicable fusillade du boulevard Poissonnière qui a fait tant de victimes.

Enfin le silence s'établit, et nous pûmes nous faire ouvrir la porte. Les troupes défilaient sur le boulevard, qui présentait un aspect horrible : les fenêtres étaient brisées, les arbres étaient hachés, les maisons étaient rayées et déchiquetées par les balles ; la poussière de la pierre et du plâtre poudrait les trottoirs, sur lesquels çà et là des morts étaient étendus.

Tortoni avait été envahi par des soldats qui buvaient du champagne en s'enfonçant dans le gosier le goulot des bouteilles : une ville prise d'assaut et mise à sac.

En descendant par les rues latérales jusqu'à la Madeleine, je pus gagner les quais : deux ou trois fois je voulus traverser le boulevard ; mais je fus empêché par des sentinelles qui me mettaient en joue, ou par d'honnêtes bourgeois qui me prévenaient qu'on tirait sur tous ceux qui voulaient passer.

Enfin j'arrivai à la préfecture de police : on n'avait pas de nouvelles de M. de Planfoy, et mon employé m'engagea charitablement à m'aller coucher au plus vite, « les rues n'étant pas sûres. » Puis comme il vit que je n'étais point disposé à suivre ce conseil et que je voulais continuer mes recherches, il me dit que je ferais bien de visiter les postes des casernes du quartier Saint-Antoine et du Temple.

— Il aura été gardé probablement par les soldats, me dit-il, à la Douane, à la Courtille, à Reuilly ; puisque le cœur vous en dit, voyez par là ; seulement je vous préviens que vous avez tort ; l'insurrection n'est pas finie et les balles pleuvent un peu partout : vous feriez mieux de vous mettre au lit.

La bataille, en effet, n'était pas encore terminée, et l'on entendait toujours le canon dans le quartier Saint-Martin.

Pour gagner la caserne de la Douane, par laquelle je voulais commencer mes dernières recherches, j'inclinai du côté de l'Hôtel de ville en prenant par les rues étroites et écartées. Partout les boutiques étaient fermées, et bien qu'il n'y eût pas trace de lutte, les rares personnes que j'apercevais paraissaient frappées de stupeur.

Dans une rue, je croisai une forte patrouille de chasseurs de Vincennes ; le sergent qui marchait en tête criait d'une voix forte : « Ouvrez les persiennes et fermez les fenêtres ! » et quand cet ordre n'était pas immédiatement exécuté, on envoyait quelques balles dans les persiennes closes.

En arrivant dans une rue qui débouche sur le boulevard du Temple, un soldat en vedette me coucha en joue ; je lui fis un signe de la main et m'arrêtai ; mais il ne se contenta pas de cette marque de déférence et m'envoya son coup de fusil ; la balle me siffla à l'oreille.

Alors son camarade, qui gardait l'autre coin du boulevard, m'ajusta aussi, et je n'eus que le temps de me jeter dans l'embrasure d'une grande porte ; la balle vint s'enfoncer dans l'angle opposé à celui où je m'étais blotti.

Je frappai fortement à la porte en appelant et en sonnant. Mais on ne m'ouvrit pas et on ne me répondit pas, bien que j'entendisse des bruits de voix dans le vestibule.

Ma situation était délicate. Si je n'avais eu affaire qu'à un seul soldat, j'aurais pu me sauver aussitôt son coup déchargé ; mais ils étaient deux, et quand le fusil de l'un était vide, le fusil de l'autre était plein.

Ce raisonnement me fut bientôt confirmé par leur façon de tirer ; me sachant réfugié dans mon encoignure ils trouvèrent amusant de m'envoyer leurs balles comme si j'avais été un mannequin, et au lieu de tirer ensemble, ils tirèrent l'un après l'autre avec régularité.

Tantôt les balles s'enfonçaient dans la porte, tantôt elles frappaient contre une colonne en pierre qui me protégeait, et, ricochant, elles allaient tomber en face.

Tant qu'ils se contenteraient de ce jeu, j'avais chance d'échapper et j'en serais quitte probablement pour l'émotion, mais s'ils avançaient d'une dizaine de pas, j'avais chance de n'être plus masqué par une colonne, et alors j'étais mort.

Je passai là cinq ou six minutes fort longues ; enfin, j'entendis un bruit de pas cadencés dans la rue : c'étaient quatre hommes et un caporal qui venaient me faire prisonnier.

J'avoue que je respirai avec soulagement, et quand le caporal me mit brutalement la main au collet, je trouvai sa main moins lourde que la balle que j'attendais.

Je m'étais tenu si droit et si raide dans mon embrasure que je fus presque heureux de pouvoir remuer bras et jambes.

XXXI

— Où me conduisez-vous ? dis-je au caporal qui me tenait toujours par le collet de mon paletot.

— Ça ne te regarde pas, marche droit et plus vite que ça.

— Il fait bien le fier, celui-là, dit un grenadier en me menaçant de la crosse de son fusil.

En passant auprès des deux sentinelles qui m'avaient canardé pendant cinq minutes, j'ai remarqué qu'elles marchaient en zigzag ; sans leur ivresse, elles ne m'auraient certainement pas manqué.

— Qu'est-ce que cet homme-là ? demande un sergent.

— Un bourgeois qui s'est sauvé.

— C'est bon, emmenez-le.

Cela prenait une mauvaise tournure, et avec ces soldats ivres je n'étais nullement rassuré.

— Et où voulez-vous qu'on me mène ? dis-je au sergent.

Le sergent me regarda d'un air hébété et haussa les épaules sans daigner me répondre.

— Allons, marche, dit le caporal.

Et il me reprit durement au collet, tandis que ses hommes me poussaient en avant.

Je ne sais ce que doit éprouver un honnête bourgeois en butte aux brutalités de soldats ivres. Je n'avais du bourgeois que le costume. En me sentant tiré par le bras et en recevant un coup de crosse dans le dos, je perdis le sentiment de la prudence et redevins officier ; un coup de poing me débarrassa du caporal et un coup de pied envoya rouler à terre le grenadier qui me tirait par le bras. Les deux soldats qui restaient debout croisèrent la baïonnette et marchèrent sur moi. Si peu solides qu'ils fussent sur leurs jambes, ils avaient au moins des armes terribles aux mains, je reculai jusque sous la lanterne du gaz.

Ce brouhaha attira l'attention d'un officier, il arrêta les soldats qui m'ajustaient et s'approcha de moi.

Le hasard n'est pas toujours contre nous. Cet officier avait fait avec nous la campagne du Maroc, il me reconnut et au lieu de m'empoigner par le collet comme son caporal, il me tendit la main.

— Vous, Saint-Nérée, sous ce costume ?

Cinq ou six soldats s'étaient avancés et m'entouraient d'un cercle de baïonnettes menaçantes.

— C'est un ami, dit-il, un officier comme moi, retirez-vous.

Il y eut quelques protestations accompagnées de paroles grossières ; mais, après quelques moments d'hésitation, ils s'éloignèrent en grognant.

— Donnez-moi le bras, dit-il, et serrez-vous contre moi ; ces gaillards-là seraient parfaitement capables de vous envoyer une balle... partie par malheur.

— Ils m'en ont déjà envoyé bien assez.

— C'est donc sur vous qu'on tirait tout à l'heure ?

— Justement.

— Mais aussi, cher ami, comment vous exposez-vous à sortir dans Paris un jour comme aujourd'hui ?

— Ce n'est pas pour mon plaisir ni pour la curiosité, croyez-le bien.

— Et en bourgeois encore : si je n'étais pas en uniforme, mes propres soldats me fusilleraient ; ils sont ivres, et ils font consciencieusement ce qu'ils appellent la chasse au bourgeois.

Je fus épouvanté de ce mot qui caractérisait si tristement la situation.

— L'armée en est là, dis-je accablé.

— Oui, cela n'est pas beau ; mais que peut-il arriver quand on lâche la bride à des soldats ? Depuis six mois, ils étaient travaillés, maintenant ils sont grisés, voilà où nous en sommes venus ; ils trouvent amusant de faire chasse au bourgeois. Vous êtes bien heureux d'avoir été en congé pendant cette funeste journée, et quand je pense qu'on portera peut-être sur mes états de service « la campagne de Paris, » je ne suis pas très-fier d'être soldat. Ah! cher ami, quelle horrible chose que la guerre civile et combien est vrai le mot latin qui dit que l'homme est un loup pour l'homme!

— Vous avez eu un engagement sanglant?

— Non, pas d'engagement, pas de lutte, et c'est là qu'est le mal, car la lutte excuse bien des choses. Mais les armes avaient été si bien préparées, que pendant un quart d'heure, elles ont tiré sans commandement, sans volonté, d'elles-mêmes, pour ainsi dire. Pendant un quart d'heure, nos hommes ont littéralement fusillé Paris, pour rien, pour le plaisir. Rien n'a pu les arrêter, ni ordres, ni prières, ni supplications. J'ai vu un capitaine d'artillerie se jeter devant la gueule de sa pièce pour empêcher ses hommes de tirer, et j'ai vu son sergent l'écarter violemment pour permettre au boulet d'aller faire des victimes parmi les bourgeois. Mais assez là-dessus; il est des choses dont il ne faut pas parler, car la mémoire des mots s'ajoute à la mémoire des faits.

Après un moment de silence, il me demanda comment je me trouvais dans ce quartier isolé et je lui racontai mes recherches.

Il secoua la tête avec découragement.

— Croyez-vous donc que mon ami ait été fusillé ?

Au lieu de répondre à ma question il m'en posa une autre :

— Vous n'allez pas continuer ces recherches, n'est-ce pas? me dit-il. C'est vous exposer déraisonnablement : vous voyez à quel danger vous avez échappé. Ne vous engagez pas sur les boulevards. Les soldats ne savent pas ce qu'ils font et tirent au hasard. On peut encore contenir ceux qu'on a sous la main, mais ceux qui sont en vedettes à l'angle des rues font ce qu'ils veulent.

Je n'avais pas besoin qu'on me montrât le danger qu'il y avait à circuler dans les rues en ce moment ; j'avais vu d'assez près ce danger pour l'apprécier, mais je ne pouvais pas me laisser arrêter par une considération de cette nature, et je persistai à aller à la caserne de la Douane.

— Eh bien, alors, je vais vous conduire aussi loin que possible ; tant que vous serez à l'abri de mon uniforme, vous serez au moins protégé.

Les maisons et les magasins du boulevard étaient fermés et l'on ne rencontrait pas un seul passant : la chaussée et les trottoirs appartenaient aux soldats, qui étaient en train de souper.

Au débouché de chaque rue se trouvaient des pelotons de cavalerie qui montaient la garde le pistolet au poing

Puis çà et là sur les trottoirs étaient dressées des tables autour desquelles se pressaient les soldats : pour éclairer ces tables, on avait fiché des bougies dans des bouteilles ou collé des chandelles sur la planche.

Les lumières des bougies, les flammes du punch, les feux des bivouacs contrastaient étrangement avec l'aspect sombre des maisons ; de même que les cris et les chants des soldats contrastaient lugubrement avec le silence qui régnait dans les rues.

Mon ami ne pouvait pas s'éloigner de sa compagnie ; nous nous séparâmes bientôt et je continuai ma route sans acccident. Plusieurs fois les vedettes m'arrêtèrent; plus d'une fois je vis la pointe d'une lance ou le bout d'un pistolet se diriger vers ma poitrine ; mais enfin je n'entendis plus les balles me siffler aux oreilles et j'en fus quitte pour des explications que j'appuyais de l'exhibition de mon laissez-passer.

— Des prisonniers, me répondit l'officier auprès duquel on me conduisit, nous en avons, mais je ne les connais pas, je ne sais pas leurs noms.

— Ne puis-je pas les voir?

— Ce n'est pas facile, car ils sont enfermés dans une salle qui n'est pas éclairée et où il ne serait pas prudent de pénétrer.

— Ne puis-je pas au moins me présenter à la porte et crier le nom de celui que je viens délivrer ?

— Ça c'est possible, et je vais vous donner un homme pour vous conduire.

Un sergent prit une lanterne et marcha devant moi jusqu'au fond d'un vestibule où se tenaient deux sentinelles l'arme au bras ; derrière nous venaient quatre hommes de garde.

— Quand je vais ouvrir la porte, dit-il, croisez la baïonnette, et s'il y en a un qui veut sortir, foncez dessus.

Il entr'ouvrit la porte et une odeur chaude et suffocante nous souffla au visage : on ne voyait rien dans cette pièce sombre comme un puits, mais on entendait les bruits et les rumeurs d'une agglomération.

— Silence là dedans, cria-t-il d'une voix forte, puis il appela M. de Planfoy.

Avant qu'on eût pu répondre, trois ou quatre hommes s'étaient précipités à la porte.

— Qu'on nous interroge, disaient-ils, qu'on nous fasse paraître devant un commissaire, et ce fut une confusion de paroles dans lesquelles il était difficile de distinguer les voix et les cris.

— Taisez-vous donc! cria le sergent.

Il se fit un intervalle de silence, j'en profitai pour appeler à mon tour M. de Planfoy de toute la force de mes poumons, et alors il me sembla qu'il se produisait un mouvement distinct dans ce grouillement humain.

— Le voilà! cria une voix.

Presque aussitôt M. de Planfoy m'apparut éclairé par la lumière de la lanterne qu'un soldat dirigeait dans ce trou noir.

— Ah! mon cher enfant, s'écria M. de Planfoy, je savais bien que tu me retrouverais; laisse-moi respirer : on étouffe là dedans.

La porte était déjà refermée, et au-dessus des clameurs confuses, on n'entendait plus qu'une voix puissante qui criait « Vive la République. »

— Ma femme, mes enfants, demanda M. de Planfoy.

Je le rassurai et nous nous mîmes en route pour la rue de Reuilly par les rues détournées du quartier Popincourt, car, après avoir arraché M. de Planfoy à la prison, je ne voulais pas l'exposer à recevoir une balle.

En marchant, il me raconte comment il a été arrêté et ce qu'il a souffert depuis deux jours.

— Quand les soldats ont escaladé la barricade, me dit-il, j'ai voulu les empêcher de se jeter sur les malheureux qui ne se défendaient pas. Mal m'en a pris. Ils se sont jetés alors sur moi et m'ont entraîné à la caserne de Reuilly, où ils m'ont laissé après m'avoir signalé comme combattant pris sur la barricade. Être à Reuilly, à deux pas de chez moi, ce n'était pas très-inquiétant, et je me dis que je pourrais envoyer un mot à ma femme qui saurait bien trouver moyen de me faire relâcher. Mais ce mot, il fallait l'envoyer, et quand je fis cette demande, on me répondit en me fermant la porte de la prison sur le nez. Je restai enfermé jusqu'au soir et je commençai à faire des réflexions sérieuses. Pour ne pas compliquer ma situation déjà assez grave, je déchirai en morceaux microscopiques les papiers que vous m'aviez remis, trouvant plus prudent de les anéantir que de les laisser tomber aux mains de la police : Ai-je bien fait? Je n'en sais rien.

— Ni moi non plus; mais je crois que j'aurais agi comme vous.

— Le soir venu, ma porte s'ouvrit et je trouvai un peloton qui m'attendait. — « Si vous voulez vous sauver ou si vous criez, me dit le sergent, ordre de tirer. » Les soldats m'entourèrent et je les suivis. On prit la direction de la Bastille, et je crus qu'on me conduisait à la Préfecture de police. En route, mes soldats eurent une attention délicate. — « Faut lui faire lire la proclamation du ministre, » dit un grenadier qui aimait à plaisanter. Et l'on m'arrêta devant une affiche qui disait que les individus pris sur les barricades seraient fusillés. A la Bastille, mon escorte croisa une forte patrouille, et, après quelques mots que je n'entendis pas, on me remit à cette patrouille qui m'amena à la caserne où tu m'as trouvé. — « Qu'est-ce qu'il a fait ce vieux-là? demanda l'officier qui me reçut. — Pris sur la barricade. — C'est bon. — Au mur? demanda le sergent. — Sans doute. » Et l'officier me tourna le dos; mais ces mots laconiques n'étaient que trop clairs. Je protestai, j'appelai l'officier, et celui-ci voulut bien m'écouter. Le résultat de cet entretien fut de me faire envoyer dans la salle d'où tu viens de me tirer.

Nous arrivâmes enfin rue de Reuilly, et j'entrai seul pour éviter à madame de Planfoy et aux enfants le coup foudroyant de la joie.

Mais déjà la famille était avertie de son bonheur : un

petit chien s'était jeté sur la porte et poussait des aboiements perçants.

— C'est père, c'est père, criaient les enfants, Jap l'a senti.

J'eus ma part des embrassements.

XXXII

Il était trop tard pour partir le soir même. Je couchai rue de Reuilly. Et le lendemain matin je pris le train de Châlon. M. de Planfoy voulut me conduire au chemin de fer, mais au grand contentement de madame de Planfoy, je le fis renoncer à cette idée. Notre première promenade n'avait pas été assez heureuse pour en risquer une seconde. Dans le lointain, on entendait encore quelques coups de fusil du côté de la rive gauche et vers le faubourg Saint-Martin. Cela ne paraissait pas bien sérieux, mais c'en était assez cependant pour un homme qui avait été si près « du mur, » le mur contre lequel on fusille, ne se risquât point dans les rues.

J'avais attendu l'heure de ce départ avec impatience, et autant qu'il avait dépendu de moi, je l'avais avancée. A chaque minute, pendant mes recherches et mes voyages à travers Paris, je m'étais exaspéré contre leur lenteur, je voulais partir, et si la vie de M. de Planfoy n'avait point été en jeu, je me serais échappé de Paris quand même.

Je ne fus pas plutôt installé dans mon wagon, que cette grande impatience d'être à Marseille fit place à une inquiétude non moins grande et non moins irritante.

Ces sentiments divers qui se succédaient en moi étaient

cependant facilement explicables, malgré leur contradiction apparente.

Si j'avais tout d'abord voulu partir avec tant de hâte, c'était pour rejoindre mon régiment et me trouver au milieu de mes hommes au moment où il faudrait se prononcer et agir.

Maintenant ce moment était passé; maintenant, mes camarades avaient pris parti, et je ne les rejoindrais que pour les imiter ou pour me séparer d'eux.

Quel parti avaient-ils pris? et que s'était-il passé à Marseille?

Pendant ces deux journées de courses folles, je n'avais pas eu le temps de lire les journaux; mais en montant en chemin de fer j'en avais acheté plusieurs. Je me mis à les étudier, en cherchant ce qui touchait Marseille et le Midi.

Malheureusement les journaux de ces pays n'avaient pas encore eu le temps d'arriver à Paris depuis le coup d'État, et l'on était réduit aux dépêches transmises par les préfets.

Ces dépêches disaient que les mesures de salut public, prises si courageusement par le Président de la République, avaient été accueillies à Marseille avec enthousiasme.

Cela était-il vrai? cela était-il faux? c'était ce qu'on ne pouvait savoir. Cependant, en lisant les dépêches des Basses-Alpes et du Var, on pouvait supposer que cet enthousiasme des populations du Midi était exagéré, car dans ces deux départements on signalait une certaine agitation « parmi les bandits et les socialistes. »

Ce qui contribua surtout à me faire douter de cet enthousiasme constaté officiellement, ce fut le récit des faits qui s'étaient passés au boulevard des Italiens, et dont j'avais été le témoin.

Si l'on racontait en pareils termes à Paris, pour les Parisiens, ce qui s'était passé à Paris devant les Parisiens, on pouvait très-bien n'être pas sincère pour ce qui s'était passé à deux cents lieues de tout contrôle.

« Un incident malheureux, disait le journal, a signalé la journée d'hier sur le boulevard des Italiens. Au passage du 1er lanciers et de la gendarmerie mobile, plusieurs coups de feu sont partis de différentes maisons et plusieurs lanciers ont été blessés. Le régiment a riposté et des dégâts redoutables et naturels, mais nécessaires, en sont résultés. Les individus qui se trouvaient dans ces maisons ont été plus ou moins atteints par les coups de feu de la troupe. »

Ainsi c'était la foule qui avait attaqué les lanciers ; ainsi le malheureux jeune homme assassiné dans la cour de la maison où nous avions trouvé un abri, avait été atteint par un coup de feu qui était « une riposte de la troupe ; » ainsi les maisons criblées de balles, les glaces, les fenêtres brisées étaient « des dégâts naturels et nécessaires. »

Quand on a dans ses mains le télégraphe et qu'on n'est point gêné par les scrupules, on est bien fort pour mentir.

L'enthousiasme des Marseillais pouvait être tout aussi vrai que les coups de fusil tirés sur les lanciers.

Je retombai dans mon inquiétude, me demandant ce que je ferais en arrivant à Marseille.

Me séparer de mes camarades, s'ils ont adhéré au coup d'État, c'est briser ma carrière et perdre mon avenir. J'aime la vie militaire. Depuis dix ans des liens puissants m'ont attaché à mon régiment, qui est devenu une famille pour moi, et une famille d'autant plus chère que je n'en ai plus d'autre. C'est là que sont mes affections, mes souvenirs et mes espérances. Que ferai-je si je ne suis plus soldat? Quel métier puis-je prendre pour gagner ma vie? car je serai obligé de travailler pour vivre. Mon éducation a été dirigée uniquement vers l'état militaire, et je n'ai étudié, je ne sais que les sciences et les choses qui touchent à l'art de la guerre. A quoi est bon dans la vie civile un soldat qui n'a plus son sabre en main?

Mais chose plus grave encore, ou tout au moins plus douloureuse pour le moment, que dira Clotilde d'une pareille détermination? Comment me recevra le général Martory, si je me présente devant lui en paletot et non plus en veste d'uniforme?

Bien que des paroles précises n'aient point été échangées entre nous à ce sujet, il est certain que si Clotilde devient ma femme un jour, c'est l'officier qu'elle acceptera, le colonel et le général futur, et non le comte de Saint-Nérée, qui n'a d'autre patrimoine que son blason. Clotilde est un esprit pratique et positif qui ne se laissera pas prendre à des chimères ou à des espérances. D'ailleurs, quelles espérances aurais-je à lui présenter? Comtesse, la belle affaire par le temps qui court, la belle dot et la riche position!

Lorsque de pareilles pensées s'agitent dans l'esprit, le temps passe vite. J'arrivai à Tonnerre sans m'être pour ainsi dire aperçu du voyage. Mais là, un compagnon de route m'arracha à mes réflexions pour me rejeter dans la réalité. Il arrivait de Clamecy, et il me raconta que cette ville était en pleine insurrection, que les paysans s'étaient levés dans la Nièvre et dans l'Yonne, et que la guerre civile avait commencé.

Ce compagnon de route appartenait à l'espèce des trembleurs, et, emporté par ses craintes, il me représenta cette insurrection comme formidable.

La province n'acceptait donc pas le coup d'État avec

l'enthousiasme unanime que constataient les journaux. Que se passait-il à Marseille?

A Mâcon, j'entendis dire aussi que la résistance s'organisait dans le département, et que des insurrections avaient éclaté à Cluny et dans les communes rurales.

A Lyon, je trouvai la ville parfaitement calme; mais à mesure que je descendis vers le Midi, les bruits d'insurrection devinrent plus forts. On arrêtait notre diligence pour nous demander des nouvelles de Paris, et à nos renseignements on répondait par d'autres renseignements sur l'état du pays.

Les environs de Valence étaient dans une extrême agitation, et nous dépassâmes sur la route un détachement composé d'infanterie et d'artillerie qui, nous dit-on, se rendait à Privas, menacé par des bandes nombreuses qui occupaient une grande partie du département.

A un certain moment où nous longions le Rhône, nous entendîmes une fusillade assez vive sur la rive opposée, à laquelle succéda la *Marseillaise*, chantée par trois ou quatre cents voix.

Dans certain village, c'était l'insurrection qui était devenue l'autorité, on montait la garde comme dans une place de guerre, et l'on fondait des balles devant les corps de garde.

A Loriol, on nous dit que les troupes avaient été battues à Crest; dans le lointain, nous entendîmes sonner le tocsin, qui se répondait de clochers en clochers.

Nous étions en pleine insurrection, et en arrivant dans un gros village, nous tombâmes au milieu d'une bande de plus de deux mille paysans qui campaient dans les rues et sur la place principale. Dans cette foule bigarrée, il y avait des redingotes et des blouses, des sabots et des souliers; l'armement était aussi des plus variés : des fusils de chasse, des faux, des fourches, des gaules terminées par des baïonnettes. C'était l'heure du dîner ; des tables étaient dressées, et je dois dire qu'elles ne ressemblaient pas à celles qui m'avaient si douloureusement ému le 4 décembre sur les boulevards de Paris : parmi ces soldats de l'insurrection, on ne voyait pas un seul homme qui fût ivre ou animé par la boisson.

On entoura la diligence ; on nous regarda, mais on ne nous demanda rien, si ce n'est des nouvelles de Valence et de l'artillerie.

A Montélimar, notre colonne rejoignit une forte colonne d'infanterie qui rentrait en ville. Les soldats marchaient en désordre : ils venaient d'avoir un engagement avec les paysans et ils avaient été repoussés. Il y avait des blessés qu'on portait sur des civières et d'autres qui suivaient difficilement.

Tout cela ne confirmait pas l'enthousiasme des dépêches officielles et ressemblait même terriblement à une levée en masse.

Aussi à chaque pas en avant, je me répétais ma question avec une anxiété toujours croissante : que se passe-t-il à Marseille ? Comme toujours en pareilles circonstances, les nouvelles que nous obtenions étaient contradictoires ; selon les uns, Marseille et la Provence étaient calmes ; selon les autres, au contraire, l'insurrection y était maîtresse des campagnes et d'un grand nombre de villes.

Mais à mesure que nous avançâmes ces nouvelles se précisèrent : Marseille n'avait pas bougé, et le département du Var seul s'était insurgé.

A Aix, deux voyageurs montèrent dans la diligence et purent me raconter ce que je désirais si vivement apprendre. Tous deux habitaient Marseille : l'un était un ancien magistrat destitué en 1848 et inscrit, depuis cette époque, au tableau de l'ordre des avocats ; l'autre était un riche commerçant en grains : un procès les avait appelés à Aix et ils rentraient chez eux. Je les connaissais l'un et l'autres, et nos relations avaient été assez suivies pour qu'une entière liberté de parole régnât entre nous.

Mais je ne pus rien obtenir d'eux qu'après leur avoir fait le récit de ce qui se passait à Paris. Vingt fois ils m'interrompirent par des exclamations de colère et d'indignation ; l'ancien magistrat protestant au nom du droit et de la justice, le commerçant au nom de la liberté et de l'humanité.

Ce fut seulement quand je fus arrivé au bout de mon récit, qu'ils m'apprirent comment Marseille avait accueilli le coup d'État. Le premier jour, la population ouvrière s'était formée en rassemblements menaçants et l'on avait pu croire à une révolution formidable. Mais cette agitation s'était bien vite apaisée, et les troupes n'avaient point eu besoin d'intervenir : elles avaient occupé seulement quelques points stratégiques.

— Ce n'est pas par l'insurrection armée qu'il faut répondre à un pareil attentat, dit l'ancien magistrat : c'est par des moyens légaux. Nous avons aux mains une arme plus puissante que les canons et qui renversera sûrement Louis-Napoléon : c'est le vote. La France entière se prononçant contre lui, il faudra bien qu'il succombe. Il n'y a qu'à faire autour de lui ce que j'appellerai « la grève des honnêtes gens. » Abandonné par tout le monde, il tombera sous le mépris général.

— C'est évident, dit le commerçant, et si un seul de mes amis accepte une place ou une position d'une pareille main, je me fâche avec lui, quand même ce serait mon frère.

— S'il en était autrement, ce serait à quitter la société.

Ces paroles me furent un soulagement; c'étaient là deux honnêtes gens, avec lesquels on était heureux de se trouver en communion de sentiments.

En arrivant chez moi, on me prévint que le colonel m'attendait; il m'avait envoyé chercher trois fois, et je devais me rendre près de lui aussitôt mon retour, sans perdre une minute.

Je ne pris pas même le temps de changer de costume, et, assez inquiet de cette insistance, je courus chez le colonel.

XXXIII

— Enfin vous voilà! s'écria le colonel en me voyant entrer, c'est heureux.

— Mais, colonel, mon congé n'expire qu'aujourd'hui, je ne suis pas en retard.

— Je le sais bien : seulement vous m'aviez écrit après la mort de votre père que vous partiez aussitôt, et je vous attends depuis jeudi.

En quelques mots je lui expliquai les raisons qui m'avaient retenu.

— Sans doute vous avez bien fait, et par ce que vous me dites, je vois qu'il s'est passé à Paris des choses graves, mais ici aussi nous sommes dans une situation grave, et j'ai besoin de vous.

— A Marseille?

— Non, dans le Var et dans les Basses-Alpes. A Marseille, Dieu merci, le danger est passé, mais, dans le Var, les paysans se sont soulevés, ils ont formé des bandes nombreuses qui saccagent le pays. Les troupes de

Toulon et de Draguignan ne sont pas en force pour les dissiper rapidement; on nous demande des renforts, et comme maintenant nous pouvons, sans compromettre la sécurité de Marseille, détacher quelques hommes, il faut que vous partiez pour le Var.

— Mais je suis mort de fatigue, mon colonel.

— Comment c'est vous, capitaine, qui parlez de fatigue au moment de monter à cheval?

Il me regarda avec surprise et je baissai les yeux, mal à l'aise et confus.

— Vous avez raison d'être étonné de ma réponse, dis-je enfin, car elle n'est pas sincère. Vous avez toujours été plein d'indulgence et de bonté pour moi, colonel, et j'ai pour vous une profonde estime; permettez-moi de m'expliquer en toute franchise et de vous parler non comme à un colonel, mais comme à un père.

— Je vous écoute, mon ami.

— Comment voulez-vous que j'accepte le commandement d'un détachement qui doit agir contre des hommes dont j'approuve les idées et la conduite?

— Vous, Saint-Nérée, vous approuvez ces paysans qui organisent la jacquerie?

— Ce n'est pas la jacquerie que j'approuve, c'est la résistance au coup d'État, c'est la défense du droit et de la liberté; je ne peux donc pas sabrer ceux qui lèvent ce drapeau: derrière la première barricade qui a été élevée, j'ai failli prendre un fusil pour la défendre, et c'est le hasard bien plus que la volonté qui m'en a empêché.

Le colonel était assis devant son bureau; il se leva, et arpentant le salon à grands pas, les bras croisés:

— Ceux qui nous ont mis dans cette situation sont bien coupables! s'écria-t-il.

— Si vous pensez ainsi, colonel, comment me demandez-vous de prendre parti pour eux?

— Eh! ce n'est pas du président seulement que je parle, c'est aussi de l'Assemblée, c'est de tout le monde, de celui-ci et de ceux-là. Pourquoi l'Assemblée, par ses petites intrigues, ses rivalités de parti et son impuissance nous a-t-elle amenés à avoir besoin d'un sauveur? Les sauveurs sont toujours prêts, ils surgissent de n'importe où, ils agissent, et à un certain moment, par la faute d'adversaires aveugles, ils s'imposent irrésistiblement. Voilà notre situation, le sauveur s'est présenté et comme, par suite des circonstances, on ne pouvait prendre parti contre lui qu'en se jetant dans la guerre civile, on n'a point osé le faire.

— Ces paysans l'osent; ils ne raisonnent point avec subtilité, ils agissent suivant les simples lois de la conscience.

— Vous croyez que c'est la conscience qui commande de prendre des otages pour les fusiller, de piller les caisses publiques, de saccager, de brûler les propriétés privées. Eh bien, ma conscience de soldat me commande, à moi, d'empêcher ce désordre; mon devoir est tracé, et je ne m'en écarterai pas; sans prendre parti pour celui-ci ou celui-là, je crois que je dois me servir du sabre que j'ai à la main pour maintenir l'ordre public. Et c'est ce que je vous demande de faire.

— Ces paysans ont-ils fusillé, pillé et brûlé, et ne les accuse-t-on pas de ces crimes, comme on a accusé les bourgeois de Paris d'avoir tiré sur l'armée?

— Je ne sais pas ce qui s'est passé à Paris et j'aime mieux ne pas le savoir. Je ne sais qu'une chose; je suis requis de faire respecter la tranquillité, et la liberté, la vie des citoyens, et j'obéis. Quant à la politique, ce n'est pas mon affaire, et le pays peut très-bien la décider sans prendre les armes. Il est appelé à se prononcer par oui et par non sur ce coup d'État ; qu'il se prononce et j'obéirai à son verdict. Voilà le rôle du soldat tel que je le comprends dans ce moment difficile, et je vous demande, je vous supplie, mon cher Saint-Nérée, de le comprendre comme moi.

Il vint à moi et me prit la main.

— Vous m'avez dit que vous m'estimiez?

— De tout mon cœur, colonel.

— Vous me croyez donc incapable de vous tromper, n'est-ce pas, et de vous entraîner dans une mauvaise action !

— Oh ! colonel.

— Eh bien ! faites ce que je vous demande. Je ne vous commande pas de vous mettre à la tête du détachement qui est prêt à partir, je vous le demande et vous prie de ne pas me refuser. C'est pour moi, c'est pour l'honneur de mon régiment.

Il approcha sa chaise et s'asseyant près de moi :

— Vous m'avez parlé en toute franchise, dit-il à mi-voix, je veux vous parler de même. Si vous ne prenez pas le commandement de ce détachement, il revient de droit à Mazurier, et je ne voudrais pas que ce fût Mazurier qui fût à la tête de mes hommes dans ces circonstances. Je veux un homme calme, raisonnable, qui ne se laisse pas entraîner; car ce n'est pas la guerre que je veux que vous fassiez, c'est l'ordre que je veux que vous rétablissiez. Je crains que Mazurier n'ait pas ces qualités de modération et de prudence.

Mazurier a parmi nous une détestable réputation : repoussé par tout le monde, n'ayant pas un ami ou un camarade, détesté des soldats, c'est un officier dangereux.

Républicain féroce en 1848, il est, depuis un an, bonapartiste enragé.

A l'idée qu'il pouvait diriger mes hommes dans cette guerre civile, j'eus peur et compris combien devaient être vives les appréhensions du colonel : Mazurier voudrait faire du zèle et sabrerait tout ce qui se trouverait devant lui, hommes, femmes, enfants.

— Maintenant, continua le colonel, vous comprenez n'est-ce pas, que j'ai besoin de vous. Je ne peux pas refuser mes hommes et, d'un autre côté, obligé de rester à Marseille, je ne peux pas les commander moi-même. Vous voyez, mon cher capitaine, que c'est l'honneur de notre régiment qui est engagé.

Je restai assez longtemps sans répondre, profondément troublé par la lutte douloureuse qui se livrait en moi.

— Eh bien ! vous ne me répondez pas. A quoi pensez-vous donc ?

— A me mettre là devant votre bureau, mon colonel, et à vous écrire ma démission.

— Votre démission ! Perdez-vous la tête, capitaine ?

— Malheureusement non, car je ne souffrirais plus.

— Votre démission, vous qui serez chef d'escadron avant deux ans ; vous qui êtes estimé de vos chefs ; votre démission en face de l'avenir qui s'ouvre devant vous, ce serait de la folie. Vous n'aimez donc plus l'armée ?

— Hélas ! l'armée n'est plus pour moi, aujourd'hui, ce qu'elle était hier.

— Il fallait rester à Paris alors, et laisser passer les événements.

— Non ; car c'eût été une lâcheté de conscience ; jamais je ne me mettrai à l'abri d'une responsabilité en me cachant. Et c'est pour cela que j'avais si grande hâte de revenir. Je prévoyais que j'aurais une lutte terrible à soutenir, mais je ne prévoyais pas ce qui arriva.

— Et, qu'espériez-vous donc ? Pensiez-vous que, seul dans toute l'armée, mon régiment se révolterait contre les ordres qu'il recevait ?

— Ne me demandez pas ce que je pensais ni ce que j'espérais, colonel : je serais aussi embarrassé pour l'expliquer que mal à l'aise pour vous le dire. Mais enfin je ne pensais pas être obligé de commander le feu contre des gens qui ont pour eux le droit et l'honneur.

— Et qui parle de commander le feu ? s'écria le colonel, puisque c'est là précisément ce que je vous demande de ne pas faire. Je sais très-bien que parmi ceux que nous sommes exposés à trouver devant nous il y en a qui sont excités par ces idées de droit et d'honneur dont vous parlez ; mais combien d'autres, au contraire, obéissent à leurs mauvais instincts, au meurtre, au vol, au pillage ? Tout ce monde, bons et mauvais, doit rentrer dans l'ordre. Mais, dans cette action répressive, il ne faut pas que les bons et les mauvais soient confondus ; en un mot, il ne faut pas sabrer à tort et à travers. C'est une mission de justice et d'humanité que je vous confie ; parce que de tous mes officiers vous êtes celui que je juge le plus apte à la remplir. Je suis surpris, je suis peiné que vous ne me compreniez pas. Allons, capitaine ; allons, mon enfant.

Mes hésitations et mes scrupules fléchirent enfin.

— Je vous obéis : quand faut-il partir ?

Il regarda la pendule.

— Dans une heure.

D'ordinaire je ne suis pas irrésolu, et quand je me suis prononcé, je ne reviens pas sur ma détermination. Mais en descendant l'escalier du colonel, je m'arrêtai plus d'une fois, hésitant si je ne remonterais pas pour signer ma démission. Oui, je pouvais empêcher bien des crimes en commandant le détachement qu'on me confiait, cela était certain ; mais la question d'humanité devait-elle passer avant la question de justice ? Approuvant, au fond du cœur, ceux qui s'étaient soulevés, m'était-il permis de paraître les combattre ? Si peu que je fusse, avais-je le droit d'apporter mon concours à une œuvre de répression que je blâmais ? N'était-ce point ainsi que se formaient des forces morales qui entraînaient les faibles et noyaient les forts dans un déluge ?

Tout ce qu'on peut se dire en pareille circonstance, je me le dis. Longtemps je plaidai le pour et le contre. Puis enfin, l'esprit troublé bien plus que convaincu, le cœur désolé, je me décidai à obéir.

Mais, avant de quitter Marseille, je voulus faire savoir à Clotilde que j'étais revenu près d'elle. J'entrai chez un libraire et j'achetai un volume, dans les pages duquel je glissai le billet suivant :

« J'espérais vous voir demain, chère Clotilde ; mais à peine descendu de diligence, on m'envoie dans le Var et dans les Basses-Alpes contre les paysans insurgés. Il me faut partir. Je n'ai que le temps de vous écrire ces quelques mots pour vous demander de penser un peu à moi et pour vous dire que je vous aime. Je ne sais ce que l'avenir nous réserve, mais je vous assure en ce moment que, quoi qu'il arrive, je vous adorerai toujours. Quand nous nous reverrons, je vous expliquerai le sens des tristes pressentiments qui m'écrasent. Sachez seulement que je suis cruellement malheureux, et que ma seule espérance est en vous, en votre bonté, en votre tendresse. »

Je portai le volume bien enveloppé et cacheté à la voiture de Cassis, puis je me hâtai d'aller endosser mon uniforme. A l'heure convenue je montais à cheval et partais de Marseille à la tête de mon détachement

La route que nous prîmes était celle que j'avais parcourue quelques mois auparavant avec Clotilde, quand j'étais revenu près d'elle de Marseille à Cassis.

Combien j'étais loin de ce moment heureux! combien mes idées tristes et inquiètes étaient différentes de celles qui m'égayaient alors l'esprit et m'échauffaient le cœur!

J'aimais cependant, et je me sentais aimé ; mais qu'allait-il advenir de notre amour?

Si je n'avais pas aimé Clotilde, si je n'avais pas craint de la perdre, aurais-je accepté ce commandement?

Le premier pas dans la faiblesse et la lâcheté était fait, où m'arrêterais-je maintenant? Qui l'emporterait en moi : le cœur ou la conscience?

XXXIV

Nous nous dirigions sur Brignoles, qui, disaient les rapports, était en pleine insurrection, ainsi que les villages environnants, Saint-Maximin, Barjols, Seillon, Bras, Ollières.

Mais tant que nous restions dans le département des Bouches-du-Rhône, nous étions en pays tranquille, c'était seulement aux confins du Var que l'agitation avait dégénéré en résistance ouverte.

Un peu avant d'arriver aux montagnes qui forment le massif de la Sainte-Baume je fis faire halte à mes hommes et je crus devoir leur adresser un petit discours.

Je ne veux point le rapporter ici, attendu qu'il n'avait aucune des qualités exigées par les professeurs de rhétorique : pas d'exorde pour éveiller l'attention des soldats, pas d'exposition, pas de confirmation pour prouver les faits avancés, pas de réfutation, pas de péroraison. En quelques mots je disais à mes hommes que nous n'étions plus en Afrique et que ceux qui allaient se trouver devant nous n'étaient point des Arabes qu'il fallait sabrer, mais des compatriotes qu'il fallait ménager.

En parlant, j'avais les yeux fixés sur Mazurier. Je le vis faire la grimace, cela m'obligea à insister. Je leur dis donc tout ce que je crus de nature à les émouvoir; puis, comme les vérités générales ont beaucoup moins d'influence sur des esprits primitifs que des vérités particulières et personnelles, l'idée me vint de leur demander si parmi eux il ne s'en trouvait point qui fussent de ce pays.

— Moi, dit un brigadier nommé Brussanes, je suis né à Cotignac, où j'ai ma famille.

— Eh bien ! mes enfants, pensez toujours que l'homme que vous aurez en face de vous peut être le père, le frère de votre camarade Brussanes, et cela retiendra, j'en suis certain, les mains trop promptes. Nous sommes en France, et tous nous sommes Français, soldats aussi bien que paysans.

On se remit en marche, et Mazurier tâcha d'engager avec moi une conversation plus intime que celles que nous avions ordinairement ensemble. Au lieu de le tenir à distance comme j'en avais l'habitude, je le laissai venir.

— C'est une promenade militaire que nous entreprenons, dit-il.

— Je l'espère.

— Alors une troupe de missionnaires pour prêcher la paix dans chaque village, eût mieux valu qu'une troupe de cavaliers.

— C'est mon avis; mais comme on n'avait pas de missionnaires sous la main, on a pris des cavaliers; c'est à celui qui commande ces cavaliers d'en faire des missionnaires, et je vous donne ma parole que cela se fera.

— Il est plus difficile de faire rester les sabres dans le fourreau que de les faire sortir.

— Peut-être, mais quand les officiers le veulent, ils peuvent retenir leurs hommes, et je compte sur vous.

Mazurier me fit toutes les protestations que je pouvais désirer. Dans la bouche d'un autre, elles m'eussent convaincu; dans la sienne, elles ne pouvaient me rassurer. J'étais presque certain que mes hommes me comprendraient et m'obéiraient; depuis six ans, nous avions vécu de la même vie, nous avions partagé les mêmes privations, les mêmes fatigues, les mêmes dangers, et j'avais sur eux quelque chose de plus que l'autorité d'un chef. Mais ce quelque chose n'avait de valeur que si j'étais soutenu par tous ceux qui m'entouraient, et un mot de Mazurier dit à propos pouvait très-bien briser mon influence; une plaisanterie, un geste même suffisaient pour cela. Ce fut une inquiétude nouvelle qui s'ajouta à toutes celles qui me tourmentaient déjà.

C'était aux confins des Bouches-du-Rhône et du Var que nous devions trouver l'insurrection, et l'on m'avait signalé Saint-Zacharie comme le premier village dangereux.

En approchant de ce village, bâti dans les gorges de l'Huveaune, au milieu d'une contrée boisée et accidentée où tout est obstacles naturels, je craignis une résistance sérieuse, qui eût singulièrement compromis l'attitude que je voulais garder. Cinquante paysans résolus embusqués dans les bois et dans les rochers pouvaient nous arrêter en nous faisant le plus grand mal. Comment alors retenir mes hommes et les empêcher de sabrer s'ils voyaient leurs camarades frappés auprès d'eux ?

Pour prévenir ce danger, je m'avançai seul avec un trompette, le sabre au fourreau, décidé à essayer sur les paysans la conciliation que j'avais vu les représentants tenter à Paris sur les soldats ; les moyens et les rôles étaient renversés, mais le but était le même, empêcher le sang de couler.

Mais je n'eus point de harangue à adresser aux paysans : en apprenant le passage des troupes, le village, qui s'était insurgé depuis trois ou quatre jours, s'était immédiatement calmé ; les hommes résolus s'étaient repliés sur Brignoles, où ils avaient dû rejoindre le gros de l'insurrection, les autres avaient mis bas les armes et, sur le pas de leurs portes, ils nous regardaient tranquillement défiler. On ne nous faisait pas cortége, mais on ne nous adressait ni injures, ni mauvais regards.

Ce premier résultat me donna bonne espérance, et je commençai à croire qu'un simple déploiement de forces suffirait pour rétablir partout le calme. Si on ne nous avait pas arrêtés dans les gorges de Saint-Zacharie, où la résistance était si facile, c'est qu'on ne voulait pas ou qu'on ne pouvait pas résister.

A mesure que nous avançâmes, je me confirmai dans cette espérance ; nulle part nous ne trouvions de résistance ; on nous disait, il est vrai, que les hommes valides se retiraient devant nous dans les montagnes au delà de Brignoles, mais il fallait faire la part de l'exagération dans ces renseignements qui nous étaient apportés par des trembleurs ou par des adversaires que la passion politique entraînait : Brignoles était barricadé, dix mille insurgés occupaient la ville, les maisons étaient crénelées, le pont était miné, enfin tout ce que l'imagination affolée par la terreur peut inventer.

En réalité, il n'y eut pas plus de résistance dans cette ville qu'il n'y en avait eu dans les villages qui s'étaient déjà rencontrés sur notre chemin : pas la plus petite barricade, pas la moindre maison crénelée, pas un insurgé armé d'un fusil.

Cependant tous ces bruits reposaient sur un certain fondement : ainsi, on avait voulu se défendre ; on avait proposé de barricader la ville, on avait parlé de miner le pont ; mais rien de tout cela ne s'était réalisé, et, à notre approche, ceux qui avaient voulu résister s'étaient retirés du côté de Draguignan.

Cette perpétuelle retraite des insurgés, rassurante pour le moment, était inquiétante pour un avenir prochain : tous ces hommes qui reculaient devant nous, à mesure que nous avancions, finiraient par s'arrêter lorsqu'ils se trouveraient en force, et alors un choc se produirait.

Ce qui donnait à cette situation une gravité imminente, c'était la position des troupes qui opéraient contre les insurgés. Mon petit détachement n'était pas seul à les poursuivre : au nord, ils étaient menacés par le colonel de Sercey, qui avait sous ses ordres de l'infanterie et de l'artillerie ; au sud, ils l'étaient par une forte colonne partie de Toulon. Qu'arriverait-il lorsqu'ils seraient enveloppés ? Mettraient-ils bas les armes ? Soutiendraient-ils la lutte ?

Ainsi ce qui avait été tout d'abord pour moi un motif d'espérance devenait maintenant un danger, car ce n'était plus de désarmer successivement quelques villages isolés qu'il s'agissait, c'était d'une rencontre, d'une bataille.

Les nouvelles qui nous parvenaient de l'insurrection

nous la représentaient comme formidable; elle occupait presque tout le pays qui s'étend de la chaîne des Maures à la Durance; son armée, disait-on, était forte de plus de six mille hommes, et ces hommes étaient redoutables; pour la plupart c'étaient des bûcherons, des charbonniers, des ouvriers en liége, habitués à la rude vie des forêts, et qui n'avaient peur de rien, ni de la fatigue, ni des privations, ni des dangers; à leur tête marchait une jeune et belle femme qui, coiffée du bonnet phrygien, portait le drapeau rouge.

Ce n'étaient pas là des paysans timides que la vue d'un escadron s'avançant au galop devait disperser sans résistance.

A en croire ces nouvelles, ils étaient déjà organisés militairement; les bandes s'étaient formées par cantons, et elles avaient choisi des officiers; l'une était commandée par un chirurgien de marine, les autres l'étaient par des gens résolus; un certain ordre régnait parmi tous ces hommes, qui ne se rendaient nullement coupables de pillages, d'incendies et d'assassinats, comme on l'avait dit.

La seule accusation sérieuse qu'on formulât contre eux était de prendre des otages dans chaque ville et chaque village qu'ils traversaient et de les emmener prisonniers. Pour moi, c'était là un crime qui me plaçait à leur égard dans une situation toute différente de celle que j'aurais voulu garder.

Si d'un côté je voyais en eux des gens convaincus de leur droit et se soulevant pour le défendre, ce qui dans les conditions où nous nous trouvions était pour le moins excusable, d'un autre côté j'étais indigné de la faute criminelle qu'ils commettaient. En s'insurgeant, ils avaient la justice pour eux; pourquoi compromettaient-ils leur cause et la déshonoraient-ils par cette lâcheté ?

Le soir qui suivit notre entrée à Brignoles, je sentis mieux que par le raisonnement, combien était grave cette question des otages et combien terrible elle pouvait devenir pour les insurgés.

Nous étions arrivés dans un gros village où nous devions passer la nuit, et j'avais été chercher gîte au château avec Mazurier et quelques hommes.

Ce château était en désarroi, et ses propriétaires étaient dans la désolation : une bande d'insurgés était venue le matin arrêter le chef de la famille, qui n'avait commis d'autre crime que celui d'être légitimiste, et l'avait emmené comme otage. On ne lui avait point fait violence, et comme il souffrait de douleurs qui l'empêchaient de marcher, on lui avait permis de monter en voiture, mais enfin on l'avait emmené sans vouloir rien entendre.

Lorsque nous arrivâmes, sa femme et ses enfants, deux fils de vingt-trois à vingt-cinq ans, nous accueillirent comme des libérateurs ; il n'eût pas été tard, je me serais mis immédiatement à la poursuite de cette bande, mais la nuit était tombée depuis longtemps déjà, nos chevaux étaient morts de fatigue, et nous ne pouvions nous engager à l'aventure dans ce pays accidenté. Ce fut ce que je tâchai de faire comprendre à cette malheureuse famille, et je lui promis de partir le lendemain matin aussitôt que possible.

Je donnai les ordres en conséquence, et le lendemain, avant le jour, je fus prêt à monter à cheval. En arrivant dans la cour du château, je fus surpris d'apercevoir cinq chevaux de selle auprès des nôtres. Je demandais à un domestique à qui ils étaient destinés, lorsque je vis paraître les deux fils suivis de trois autres jeunes gens. Tous les cinq étaient armés. Ils portaient un fusil à deux coups suspendu en bandoulière et à la ceinture un couteau de chasse.

— Monsieur le capitaine, me dit l'aîné des fils, nous vous demandons la permission de vous accompagner et de vous servir de guides. Quand nous rencontrerons l'ennemi, vous verrez que mes amis, mon frère et moi nous sommes dignes de marcher avec vos soldats. Nous ne serons pas les derniers à la charge.

Je restai pendant quelques secondes cruellement embarrassé; la demande de ces jeunes gens avait par malheur de puissantes raisons à faire valoir : c'était à la délivrance de leur père qu'ils voulaient marcher; c'était leur père qu'ils voulaient venger.

Ce fut précisément ce côté personnel de la question qui me fit refuser leur concours : ils mettraient une ardeur trop vive dans la poursuite, une haine trop légitime dans la lutte, et ils pourraient entraîner mes soldats à des représailles que je voudrais éviter.

Je repoussai donc leur demande; il me fallut discuter, disputer presque, mais je tins bon.

— Je ne veux que l'un de vous, messieurs, dis-je en montant à cheval, et encore celui qui viendra doit-il laisser ses armes ici; c'est un guide que j'accepte, et non un soldat.

A quelques propos de mes hommes que je saisis par bribes, je vis qu'ils ne me comprenaient point et qu'ils me blâmaient.

XXXV

Tous ceux qui ont fait campagne savent combien il est difficile de rejoindre une troupe ennemie, lorsqu'on n'a pour se diriger que les renseignements qu'on peut obtenir des paysans ; celui-ci a vu qu'ils allaient au nord, celui-là a vu qu'ils allaient au sud, un troisième a entendu dire qu'ils étaient passés par l'ouest, un quatrième est certain qu'ils n'ont été ni au nord, ni au sud, ni à l'ouest, attendu qu'ils n'ont pas paru dans le pays.

Ce fut ce qui m'arriva lorsque je me mis à la poursuite de la bande qui avait emmené comme otage le propriétaire du château dans lequel nous avions passé la nuit, et jamais, en si peu de temps, on n'a pu, je crois, recueillir plus de renseignements contradictoires ; dans un village, c'était l'excès de zèle qui nous trompait ; dans un autre, c'était la malveillance qui nous égarait ; de maison en maison, les indications variaient comme les opinions et les sentiments : ici, nous étions des bourreaux, là des sauveurs.

Cependant, au milieu de cette confusion, se détachaient deux faits principaux ; nous étions sur le point de joindre les bandes qui s'étaient réunies et cherchaient une bonne position pour résister ; les autres troupes envoyées contre elles commençaient à approcher : la lutte devenait donc à chaque pas de plus en plus menaçante ; un hasard pouvait l'engager d'un moment à l'autre.

Ce qu'il y avait de particulièrement grave pour moi dans cette situation, c'était l'esprit de mes hommes qui, depuis Marseille, avait complétement changé : en entrant dans le Var, j'étais sûr que les sabres ne sortiraient pas du fourreau sans mon ordre ; maintenant des indices certains me prouvaient qu'on n'attendrait pas cet ordre pour agir, et que peut-être même on ne l'écouterait pas. A la fièvre de la poursuite, toujours entraînante pour les esprits les plus calmes et les plus pacifiques, s'étaient jointes les excitations passionnées des populations au milieu desquelles nous nous trouvions : « Tuez-les, sabrez tout, pas de prisonniers ; » et tous ces mauvais conseils de gens qui, après avoir perdu la tête dans la peur, perdent la raison lorsqu'ils sont rassurés.

Quand nous paraissions dans une ville ou dans un village, la partie de la population hostile à l'insurrection, qui s'était prudemment condamnée au calme ou cachée dans ses caves, reprenait courage, ou s'armait, ou se formait en compagnie de gardes nationaux pour marcher derrière nous, et l'esprit qui animait ces volontaires de la dernière heure n'était point la modération et la justice ; on était d'autant plus exalté qu'on avait été plus timide ; on voulait se venger de sa peur. Mes hommes naturellement subissaient le contre-coup de cette exaltation ; on les attirait, on les entraînait, on les faisait boire, et je ne les avais plus dans la main ; après avoir écouté toutes les histoires plus ou moins exagérées qu'on leur racontait, échangé des poignées de main avec les trembleurs, entendu les applaudissements des uns, les vociférations des autres, ils en étaient arrivés à croire qu'ils marchaient contre des bandits coupables de tous les crimes.

Comment les retenir et les modérer ? Je commençai alors à regretter d'avoir accepté le commandement que le colonel m'avait imposé, car je ne pourrais pas assurément me renfermer dans le rôle que je m'étais tracé ; au moment de la rencontre, je ne commanderais pas à mes hommes, mais je serais entraîné par eux, et jusqu'où n'iraient-ils pas?

Mes hésitations, mes irrésolutions, mes remords me reprirent : je n'aurais pas dû céder aux prières du colonel, et plutôt que de me lancer dans une expédition que je réprouvais, j'aurais mieux fait de persister dans ma démission.

Mazurier, comme s'il lisait ce qui se passait en moi, semblait prendre à cœur d'irriter mes craintes.

— Il sera bien difficile de modérer nos hommes, me disait-il à chaque instant.

Et alors il me donnait le conseil de leur parler, et de recommencer ma harangue de Saint-Zacharie. Mais le moment favorable aux bonnes paroles était passé, je ne voulais pas me faire rire au nez et compromettre mon autorité dans une maladresse : il me fallait au moins conserver sur mes hommes l'influence du respect et de l'estime.

Tant que je serais seul maître de mon détachement, j'avais l'espérance de conserver une partie de cette influence et, en fin de compte, d'imposer toujours ma direction à mes hommes; s'ils n'obéissaient point à la persuasion, ils obéiraient au moins à la discipline; mais le moment arrivait où j'allais devoir agir de concert avec les autres troupes qui cernaient les insurgés dans un cercle concentrique, et alors j'aurais à obéir à une autre inspiration, à une autre volonté que la mienne.

Quelle serait cette inspiration? quel serait l'esprit des officiers avec lesquels j'allais opérer? quels seraient les sentiments de leurs troupes? sous les ordres de quel général, de quel colonel le hasard allait-il me placer? aux réquisitions de quel préfet me faudrait-il obéir?

Toutes ces questions venaient compliquer les dangers de ma situation.

Mais ce qui les aggrava d'une façon plus fâcheuse encore, ce fut une nouvelle que m'apprit le maire d'un village dans lequel nous arrivâmes.

Aussitôt qu'il nous vit paraître, il accourut au-devant de moi pour me prévenir que nous devions nous arrêter dans sa commune, afin de concerter notre mouvement avec les troupes qui occupaient les communes environnantes ; les différentes bandes s'étaient réunies en un seul corps, et après s'être successivement emparées de Luc, de Vidauban, de Lorgues et de Salernes, elles marchaient sur Draguignan. Le moment était venu de les attaquer ; les troupes se concentraient ; ordre était donné d'arrêter les divers détachements de manière à agir avec ensemble, et il me communiqua cet ordre, qui était signé « de Solignac. »

De Solignac ! Je regardai attentivement la signature ; mais l'erreur n'était pas possible, les lettres étaient formées avec une netteté remarquable.

Quel pouvait être ce Solignac ? J'interrogeai le maire pour savoir quel était le préfet du département ; il me répondit qu'il y en avait deux : un ancien, M. de Romand, un nouveau, M. Pastoureau.

— Et ce M. de Solignac ?

— Je ne sais pas ; je crois que c'est un commissaire extraordinaire ; au reste, vous allez le voir bientôt ; il a passé par ici il y a deux heures avec une escorte de gendarmes, et il doit revenir.

Il n'y avait qu'à attendre ; j'ordonnai la halte, et je fis reposer mes hommes et mes chevaux.

Ce Solignac était-il l'ami du général Martory ? Cela était bien probable ; le signalement que me donnait le maire se rapportait à mon personnage, et le dévouement de celui-ci à la cause napoléonienne avait dû en faire un commissaire extraordinaire dans un département insurgé ; cela convenait au rôle qu'il jouait depuis six mois dans le Midi et le complétait ; il n'avait point de position officielle, afin de pouvoir en prendre une officieuse partout où besoin serait.

Comme j'agitais ces questions avec un certain effroi, car il ne me convenait point d'être placé sous la direction de M. de Solignac, — au moins du Solignac que je connaissais fanatique et implacable, — on m'amena un paysan qu'on venait d'arrêter.

La foule l'accompagnait en vociférant, et ce n'était pas trop de six soldats pour le protéger ; on criait : « A mort ! » et on lui jetait des pierres.

C'était un vieux bûcheron aux traits fatigués, mais à l'attitude calme et résolue ; il était vêtu d'une blouse bleue, et l'un de mes soldats portait un mauvais sabre rouillé qu'on avait saisi sur lui.

Je demandai quel était son crime ; on me répondit qu'on l'avait arrêté au moment où il se sauvait pour rejoindre les insurgés.

La foule l'avait suivi et nous entourait en continuant de crier : « A mort ! à mort ! » Des femmes et des enfants montraient le poing au vieux bûcheron qui, sans s'émouvoir de tout ce tapage, les regardait avec placidité.

Je le fis entrer dans la salle de la mairie pour l'interroger et je fis entrer aussi les gens qui l'avaient arrêté, car il me paraissait impossible que l'exaspération de la foule n'eût pas un motif plus sérieux. On nous pressait tellement que je fus obligé de placer des sentinelles à la porte le sabre en main.

Je me fis d'abord raconter ce qui s'était passé par les

témoins ou les acteurs de l'arrestation, et l'on me répéta ce qu'on m'avait déjà dit : ce vieux bonhomme, au lieu d'entrer dans le village, avait pris par les champs, on l'avait vu courir et se cacher derrière les oliviers quand il se croyait aperçu ; on s'était mis à sa poursuite : on l'avait atteint, arrêté, et l'on avait trouvé ce sabre qu'il cachait sous sa blouse.

— C'est vrai ce qu'on raconte là? dis-je au bûcheron.

— Oui.

— D'où êtes-vous?

— De Salernes.

— Où allez-vous?

— Je vas à Aups, rejoindre ceux qui veulent défendre la République.

A cet aveu sincère, il y eut parmi les témoins un mouvement d'indignation.

— C'est mon droit, pour sûr.

— Si vous croyez être dans votre droit, pourquoi vous êtes-vous caché et sauvé? pourquoi, au lieu de traverser ce village, avez-vous pris les champs?

— Parce que ceux d'ici ne sont pas dans les mêmes idées que ceux de Salernes, et qu'on s'en veut de pays à pays. S'ils m'avaient vu traverser leur rue, comme ils avaient des cavaliers avec eux qui leur donnaient du cœur, ils m'auraient arrêté, et je voulais rejoindre les amis.

— Cela n'est pas vrai, dit un témoin en interrompant, les gens de Salernes sont partis depuis hier, et si celui-là était de Salernes, il serait parti avec eux ; il n'aurait pas attendu aujourd'hui : c'est un incendiaire qui venait pour nous brûler.

Sans se fâcher, le bûcheron haussa les épaules, et se

tourna vers moi après avoir regardé son accusateur avec mépris.

— Si je ne suis pas parti hier avec les autres, dit-il, c'est que j'étais dans la montagne à travailler. Quand on a appris la révolution de Paris chez nous, tout le monde a été heureux; on a cru que c'était pour établir véritablement la République, la vraie, celle de tout le monde, et comme à Salernes il n'y a que des républicains, on a été heureux, on a dansé une farandole. Le lendemain matin je suis parti pour la montagne où je suis resté trois jours. Pendant ce temps-là on a compris qu'on s'était trompé; les gens de la Garde-Freynet sont arrivés, et puis d'autres, on s'est levé, et quand je suis redescendu à la maison, j'ai trouvé tout le monde parti, alors je suis parti aussi pour les rejoindre.

Les cris du dehors continuaient; ne voulant pas exaspérer cette exaltation méridionale, je donnai l'ordre d'enfermer mon bûcheron dans la prison de la mairie.

Mais ce n'était point assez pour satisfaire cette foule affolée; quand on sut que j'avais fait conduire le bûcheron en prison, les cris : « A mort ! » redoublèrent. Je ne m'en inquiétai point, j'avais une force suffisante pour faire respecter mes ordres; lorsque je quitterais ce village, j'emmènerais mon prisonnier.

Il y avait à peine dix minutes que la porte de la prison était refermée sur ce pauvre vieux, quand il se fit un grand bruit de chevaux dans la rue.

C'était M. de Solignac qui arrivait au galop, suivi de quelques gendarmes, — ce Solignac était bien le mien, c'est-à-dire celui de Clotilde et du général.

En m'apercevant, il poussa une exclamation de surprise et vint à moi la main tendue.

— Comment, mon cher capitaine, c'est vous ! Que je

suis heureux de vous voir ! Nous allons marcher ensemble.

Puis, après quelques paroles insignifiantes, il continua :

— Vous avez un prisonnier, m'a-t-on dit, pris les armes à la main ; avez-vous commandé le peloton ?

— Quel peloton ?

— Le peloton pour le fusiller.

XXXVI

Fusiller ce vieux bûcheron !

En entendant ces mots, je regardai M. de Solignac ; près de lui se tenait un autre personnage portant l'habit civil et décoré de la Légion d'honneur qui me fit un signe affirmatif comme pour confirmer et souligner les paroles de M. de Solignac.

— Et pourquoi voulez-vous qu'on fusille ce bonhomme ?

— Comment a-t-il été arrêté ?

Je racontai son arrestation.

— Ainsi, de votre propre récit, il résulte qu'il se sauvait.

— Parfaitement.

— Il voulait se cacher ?

— Sans doute.

— Il le voulait parce qu'il allait rejoindre les insurgés ; son aveu est formel.

— Il n'a pas caché son intention.

— Il doit donc être considéré comme étant en état d'insurrection.

— Je le crois, et c'est ce qui m'a obligé à le maintenir en arrestation ; en même temps j'ai voulu le soustraire à l'exaspération de cette foule affolée.

— Ne parlons pas de cela, laissons cette foule de côté, et occupons-nous seulement de ce bûcheron. C'est un insurgé, n'est-ce pas ?

— Cela n'est pas contestable et lui-même n'a pas envie de le contester ; il avoue très-franchement son intention : il a voulu rejoindre ses amis qui se sont soulevés pour défendre le droit et la justice, ou tout au moins ce qu'ils considèrent comme tel.

— Bien ; c'est un insurgé, vous le reconnaissez et lui-même le reconnaît aussi. Voilà un point d'établi. Maintenant passons à un autre. Il a été pris les armes à la main.

— C'est-à-dire qu'on a saisi sur lui un sabre rouillé qui ne serait pas bon pour couper des choux.

— Eh bien, ce sabre caractérise son crime et devient la circonstance aggravante qui vous oblige à le faire fusiller ; l'ordre du ministre de la guerre est notre loi ; vous connaissez cet ordre : « Tout individu pris les armes à la main sera fusillé. »

— Mais jamais personne ne donnera le nom d'arme à ce mauvais sabre, ce n'est même pas un joujou, dis-je en allant prendre le sabre qui était resté sur une table.

Et je le mis sous les yeux de M. de Solignac en faisant appel à son singulier acolyte. Tous deux détournèrent la tête.

— Il n'est pas possible d'argumenter sur les mots, dit enfin M. de Solignac, ce sabre est un sabre, et l'ordre du général Saint-Arnaud est formel.

— Mais cet ordre est... n'est pas exécutable.

— En quoi donc ?

— Il vise une loi qui n'a jamais autorisé pareille mesure.

— Pardon, capitaine, mais nous ne sommes pas ici pour discuter, nous ne sommes pas législateurs et vous êtes militaire.

Malgré l'indignation qui me soulevait, je m'étais jusque-là assez bien contenu ; à ce mot, je ne fus plus maître de moi.

— C'est parce que je suis militaire, que je ne peux pas faire exécuter un ordre aussi...

— Permettez-moi de vous rappeler, interrompit M. de Solignac, que vous n'avez pas à qualifier un ordre de votre supérieur ; il existe, et du moment que vous le connaissez, vous n'avez qu'une chose à faire ; un soldat obéit, il ne discute pas.

— Vous avez raison, monsieur, et j'ai tort ; je vous suis obligé de me le faire comprendre, je ne discuterai donc pas davantage et je ferai ce que mon devoir m'ordonne.

— Je n'en ai jamais douté ; seulement, on peut comprendre son devoir de différentes manières, et je vous prie de me permettre de vous demander ce que votre devoir vous ordonne à l'égard de cet homme.

— De l'emmener prisonnier et de le remettre aux autorités compétentes.

— Très-bien ; alors veuillez le faire remettre entre nos mains.

Et comme j'avais laissé échapper un geste d'étonnement :

— Qui nous sommes, n'est-ce pas ? continua-t-il ; rien n'est plus juste : précisément, nous sommes cette autorité compétente que vous demandez, et comme nous n'avons pas encore mis le département en état de siége, c'est l'autorité civile qui commande.

Je n'avais pas eu l'avantage dans cette discussion rapide où les paroles s'étaient heurtées comme dans un combat ; je sentis que la situation du vieux bûcheron devenait de plus en plus mauvaise. Mais que faire ? Je ne pouvais me mettre en opposition avec l'autorité départementale, et puisqu'ils réclamaient ce prisonnier qui n'était pas le mien d'ailleurs, mais celui des paysans, je ne pouvais pas prendre les armes pour le défendre. Je ne pouvais qu'une chose : refuser mes hommes pour le faire fusiller, s'ils persistaient dans cette épouvantable menace, et à cela j'étais parfaitement décidé. Ils ne le fusilleraient pas eux-mêmes.

— Ce bûcheron est dans la prison de la mairie, il vous appartient.

— Très-bien, dit M. de Solignac.

— Très-bien, répéta son acolyte.

— Maintenant, dit M. de Solignac, voulez-vous désigner les hommes qui doivent former le peloton d'exécution ?

— Non, monsieur.

— Vous refusez d'obéir à notre réquisition ? dit froidement M. de Solignac.

— Absolument.

— Vous vous mettez en révolte contre l'ordre du ministre ?

— Oui, monsieur ; nous sommes des soldats, nous ne sommes pas des bourreaux ; mes hommes ne fusillent pas les prisonniers.

M. de Solignac ne se laissa pas emporter par la colère ; il me regarda durant quelques secondes, puis d'une voix qui tremblait légèrement et trahissait ainsi ce qui se passait en lui :

— Capitaine, dit-il, je vois que vous ne vous rendez pas compte de la situation. Elle est grave, extrêmement grave. Tout le pays est soulevé. L'armée de l'insurrection est formidable ; elle s'accroît d'heure en heure. Pour l'attaquer, nous n'avons que des forces insuffisantes, et l'état des troupes ne permet pas cette attaque aujourd'hui ; il faudra la différer jusqu'à demain, peut-être même jusqu'à après-demain. Pendant ce temps, les paysans de cette contrée vont rejoindre les bandes insurrectionnelles, et quand nous attaquerons, au lieu d'avoir six ou sept mille hommes devant nous, nous en aurons peut-être douze mille, peut-être vingt mille ; car les bandes des Basses-Alpes nous menacent. Il faut empêcher cette levée en masse et cette réunion. Nous n'avons qu'un moyen : la terreur ; il faut que toute la contrée soit envahie et domptée par une force morale, puisqu'elle ne peut pas l'être par une force matérielle. Quand on saura qu'un insurgé pris les armes à la main a été fusillé, cela produira une impression salutaire. Ceux des paysans qui veulent se soulever, resteront chez eux, et beaucoup de ceux qui sont déjà incorporés dans les bandes les abandonneront. Au lieu d'avoir vingt mille hommes devant nous, nous n'en aurons que deux ou trois mille, et encore beaucoup seront-ils ébranlés. Au lieu d'avoir à soutenir une lutte formidable qui ferait couler des torrents de sang, nous n'aurons peut-être qu'à paraître pour disperser ces misérables. Vous voyez bien que la mort de ce prisonnier est indispensable ; il est condamné par la nécessité. Sans doute, cela est fâcheux pour lui, mais il est coupable.

J'étais atterré par ce langage froidement raisonné : je restai sans répondre, regardant M. de Solignac avec épouvante.

— J'attends votre réponse, dit-il.
— J'ai répondu.
— Vous persistez dans votre refus ?
— Plus que jamais.
— Prenez garde, capitaine ; c'est de l'insubordination, c'est de la révolte, et dans des conditions terribles.
— Terribles, en effet.
— Pour vous, capitaine.

M. de Solignac s'emportait ; son second se pencha à son oreille et lui dit quelques mots à voix basse.

— C'est juste, répliqua M. de Solignac, allez.

Et ce sinistre personnage sortit marchant d'un mouvement raide et mécanique comme un automate. Presque aussitôt il rentra suivi de deux gendarmes : un brigadier et un simple gendarme.

— Brigadier, dit M. de Solignac, il y a là un prisonnier qui a été pris les armes à la main ; vous allez le faire fusiller par vos hommes.

Ces paroles me firent comprendre que le malheureux bûcheron était perdu. L'insurrection avait exaspéré les gendarmes ; on les avait poursuivis, maltraités, injuriés, désarmés ; dans certains villages on s'était livré sur eux, m'avait-on dit, à des actes de brutalité honteuse ; ils avaient à se venger, et pour beaucoup la répression était une affaire personnelle. Si ce brigadier était dans ce cas, le prisonnier était un homme mort.

En entendant les paroles de M. de Solignac, ce dernier pâlit affreusement, et il resta sans répondre regardant droit devant lui, une main à la hauteur de la tête, l'autre collée sur son pantalon.

— Eh bien ? demanda M. de Solignac.

Le brigadier ne bougea point, mais il pâlit encore.

— Êtes-vous sourd ?

Alors le gendarme qui était près de lui s'avança de trois pas : il portait un fusil de chasse à deux coups ; un bandeau de soie noire lui cachait la moitié du visage ; une raie sanguinolente coulait sous ce bandeau.

— Sauf respect, dit-il, il n'y a pas besoin de plusieurs hommes, je le fusillerai tout seul ; le brigand payera pour ceux qui m'ont crevé l'œil.

Un crime horrible allait se commettre, et ne pouvant pas l'empêcher par la force, je voulus au moins l'arrêter. Dans la salle de la mairie où cette discussion avait lieu se trouvaient plusieurs personnes ; le maire de la commune, quelques notables et notre guide, c'est-à-dire le fils du propriétaire qui avait été emmené en otage.

La vue de ce jeune homme qui marchait en long et en large, impatient de tout ce retard, me suggéra une idée, et tandis que la foule continuait au dehors ses chants et ses vociférations, je revins sur M. de Solignac, en même temps que d'un geste j'arrêtais le gendarme qui allait sortir.

— Par cette mort, lui dis-je, vous voulez empêcher l'effusion du sang et vous oubliez que vous allez le faire couler.

— Le sang de ce misérable ne vaut pas celui que je veux ménager.

— Ce n'est pas de ce misérable que je veux parler maintenant, c'est des otages qui sont aux mains des insurgés et qui peuvent devenir victimes d'affreuses représailles, lorsqu'on apprendra que la troupe fusille ses prisonniers.

Puis, m'adressant à mon jeune guide :

— Parlez pour votre père, monsieur ; demandez sa vie à M. de Solignac, et vous tous, messieurs, demandez celle de vos amis qui ont été emmenés par les insurgés.

On entoura M. de Solignac, on le pressa; mais il se dégagea, et d'une voix ferme :

— L'intérêt général est au-dessus de l'intérêt particulier, dit-il; il faut que cette exécution soit un exemple.

— Mais mon père, mon père, s'écria le jeune châtelain.

— Nous le délivrerons. Gendarme, faites ce qui vous a été ordonné.

Alors, le maire s'avança vers M. de Solignac; je crus qu'il voulait intercéder à son tour, et j'eus une lueur d'espérance.

— Il faudrait accorder un prêtre à ce misérable, dit-il.

— C'est juste; qu'on aille chercher le curé.

Une personne sortit, et comme elle avait sans doute sur son passage annoncé la condamnation du prisonnier, il s'éleva de la foule une clameur furieuse : des huées, des cris, des chants : « A mort! à mort! »

Je me retirai dans un coin de la salle, mais je fus bientôt obligé de changer de place, car j'avais en face de moi le gendarme au bandeau noir et sa vue m'exaspérait : il faisait craquer les batteries de son fusil les unes après les autres.

Le prêtre arriva; M. de Solignac alla au-devant de lui et le conduisit à la prison en faisant signe au gendarme de le suivre.

Dix minutes, un quart d'heure peut-être s'écoulèrent; puis tout à coup deux détonations retentirent dans la cour de la mairie, dominant le tapage de la foule; puis, après quelques secondes, ces deux détonations furent suivies d'une autre moins forte : le coup de grâce donné avec un pistolet.

Et M. de Solignac, suivi de son gendarme, rentra dans la salle.

XXXVII

Il se dirigea vers moi, je me retournai pour l'éviter, mais il m'interpella directement, et je fus obligé de m'arrêter.

Cependant je n'osai lever les yeux sur lui, il me faisait horreur, et j'avais peur de me laisser emporter par mon indignation.

— Capitaine, dit-il, dans une heure vous vous dirigerez sur Entrecastaux, où vous attendrez des ordres ; le village est important, vous pourrez loger votre détachement chez l'habitant ; vous veillerez à ce que vos hommes soient bien soignés, la journée de demain sera rude. Cependant j'espère que l'exemple que nous venons de faire aura facilité notre tâche. A demain.

Puis, s'approchant de moi :

— Je regrette, dit-il à mi-voix, que notre discussion ait eu des témoins, mais j'espère qu'ils ne parleront point.

— Et moi j'espère qu'ils parleront.

— Alors comme vous voudrez.

Et il sortit sans se retourner, suivi de son muet compagnon qui marchait sur ses talons, et du gendarme qui venait à cinq ou six pas derrière eux, le fusil à la main, horriblement pâle sous son bandeau noir.

Les trois coups de feu qui avaient retenti avaient brisé les liens qui me retenaient, le voile qui m'enveloppait de ses ombres s'était déchiré, je voyais mon devoir.

Peu de temps après que M. de Solignac eut disparu, je quittai la salle de la mairie, où j'étais resté seul.

Le cadavre du malheureux bûcheron était étendu dans la cour, au pied du mur contre lequel il avait été fusillé. Près de lui, le prêtre qu'on avait été chercher était agenouillé et priait.

Au bruit que firent mes éperons sur les dalles sonores, il releva la tête et me regarda.

Je m'approchai ; le cadavre était couché la face contre terre ; on ne voyait pas comment il avait été frappé ; une seule blessure était apparente, celle qui avait été faite par le pistolet. Le coup avait été tiré à bout portant dans l'oreille ; les cheveux étaient roussis.

— Quelle chose horrible que la guerre civile ! me dit le prêtre d'une voix tremblante ; cette exécution est épouvantable. Je ne sais si cet exemple était nécessaire comme on le dit ; mais, je vous en prie, monsieur le capitaine, au nom de Dieu, faites qu'il ne se répète pas. Ce malheureux est mort sans se plaindre et sans accuser personne.

— Priez pour lui, monsieur le curé, c'est un martyr.

Je trouvai la rue pleine de monde ; des hommes, des femmes, des enfants qui couraient çà et là en criant ; devant la fontaine, on avait amoncelé des sarments de vigne et des branches de pin qui formaient un immense brasier pétillant. On chantait et on se réjouissait.

Mes hommes regardaient ce spectacle en plaisantant avec les femmes et les jeunes filles.

J'allai à eux pour leur demander où était le lieutenant. Ils m'envoyèrent à l'auberge, où je trouvai Mazurier finissant son dîner.

Je lui répétai les ordres qui m'avaient été donnés par M. de Solignac, et lui dis de prendre le commandement du détachement.

— Et vous, capitaine ?

— Moi, je reste ici.

Il me regarda en dessous; mais malgré l'envie qu'il en avait, il n'osa pas me poser la question qui était sur ses lèvres.

Je lui répétai les instructions du colonel et lui demandai de les suivre exactement pendant tout le temps que le détachement serait sous ses ordres.

— J'aurai votre petit discours toujours présent à l'esprit, me dit-il, et s'il est besoin, je le répéterai à nos hommes; vous pouvez compter sur moi. Puis-je vous demander qui vous gardez avec vous?

— Personne.

— Personne! s'écria-t-il avec stupéfaction.

— Pas même mon ordonnance.

La surprise l'empêcha de me poser une question incidente, et il n'osa pas m'interroger directement.

Le moment était arrivé de se préparer au départ, je le lui rappelai. Il sortit pour donner ses ordres, et bientôt j'entendis la sonnerie des trompettes.

Je vis les hommes courir, puis bientôt après j'entendis le trot des chevaux sur le pavé. Le chemin qui conduisait à Entrecastaux passait devant l'auberge.

Ils allaient arriver; je quittai la fenêtre où je me tenais machinalement le nez collé contre les vitres, et, reculant de quelques pas, je me plaçai derrière le rideau; de la rue on ne me voyait pas, mais moi je voyais la rue.

Le plus vieux des trompettes, celui qui se trouvait de mon côté, était l'Alsacien Zigang : il était déjà au régiment lorsque j'y étais arrivé, et il avait sonné la première fanfare qui m'avait salué. J'entends la voix du commandant, disant : « Trompettes, fermez le ban; » et je vois au milieu des éclairs des sabres le vieux Zigang sur son cheval blanc.

Voici le maréchal des logis Groual, qui m'a sauvé la vie en Afrique, et que, malgré toutes mes démarches, je n'ai pas encore pu faire décorer.

Voici Bistogne, Dumont, Jarasse, mes vieux soldats avec qui j'ai fait campagne pendant six années consécutives.

Ce sont mes souvenirs qui défilent devant moi, mes souvenirs de jeunesse, de gaieté, de bataille, de bonheur. Ils sont passés. Et sur le pavé de la rue, je n'entends plus qu'un bruit vague, qui bientôt s'évanouit au tournant du chemin.

Un petit nuage de poussière s'élève ; le vent l'emporte ; c'est fini ; je ne vois plus rien, et une gouttelette chaude tombe de mes yeux sur ma main : je ne suis plus soldat.

L'aubergiste, en venant me demander ce qu'il fallait me servir, m'arracha à mes tristes réflexions.

Je me levai et, allant prendre mon cheval, je me mis en route pour Marseille. Mes soldats s'étaient dirigés vers l'est ; moi j'allais vers l'ouest. Nous nous tournions le dos ; ils entraient dans la bataille, moi j'entrais dans le repos.

Ces inquiétudes qui me tourmentaient depuis plusieurs semaines, ces irrésolutions, ces luttes, m'avaient amené à ce résultat, de me séparer de mes hommes au moment du combat.

Ah ! pourquoi n'avais-je pas persisté dans ma démission lorsque j'avais voulu la donner à mon colonel Pourquoi étais-je revenu à Marseille ?

L'esprit est ingénieux à nous chercher des excuses, à inventer sans relâche de faciles justifications. Mais lorsque les circonstances qui nécessitent ces excuses sont passées, nous nous condamnons d'autant plus sévèrement que nous avons été plus indulgents pour nous innocenter.

Il ne s'agissait plus à cette heure de balancer une résolution et de m'arrêter à celle qui s'accommodait avec mes secrets désirs. Le moment des compromis hypocrites était passé, celui de la franchise était arrivé.

J'étais revenu à Marseille pour Clotilde, et c'était pour Clotilde, pour elle seule, que j'avais accepté le commandement qu'on m'avait donné.

Les services que je pouvais rendre, tromperie; la peur de perdre ma position, mensonge; la vérité, c'était la peur de compromettre mon amour et de perdre Clotilde.

Jusqu'où n'avais-je pas été entraîné par cette faiblesse d'un cœur lâche? Maintenant, Dieu merci, l'irréparable était accompli, et ma conscience était sauvée.

Mais mon amour? mais Clotilde?

L'impatience et l'angoisse me faisaient presser le pas de mon cheval. Malheureusement il était fatigué, et la distance était beaucoup trop grande pour qu'il me fût possible de la franchir en une journée. Je dus passer la nuit dans un petit village au delà de Brignoles, d'où je partis le lendemain matin au jour naissant.

Je franchis les douze lieues qui me séparaient de Cassis en quatre heures, et, après avoir mis à la *Croix-Blanche* mon pauvre cheval qui n'en pouvait plus, je courus chez le général Martory.

Comme mon cœur battait! C'était ma vie qui allait se décider.

Le général était sorti, mais Clotilde était à la maison. Je priai la vieille servante de la prévenir de mon arrivée.

Elle accourut aussitôt.

— Vous! dit-elle en me tendant la main.

Je l'attirai contre ma poitrine et longtemps je la tins embrassée, mes yeux perdus dans les siens, oubliant tout, perdu dans l'ivresse de l'heure présente.

Elle se dégagea doucement et, m'abandonnant sa main, que je gardai dans les miennes :

— Comment êtes-vous ici ? demanda-t-elle. Que se passe-t-il ? J'ai reçu la lettre par laquelle vous me disiez que vous partiez pour le Var.

— C'est du Var que j'arrive.

— Comme vous me dites cela !

— C'est que dans ces mots, bien simples par eux-mêmes, mon bonheur est renfermé.

— Votre bonheur !

— Mon amour, chère Clotilde.

Elle me regarda, et je me sentis faiblir.

— Je ne suis plus soldat, dis-je, et je viens vous demander ce que vous voulez faire de ma vie. Jusqu'à ce jour, des paroles décisives n'ont point été échangées entre nous, mais vous saviez, n'est-ce pas, que pour vous demander d'être ma femme, je n'attendais qu'une occasion propice.

— Et maintenant...

— Non, je ne viens pas maintenant vous adresser cette demande, car je n'ai rien et ne suis rien ; je viens vous dire seulement que je vous aime.

Elle ne me retira point sa main, et ses yeux restèrent posés sur les miens avec une expression de tristesse attendrie.

— Vous n'avez donc pas pensé à moi ? dit-elle.

— J'ai pensé que vous n'aimeriez pas un homme qui se serait déshonoré. La lutte a été terrible entre la peur de vous perdre et le devoir. Êtes-vous perdue pour moi ?

— Ne prononcez donc pas de pareilles paroles.

— Me permettez-vous de vous voir comme autrefois, de vous aimer comme autrefois, ou me condamnez-vous à ne revenir jamais dans cette maison ?

— Et pourquoi ne reviendriez-vous pas dans cette maison? Croyez-vous donc que c'était votre uniforme qui faisait mes sentiments?

— Chère Clotilde!

Un bruit de pas qui retentit dans le vestibule interrompit notre entretien : c'était le général qui rentrait pour déjeuner et faisait résonner les roulements de sa canne.

L'accent et le regard de Clotilde, bien plus que ses paroles, m'avaient rendu l'espérance, et avec elle la force. Mais ce n'était pas tout. Comment le général allait-il accepter mon récit?

Je le recommençai long et circonstancié, en insistant surtout sur ma démission que j'avais donnée au colonel, et que je n'avais reprise que pour empêcher le sang de couler; du moment que les fusillades que je réprouvais étaient ordonnées malgré moi, je devais me retirer.

Je suivais avec anxiété l'effet de ces explications. Le général resta assez longtemps sans répondre, et j'eus un moment de cruelle angoisse.

— J'avoue, dit-il enfin, que j'aurais mieux aimé votre démission quand votre colonel a voulu vous donner le commandement du détachement envoyé dans le Var, cela eût été plus net et plus crâne. On ne peut pas obliger un honnête homme à faire ce que ses opinions lui défendent. L'abandon de votre commandement devant l'ennemi me plaît moins : c'est presque une désertion. Je comprends ce qui l'a amenée, mais enfin c'est grave. En tout cas, il dépend de Solignac de lui donner le caractère qu'il voudra, et je me charge de lui écrire là-dessus.

— Ceci ne regarde pas M. de Solignac, il me semble.

— Je vous en prie, laissez-moi agir à mon gré. J'ai

mon idée. Et maintenant, que comptez-vous faire, mon cher comte?

— Je ne sais, et de l'avenir je n'ai pas souci pour le moment. Ce qui m'inquiète et me tourmente, c'est votre sentiment; vos opinions m'épouvantent, j'ai peur de vous avoir blessé.

— Blessé pour avoir obéi à vos convictions, allons donc. Touchez là, mon ami : vous êtes un homme de cœur. J'aime l'armée, mais si la Restauration ne m'avait pas mis à pied, je vous prie de croire que je lui aurais... fichu ma démission, et plus vite que ça. On fait ce qu'on croit devoir faire d'abord, le reste importe peu. Mais l'heure s'avance, allons *dijuner*. Offrez votre bras à ma fille... Bayard.

XXXVIII

J'aurais voulu rester à Cassis toute la journée, afin de trouver une occasion de reprendre avec Clotilde notre entretien au point où il avait été interrompu.

Car notre esprit est ainsi fait, le mien du moins, de vouloir toujours plus que ce qu'il a obtenu.

En accourant à Cassis, j'avais craint, mettant les choses au pire, que Clotilde ne voulût plus me voir.

En même temps, et d'un autre côté, j'avais espéré que s'il n'y avait pas rupture complète, il y aurait engagement formel de sa part.

Rien de cela ne s'était accompli, ni rupture, ni engagement; les craintes comme les espérances avaient été au delà de la réalité.

Le présent restait ce qu'avait été le passé; mais que serait l'avenir?

C'était ce point pour moi gros d'angoisses que je voulais éclairer, en obligeant Clotilde à une réponse précise, en la forçant à sortir de ses réponses vagues qui permettaient toutes les espérances et n'affirmaient rien.

Rendu exigeant par ce que j'avais déjà obtenu, c'était une affirmation que je voulais maintenant.

Le jour où j'aurais une position à lui offrir, voudrait-elle être ma femme; m'attendrait-elle jusque-là; ferait-elle ce crédit à mon amour? C'étaient là les questions que je voulais lui poser, et auxquelles je voulais qu'elle répondît franchement, sans détours, sans équivoque, par oui ou par non.

Le temps a marché depuis le moment où je regardais le mariage comme un malheur qui pouvait frapper mes amis, mais qui ne devait pas m'atteindre. C'est qu'alors que je raisonnais ainsi, je n'aimais point, j'étais insouciant de l'avenir, j'étais heureux du présent, j'avais mon père, j'avais ma position d'officier, tandis que maintenant j'aime, je n'ai plus mon père, je ne suis plus rien et Clotilde est tout pour moi.

Cependant, malgré mon désir de prolonger mon séjour à Cassis, cela ne fut pas possible.

— Vous savez que je ne veux pas vous renvoyer, me dit le général, lorsque nous nous levâmes de table, mais je vous engage à partir pour Marseille. Il vaut mieux voir tout de suite votre colonel que plus tard. La première impression est celle qui nous décide. Faites-lui votre récit avant que des rapports lui arrivent, et expliquez-lui vous-même votre affaire. Elle est bien assez grave comme cela sans la compliquer encore. Quant à Solignac, il est entendu que je m'en charge; je vais lui écrire tout de suite.

— Je voudrais que M. de Solignac ne parût pas dans tout ceci.

— Pas de susceptibilité, mon cher ami ; laissez-moi faire avec Solignac ce que je crois utile et ne vous en mêlez en rien. J'agis pour moi, par amitié pour vous et arrière de vous. Vous ne cherchez pas un éclat, n'est-ce pas ? vous ne voulez pas que l'univers entier sache que vous avez quitté votre régiment parce que votre conscience vous défendait d'exécuter les ordres du ministre ?

— Assurément non ; je ne suis pas glorieux de ma résolution ; je suis désolé d'avoir été obligé de la prendre.

— Alors, laissez-moi agir comme je l'entends. Adieu, et revenez-nous aussitôt que possible.

— Au revoir, dit Clotilde en me serrant doucement la main.

Quand le colonel me vit entrer dans son cabinet, il me regarda avec stupéfaction.

— Vous, capitaine ! s'écria-t-il, qu'est-il arrivé à votre escadron ?

— Rien.

— Vous êtes blessé ?

— Nous n'avons pas eu d'engagement.

— Mais alors, parlez donc.

— C'est ce que je désire, et je vous demande cinq minutes.

Je lui racontai ce qui s'était passé depuis notre départ de Marseille jusqu'à l'exécution du bûcheron.

— Et vous avez abandonné votre commandement ; vous avez laissé mes hommes sous les ordres de Mazurier !

— Que pouvais-je faire ?

— Rester à votre poste et accomplir la mission que je vous avais confiée.

— Cette mission, telle que vous me l'avez expliquée, était une mission de paix, non d'assassinat.

— Vous avez déserté votre poste.

— C'est vrai, colonel, et je ne me défends pas contre cette accusation qui n'est par malheur que trop juste. Celle que je repousse, c'est de n'avoir pas accompli la mission que vous aviez cru devoir me confier.

— Si vous ne pouviez pas la mener à bonne fin, il ne fallait pas l'accepter, monsieur.

— Voulez-vous vous rappeler que j'ai voulu vous donner ma démission?

— Et vous ne l'avez pas donnée.

— Ce reproche aussi est juste et vous ne condamnerez jamais ma faiblesse aussi sévèrement que je l'ai condamnée moi-même. Mais vous savez comment j'ai été entraîné. Je ne voulais pas accepter ce commandement qui m'obligeait à combattre des gens que j'approuvais. Vous m'avez représenté que ce que vous attendiez de moi, ce n'était pas d'engager la lutte, mais de l'empêcher. Cette considération m'a décidé. Elle a été l'excuse que j'ai pu faire concorder avec mes désirs, car ce n'était pas de gaieté de cœur, je vous le jure, que je voulais donner ma démission. Ce n'était pas par dégoût de la vie militaire que je voulais la quitter. Bien des liens me retenaient solides et résistants, plus résistants même que vous ne pouvez l'imaginer.

— J'ai toujours cru que vous aimiez votre métier.

— Et en ces derniers temps, j'y tenais plus que jamais. Si je m'étais décidé à y renoncer, c'était après une lutte douloureuse. Vos instances et les considérations dont vous les appuyiez ont fait violence à ma résolution. Vous m'avez montré ce qu'il y avait de bon dans cette mission, et j'ai cessé de voir ce qu'il y avait de mauvais. N'attendant qu'une occasion pour revenir sur une résolution qui me désespérait, j'ai saisi celle que vous me présentiez. Là est mon tort, colonel, ma faiblesse et ma lâcheté.

— Voulez-vous dire que je vous ai conseillé une lâcheté, monsieur ?

— Non, colonel, car vous ne saviez pas ce qui se passait en moi et vous agissiez en vue du bien général, tandis que moi j'ai agi en vue de mon propre intérêt, misérablement, avec égoïsme. Et j'en ai été puni comme je le méritais. Si j'avais persisté dans ma démission comme je le devais, nous ne serions point dans la fâcheuse position où nous nous trouvons tous par ma faute, vous, colonel, le régiment et moi-même.

Le colonel resta pendant assez longtemps sans répondre, arpentant son cabinet en long et en large à grands pas, les bras croisés, les sourcils crispés. Enfin il s'arrêta devant moi.

— Voyons, dit-il, êtes-vous homme à faire tout ce que vous pouvez pour que nous sortions au mieux, le régiment et moi, de cette position fâcheuse ?

— Tout, colonel, excepté cependant de reprendre ma démission.

— Je ne vous demande pas cela ; je vous demande seulement d'attendre quelques jours pour la donner ; pendant ces quelques jours, vous garderez votre chambre, et vous recevrez tous les matins la visite du major.

Je fis au colonel la promesse qu'il me demandait et je rentrai chez moi.

Le dessein du colonel était simple : il voulait me faire sortir du régiment sans scandale ; l'abandon de mon commandement, qui avait eu lieu sans bruit, serait facilement explicable par la maladie, et la maladie serait aussi la raison qui motiverait ma démission. Par ce moyen il se mettait à l'abri de tous reproches et l'on ne pouvait pas l'accuser d'avoir confié un commandement à un officier mal pensant : le régiment aurait fait son devoir; s'il y avait distribution de récompenses, il aurait droit à en réclamer sa part.

Il est vrai que cette combinaison me faisait jouer un singulier rôle ; mais je n'avais pas à me plaindre, puisque j'étais le coupable. Si je n'avais pas eu la faiblesse d'accepter le commandement qu'on me donnait, rien de tout cela ne serait arrivé : le bûcheron eût été fusillé par l'ordre de Mazurier, au lieu de l'être par le gendarme, voilà tout.

Quant à moi, je me serais épargné les hésitations et les hontes de ces quelques jours.

Je passai le temps de ma maladie en proie à des réflexions qui n'étaient pas faites pour égayer mon emprisonnement, car je n'en avais pas fini avec le tourment et l'incertitude.

Si j'avais tranché la question de la démission, il m'en restait deux autres qui me pesaient sur le cœur d'un poids lourd et pénible : c'étaient celles qui touchaient à Clotilde et à ma position ; et là l'incertitude et l'angoisse me reprenaient.

Clotilde pouvait-elle devenir la femme d'un homme qui n'était rien et qui n'avait rien ? C'était folie de l'espérer, folie d'en avoir l'idée.

Si j'avais hésité à parler de mon amour au général, alors que je n'étais que capitaine, pouvais-je le faire maintenant que je n'étais rien ?

Quel père donnerait sa fille à un homme qui n'avait pas de position, qui n'avait pas un métier ?

Car telle était la triste vérité : je n'avais même pas aux mains un outil pouvant me faire gagner cent sous par jour.

A quoi est bon dans la société un homme que son éducation et sa naissance rendent exigeant et qui pendant dix ans n'a appris qu'à commander d'une voix claire : « Arme sur l'épaule, guide à droite; » et autres manœuvres fort utiles à la tête d'un régiment, mais tout à fait superflues lorsqu'au lieu d'un poulet d'Inde on a une chaise entre les jambes?

Cette question de position était donc la première à examiner et à résoudre ; après viendrait la question du mariage, si jamais elle pouvait venir.

Jusqu'à ce moment je devais donc me contenter de ce que Clotilde m'accordait et avoir la sagesse de me tenir dans le vague où elle avait la prudence de vouloir rester. C'était déjà beaucoup d'avoir le présent, et, dans mon abandon et ma tristesse, de pouvoir m'appuyer sur son amour.

J'examinai donc cette question de la position sous toutes ses faces, et, après l'avoir bien tournée, retournée, je m'arrêtai à la seule idée qui me parut praticable : c'était de demander une place dans les bureaux des frères Bédarrides.

Aussitôt que l'affaire de ma démission fut terminée, — et elle le fut conformément aux désirs du colonel, — j'allai frapper à la porte du bureau de MM. Bédarrides.

On me croyait toujours à Paris, on fut surpris de me voir, mais on le fut bien plus encore quand j'eus expliqué l'objet de ma visite.

— Votre démission! s'écrièrent les deux frères en levant les bras au ciel, vous avez donné votre démission?

Et ils me regardèrent avec étonnement comme si l'homme qui donne sa démission était une curiosité ou un monstre.

— Le fait est, dit l'aîné après un moment de réflexion, qu'on ne peut pas fusiller les gens dont on partage les opinions.

Mais le premier moment de surprise passé, ils examinèrent ma demande avec toute la bienveillance que j'étais certain de rencontrer en eux.

La seule difficulté était de savoir à quoi l'on pouvait m'employer, car, après m'avoir fait quelques questions sur les usages du commerce et la navigation, ils s'étaient bien vite convaincus que j'étais, sur ces sujets, d'une ignorance honteuse.

— S'il ne s'agissait que d'une place ordinaire, disaient-ils, rien ne serait plus facile ; mais nous ne pouvons pas avoir chez nous comme simple commis à 1,800 francs le fils de notre meilleur ami.

— Je me contenterai très-bien de 1,800 francs pour commencer.

— Oui, mais nous ne pouvons pas nous contenter de cela. Voyons, Barthélemy, donne-moi une idée ?

— Je te fais la même demande, Honoré.

J'étais vraiment touché de voir ces deux braves gens s'ingéniant à me venir en aide. Mais ils avaient beau chercher, ils ne trouvaient pas.

Ils m'avaient interrogé sur ce que je savais, et mon fonds était, hélas ! celui de tout le monde ; tout à coup, dans la conversation, je dis que j'écrivais et parlais l'espagnol comme le français.

— Et vous ne le disiez pas ! s'écrièrent-ils ; nous sommes sauvés ; nous avons des affaires considérables avec l'Amérique espagnole ; vous ferez la correspondance.

Me voilà donc chez les frères Bédarrides chargé de la correspondance avec le Chili, le Pérou, l'Équateur et le Mexique.

XXXIX

L'affaire de ma démission, compliquée des scrupules prudents de mon colonel, m'avait amené à entretenir une correspondance active avec le général Martory ; tous les matins, pendant ma maladie officielle, je lui avais écrit, et plus d'une fois, dans le cours de la journée, je lui avais envoyé une seconde lettre.

Mais en sa qualité de vieux militaire qui méprise le papier blanc et considère le travail de la correspondance comme une annexe du ménage, — le balayage ou le lavage de la vaisselle, — il avait chargé Clotilde de me répondre.

Par ce moyen, nous avions trouvé l'occasion d'échanger bien des pensées qui n'avaient aucun rapport avec ma démission, mais qui nous touchaient personnellement, nous et notre amour.

J'avais été assez gauche dans cette conversation par à peu près ; Clotilde, au contraire, y avait révélé d'admirables qualités ; elle avait un tour merveilleux pour effleurer les choses et en donner la sensation sans les exprimer directement ; ses lettres étaient des chefs-d'œuvre d'insinuation et d'allusion qui, pour un étranger, eussent été absolument incompréhensibles et qui, pour moi, étaient délicieuses ; chaque mot était une promesse, chaque sous-entendu une caresse.

Aussitôt qu'il fut convenu que j'entrerais dans la maison Bédarrides, je lui écrivis cette bonne nouvelle, car elle était alors à Toulon avec son père, et, à ma lettre, elle fit une réponse qui me remplit d'espérance.

Bien que, dans ma lettre, je n'eusse pas touché la véritable raison qui m'avait fait rester à Marseille, elle insistait surtout dans sa réponse sur cette raison, se montrant heureuse pour son père et pour elle d'une détermination qui assurait la continuité de nos relations. Et là-dessus elle rappelait ce qu'avaient été ces relations depuis cinq mois, marquant d'un trait précis ce qui pour nous deux était des souvenirs d'amour.

Ce fut donc sans trop de souci et sans trop de tristesse que je commençai cette vie nouvelle si différente de celle pour laquelle je m'étais préparé.

Sans doute ma carrière militaire était finie pour jamais; aucun des châteaux en Espagne que j'avais bâtis autrefois dans mes heures de rêverie ambitieuse ne prendrait un corps; mes habitudes, mes amitiés étaient brisées, et cela était dur et cruel.

Mais enfin, dans ce désastre qui s'était abattu sur moi, je n'étais pas englouti : une espérance me restait pour me guider et me donner la force de lutter ; si j'avais le courage persévérant, si je ne m'abandonnais pas, un jour peut-être j'approcherais du port et je pourrais saisir la main qui se tendait vers moi ; la distance était longue, les fatigues seraient grandes ; qu'importe, je n'étais pas perdu dans la nuit noire sur la mer immense ; j'avais devant les yeux une étoile radieuse, Clotilde.

Aussi, quand madame Bédarrides revint sur certaines propositions dont elle m'avait déjà touché quelques mots à mon arrivée à Marseille, me fut-il impossible d'y répondre dans le sens qu'elle désirait.

Les Bédarrides, les deux frères, la femme de l'aîné et Marius se montraient tous d'une bonté exquise pour moi, et il n'était sorte d'attentions et de prévenances qu'ils ne me témoignassent. Avec une délicatesse de cœur que n'ont pas toujours les gens d'argent, ils s'ingéniaient à me servir, et à la lettre ils me traitaient comme si j'avais été leur fils.

— Nous aurions tant voulu faire quelque chose pour votre père, disaient-ils ; c'est à lui que nous devons d'être ce que nous sommes, et nous aimons à payer nos dettes.

— Capital et intérêts.

— Et intérêts des intérêts.

Le dimanche qui avait suivi mon entrée dans les bureaux, j'avais été invité à venir passer la journée à la villa, et si peu disposé que je fusse à paraître dans le monde, je n'avais pu refuser.

Comme tous les dimanches, il y avait grand dîner, et à table on me plaça à côté d'une jeune fille de quatorze à quinze ans, que Marius me dit être sa cousine, c'est-à-dire la nièce de MM. Bédarrides. Je ne fis pas grande attention à cette jeune fille, que je traitai comme une pensionnaire, ce qu'elle était d'ailleurs, étant sortie de son couvent à l'occasion des fêtes de Noël.

Lorsqu'on fut sorti de table, madame Bédarrides m'appela dans un petit salon, où nous nous trouvâmes seuls.

— Que pensez-vous de votre voisine? me dit-elle.

— La grosse dame que j'avais à ma droite, ou la jeune fille qui était à gauche?

— La petite fille.

— Elle est charmante et je crois qu'elle sera très-jolie dans deux ou trois ans.

— N'est-ce pas? vous savez qu'elle est notre nièce ; elle sera l'héritière de mon beau-frère, avec Marius et ma fille ; et une héritière qui méritera attention.

J'avais abordé cet entretien sans aucune défiance ; mais ce mot m'éclaira et me montra le but où madame Bédarrides voulait me conduire : c'était la reprise de nos conversations d'autrefois.

— Je crois qu'il faudra se sentir appuyé par quelques millions pour la demander en mariage.

— Et pourquoi cela ? Il ne faut pas croire que dans notre famille nous sommes sensibles aux seuls avantages de la fortune; il en est d'autres que nous savons reconnaître et estimer. Ainsi, je ne vois pas pourquoi elle ne deviendrait pas votre femme.

— Moi, madame ?

— Pourquoi cet étonnement ? C'est un projet que je caresse depuis longtemps de vous marier. Je vous en ai parlé lors de votre arrivée à Marseille, et si je ne vous ai point fait connaître Berthe à ce moment, c'est qu'elle était à son couvent, et qu'il n'y avait point urgence à la faire venir. Vous avez alors repoussé mon projet. Je le reprends aujourd'hui.

— Mais aujourd'hui les temps ne sont plus ce qu'ils étaient alors.

— Sans doute; vous étiez officier et vous ne l'êtes plus; vous aviez un bel avenir devant vous que vous n'avez plus. Mais ce n'était pas à votre grade de capitaine que notre sympathie et notre amitié étaient attachées ; c'était à votre personne. Vous êtes toujours le jeune homme que nous aimions et ce que vous avez fait a redoublé notre estime pour vous. Vous voici maintenant dans notre maison.

— Simple commis.

— Mon mari et mon beau-frère ont été plus petits commis que vous, et ce n'est pas nous qui pouvons avoir des préjugés contre les commis; d'ailleurs, quand on est comte, quand on est chevalier de la Légion d'honneur, quand on a votre éducation, on n'est pas un commis ordinaire. Et puis il n'est pas dit que l'emploi qu'on a dû vous donner dans notre maison restera toujours le vôtre. Qui sait, vous pouvez prendre goût au commerce et arriver très-facilement à avoir un intérêt dans notre maison ?

— Ce n'est pas le goût qui me manquerait.

— Je vous entends ; mais il ne faut pas vous faire un fantôme des difficultés d'argent ; on sort toujours des difficultés de ce genre et l'on trouve toujours de l'argent ; c'est même ce qui se trouve le plus facilement. Au reste, je ne vois pas que vous en ayez besoin dans mon projet et c'est là ce qui le rend excellent. Mon mari et mon beau-frère commencent à être fatigués des affaires ; ils seraient heureux de pouvoir se retirer dans quatre ou cinq ans. Alors la maison de commerce reviendra à Marius ; mais elle est bien lourde pour un homme seul, et nous verrions avec plaisir Marius prendre un associé. Si cet associé était le mari de sa cousine, apportant pour sa part la dot que mon beau-frère donnera à sa nièce, les choses s'arrangeraient merveilleusement. N'est-ce point votre avis ?

J'étais vivement touché de cette proposition, car ce n'était plus un projet de mariage en l'air comme tant de gens s'amusent à en faire dans le monde pour le plaisir de bâtir des romans avec un dénoûment réel. C'était un projet sérieux qui avait un tout autre but que d'arriver à la conclusion des comédies du Gymnase : « Le mariage de Léon et de Léonie. » Il ne s'agissait plus d'une jeune fille à laquelle on cherchait un mari ; il s'agissait de mon avenir, de ma position et de ma fortune.

A une pareille ouverture faite avec tant de bienveillance, il n'était pas possible de répondre par une défaite polie ou par des paroles vagues, il fallait la franchise et la sincérité.

— Soyez persuadée, dis-je, que vous ne vous adressez pas à un ingrat et que jamais je n'oublierai le témoignage d'amitié que vous venez de me donner. Vous avez eu pour moi la générosité d'une mère.

— Je voudrais en être une pour vous, mon cher enfant, et c'est ce sentiment maternel qui m'a inspiré mon idée.

— C'est ce sentiment maternel qui me pénètre de gratitude, et c'est lui qui me désole si profondément en ce moment.

— Je vous désole ? et pourquoi donc ?

— Parce que je ne puis accepter.

— Ma nièce ne vous plaît point ? dit-elle, avec un accent fâché.

— Croyez bien qu'il ne s'agit point de votre nièce, qui est charmante, ni de votre famille à laquelle je serais heureux d'être uni par des liens plus étroits que ceux de l'amitié et de la reconnaissance ; mais je ne suis pas libre.

— Vous aimez quelqu'un ?

— Oui, une jeune fille qui, j'espère, sera ma femme un jour.

Madame Bédarrides baissa les yeux et pendant quelques minutes elle garda le silence ; elle était blessée de ma réponse et évidemment elle s'efforçait de ne pas laisser paraître ce qui se passait en elle. Pour moi, embarrassé, je ne trouvais rien à dire. A la fin elle se leva et je la suivis pour rentrer dans le salon ; mais près de la porte elle s'arrêta :

— C'est quelqu'un de Marseille? dit-elle.

— Permettez-moi de ne pas répondre à cette question, seulement je vous promets que le jour où mon mariage sera décidé, vous serez la première personne à qui j'en parlerai.

— Je n'ai aucune curiosité, croyez-le.

— Arrivez donc, dit M. Bédarrides aîné, lorsque nous entrâmes dans le grand salon où tout le monde était réuni, j'allais aller vous déranger.

Puis s'adressant à sa femme :

— Voici M. Genson qui vient nous faire ses adieux avant d'aller occuper sa préfecture : il a reçu sa nomination il y a deux heures.

— Ah ! vraiment, dit madame Bédarrides avec une surprise qu'elle ne sut pas cacher.

A sa place j'aurais peut-être été moins maître de moi qu'elle ne l'avait été elle-même, car ce M. Genson qui venait de recevoir sa nomination de préfet, était cet ancien magistrat avec lequel j'avais voyagé à mon retour de Paris et qui voulait qu'on fît autour de Louis-Napoléon « la grève des honnêtes gens. » Comme il avait prêché « sa grève » dans tous les salons de Marseille, pendant les deux ou trois jours qui avaient suivi le coup d'État, on avait le droit d'être étonné de cette nomination.

— Votre surprise, dit-il à madame Bédarrides, ne sera jamais plus grande que n'a été la mienne, lorsque j'ai appris ma nomination de préfet, et mon premier mouvement a été de refuser. Mais il ne faut pas se montrer plus sévère pour le prince que ne l'a été le pays, et puisque la France vient de l'acclamer par sept millions de votants, je ne pouvais pas avoir l'outrecuidance de me croire plus sage tout seul que ces sept millions d'électeurs. D'ailleurs, il est bon que ceux qui ont la pratique des affaires apportent leur concours à ce nouveau gouvernement qui n'a pas la tradition ; il faut qu'on fasse autour de lui ce que j'appellerai « le rempart des honnêtes gens » pour le maintenir dans la bonne voie.

Puis, après ce petit discours débité sérieusement avec une voix que la conviction rendait vibrante, « ce rempart des honnêtes gens » fit le tour du salon pour recevoir les félicitations dues à son abnégation.

Je m'étais retiré dans la salle de billard pour échapper à l'étreinte de sa poignée de main, mais il vint m'y rejoindre.

— Je vois que, vous aussi, vous êtes étonné, dit-il, et de votre part, je le comprends mieux que de tout autre, car vous avez donné votre démission. Aussi je veux vous expliquer le véritable motif de mon acceptation : c'est pour ma femme que l'ambition politique dévore ; car, pour moi, je n'ai pas changé dans mes idées ; le droit est le droit ; s'il en était autrement, ce serait à quitter la société. Mais les femmes, les femmes ! Ah ! jeune homme, n'apprenez jamais à connaître les sacrifices qu'elles imposent à notre conscience.

XL

Le séjour de Clotilde et de son père à Toulon se prolongea pendant plusieurs semaines. Enfin je reçus une lettre qui m'apprenait leur retour à Cassis et m'invitait à venir passer une journée avec eux.

J'aurais voulu partir aussitôt, mais je n'avais plus ma liberté d'autrefois, mes journées étaient prises à mon bureau depuis huit heures du matin jusqu'à sept heures du soir, et je ne pouvais plus disposer que de mes seuls dimanches.

Je dus donc attendre le dimanche qui suivit la réception de cette lettre ou plutôt le samedi, car la voiture pour Cassis, partant de Marseille le soir, à quatre heures, je ne pus me mettre en route que le samedi soir après mon bureau. Avec ma liberté, j'avais aussi perdu mon cheval et c'était quatre lieues à faire à pied. Mais il n'y avait pas là de quoi m'effrayer et je franchis gaiement cette distance ; la marche est bonne pour les rêveurs et les amoureux ; en occupant le corps, elle active la fantaisie de l'esprit qui s'échauffe et s'emporte. Le temps d'ailleurs m'était propice : la nuit était douce et la lune, dans son premier croissant, éclairait de sa pâle lumière un ciel bleu criblé d'étoiles, le silence mystérieux de la montagne déserte n'était troublé que par le bruit de la mer qui m'arrivait faiblement suivant les caprices du chemin.

J'allai frapper à la porte de la *Croix-Blanche*, et, après une station assez longue, la servante, endormie comme à l'ordinaire, vint m'ouvrir. Je ne me rappelle pas avoir passé une meilleure nuit : mon sommeil fut un long rêve dans lequel Clotilde, me tenant par la main, me promena dans une délicieuse féerie.

Le lendemain matin, j'eus peine à attendre le moment du déjeuner ; mais, rendu prudent par l'espoir même de mon amour, je m'imposai le devoir de ne pas faire d'imprudence et de n'arriver chez le général qu'à une heure convenable. C'était un sacrifice que je faisais à Clotilde ; elle me saurait gré de lui laisser toute sa liberté et trouverait bien moyen de me récompenser de cette attente irritante.

Enfin l'heure sonna et au deuxième coup je tirai la sonnette du général.

Mais en entrant dans le salon je m'arrêtai frappé au cœur ; assis près du général mais tourné vers Clotilde, à laquelle il s'adressait, se tenait M. de Solignac.

Comme je restais immobile, le général me tendit la main.

— Arrivez donc, cher ami, on vous attend avec impatience, d'abord pour vous serrer la main et puis ensuite pour deux mots d'explication qui me paraissent inutiles, mais qu'on croit nécessaires.

— Cette explication, dit M. de Solignac en s'avançant de deux pas, c'est moi qui tiens à vous la donner : Si, dans notre rencontre, j'ai montré envers vous trop de vivacité, trop d'exigences, je vous en témoigne mes vifs regrets. Nous étions dans des circonstances où les paroles vont souvent au delà de la volonté. Chacun de notre côté nous obéissions à notre devoir, là est notre excuse.

Pendant que M. de Solignac m'adressait ce petit discours auquel j'étais loin de m'attendre, Clotilde tenait ses yeux fixés sur les miens, et l'expression de son regard n'était pas douteuse, je devais tendre la main à M. de Solignac, elle le voulait, elle le demandait.

— Les opinions ne doivent pas diviser les honnêtes gens, dit le général, il n'y a que l'honneur; mais l'honneur n'a rien à voir dans cette affaire, où vous avez fait, l'un et l'autre, ce que vous deviez.

Le regard de Clotilde devint plus pressant, suppliant, et littéralement avec ses yeux elle prit ma main pour la mettre dans celle que M. de Solignac me tendait. Mais le contact de cette main rompit ce charme irrésistible, tout mon être se révolta dans une horripilation nerveuse, comme à un attouchement immonde.

Après avoir salué le général, je revins à Clotilde et m'inclinai vers elle.

— Que m'avez-vous fait faire? dis-je à voix basse.

— Je vous adore, me dit-elle en me soufflant ces trois mots qui me brûlèrent.

Toute ma journée fut employée à chercher l'occasion de me trouver seul un moment avec Clotilde ; mais, bien qu'elle parût se prêter à mon désir, il nous fut impossible de rencontrer ce tête-à-tête.

Rien de ce que nous préparions ne se réalisa selon nos arrangements, et, jusqu'au soir, M. de Solignac vint toujours se mettre entre nous.

Humilié de ma lâcheté du matin, j'étais irrité par cette continuelle surveillance au point d'en perdre toute prudence : heureusement Clotilde veillait sur ma colère, et d'un regard ou d'un mot me rappelait à la raison.

Le soir s'approchait, et j'allais être obligé de repartir sans avoir pu lui parler, lorsque franchement et devant tout le monde elle m'appela près d'elle.

— Messieurs, n'écoutez pas, dit-elle à M. de Solignac, à l'abbé Peyreuc et à son père, j'ai deux mots à dire à M. de Saint-Nérée ; c'est un secret que vous ne devez pas connaître.

— Un secret de petite fille, dit l'abbé en plaisantant.

— Non, un secret de grande fille.

Et, m'attirant dans un angle du salon :

— Il faut que je vous parle, dit-elle à voix basse ; ici c'est impossible. Tâchez de prendre un visage souriant en écoutant ce que je vais vous dire. Trouvez-vous après-demain matin au cabanon ; arrivez la nuit par les bois, et faites en sorte de n'être pas aperçu. Vous vous cacherez dans le hangar en m'attendant. Si à neuf heures je ne suis pas arrivée, c'est qu'il me sera impossible de venir. Apportez toutes mes lettres.

— Eh bien ! dit l'abbé Peyreuc, la confession est longue.

— Elle est finie, dit Clotilde en souriant ; mais puisque vous êtes curieux, monsieur l'abbé, je peux vous la répéter si vous voulez; il n'y a de secret que pour mon père et M. de Solignac.

— Y pensez-vous, chère enfant, répéter une confession ?

Ces quelques mots me permirent de me remettre et de prendre une contenance.

Je revins à Marseille profondément troublé, partagé entre l'angoisse et le bonheur. Me parler dans ce cabanon ; pourquoi ce mystère et ces précautions ? Pourquoi m'avoir demandé d'apporter ses lettres ?

Je partis de Marseille dans la nuit du lundi au mardi de manière à arriver à Cassis de bonne heure, car pour gagner le cabanon du général bâti à la limite des grands bois qui s'étendent jusqu'au cap de l'Aigle, je devais traverser le village.

J'arrivai au cabanon avant six heures du matin et, comme la lune était couchée depuis plus d'une heure, je ne fis pas de rencontre dangereuse ; quelques chiens, éveillés par le bruit de mes pas sur les cailloux roulants, me saluèrent, il est vrai, de leurs aboiements qui allaient se répétant et se répondant dans le lointain, mais ce fut tout. Assis dans le hangar, sur une botte de roseaux, j'attendis.

A huit heures et demie, j'entendis le bruit d'une barrière grinçant sur ses gonds rouillés. C'était Clotilde. Elle vint droit au hangar.

Avant qu'elle eût pu dire un mot, elle fut dans mes bras, et longtemps je la tins serrée, embrassée, sans échanger une parole ; nos cœurs, nos regards se parlaient.

Elle se dégagea enfin ; puis, reculant de quelques pas et me regardant longuement :

— Pauvre ami ! pauvre ami ! dit-elle tristement d'une voix navrée.

Je fus épouvanté de son accent et j'eus la sensation brutale d'un coup mortel.

— Oui, dit-elle, vous avez raison de vous effrayer, car ce que j'ai à vous apprendre est terrible.

— Parlez, parlez, chère Clotilde, cette angoisse est affreuse.

— C'est pour parler que je vous ai fait venir ici ; mais avant de vous porter de ma propre main le coup douloureux qui va vous atteindre, il est d'autres paroles que je veux dire et que d'abord vous devez entendre. Celles-là ne vous seront pas cruelles.

En prononçant ces derniers mots son regard désolé s'attendrit.

— Plus d'une fois, dit-elle en continuant, vous m'avez parlé de votre amour et jamais je ne vous ai répondu d'une façon précise. Si j'ai agi ainsi ce n'était point par prudence ou par duplicité ; ce n'était pas non plus parce que je restais insensible à votre amour. Non. Mais je voulais que mon aveu, je voulais que le mot « je vous aime » ne sortît point des lèvres de la jeune fille, mais fût dit par la femme à son mari.

— Chère Clotilde, cher ange !

— Ce n'est pas ange qu'il faut dire, c'est démon, ou, plus justement, c'est malheureuse, car cet aveu qui m'échappe maintenant dans cette heure solennelle, c'est la jeune fille qui le fait, ce n'est pas la femme.

— Clotilde, mon Dieu !

— Oui, tremblez, désolez-vous ! Vos craintes, par malheur, resteront toujours au-dessous de l'épouvantable vérité ; votre femme, je ne pourrai l'être jamais, car je vais devenir celle d'un autre.

Elle se détourna vers le mur et cacha sa tête entre ses mains. Pour moi, immobile devant elle, je restai partagé entre la douleur la plus atroce que j'aie ressentie jamais et la douleur folle.

Après un certain temps, elle reprit :

— Comme votre regard me menace ! Ah ! tuez-moi si vous voulez ; la mort de votre main me sera moins douloureuse que la vie que je dois accepter.

Je baissai les yeux.

— Il y a quelque temps, vous avez pris une résolution qui vous a été terriblement douloureuse. Et cependant vous n'avez pas hésité, et vous vous êtes sacrifié à votre devoir. Aujourd'hui, c'est à mon tour de souffrir et de me sacrifier au mien. J'épouse M. de Solignac.

A ce nom la fureur m'emporta et je m'élançai sur elle ; mais elle ne recula point et ses yeux restèrent fixés sur les miens ; mais mains levées pour l'étouffer s'abaissèrent ; je retombai anéanti contre les roseaux.

— Maintenant, dit-elle, il faut que vous m'écoutiez, non pour que je me justifie, mais pour que vous compreniez comment ce malheur, comment ce crime est possible. Mon père n'est pas riche, vous le savez, et même ses affaires sont fort embarrassées ; en ces derniers temps, on lui avait fait espérer que si les projets du prince réussissaient il serait nommé sénateur. Le sénat c'était pour lui la fortune et pour moi c'était l'indépendance ; j'étais libre de devenir la femme de celui que j'aime ; mais cette espérance ne se réalise pas : mon père ne sera pas sénateur, et M. de Solignac l'est ou plutôt il le sera dans quelques jours. Comment ce changement s'est-il fait, je n'en sais rien, et qu'il y ait là-dessous quelque machination infâme, c'est possible. Je ne suis sensible qu'au seul malheur de devenir la femme d'un homme que je n'aime pas, et que je ne peux pas aimer, car j'en aime un autre.

— Mais ce malheur est impossible, vous ne pouvez pas accepter cet homme.

— Je ne le peux pas, cela est vrai, mais je le dois. Puis-je laisser mon père dans la misère? puis-je lui demander d'attendre que vous vous soyez refait une position? Vous savez bien qu'à son âge on n'attend pas. Et puis, combien faudrait-il attendre! Oui, moi, je le pourrais, car j'aurais le cœur rempli par votre amour, mais mon père! pensez à ce que serait sa vieillesse dans les tracas d'affaires besogneuses. M'est-il permis de lui imposer ces chagrins pour la satisfaction de mon amour? C'est à moi de me sacrifier et je me sacrifie, mais je ne le fais pas sans crier, et sans me plaindre, et voilà pourquoi j'ai voulu vous voir ici; c'est pour vous dire maintenant que je suis encore libre, le mot que je ne pourrai pas prononcer demain : Guillaume, je vous aime.

Comment se trouva-t-elle dans mes bras, je n'en sais rien; mais nos baisers se confondirent, nos cœurs s'unirent dans une même étreinte et ses caresses se mêlèrent à mes caresses.

Éperdus, enivrés par la joie, exaltés par la douleur, nous n'étions plus maîtres de nous.

Une lueur de raison me traversa l'esprit; je la repoussai doucement. Je l'aimais trop pour pouvoir résister à mon amour; et, d'un autre côté, je l'aimais trop aussi pour vouloir emporter de cette dernière entrevue un souvenir déshonoré.

— Laissez-moi, laissez-moi partir, lui dis-je; je ne peux pas te regarder, je ne peux pas t'entendre. Adieu.

— Non, Guillaume, pas adieu; pas ainsi.

Je la repris dans mes bras, et cette fois encore, nous restâmes longtemps embrassés. Mais, grâce au ciel, je pus m'arracher à cette étreinte, et, me bouchant les oreilles, fermant les yeux, je me sauvai en courant.

XLI

Ce que furent les journées qui suivirent ce rendez-vous d'amour, notre premier et notre dernier, je renonce à le dire.

Tantôt je voulais écrire à Clotilde pour lui demander un nouveau rendez-vous, sous le prétexte de lui rendre ses lettres que j'avais gardées. Et alors, profitant de son émotion et de son trouble, je ferais d'elle ma maîtresse. Au lieu de m'arracher à ses étreintes, je les provoquerais, et si elle me résistait, je saurais bien, par un moyen ou par un autre, la ruse ou la force, triompher de sa résistance. Une fois qu'elle se serait donnée à moi, elle n'épouserait pas ce Solignac, et si malgré cela elle persistait dans son dessein, j'aurais alors des droits à faire valoir.

Tantôt je voulais quitter la France, et je demandai même à M. Bédarrides aîné de m'envoyer au Pérou. Malgré mes prières, il ne voulut pas me laisser partir, et comme j'insistais, il me regarda un moment avec inquiétude, cherchant à lire sur mon visage si j'étais devenu fou.

Que ne l'étais-je réellement? On dit que les fous ne se souviennent pas et qu'ils vivent dans leur rêve. Peut-être ce rêve est-il douloureux, mais il me semble qu'il ne peut pas l'être autant que la réalité, alors que tout en nous, la raison, l'imagination, la mémoire, se réunit pour nous montrer notre malheur et nous le faire sentir.

Oublier, ne plus penser, suspendre le cours de la vie morale, c'était là ce que je voulais, ce que je cherchais. Les efforts mêmes que je faisais pour m'arracher à mon obsession, m'y ramenaient irrésistiblement.

Le travail de mon bureau, auquel je m'étais appliqué dans les premiers temps, quand j'espérais qu'il me rapprocherait un jour de Clotilde, n'était pas de nature, maintenant que je n'avais plus d'espérance d'aucune sorte, à retenir mon esprit captif. Je faisais ma besogne matérielle, parce que notre main nous obéit toujours ; mais ma tête n'avait pas, par malheur, la docilité de mes doigts, et les traductions que j'apportais aux frères Bédarrides étaient pleines d'erreurs grossières. Ils me reprenaient doucement, sans se fâcher ; ils s'inquiétaient de ce qui se passait en moi ; et dans leur bienveillante indulgence, ils trouvaient des raisons pour m'excuser : la mort de mon père, ma démission qui troublaient ma raison.

M. de Solignac était devenu un personnage dont les journaux s'occupaient ; un matin, en ouvrant le *Sémaphore*, pour y chercher un renseignement commercial, mes yeux furent attirés par son nom qui, au milieu des lettres noires, flamboya pour moi en caractères de feu. Je voulus ne pas lire, et vivement je repoussai le journal ; mais bientôt, je le repris : un entrefilet annonçait le mariage de M. de Solignac, sénateur, avec mademoiselle Clotilde Martory, fille du général Martory. « Ainsi, disait la note, vont se trouver réunies deux illustrations de l'Empire... » Je ne pus en lire davantage, car le journal tremblait dans mes mains comme une feuille secouée au bout d'une branche par une bourrasque.

Ce ne fut pas tout. Deux jours après, je reçus une lettre

crite par le général lui-même. En deux lignes, il me demandait de venir à Cassis le dimanche suivant, afin de dîner d'abord, puis ensuite « pour entendre une communication importante » qu'on avait à me faire.

Mon premier mouvement fut de me mettre à l'abri d'une lâcheté du cœur, et je répondis qu'il m'était, à mon grand regret, impossible d'accepter cette invitation.

Puis ce devoir envers moi-même accompli, j'eus un peu de tranquillité, au moins de tranquillité relative.

Mais le samedi soir je me sentis moins ferme dans ma résolution, et pendant toute la nuit je me dis que j'avais tort de ne pas vouloir écouter cette communication; sans doute, c'était un moyen trouvé par Clotilde pour me voir. Qui pouvait dire ce qui résulterait de cette entrevue? elle m'aimait, elle m'en avait fait l'aveu. Devais-je céder sans lutter jusqu'au bout?

Le dimanche matin, je me mis en route pour Cassis. Mais en arrivant au haut de la côte, à l'endroit où la vue embrasse tout le village dans son ensemble, un dernier effort de raison et de courage me retint. Je m'arrêtai, et pendant plus d'une heure je restai assis sur un quartier de roc.

Devant moi s'étalait le village ramassé au bord de la mer, et par-dessus le toit des maisons émergeait le grand platane que j'avais aperçu tout d'abord quand j'étais venu la première fois à Cassis. Comme ce temps était loin!

Une petite colonne de fumée blanche montait dans les branches dénudées du platane et me marquait la place précise de sa maison. Elle était là, et peut-être elle pensait à moi, peut-être m'attendait-elle.

Mais, qu'irais-je faire là? cet homme était près d'elle. Je ne pourrais lui parler. Et d'ailleurs, quand je le pourrais, que lui dirais-je? Que je l'aimais, que je souffrais. Et après? Si la pensée de cet amour et de ces souffrances ne l'avait pas arrêtée dans son projet, mes plaintes, mes cris et mes larmes ne la feraient pas maintenant revenir en arrière.

Peut-être n'y avait-il pas autant de sacrifice dans ce mariage qu'elle voulait bien le dire; sans doute, elle n'eût jamais épousé M. de Solignac, simple commandant, mais le sénateur! Et bien des propos contre lesquels je m'étais fâché me revinrent à la mémoire, bien des observations, bien des petits faits qui m'avaient blessé.

Je repris la route de Marseille; mais, honteux de ma faiblesse et ne voulant pas m'exposer à retomber dans une nouvelle, je lui renvoyai toutes ses lettres dans un volume que je remis à la voiture de Cassis. Ainsi, je n'aurais plus de prétexte pour vouloir la voir.

Le lendemain, en arrivant au comptoir, M. Barthélemy Bédarrides m'appela dans son bureau.

— Vous m'avez demandé à aller au Pérou il y a quelque temps, me dit-il, je n'ai point accepté cette proposition; aujourd'hui, voulez-vous aller à Barcelone? Nous avons là une affaire embrouillée qui a besoin d'être traitée de vive voix. Cela nous rendrait service, si vous vouliez vous en charger. En même temps, je crois que ce petit voyage vous serait salutaire; vous avez besoin de distraction, et cela se comprend, après les épreuves que vous venez de traverser.

Évidemment on s'était occupé de moi dans la famille Bédarrides pendant la journée du dimanche. Les deux frères s'étaient plaints de mes erreurs; madame Bédarrides avait parlé; Marius avait raconté ce qu'il savait, et l'on était arrivé à cette conclusion : qu'il fallait, pour me guérir, m'éloigner de Marseille. De là cette proposition de voyage, car on ne prend pas pour arranger une affaire embrouillée un négociateur tel que moi.

J'hésitai un moment, car, après avoir voulu partir, j'avais presque peur maintenant de m'éloigner ; mais enfin j'acceptai, et, trois heures après, je m'embarquais sur le vapeur qui partait pour Barcelone.

Je croyais n'être que quelques jours absent, une semaine au plus. Mais, à Barcelone, je reçus une lettre de M. Bédarrides qui m'envoyait à Alicante, d'Alicante on m'envoya à Carthagène, de Carthagène à Malaga, et de Malaga à Cadix. Quand je rentrai à Marseille, il y avait six semaines que j'en étais parti.

Malheureusement, le voyage n'avait pas produit l'effet que les frères Bédarrides espéraient ; il avait occupé mon temps, il n'avait pas distrait mon esprit. Pendant ces deux mois, je n'avais pas cessé une minute de penser à Clotilde et de la voir.

Le seul soulagement que j'y avais gagné avait été de ne pas savoir le moment précis de son mariage et de n'être pas ainsi tenté de courir à Cassis, pour la voir à l'église mettre sa main dans celle de ce Solignac.

Pour être juste, il faut dire que j'avais gagné autre chose encore : une résolution, celle de quitter Marseille et d'aller à Paris.

Quand je fis part de cette résolution aux frères Bédarrides, ils poussèrent les hauts cris.

— Quitter Marseille ! abandonner le commerce ! j'étais donc fou : ils étaient contents de moi ; je me formais admirablement aux affaires ; je pouvais leur rendre de grands services, ils doubleraient mes appointements à la fin de l'année.

Ni les reproches, ni les propositions ne purent m'ébranler, et je leur expliquai que les raisons qui m'avaient fait entrer dans le commerce n'existant plus, je ne pouvais pas y rester.

Si bienveillant qu'on soit, il vient un moment où l'on se fatigue de s'occuper des gens qui refusent obstinément tout ce qu'on leur propose. Ce fut ce qui arriva avec les frères Bédarrides : ils m'abandonnèrent à mon malheureux sort, désolés de mon entêtement et regrettant de n'avoir pas le droit de me faire soigner par un médecin aliéniste.

Avant de partir, je voulus faire une visite d'adieu à Cassis : Clotilde était à Paris avec M. de Solignac ; je ne serais pas exposé à la rencontrer et je verrais au moins son père : nous parlerions d'elle.

Au temps où je venais chaque semaine à Cassis, la maison du général était la plus coquette et la plus propre du pays : il y avait des fleurs à toutes les fenêtres, et les ferrures de la porte, frottées chaque matin, brillaient comme les cuivres d'un navire de guerre.

Je trouvai cette porte pleine de plaques de boue et les ferrures rouillées ; en tirant la chaîne de la sonnette, je me rougis les mains. Comme on ne me répondait point et que la porte était entrebâillée, j'entrai. Le vestibule, autrefois si brillant de propreté, était dans le même état de saleté que la porte : les dalles étaient boueuses, des souliers traînaient çà et là, et des vieux habits couverts d'une couche de poussière pelucheuse étaient accrochés contre les murailles.

J'avançai jusqu'au salon sans trouver personne ; arrivé là, j'entendis des éclats de voix dans le jardin et je vis le général, un fusil de munition à la main, faisant faire l'exercice à un grand paysan de dix-huit à dix-neuf ans.

— Au commandement : « Portez, arme ! » criait le général, vous saisissez vivement votre arme : une, deusse.

Et il fit résonner son fusil sous sa main vigoureuse comme le meilleur sergent instructeur. Mais à ce moment il m'aperçut, et venant vivement à moi, il me prit les deux mains.

— Comment c'est vous, dit-il, quel plaisir vous me faites; nous allons déjeuner ensemble, si toutefois il y a à manger, car maintenant ce n'est plus comme autrefois. J'ai remplacé ma vieille servante par ce garçon-là, à qui j'apprends l'exercice pour me distraire, et il n'est pas fort sur la cuisine; mais à la guerre comme à la guerre.

Nous nous mîmes à table.

— Cela réjouit le cœur, dit le général en me regardant, d'avoir une honnête figure devant soi; car maintenant je suis toujours seul, ce qui n'est pas gai. Garagnon ne vient plus, fâché qu'il est, je crois, par le mariage de Clotilde, et l'abbé a ses douleurs. Je suis seul, toujours seul. On devait m'emmener à Paris; mais le mariage fait, monsieur mon gendre a trouvé que je le gênerais moins à Cassis et on m'a abandonné; c'est un homme de volonté que monsieur mon gendre. Après tout, mieux vaut peut-être que je reste ici que de vivre avec ma fille; je lui serais un embarras : elle est déjà à la mode à Paris et un vieux bonhomme comme moi n'est pas amusant à traîner.

Tant que dura le déjeuner, il se plaignit ainsi : cette séparation l'avait accablé; la solitude surtout l'épouvantait.

Après le déjeuner, je lui proposai de faire sa sieste comme à l'ordinaire, pendant que je me promènerais dans le jardin, mais il secoua tristement la tête.

— C'était la musique qui m'endormait, dit-il; maintenant, je n'ai plus de musique puisque la musicienne est partie.

— Si je la remplaçais aujourd'hui?
Je me mis au piano et lui chantai :

Elle aime à rire, elle aime à boire.

Ma voix tremblait en commençant, mais je me roidis contre mes émotions.

Tout à coup j'entendis un gros soupir, et en me retournant je vis le général qui pleurait.

— Ah! dit-il en me tendant la main, c'était un gendre comme vous qu'il m'aurait fallu. Vous viendrez souvent, n'est-ce pas? Nous chanterons ensemble, nous jouerons aux échecs; je vous raconterai Austerlitz et la campagne d'Égypte et celle de Russie.

— Hélas! je pars ce soir pour Paris.

— Vous aussi, vous m'abandonnez? Allons, les vieux restent trop longtemps sur la terre.

Je le quittai le soir même, et le lendemain je partis pour Paris.

XLII

Me voici à Paris, à vingt-neuf ans, sans un sou de fortune et n'ayant pas de métier aux mains.

Que faire, non pour me créer une position ou pour me gagner une fortune, mais pour vivre honnêtement et librement?

On a souvent raillé l'officier qui va partout cherchant « l'Annuaire », et qui, rêvant haut dans le café où il s'est endormi, demande « l'Annuaire ». Jusqu'à un certain point la raillerie est fondée. Oui, l'officier vit continuellement avec la préoccupation et le souci de son avancement. En dehors de l'armée et de son régiment, il ne voit rien et ne s'intéresse à rien. Cela est ainsi, on doit en convenir, mais en même temps il faut dire qu'il ne peut pas en être autrement.

On demande au soldat de quitter son pays et sa famille, de vivre sans foyer, sans affections, sans relations sociales, sans aucun des mobiles qui poussent les hommes ou les soutiennent, et il se résigne à tous ces sacrifices. Mais comme il faut bien qu'on aime quelque chose en ce monde, comme il faut bien qu'on ait un but dans sa vie, on aime la carrière dans laquelle on est entré, et le but qu'on propose à son activité et à son intelligence, c'est l'avancement : lieutenant, on veut être capitaine; colonel, on veut être général ; c'est un devoir qu'on accomplit, un droit qu'on poursuit.

Voilà pourquoi l'officier qui sort de l'armée, dans un âge où il doit travailler encore, est un déclassé. Il en est de lui comme du prêtre qui sort du clergé. Il n'y a rien à faire ni pour l'un ni pour l'autre dans la société; le monde n'est pas organisé pour eux, pour leurs besoins, pour leurs habitudes, et ils vont se choquant à des mœurs, à des usages, à des idées qui ne sont pas les leurs. Partout gênés, ils sont partout gênants; ils encombrent la vie sociale, et sans pitié on les pousse, on les coudoie, on les meurtrit, ils tournent sur eux-mêmes, et comme ils n'ont point de but vers lequel ils puissent se diriger, ils piétinent sur place... et surtout sans place.

C'est là mon cas, et je suis dans Paris comme un Huron que le hasard aurait tout à coup posé au carrefour du boulevard et de la rue Vivienne : ces gens qui l'entourent, courant à leurs affaires ou à leurs plaisirs, l'étonnent sans l'intéresser ; c'est un homme qui regarde une fourmilière.

En venant de Marseille à Paris, j'ai lu, pour me distraire de mes pensées, un livre qui m'a donné à réfléchir sur ce sujet ; c'est un roman de Balzac : *Un ménage de garçon*. Le héros ou plus justement le principal personnage de ce roman, car Balzac peint des hommes et non des héros dessinés en vue de plaire aux belles âmes, le principal personnage de ce roman est un officier qui, après Waterloo, rentre dans la vie sociale.

Endurci par l'exercice de la force et du commandement, exaspéré par les déceptions de la défaite, corrompu par les autres autant que par sa propre nature, il devient le type le plus complet qu'on puisse rêver du soudard et du brigand. Sa mère, il lui demande pour tout service de « crever le plus tôt possible ». Sa nourrice, il la vole. Son oncle, il l'abrutit. Sa femme, il l'a fait mourir de débauche. Ses amis, il les trahit quand ils sont heureux, ou bien il les abandonne quand ils sont malheureux. Les hommes, il les tue, les dupe ou les insulte. Ses enfants, il les craint, et il croit qu'ils souhaiteront sa mort, « ou bien ils ne seraient pas ses enfants ». Si je devais être un jour un Philippe Brideau, ce que j'aurais de mieux à faire serait de me brûler tout de suite la cervelle.

J'avoue que plus d'une fois j'ai eu cette idée, et que si je ne l'ai point encore mise à exécution, c'est que rien ne presse ; je ne suis point à bout de forces, et j'ai, je m'en flatte, bien du chemin à parcourir avant d'arriver à la pente sur laquelle glissent les Brideau.

Débarqué à Paris, mon premier soin a été de régler les affaires de mon père, dont je n'avais pas pu m'occuper encore. Ce règlement a été des plus simples ; mais pour cela il n'en a pas moins été très-douloureux, car il m'a fallu vendre bien des meubles qui pour moi étaient des souvenirs.

J'ai commencé par prendre tout ce que j'ai pu entasser dans les deux petites chambres que j'occupe au cinquième étage d'une maison de la rue Blanche; mais l'appartement de mon père était assez grand, tandis que le mien est des plus exigus. J'ai été vite débordé, et alors j'ai dû me débarrasser de bien des objets qui m'étaient précieux. La place se paye cher à Paris, et, dans ma situation, je ne peux pas me charger d'un loyer lourd; les cinq cents francs que coûte le mien me sont déjà assez difficiles à payer.

Cet emménagement a occupé mes premières semaines de séjour à Paris; et comme je ne m'y suis point pressé, il a duré assez longtemps. J'avais du plaisir à revoir les gravures qui avaient appartenu à mon père, et qui me rappelaient le temps où nous les feuilletions ensemble. J'avais du bonheur à ranger ses livres, où à chaque page je retrouvais ses annotations et ses coups de crayon.

Et puis, faut-il le dire, cette occupation qui prenait mon temps me permettait de ne point aborder franchement la grande difficulté de ma vie.

— Quand j'aurai fini, me disais-je, nous verrons.

Enfin, le moment arriva où je n'avais plus d'excuse pour ne pas voir, et où il fallut bien se décider à prendre un parti.

Ce que je voyais, c'était que de l'héritage de mon père, toutes charges et dettes payées, il me restait un capital de quatre mille francs, c'est-à-dire de quoi vivre pendant deux ans avec économie. Il fallait donc qu'avant deux ans je fusse en état de gagner quinze ou dix-huit cents francs par an.

Comment et à quoi?

Un seul moyen se présentait : accepter une place de commis, si j'en trouvais une. J'écrivais assez proprement et je comptais assez vite pour oser demander un emploi qui, pour être rempli convenablement, n'exigerait que la connaissance de la calligraphie et de l'arithmétique.

Le tout maintenant était donc d'obtenir un emploi de ce genre.

Parmi mes anciens camarades avec lesquels j'avais continué des relations d'amitié depuis le collège se trouvait Paul Taupenot, le fils de Justin Taupenot, le grand éditeur. Paul était maintenant l'associé de son père ; il pourrait sans doute me trouver la place que je désirais, soit dans sa maison, soit chez un de ses confrères. Je l'allai trouver.

En m'entendant parler d'une place de quinze cents francs, il poussa des exclamations de surprise comme les frères Bédarrides lorsque je leur avais demandé à entrer dans leurs bureaux.

— Toi commis-libraire ? allons donc, mon cher, tu n'y penses pas.

— Et pourquoi n'y penserais-je pas ? Que veux-tu que je fasse ? Je n'ai pas de métier, et pour tout capital j'ai quatre mille francs. Trouves-tu le travail déshonorant ?

— Certes non.

— Eh bien, alors donne-moi à travailler. Ce n'est pas une vocation irrésistible qui m'oblige à être commis. En donnant ma démission de capitaine, je ne me suis pas dit que j'allais enfin avoir le bonheur d'être employé dans ta maison, ce qui réaliserait tous mes désirs et tous mes rêves. Forcé bien malgré moi à cette démission, j'ai su que la vie ne me serait pas facile, mais enfin j'ai dû faire ce que ma conscience me commandait ; maintenant tu peux m'adoucir ces difficultés, et je m'adresse à ton amitié.

— Sois bien certain qu'elle ne te manquera pas. Seulement laisse-moi te dire que tu ne sais pas ce que tu me demandes. Tu es habitué à une certaine indépendance d'action et à la liberté de l'esprit ; pourras-tu rester enfermé dans un bureau pendant douze ou treize heures, sans distraction, appliqué à un travail qui te paraîtra fastidieux et qui le sera réellement? Crois-tu qu'un bûcheron ou un jardinier n'est pas plus heureux qu'un commis qui toute la journée demeure penché sur son bureau à faire des chiffres?

— Je ne sais pas fendre un arbre, et je ne sais pas davantage ratisser un jardin, tandis que je sais faire des chiffres.

— Si je te parle ainsi, c'est qu'il me paraît impossible qu'un homme de ton âge qui, pendant dix ans, a vécu à cheval, le sabre à la main, puisse tout à coup remplacer son sabre par une plume et vivre enfermé dans un bureau.

— Il le faut cependant.

— Sans doute, mais comme je me figure que tu ne pourrais pas te plier à ces nouvelles habitudes sans en beaucoup souffrir, je voudrais t'épargner ces souffrances.

— Si tu as un moyen de me faire gagner agréablement mes 1,800 francs, dis-le; je te promets que je ne le repousserai pas.

— Pourquoi ne nous ferais-tu pas des articles pour nos dictionnaires et pour nos manuels?

— C'est toujours une plume que tu me proposes.

— Assurément, mais tu travaillerais à tes heures, tu ne serais pas enfermé dans un bureau, tu aurais ta liberté et tu pourrais facilement gagner quinze ou vingt francs par jour, ce qui vaut mieux que quinze cents francs par an.

— Je ne sais pas écrire.

— De cela ne prends pas souci, le travail que je te propose n'a rien de littéraire, c'est une besogne de compilation, et il faut vraiment ta naïveté pour me faire cette réponse. Nous avons des traités d'agriculture qui se vendent ma foi très-bien, et qui ont été écrits par des savants incapables de distinguer en pleine campagne un champ de blé d'avec un champ d'avoine. C'est ce qu'on appelle le savant en chambre, et tu peux en augmenter le nombre déjà considérable sans déshonneur.

— J'aimerais mieux aligner dix régiments de cavalerie dans le Champ-de-Mars que trois phrases dans un livre. Écrire une lettre, raconter ce que j'ai vu, c'est parfait, j'y vais franchement et bravement; mais je sais trop ce qu'est l'art d'écrire pour oser me faire imprimer.

— Tu refuses, alors ?

— Je ne peux pas accepter ce que je me sens incapable de faire convenablement.

— Eh bien, voyons autre chose, car je ne peux pas m'habituer à l'idée que tu resterais impunément enfermé derrière ce grillage, à l'abri de ces rideaux verts. Tu serais pris par le spleen et tu mourrais à la peine. Quand nous étions au collége, tu dessinais d'une façon remarquable, et tu m'as envoyé d'Afrique deux ou trois croquis très-réussis : tu ne dois donc pas avoir pour dessiner les scrupules que tu as pour écrire.

— Mes croquis sont comme mes lettres, sans conséquence.

— Ce n'est pas mon sentiment, et je crois que de ce côté nous avons chance d'arriver à un résultat. Nous préparons en ce moment un grand dictionnaire des sciences militaires qui sera accompagné de cinq ou six mille gravures représentant les armes, les costumes, les objets quelconques qui ont servi à la guerre chez tous les peuples depuis l'antiquité jusqu'à nos jours. Veux-tu te charger d'un certain nombre de ces dessins ? Ne sois pas trop modeste, il ne s'agit pas de gravures artistiques ; ce qu'il nous faut surtout, c'est un dessin exact qui ne soit pas enlevé de *chic* en sacrifiant tout à l'effet. L'effet n'est rien pour un ouvrage comme le nôtre, qui veut des gravures tirées d'originaux authentiques, et assez distinctes dans le détail pour donner les points caractéristiques qui doivent appuyer le texte. Tu connais les choses de la guerre, tu les aimes, tu dessines mieux qu'il n'est nécessaire, tu peux nous rendre service en acceptant ce travail. Si dans le commencement tu as besoin de conseils, nous te ferons *recaler* tes premiers dessins, et tu arriveras bien vite à une habileté de main qui te permettra de ne pas trop travailler.

Évidemment cela était de beaucoup préférable au bureau. Je remerciai Taupenot comme je le devais, et je me mis en relation avec le directeur de ce dictionnaire pour qu'il me guidât.

Je trouvai en lui un homme bienveillant, qui ne se moqua ni de mon ignorance ni de mon inexpérience, et qui par ses conseils me facilita singulièrement mes premiers pas.

XLIII

S'endormir capitaine de cavalerie et se réveiller artiste, c'est croire qu'on continue un rêve commencé.

Cependant ce rêve est pour moi une réalité. Il est vrai que je suis bien peu artiste, mais enfin si je ne le suis pas par le talent, je le suis jusqu'à un certain point par le travail, par les habitudes et par les relations.

Mon cinquième étage est divisé en ateliers et mon logement est le seul qui ne soit pas occupé par des peintres. Les hasards de la vie porte à porte ont établi des relations entre mes voisins et moi, et peu à peu il en est résulté pour nous une sorte de camaraderie et d'amitié.

Ce ne sont point des peintres ayant un nom et une réputation, mais des jeunes gens qui m'ont reçu parmi eux avec la confiance et la facilité de la jeunesse.

Tout d'abord ils ont bien été un peu effrayés par ma décoration et ma tournure militaire, mais la glace s'est insensiblement fondue quand ils ont reconnu petit à petit que je n'étais pas si culotte de peau que j'en avais l'air.

Nous nous voyons le matin et je vais manger chez eux le déjeuner que mon concierge me monte. Par là il ne faut pas entendre que je vais m'attabler dans une salle à manger où mon couvert serait mis régulièrement.

Nous sommes plus simples et plus réservés dans nos habitudes, car les uns et les autres nous sommes à peu près égaux devant la fortune. S'ils ont déjà du talent (et c'est leur cas), ils n'ont pas encore de notoriété et leurs tableaux se vendent peu ou tout ou moins se vendent mal. Et pour moi qui ne fait pas *de* l'art, mais qui fais seulement du métier, je suis loin de gagner ce que Taupenot m'avait fait espérer. Je n'ai pas encore cette habitude du travail qui donne la facilité;

je ne sais pas me mettre à ma table et enlever un dessin d'un coup, je me lève dix fois par heure, je regarde ce que j'ai fait, je cherche ce que je vais faire, j'ouvre un livre et, au lieu de m'en tenir au renseignement qui m'est nécessaire, je lis tout le passage qui m'intéresse, celui-là en amène un autre, je rêve, je réfléchis et n'avance pas. D'un autre côté j'ai des scrupules et des exigences qui m'entraînent dans d'autres lenteurs. De sorte que je mets quelquefois huit jours à faire un dessin qu'un autre trouverait et terminerait en quelques heures. C'est par là surtout que je suis un amateur travaillant avec fantaisie pour son plaisir, et non un ouvrier ou un véritable artiste. Le résultat de ce genre de travail est de rogner considérablement mes bénéfices et de les réduire au strict nécessaire.

Nos déjeuners ne nécessitent donc pas une table confortablement servie ; ils se composent d'un petit pain avec une tranche de jambon ou d'un morceau de fromage que nous allons manger les uns chez les autres. Celui qui reçoit nous offre le liquide, et il en est quitte à bon marché ; le porteur d'eau fait tous les matins sa provision pour deux sous.

C'est l'heure de la causerie : on regarde le tableau qui est en train, on se conseille et l'on discute. C'est l'heure aussi où je demande avis à mes camarades qui, pour moi, sont des maîtres, et, dans un mot, dans un coup de crayon, j'en apprends plus que dans de longues heures de travail et de réflexion.

Puis après une demi-heure de repos et d'intimité, chacun rentre chez soi, tandis que je descends dans Paris pour aller faire les recherches nécessaires à mon travail, à la Bibliothèque ou au Cabinet des estampes.

Le soir, nous nous retrouvons dans un restaurant de

la rue Fontaine (est-ce bien restaurant qu'il faut dire), enfin dans un endroit où, moyennant la somme de vingt à vingt-trois sous, on donne un dîner composé d'un potage et de deux plats de viande. Il en est de nos dîners comme des soupers de théâtre, un dialogue vif et animé est la pièce de résistance; on pense à ce qui se dit et non à ce qu'on mange.

Notre dîner terminé, nous rentrons chez nous, et le plus souvent c'est dans ma chambre qu'on se réunit, car j'ai un luxe de chaises et de meubles pour s'étendre que mes voisins ne possèdent pas.

On allume les pipes et la causerie reprend sur les sujets qui nous occupent, le travail et la peinture; ou bien l'un de nous prend un livre et lit haut, tandis que les autres cherchent une esquisse ou bien suivent paresseusement les spirales de leur fumée. A onze heures on se sépare, pour recommencer le lendemain.

Point de théâtres, point de cafés, point de visites dans le monde; nous sommes préservés de ces distractions coûteuses par des raisons toutes-puissantes dont on ne parle pas, mais auxquelles on obéit discrètement.

Personne ne se plaint du présent, car on a foi dans l'avenir : plus tard, quand on sera quelqu'un.

Quand je dis on, je ne me comprends pas, bien entendu, dans ce on, car je n'ai pas d'avenir, et, comme mes camarades, je n'ai pas d'étoile pour me guider; je ne serai jamais quelqu'un.

Et Clotilde?

Clotilde n'est plus l'avenir pour moi, mais j'avoue qu'elle est toujours le présent. Si je suis venu habiter la rue Blanche, c'est parce que Clotilde demeure rue Moncey; si j'ai quitté Marseille, c'est pour suivre Clotilde à Paris. Voilà l'aveu que j'ai retardé jusqu'à présent, agissant un peu comme les femmes qui bavardent longuement pendant quatre pages sans rien dire, et mettent leur pensée dans le dernier mot de leur lettre.

Mon dernier mot, vrai et franc, c'est que je l'aime toujours.

Cela est lâche, peut-être, et même je suis assez disposé à le reconnaître ; mais après, que puis-je à cela ? Si la lâcheté du cœur est honteuse, c'est un malheur pour moi.

Si j'avais été un homme fort, j'aurais dû oublier Clotilde ; cela j'en conviens. Le jour où elle m'a dit qu'elle devenait la femme de M. de Solignac, je devais la regarder avec mépris, lui lancer un coup d'œil qui l'eût fait rougir, lui asséner une épigramme pleine de finesse et d'ironie, et, cela fait, me retirer dignement. Voilà qui était convenable et correct.

C'est ainsi, je crois, qu'eût agi un homme raisonnable ayant le respect de soi-même et des convenances. Puis, si cet homme bien équilibré eût souffert de cet abandon, il eût probablement aimé une autre femme ; car il est universellement reconnu que le meilleur remède pour guérir un amour chronique, c'est un nouvel amour : cette espèce de vaccination opère presque toujours des cures remarquables.

Malheureusement, je n'ai point agi suivant les règles précises de cette sage méthode. Après avoir donné mon cœur à Clotilde, je ne l'ai point repris pour le porter à une autre. Je l'ai aimée ; j'ai continué de l'aimer, plus peut-être que je ne l'aimais avant sa trahison ; car il est des cœurs ainsi faits, que la douleur les attache plus fortement encore que le bonheur.

Elle était indigne de mon amour. Cela aussi peut être vrai, et je ne dis pas qu'elle méritât ma tendresse et mon adoration. Mais depuis quand nos sentiments se règlent-ils sur les qualités de celle qui nous inspire ces sentiments ? On n'aime pas une femme parce qu'elle est bonne, parce qu'elle est tendre, on l'aime parce qu'on l'aime, et ses qualités comme ses défauts ne sont pour rien dans notre amour. Quand je dis nous, je ne veux pas parler des gens raisonnables, mais de quelques fous, de quelques misérables comme moi, de ce qu'on appelle en riant les passionnés.

Oui, Clotilde m'a trompé. M'aimant, elle a consenti à épouser un homme qu'elle n'aimait pas, qu'elle ne pouvait pas, qu'elle ne pourrait jamais aimer ; car cet homme est vieux et méprisable. Assurément, cela n'est pas beau et tout le monde la condamnera impitoyablement.

Mais quand je me réunirais à tout le monde, cela ferait-il que je ne l'aimerais plus ? Hélas ! non. Les autres peuvent la regarder d'un œil froid et dur, moi je ne le peux pas, car je l'aime, et sa trahison, son crime à mon égard n'effaceront jamais les cinq mois de bonheur dans lesquels elle m'a fait vivre ; à parler vrai, c'est sa trahison qui pâlit et s'éteint devant le rayonnement de ces jours heureux.

Pendant ces cinq mois, elle a enfanté en moi un être qui s'est développé sous le souffle de sa tendresse, et qui, maintenant, bien qu'abandonné, ne peut pas mourir.

C'est cet être nouveau qui commande en moi à cette heure, qui me dirige et qui m'inspire ; c'est lui qui a imposé silence à mon orgueil, à ma dignité et à ma raison. Si je veux me révolter, et je le veux souvent, je le veux toujours, il me courbe et me dompte. Nous luttons, mais il a toujours le dernier mot.

— Clotilde s'est donnée à un autre.
— Après ?
— Elle est méprisable.
— Après ?
— Je ne veux plus la voir, je veux ne plus penser à elle.
— Pourquoi répéter sans cesse ce qui est impossible ? A quoi bon dire « Je veux » si la réalité est je ne peux pas ? Autrefois tu pouvais vouloir ; aujourd'hui ta volonté est paralysée par ta passion. Tu t'agites, mais c'est la passion qui te mène et je suis ton maître. Tu veux te détacher de Clotilde ; moi, je ne le veux pas. Tire sur la chaîne qui te lie à elle ; tu verras si tu peux la rompre et si chaque secousse que tu donneras ne te retentira pas douloureusement dans le cœur. C'est Clotilde qui m'a fait naître, et je ne veux pas mourir ; c'est ma mère, et je veux vivre par elle.

Je l'aime donc toujours.

Et c'est parce que je l'aime que j'ai quitté Marseille.

C'est parce que je l'aime que j'ai pris ce logement de la rue Blanche qui me permet de voir les fenêtres de son hôtel, et souvent même de l'apercevoir alors qu'elle se promène dans son jardin.

L'hôtel de M. de Solignac, en effet, occupe un assez grand terrain dans la rue Moncey, et comme ma maison forme le côté de l'angle opposé au sien, je me trouve ainsi avoir pleine vue sur ses appartements et sur son jardin. La distance est assez longue, il est vrai, mais mes yeux sont bons ; et d'ailleurs le jardin arrive contre le mur de la cour de ma maison.

Formé d'une pelouse découverte, ce jardin n'est boisé que dans le pourtour de l'allée circulaire, de sorte que dans un miroir que j'ai disposé avec une inclinaison suffisante, je vois tout ce qui s'y passe; ma fenêtre ouverte, j'entends même le murmure confus des voix et toujours le bruit cristallin du jet d'eau retombant dans son petit bassin de marbre; le matin, j'entends les merles chanter.

Assurément, elle ne sait pas que je suis si près d'elle. Pense-t-elle à moi?

Je n'ai pas l'idée d'examiner cette question; être près d'elle me suffit.

Elle est toujours ce qu'elle était jeune fille, moins simple seulement dans sa toilette, qui est celle d'une femme à la mode.

Elle me paraît lancée dans le monde, au moins si j'en juge par les visites qui se succèdent chez elle le mercredi, qui est son jour de réception.

A l'exception de ce mercredi où elle reste chez elle, tous ses autres jours sont pris par les plaisirs du monde: les dîners, les soirées, le théâtre. Et bien promptement je suis arrivé à deviner, par le mouvement des lumières dans la nuit, d'où elle revient.

Beaucoup d'autres petites remarques me révèlent aussi ce qu'est sa vie, et je serais de son monde que je ne saurais pas mieux ce qu'elle fait.

La première fois qu'elle est descendue dans son jardin, où elle s'est longtemps promenée seule en tournant sur elle-même comme si elle réfléchissait tristement, j'ai eu la tentation de lui crier mon nom. Mais ce n'a été qu'un éclair de folie, qui depuis n'a jamais traversé mon esprit.

Je veux vivre ainsi sans qu'elle sache que je suis près d'elle. Je la vois et c'est assez pour mon amour. Ce n'était certes pas là ce que j'avais espéré, mais c'est ce qu'elle a décidé, et ce qu'a voulu — la fatalité.

XLIV

Si bonne volonté que j'eusse, je ne pouvais pas être assidu à mon travail, comme mes camarades. Tant que le jour durait, ils restaient devant leur chevalet, et une courte promenade après dîner, une flânerie d'une heure dans les rues de notre quartier leur suffisait très-bien ; on descendait par la Chaussée-d'Antin, on remontait par la rue Laffitte, en s'arrêtant devant les expositions des marchands de tableaux, et tout était dit ; on avait pris l'air et on avait fait de l'exercice.

Pour moi, il m'en fallait davantage. J'avais pris dans ma vie active, en plein air, des besoins et des habitudes que cette vie renfermée ne pouvait contenter. Assurément, si j'avais dû rester dans un bureau, comme j'en avais été menacé un moment, je serais mort à la peine, asphyxié, ou bien j'aurais fait explosion, ni plus ni moins qu'une locomotive dont on renverse la vapeur quand elle est lancée à grande vitesse. J'étouffais dans mon logement encombré de meubles, comme un oiseau mis brusquement en cage, et comme un poisson dans son bocal, j'ouvrais bêtement la bouche pour respirer. J'enviais le sort des charbonniers qui montaient des charges de bois au cinquième étage, et volontiers j'aurais été m'offrir pour frotter les appartements de la maison, afin de me dégourdir les jambes. Dans la rue, je faisais le moulinet avec mon parapluie, car maintenant je porte ce meuble indispensable à la conservation de mon chapeau ; mais cette arme bourgeoise ne fatigue pas le bras comme un sabre, et c'était la fatigue que je cherchais, c'était beaucoup de fatigue qu'il me fallait pour dépenser ma force et brûler mon sang.

Ce fut surtout au commencement du printemps que ces habitudes sédentaires me devinrent tout à fait insupportables.

La senteur des feuilles nouvelles qui, du jardin de Clotilde, montait jusqu'à ma chambre, m'étouffait : l'odeur de la séve et des giroflées me grisait. A voir les oiseaux se poursuivre dans le jardin, allant, venant, tourbillonnant sur eux-mêmes, sifflant, criant, se battant, je piétinais sur place et mes jambes s'agitaient mécaniquement. J'avais beau m'appliquer au travail, des mouvements de révolte me faisaient jeter mon crayon, et alors je m'étirais les bras en bâillant d'une façon grotesque. Je ne mangeais plus ; la vue du pain me soulevait le cœur, l'odeur du vin me donnait la nausée, et volontiers j'aurais été me promener à quatre pattes dans les prés et brouter l'herbe nouvelle.

J'ai toujours cru que la plupart de nos maladies nous venaient par notre propre faute, de sorte que si nous voulions veiller aux désordres qui se produisent dans la marche de notre machine, nous y pourrions remédier facilement. Être malade à Paris ne me convenait pas ; en Afrique, à la suite d'un refroidissement ou d'une insolation, c'est bon, on subit les coups de la fièvre, et l'on s'en va à l'hôpital avec les camarades ; mais à Paris être malade parce que les merles chantent et que les feuilles bourgeonnent, c'est trop bête.

Sans aller consulter un médecin, qui m'eût probablement ri au nez, ou, ce qui est tout aussi probable, m'eût interrogé sérieusement, ce qui m'eût fait rire moi-même, je résolus d'apporter un remède à cet état ridicule.

Ma maladie était causée par l'excès de la force et de la

santé, je cherchai un moyen pour user cette force, et tous les jours, en sortant de la Bibliothèque ou des Estampes, je m'administrai une course rapide de deux à trois heures.

Dans la rue Richelieu, sur les boulevards et dans les Champs-Élysées, je marchais raisonnablement, de manière à ne pas attirer sur mes talons les chiens et les gamins ; mais une fois que j'avais gagné le bois de Boulogne dans ses parties désertes, je prenais le pas gymnastique et je me donnais une *suée*, exactement comme un cheval qu'on fait maigrir.

Par malheur, la solitude devient difficile à rencontrer dans le bois de Boulogne où jamais on n'a vu autant de voitures que maintenant. C'est à croire que les gens à équipages n'avaient pas osé sortir depuis 1848, et que maintenant que « l'ordre est rétabli, » ils ont hâte de regagner le temps perdu. De quatre à six heures, les Champs-Élysées sont véritablement encombrés et Paris prend là une physionomie nouvelle. Il y a trois mois que le coup d'État est accompli et maintenant que « les mauvaises passions sont comprimées, » on ose s'amuser : il y a une explosion de plaisirs, c'est vraiment un spectacle caractéristique et qui mériterait d'être étudié par un moraliste.

Il est certain qu'une grande partie de la France a amnistié Louis Napoléon. Elle lui est reconnaissante d'avoir assumé sur sa tête cette terrible responsabilité qui a assuré au pays une sécurité momentanée, et dont elle profite pour faire des affaires ou jouir de la fortune. Le nombre est considérable des gens pour lesquels la vie se résume en deux mots : gagner de l'argent et s'amuser ; et le gouvernement qui s'est établi en décembre donne satisfaction à ces deux besoins. C'est là ce qui fait sa force ; il a avec lui ceux qui veulent jouir de ce qu'ils ont, et ceux qui veulent avoir pour jouir bientôt.

La fête a commencé avec d'autant plus d'impétuosité, qu'on attendait depuis longtemps : les affaires ont pris en quelques mois un développement qu'on dit prodigieux, et les plaisirs suivent les affaires.

Ceux qui comme moi n'ont ni affaires, ni plaisirs, regardent passer le tourbillon et réfléchissent tristement.

Car il n'y a pas d'illusion possible, le succès du Deux-Décembre a écrasé toute une génération.

Quel sera notre rôle dans ce tourbillon? on agira et nous regarderons ; nous serons l'abstention.

En est-il de plus triste, de plus misérable, quand on se sent au cœur le courage et l'activité? On aurait pu faire quelque chose, on aurait pu être quelqu'un ; on ne fera rien, on sera un impuissant. On attendra.

Mais combien de temps faudra-t-il attendre? Les jours passent vite, et si jamais l'heure sonne pour nous, il sera trop tard ; l'âge aura rendu nos mains débiles.

Nos enfants seront ; nos pères auront été ; nous seuls resterons noyés dans une époque de transition, subissant la fatalité.

Ces pensées peu consolantes sont celles qui trop souvent occupent mon esprit dans mes longues promenades ; car, par suite d'une bizarre disposition de ma nature, plus ce qui m'entoure est réjouissant pour les yeux, plus je m'enfonce dans une sombre mélancolie. C'est au milieu des bois verdoyants que ces tristes idées me tourmentent, et, au lieu de regarder les aubépines qui commencent à fleurir, de respirer l'odeur des violettes qui bleuissent les clairières, d'écouter les fauvettes et les rossignols qui chantent dans les broussailles, je me laisse assaillir par des réflexions qui, autrefois, me faisaient rire et qui, aujourd'hui, me feraient volontiers pleurer.

Avant-hier, m'en revenant à Paris par l'allée de Longchamps à ce moment déserte, j'entendis derrière moi le trot de deux chevaux qui arrivaient grand train. Machinalement je me retournai, et à une petite distance j'aperçus un coupé : le cocher conduisait avec la tenue correcte d'un Anglais, et les chevaux me parurent être des bêtes de sang.

En quelques secondes, le coupé se rapprocha et m'atteignit. Je reculai contre le tronc d'un acacia pour le laisser passer et pour regarder les chevaux qui trottaient avec une superbe allure : car bien que j'en sois réduit maintenant à faire mes promenades à pied, je n'en ai pas moins conservé mon goût pour les chevaux, et c'est ce goût qui m'a fait choisir le bois de Boulogne comme le but ordinaire de mes promenades ; j'ai chance d'y voir de belles bêtes et de bons cavaliers qui savent monter.

J'étais tout à l'examen des chevaux, ne regardant ni le coupé ni ceux qui pouvaient se trouver dedans, lorsqu'une tête de femme se tourna de mon côté.

Clotilde !

Elle me fit signe de la main.

Ébloui comme si j'avais été frappé par un éclair, je ne compris pas ce qu'il signifiait : elle m'avait vu, voilà seulement ce qu'il y avait de certain dans ce signe.

J'étais resté immobile au pied de l'acacia, regardant le coupé qui s'éloignait. Il me sembla que le cocher ralentissait l'allure de ses chevaux comme pour les arrêter. Je ne me trompais point. La voiture s'arrêta, la portière s'ouvrit et Clotilde étant descendue vivement se dirigea vers moi.

Tout cela s'était passé si vite que je n'en avais pas eu très-bien conscience. Mais en voyant Clotilde venir de mon côté, je reculai instinctivement de deux pas et je pensai à me jeter dans le fourré : j'avais peur d'un entretien ; j'avais peur d'elle, surtout j'avais peur de moi.

Mais je n'eus pas le temps de mettre à exécution mon dessein ; elle s'était avancée rapidement, et j'étais déjà sous le charme de son regard ; à mon tour j'allai vers elle, irrésistiblement attiré.

— Vous n'êtes plus en Espagne, dit-elle en marchant ; et depuis quand êtes-vous à Paris ?

— Depuis le mois de mars.

Nous nous étions rejoints : elle me tendit les deux mains en me regardant, et pendant plusieurs minutes je restai devant elle sans pouvoir prononcer une seule parole. Ce fut elle qui continua :

— Depuis le mois de mars, et vous n'êtes pas venu me voir !

— Moi, chez vous, chez M. de Solignac !

— Non, mais chez madame de Solignac ; vous avez donc oublié le passé ?

— C'est parce que je me le rappelle trop cruellement qu'il m'est impossible d'aller maintenant chez vous.

— Ce n'est pas de cela que je veux parler ; ce que je vous demande, c'est de vous rappeler ce que vous me disiez autrefois. Vous souvenez-vous qu'à la suite de plusieurs difficultés, vous m'aviez manifesté la crainte de ne pas pouvoir venir chez mon père et que toujours je vous ai assuré que rien ne devait altérer notre amitié ; ne voulez-vous pas venir chez moi maintenant, quand autrefois vous paraissiez si désireux de venir chez mon père ?

— Pouvez-vous comparer le présent au passé !

— Pouvez-vous me faire un crime d'un sacrifice qui m'était imposé !

— Par qui ? Votre père souffre de ce mariage.

— Il en souffre, cela est vrai, mais il eût plus souffert encore s'il ne s'était pas fait ; et d'ailleurs, quand j'ai consenti à devenir la femme de M. de Solignac, je ne croyais pas que sa conduite envers mon père serait ce qu'elle a été. Ils avaient été amis ; ils avaient longtemps vécu ensemble, je croyais qu'ils seraient heureux d'y vivre encore. M. de Solignac a pris d'autres dispositions, et ce ne sont pas les seules dont j'ai à souffrir. Mais ne parlons pas de cela. Oubliez ce que je vous ai dit et reconduisez-moi à ma voiture. Voulez-vous m'offrir votre bras ?

Quand je sentis sa main s'appuyer doucement sur mon bras, le cœur me manqua, et je n'osai tourner mes yeux de son côté.

— Ainsi, dit-elle après quelques pas, vous ne voulez plus me voir ?

C'en était trop.

— Je ne veux plus vous voir, dis-je en m'arrêtant ; vous croyez cela ; eh bien ! écoutez et ne vous en prenez qu'à vous de ce que vous allez entendre. Hier, vous avez été aux Italiens et vous êtes rentrée chez vous à onze heures trente-cinq minutes. Avant-hier, vous avez été en soirée et vous êtes rentrée à deux heures. Jeudi, vous vous êtes promenée pendant une heure dans votre jardin, de dix à onze heures ; vous aviez pour robe un peignoir gris-perle.

— Comment savez-vous...

— Mercredi, vous avez reçu depuis quatre heures jusqu'à sept. Et maintenant vous voulez que je vous dise comment je sais tout cela. Je le sais parce que j'ai voulu vous voir, et pour cela j'ai pris un appartement dont les fenêtres ouvrent sur votre hôtel.

Puis tout de suite je lui racontai comment je m'étais installé rue Blanche, et comment, depuis le mois de mars, je la voyais chaque jour. Nous nous étions arrêtés, et elle m'écoutait les yeux fixés sur les miens, sans m'interrompre par un mot ou par un regard.

Quand je cessai de parler, elle se remit en marche vers sa voiture.

— Il faut que nous nous séparions, dit-elle ; mais puisque vous connaissez si bien ma vie, vous savez que le mercredi je suis chez moi.

Et sans un mot de plus, mais après m'avoir longuement serré la main, elle monta dans son coupé qui partit rapidement, tandis que je restais immobile sur la route, la suivant des yeux.

XLV

Je m'en revins lentement à Paris marchant dans un rêve.

Cette rencontre avait dérouté toutes mes prévisions, et maintenant je n'allais plus pouvoir vivre auprès de Clotilde comme je l'avais voulu. Mon amour discret était fini. Je me reprochai d'avoir parlé. Je n'aurais pas dû révéler ma présence rue Blanche : et puisque je m'étais laissé entraîner à cet aveu, j'aurais dû aller plus loin.

Les choses telles qu'elles venaient de se passer me créaient une situation qui bien certainement ne tarderait pas à devenir insoutenable ou, si j'avais la force de la supporter, horriblement douloureuse.

Lorsque Clotilde ignorait ma présence à Paris et me croyait en Espagne, j'avais pu l'aimer de loin et me contenter du plaisir de la suivre à distance ; son apparition dans le jardin m'était un bonheur ; sa lampe à sa fenêtre au milieu de la nuit m'était une joie. Mais maintenant me serait-il possible de m'en tenir à ces satisfactions platoniques ? Est-ce que cent fois je n'avais été obligé de me rejeter en arrière pour ne pas lui crier : Je suis là, je t'aime, je t'adore ! Quand elle se montrerait maintenant dans son jardin, ses yeux, au lieu de se baisser sur ses fleurs, se lèveraient vers mes fenêtres, aurais-je la force de résister à leur appel ? Si j'y parvenais, de quel prix me faudrait-il payer cette résistance ? Si je n'y parvenais pas, qu'arriverait-il ?

Je n'avais déjà que trop parlé. Bien que je n'eusse pas dit un mot de mon amour, Clotilde savait mieux que par des paroles que je l'aimais encore et que, malgré sa trahison, je n'avais pas cessé de l'aimer. De cet aveu tacite, elle ne s'était point fâchée, elle ne s'était même pas inquiétée, et son dernier mot en me quittant avait été le même que celui par lequel elle m'avait abordé, une invitation à l'aller voir chez elle.

Ainsi elle supprimait entre nous son mariage, et notre vie devait reprendre comme autrefois. Nous avions été séparés par la force des circonstances, nous nous retrouvions, nous reprenions notre vie où elle avait été interrompue, comme si rien ne s'était passé d'extraordinaire.

Les femmes sont vraiment merveilleuses pour supprimer ainsi dans leur vie ce qui les gêne et vouloir que par une convention tacite on considère comme n'existant pas des gens qu'on a devant les yeux ou des faits qui vous ont écrasé. — « Je suis mariée, c'est vrai, mais qu'importe mon mariage si je suis toujours la Clotilde d'autrefois ? Mon mariage, il n'y faut pas penser ; mon mari, il ne faut pas le voir. Nous avions plaisir autrefois à être ensemble. Reprenons le cours de nos anciennes journées. Voyons-nous comme nous nous voyions autrefois. Avez-vous donc oublié? moi je me souviens toujours. »

Si telles n'avaient point été les paroles de Clotilde, telle était la traduction fidèle de notre entretien dans ce langage mystérieux où les regards, les serrements de main, les silences, les intonations, les sourires ont bien plus d'importance que les mots, où la musique est tout, où les paroles ne sont que peu de chose.

Elle voulait me voir chez elle; et elle le voulait sachant que je l'aimais.

Que résulterait-il de cette réunion?

La conclusion n'était pas difficile à tirer : ou elle résisterait à mon amour et me rendrait effroyablement malheureux, ou elle céderait, et alors je ferais de ma propre main des blessures à mon amour, qui, pour être autres, ne seraient pas moins douloureuses.

Je ne veux pas me faire plus puritain que je ne le suis, et laisser croire que le précepte « Tu ne désireras pas la femme de ton prochain, » tout-puissant sur moi, est capable de comprimer mes désirs ou de tuer mon amour. J'avoue que les droits de M. de Solignac ne me sont pas du tout sacrés. C'est un mari comme les autres, et qui même a contre lui dans cette circonstance particulière d'être mon ennemi et non mon ami. Ce n'est donc pas sa position officielle et la protection légale dont le Code l'entoure, qui peut m'éloigner de Clotilde.

Mes raisons sont moins pures, au moins en ce qui touche la morale sociale.

Quand j'ai rencontré Clotilde au bal de la famille Bédurrides et me suis pris à l'aimer, je ne savais qui elle était : femme ou jeune fille. Quand je me suis inquiété de le savoir, si j'avais appris qu'elle était mariée et que M. de Solignac était son mari, cela très-probablement n'eût pas tué mon amour naissant. J'aurais continué de l'aimer, malgré son mariage, malgré son mari, et très-probablement aussi j'aurais essayé de me faire aimer d'elle ; j'aurais cherché le moyen de pénétrer dans sa maison, je me serais fait l'ami de son mari, et le jour où je serais devenu l'amant de madame de Solignac, j'aurais été l'homme le plus heureux du monde. En se donnant à moi, Clotilde, au lieu de déchoir dans mon cœur y eût monté, elle eût gagné toutes les qualités, toutes les vertus de la femme passionnée qui cède à son amour et à son amant.

Mais ce n'est point ainsi que les choses se sont passées. Celle que je me suis pris à aimer si passionnément n'était point une femme, c'était une jeune fille, c'était Clotilde Martory. Pas de faussetés à s'imposer, pas d'hypocrisie de conduite, pas de mari à tromper. Tout au grand jour, honnêtement, franchement.

C'est ainsi que mon amour est né, et en se développant, il a gardé le caractère de pureté qu'il tenait de sa naissance.

Celle que j'aimais serait un jour ma femme, et je me suis plu à la parer de toutes les qualités qu'on rêve chez celle qui sera la compagne de notre vie et la mère de nos enfants.

Point de désirs mauvais, point d'impatience ; je l'aimais, elle m'aimait, nous étions pleinement heureux.

Au moins moi je l'étais, et chaque jour j'ajoutais une grâce nouvelle, une perfection à la statue de marbre blanc que de mes propres mains j'avais créée dans mon cœur, m'inspirant plus peut-être de l'idéal que de la réalité, inventant et ne copiant pas. Mais qu'importe ! la statue existait, la sainte, la madone.

Un jour, ce fut précisément le contraire de ce que j'avais espéré qui se réalisa : Clotilde, au lieu de devenir ma femme, devint celle de M. de Solignac.

Mais cette trahison, si lourde qu'elle fût dans son choc terrible, ne brisa point l'idole cependant : au lieu d'être la statue de l'espérance elle fut celle du souvenir.

Elle est restée dans mon cœur à la place qu'elle occupait. Maintenant vais-je porter la main sur elle et l'abattre de son piédestal? Sur le marbre chaste et nu de la jeune fille, vais-je mettre le peignoir lascif de la femme amoureuse ?

Si Clotilde cède maintenant à mon amour et au sien, ce ne sera point pour monter plus haut dans mon cœur, mais au contraire pour y descendre. Elle tuera la jeune fille et deviendra une femme comme les autres.

Et c'est cette jeune fille que j'aime.

Bien d'autres à ma place n'auraient pas sans doute ces scrupules ; et comme le mariage n'a point défiguré Clotilde, comme elle est toujours belle et séduisante, ils profiteraient de l'occasion qui se présente. C'est toujours la même femme.

Mais ceux-là aimeraient la femme et n'aimeraient pas leur amour. Or, c'est mon amour que j'aime; c'est ma jeunesse, c'est mes souvenirs, mes rêves, mes espérances. Que me restera-t-il dans la vie, si je les souille de ma propre main? Madame de Solignac ne peut être que ma maîtresse, et c'est ma femme que j'adore dans Clotilde.

Il est facile de comprendre que, me trouvant dans de pareilles dispositions morales, j'attendis douloureusement le mercredi.

Irais-je chez Clotilde ou bien n'irais-je pas?

Dans la même heure, dans la même minute, je disais oui et je disais non, ne sachant à quoi me résoudre, ne sachant surtout si j'aurais la force de m'en tenir à la résolution que je prendrais.

Le plus souvent, quand j'étais seul, je me décidais à ne pas y aller. Mais quand je la voyais dans son jardin où maintenant elle se promenait dix fois par jour les yeux levés vers mes fenêtres, je me disais que je ne pourrais jamais résister à l'attraction toute-puissante qu'elle exerçait sur ma volonté.

Et indécis, irrésolu, ballotté, je passai dans de cruelles angoisses les quatre jours qui nous séparaient de ce mercredi.

Le matin, à onze heures, Clotilde descendit dans le jardin, et pendant vingt minutes elle tourna et retourna autour de la pelouse; lorsqu'elle remonta les marches de son perron, il me sembla qu'elle me faisait un signe à peine perceptible. Était-ce un adieu, était-ce un appel?

Jamais les heures ne m'avaient paru si longues. A trois heures, je me décidai à aller chez elle et je m'habillai. A quatre heures, je me décidai à rester. A cinq heures, je descendis mon escalier, mais, arrivé sur le trottoir, au lieu de prendre la rue Moncey, je montai la rue Blanche et me sauvai comme un voleur sur les boulevards extérieurs.

Vraiment voleur je n'aurais pas été plus honteux que je ne l'étais. Cette irrésolution était misérable, ces alternatives de volonté et de faiblesse étaient le comble de la lâcheté. M'était-il donc impossible de savoir ce que je voulais, et, le sachant, de le vouloir jusqu'au bout?

Jamais, dans aucune circonstance de ma vie, je n'avais subi ces indécisions, et toujours je m'étais déterminé franchement; la passion nous rend-elle lâche à ce point?

Je passai une nuit affreuse.

Certainement Clotilde m'avait attendu, et jusqu'au dernier moment elle avait compté sur ma visite. Comment allait-elle considérer cette absence? Une injure, une rupture.

Alors, c'était fini.

A cette pensée, je devenais lâche et me fâchais contre moi-même.

C'était à l'orgueil de l'amant trompé que j'avais obéi : j'avais boudé, voilà le tout; le beau rôle, vraiment, et comme il était digne de mon amour!

Mon amour! M'était-il permis de parler de mon amour? Est-ce que j'aimais? Est-ce que si j'avais vraiment aimé j'aurais pu résister à l'impulsion qui me poussait vers elle? Est-ce que l'homme qui aime véritablement peut écouter la voix de la raison? Est-ce que la passion se comprime? N'éclate-t-elle pas au contraire et n'emporte-t-elle pas tout avec elle, honneur, dignité, famille! Les mères sacrifient leurs enfants à leur amour, et moi j'avais sacrifié mon amour à mon rêve. J'avais donc soixante ans, que je voulais vivre dans le souvenir? Insensé que j'étais!

Je me trouvai si accablé, que je ne voulus pas sortir. Et puis Clotilde n'avait pas paru dans son jardin à l'heure accoutumée et j'avais besoin de la voir.

Je m'installai devant ma table. Mais, bien entendu, il me fut impossible de travailler, et je restai les yeux fixés sur le miroir qui me disait ce qui se passait dans l'hôtel Solignac. Mais rien ne se montra sur la glace qui réfléchissait seulement les allées vides et les fenêtres closes.

Bien évidemment Clotilde ne me pardonnerait jamais.

Comme je m'enfonçais dans ces tristes pensées, il me

sembla entendre le bruissement d'une robe à ma porte. Mes voisins recevaient à chaque instant la visite de leurs modèles; je ne prêtais pas grande attention à ce bruit; une femme qui se trompait sans doute, car jamais une femme n'était venue chez moi, et je n'en attendais pas.

Mais on frappa deux petits coups. Sans me déranger, je répondis : « Entrez. » Et, levant les yeux, je vis la porte s'ouvrir.

C'était elle, Clotilde! c'était Clotilde.

J'allai tomber à ses genoux, et, sans pouvoir dire un mot, je la serrai longuement dans mes bras. Mais elle se dégagea et me regardant avec un doux sourire :

— Ce n'est pas madame de Solignac qui vient ici, dit-elle, c'est Clotilde Martory; voulez-vous être pour moi aujourd'hui ce que vous étiez autrefois ?

Je me relevai.

XLVI

J'étais si profondément ému que je ne pouvais parler; Clotilde, de son côté, ne paraissait pas désireuse d'engager l'entretien.

Pendant assez longtemps nous restâmes ainsi en face l'un de l'autre ne disant rien, nous observant avec un trouble qui, loin de se dissiper, allait en augmentant.

Clotilde, la première, fit quelques pas en avant. Elle vint à ma table de travail et regarda le dessin que j'avais esquissé. Puis elle examina les gravures qui couvraient les murailles, et, tournant ainsi autour de la pièce, elle arriva à la fenêtre qui ouvre sur son jardin.

— Je comprends, dit-elle en souriant, vous êtes chez moi.

En revenant en arrière, ses yeux tombèrent sur mon miroir dans lequel elle vit se refléter ses fenêtres.

Je suivais sur son visage l'impression que cette découverte allait amener ; pendant quelques secondes, elle regarda curieusement la disposition du miroir et les effets de vision qui se produisaient sur sa glace, puis, se tournant vers moi, elle se mit à sourire.

— Cela est fort ingénieux, dit-elle, mais est-ce bien délicat ?

— Je ne sais pas, je n'ai pas pensé à la délicatesse du procédé, ni à sa convenance, ni à sa discrétion, je n'ai pensé qu'à une chose, à une seule, vous voir. J'aurais été libre, je n'aurais pas eu besoin de ce moyen, je serais resté du matin au soir à ma fenêtre, attendant l'occasion de vous apercevoir. Mais je ne suis pas libre, mon temps est occupé, il faut que je travaille.

— C'est un travail, ce dessin ? dit-elle, en venant à ma table.

— C'est pour un grand ouvrage sur la guerre, dont je dois faire les gravures. Mais ne parlons pas de cela.

— Parlons-en, au contraire. Croyez-vous donc que je sois indifférente à ce qui vous touche ? C'est un peu pour l'apprendre que je me suis décidée à cette visite : puisque vous ne vouliez pas venir chez moi, il fallait bien que je vinsse chez vous.

— Chère Clotilde...

Mais elle m'arrêta.

— J'ai une heure à passer avec vous, dit-elle en riant, ne m'offrirez-vous pas un siége ?

Elle attira un fauteuil, et de la main me montrant une chaise à côté d'elle :

— Maintenant, causons raisonnablement, n'est-ce pas ? Je vous croyais en Espagne, je vous retrouve à Paris ; je vous croyais commerçant, je vous retrouve artiste ; cela mérite quelques mots d'explication, il me semble.

Il était évident qu'elle voulait diriger notre entretien, de manière à ne pas le laisser aller trop loin ; et avec son habileté à effleurer les sujets les plus dangereux sans les attaquer sérieusement, avec sa légèreté de parole, son art des sous-entendus, avec son adresse à atténuer ou à souligner du regard ce que ses lèvres avaient indiqué, elle pouvait très-bien se croire certaine de me maintenir dans la limite qu'elle s'était fixée.

En tout autre moment il est probable qu'elle eût réussi à me conduire où il lui plaisait d'aller, mais nous n'étions pas dans des circonstances ordinaires. Les sentiments que j'éprouvais en sa présence et sous le feu de son regard ne ressemblaient en rien à ceux que je m'imposais loin d'elle alors que je raisonnais froidement mon amour et le réglais méthodiquement.

Elle m'était apparue au moment même où je la croyais perdue à jamais, et ce coup de foudre m'avait jeté hors de moi-même : les quelques secondes pendant lesquelles je l'avais pressée dans mes bras m'avaient enivré. Maintenant, elle était chez moi, nous étions seuls, à deux pas l'un de l'autre ; je la voyais, je la respirais, et ma main, mes bras, mes lèvres, étaient irrésistiblement attirés vers elle, comme le fer l'est par l'aimant, comme un corps l'est par un autre corps électrisé : il y avait là une force toute-puissante, une attraction mystérieuse qui me soulevait pour me rapprocher d'elle.

Il ne pouvait plus être question de prudence, de raison, d'avenir, de passé : le présent parlait et commandait en maître.

— Vous savez pourquoi je m'étais décidé à me faire commerçant? lui dis-je. C'était pour me créer promptement une position qui me permît de devenir votre mari. Vous n'avez pas voulu attendre.

— Voulu...

— Mon intention n'est pas de récriminer ; vous n'avez pas pu attendre. Alors, je n'avais pas de raisons pour rester à Marseille et j'en avais de puissantes pour venir à Paris : mon amour qui m'obligeait à vous chercher, à vous trouver, à vous voir.

Elle leva la main pour m'arrêter, mais je ne la laissai point m'interrompre ; saisissant sa main, je m'approchai jusque contre elle, et, tenant mes yeux attachés sur les siens, je continuai :

— Ce que votre mariage m'a fait souffrir, je ne le dirai pas, car ni pour vous, ni pour moi, je ne veux revenir sur ce passé horrible, mais, si cruelles qu'aient été ces souffrances, elles n'ont pas une minute affaibli mon amour. Dans l'emportement de la colère, sous le coup de l'exaspération, précipité du ciel dans l'enfer, brisé par cette chute, accablé sous l'écroulement de mes espérances, j'ai pu vous maudire, mais je n'ai pas pu cesser de vous aimer. C'est parce que je vous aimais que je suis parti pour l'Espagne par crainte de céder à un mouvement de fureur folle, le jour de votre mariage. C'est parce que je vous aimais que j'ai quitté Marseille pour venir ici vivre près de vous. C'est parce que je vous aime que je suis tremblant, attendant un mot, un regard d'espérance.

Plusieurs fois elle avait voulu m'interrompre et plusieurs fois aussi elle avait voulu se dégager de mon étreinte, mais je ne lui avais pas laissé prendre la parole et n'avais pas abandonné sa main.

— Ah ! Guillaume, dit-elle en détournant la tête, épargnez-moi.

— Ne détournez pas votre regard et n'essayez pas de retirer votre main. J'ai commencé de parler, vous devez m'entendre jusqu'au bout.

— Et que voulez-vous donc que j'entende de plus ? Que voulez-vous que je vous réponde ?

— Je veux que ce que vous m'avez dit la dernière fois que nous nous sommes vus, vous me le répétiez aujourd'hui. Alors, peut-être, j'oublierai le passé, et une vie nouvelle commencera pour moi, pour nous, une vie de tendresse, d'amour, chère Clotilde. Tournez vos yeux vers les miens ; regardez-moi, là ainsi, comme il y a trois mois, et ce mot que vous avez dit alors : « Guillaume, je vous aime, » répétez-le, Clotilde, chère Clotilde.

En parlant, je m'étais insensiblement rapproché d'elle ; je l'entourais ; je voyais ses prunelles noires s'ouvrir et se refermer, selon les impressions qui la troublaient ; sa respiration saccadée me brûlait. Elle ferma les paupières et détourna la tête ; sa main tremblait dans la mienne.

— Pourquoi me faire cette violence ? dit-elle. Ah ! Guillaume, vous êtes sans pitié !

— Ce mot, ce mot.

— Pourquoi m'obliger à le prononcer tout haut ? Si je ne vous aimais pas, Guillaume, serais-je ici ?

Je la saisis dans mes bras, mais elle se défendit et me repoussa.

— Laissez-moi, je vous en supplie, Guillaume, laissez-moi ; ne me faites pas regretter d'être venue et d'avoir eu foi en vous. Souvenez-vous de ce que vous avez été à notre dernière entrevue.

— C'est parce que je m'en souviens que je ne veux pas qu'il en soit aujourd'hui comme il en a été alors. Ne vous défendez pas, ne me repoussez pas. Vous êtes chez moi, vous êtes à moi.

— Je sais que je ne peux pas vous repousser, mais je vous jure, Guillaume, que si vous n'écoutez pas ma prière, vous ne me reverrez jamais. Vous pouvez m'empêcher de sortir d'ici, mais vous ne pourrez jamais m'obliger à y revenir, et vous ne m'obligerez pas non plus à vous recevoir chez moi.

Sans ouvrir mes bras, je reculai la tête pour la mieux voir, ses yeux étaient pleins de résolution.

— Vous dites que vous m'aimez.

— L'homme que j'aime, ce n'est pas celui qui me serre en ce moment dans cette étreinte, c'est celui dont j'avais gardé le souvenir, c'est l'homme loyal qui savait écouter les prières et respecter la faiblesse d'une femme.

Je la laissai libre, elle s'éloigna de deux pas, et s'appuyant sur la table :

— N'êtes-vous plus cet homme, dit-elle, et faut-il que je sorte d'ici ?

— Restez.

— Dois-je avoir confiance en vous ou dois-je vous craindre ? Ah ! ce n'était pas ainsi que j'avais cru que vous recevriez ma visite. Mais je suis la seule coupable ; j'ai eu tort de la faire, et je comprends maintenant que vous avez pu vous tromper sur l'intention qui m'amenait chez vous. C'est ma faute : je ne vous en veux pas, Guillaume.

Fâché contre elle autant que contre moi-même, je n'étais pas en disposition d'engager une discussion de ce genre.

— Vous savez que je suis malhabile à comprendre ces subtilités de langage, dis-je brutalement. Si vous voulez bien me donner les raisons de cette visite, vous m'épargnerez des recherches et des soucis.

— Je n'en ai eu qu'une, vous voir. Sans doute, dans

ma position cette démarche était coupable, je le savais, et il a fallu une pression irrésistible sur mon cœur pour me l'imposer, mais je n'avais pas imaginé que vous puissiez lui donner de telles conséquences. En vous rencontrant au bois de Boulogne, mon premier mot a été pour vous demander comment vous n'étiez pas encore venu me voir, et mon dernier pour vous prier de venir. Vous n'êtes pas venu.

— Je l'ai voulu, je suis sorti d'ici pour aller chez vous, et je n'ai pas eu la force de franchir la porte de l'hôtel de votre mari. Si vous voulez que je vous explique le sentiment qui m'a retenu, je suis prêt.

— Je ne vous accuse pas. Vous n'êtes pas venu, je me suis décidée à venir. J'avais beaucoup à me faire pardonner ; j'ai voulu que cette visite, qui peut me perdre si elle est connue, fût une expiation envers vous. J'ai cru que cette preuve d'amitié vous toucherait et vous disposerait à l'indulgence.

— Ne m'a-t-elle pas rendu heureux ?

— Trop, dans votre joie vous avez perdu la raison et le souvenir. Je ne voudrais pas vous peiner, mon ami, mais enfin, il faut bien le dire, puisque vous l'avez oublié : je suis mariée.

— C'est vous qui avez la cruauté de me le rappeler.

— J'avais cru que vous ne l'oublieriez pas, et que dès lors vous ne me demanderiez pas ce que je ne peux pas vous donner. Quelle femme croyez-vous donc que je sois devenue, vous qui autrefois aviez tant de respect pour celle que vous aimiez ? C'est par le souvenir de ce respect que j'ai été trompée. Si vous saviez le rêve que j'avais fait !...

— C'est notre malheur à tous deux de ne pas réaliser

les rêves que nous formons ; moi aussi j'en avais fait un qui a eu un épouvantable réveil.

— C'est ce réveil que je voulais adoucir ; je me disais : Guillaume est un cœur délicat, une âme élevée, il comprendra le sentiment qui m'amène près de lui et il se laissera aimer, comme je peux aimer, sans vouloir davantage. Assurément je ne serai pas pour lui la femme que je voudrais être, mais il sera assez généreux pour se contenter de ma tendresse et de mon amitié. Puisque je ne peux pas être sa femme, je serai sa sœur. Puisque nous ne pouvons pas être toujours ensemble, nous nous verrons aussi souvent que nous pourrons, et dans cette intimité, dans cette union de nos deux cœurs, il trouvera encore d'heureuses journées. Sa vie ne sera plus attristée et moi j'aurai la joie de lui donner un peu de bonheur. Voilà mon rêve. Ah ! mon cher Guillaume ! pourquoi ne voulez-vous pas qu'il devienne la réalité ? ce serait si facile.

— Facile ! vous ne diriez pas ce mot si vous m'aimiez comme je vous aime.

— Alors je dois partir, et nous ne nous verrons plus.

— Non, restez et laissez-moi reprendre ma raison si je peux imposer silence à mon amour.

Elle reprit sa place dans le fauteuil qu'elle avait quitté et je m'assis en face d'elle, mais assez loin pour ne pas subir le contact de sa robe. Puis, pour ne pas la voir, je me cachai la tête entre mes deux mains. Pendant un quart d'heure, vingt minutes peut-être, je restai ainsi.

Tout à coup je sentis un souffle tiède sur mes mains : Clotilde s'était agenouillée devant moi.

— Guillaume, mon ami, dit-elle d'une voix suppliante.

Je la regardai longuement, puis mettant ma main dans la sienne :

— Eh bien, lui dis-je, ordonnez, je suis à vous.

Alors, elle se releva vivement et, effleurant mes cheveux de ses lèvres :

— Guillaume, dit-elle, je t'aime.

XLVII

Quand je lis un roman, j'envie les romanciers qui savent voir dans l'âme de leurs personnages, et qui peuvent, d'une main sûre, comme celle de l'anatomiste, analyser et expliquer leurs sentiments.

« Le lèvres de Metella disaient je t'aime, mais son cœur au contraire disait je ne t'aime pas. »

Où le trouvent-ils ce cœur, et par quels procédés peuvent-ils lire ce qui se passe dedans? C'est cet intérieur qu'il est curieux et utile de connaître.

Mais, dans la vie, les choses ne se passent pas tout à fait comme dans les romans, même dans ceux qui s'approchent le plus de la vérité humaine. Les gens qu'on rencontre communément et avec lesquels on se trouve en relations ne sont point des personnages typiques : ils ne se montrent point dans une action habilement combinée pour arriver à la révélation d'un caractère, ils ne prononcent point à chaque instant de ces mots qui dessinent une situation, expliquent une passion, éclairent le *dedans*. Ils n'ont point un relief extraordinaire et ils vivent sans aucune de ces exagérations dans un sens ou dans un autre, en beau ou en laid, en bien ou en mal, que la convention littéraire exige chez les personnages que la fiction met dans les livres ou sur le théâtre.

De là une difficulté d'observation d'autant plus grande que pour chercher et découvrir le vrai, nous ne sommes pas des psychologues extraordinaires armés de méthodes infaillibles pour lire dans l'âme de ceux que nous étudions. Tous nous sommes généralement coulés dans le moule commun, et comme nous n'avons ni les uns ni les autres rien d'excessif, nous restons en présence sans nous connaître.

Ces réflexions furent celles qui m'agitèrent après le départ de Clotilde.

Qu'était véritablement cette femme qui emportait ma vie, qu'était sa nature, qu'était son âme ?

Comment fallait-il l'étudier ? Dans ses paroles ou dans ses actions ? Par où fallait-il la juger ? Où était le vrai, où était le faux ? Y avait-il en elle quelque chose qui fût faux et tout au contraire n'était-il pas sincère ?

A ne considérer que sa visite, je devais croire qu'elle était résolue au dernier sacrifice et que la passion était maîtresse de son cœur et de sa raison. Une femme ne vient pas chez un homme dont elle connaît l'amour, sans être prête à toutes les conséquences de cette démarche. Elle était venue parce qu'elle m'aimait et parce qu'elle n'avait pas pu vaincre les sentiments qui l'entraînaient. Sa défense avait été celle d'une femme qui lutte jusqu'au bout et qui ne succombe que lorsqu'elle a épuisé tous les moyens de résistance. Si j'avais insisté, si j'avais persisté, elle se serait rendue.

Donc j'avais eu tort d'écouter sa prière et de la laisser partir.

Mais, d'un autre côté, si je cherchais à l'étudier d'après ses paroles, je ne trouvais plus la même femme. Elle m'aimait, cela était certain, mais pas au point de sacrifier son honneur à son amour. Elle avait regretté nos jours d'autrefois ; elle avait voulu les renouveler, voilà tout. Si j'avais exigé davantage, je n'aurais rien obtenu, et nous en serions venus à une rupture absolue. Sûre d'elle-même, elle voulait concilier son amour pour moi, avec ses devoirs envers son mari. Ce n'est pas après trois mois de mariage qu'une femme telle que Clotilde va au-devant d'une faute et vient la chercher elle-même.

Donc, j'avais eu raison de ne pas céder à ma passion. Mais je n'arrivais pas à une conclusion pour m'y tenir solidement, et je passais de l'une à l'autre avec une mobilité vertigineuse. Oui, j'avais eu raison. Non, j'avais eu tort ; ou plutôt j'avais eu tort et raison à la fois.

C'était alors que je regrettais de n'avoir pas la profondeur d'observation des romanciers, et de n'être pas comme eux habile psychologue. J'aurais lu dans l'âme de Clotilde comme dans un livre ouvert et j'aurais trouvé le ressort qui imprimait l'impulsion à sa conduite : l'amour ou la coquetterie, la franchise ou la duplicité.

Malheureusement ce livre ne s'ouvrait pas sous ma main malhabile, et partout, en elle, en moi, autour de nous, je ne voyais que confusion et contradiction.

Après avoir longuement tourné et retourné les difficultés de cette situation sans percer l'obscurité qui l'enveloppait, j'en arrivai comme toujours, en pareilles circonstances, à m'en remettre au temps et au hasard pour l'éclairer. Le jour était sombre, il n'y avait qu'à attendre, le soleil se lèverait et me montrerait ce que je ne savais pas trouver dans l'ombre. Et en attendant, sans me tourmenter et m'épuiser à la recherche de l'impossible, je ferais mieux de jouir de l'heure présente en ne lui demandant que les seules satisfactions qu'elle pouvait donner.

Il avait été convenu avec Clotilde que, pour m'adoucir une première visite à l'hôtel Solignac, je ne la ferais pas le mercredi, jour de réception, où j'étais presque certain de rencontrer M. de Solignac, mais le vendredi, à un moment où il n'était jamais chez lui. J'étais censé ignorer que le mercredi était le jour où on le trouvait. J'arrivais de Cassis apportant des nouvelles du général, rien n'était plus naturel que cette première visite. Pour les autres, nous verrions et nous arrangerions les choses à l'avance.

Le vendredi, après son déjeuner, Clotilde descendit au jardin et vint s'installer, un livre à la main, sous un marronnier en fleurs. Elle se plaça de manière à tourner le dos à l'hôtel et par conséquent en me faisant face. Je ne sais si le livre posé sur ses genoux était bien intéressant, mais ce qu'il y a de certain, c'est qu'elle tint plus souvent ses yeux levés vers mes fenêtres que baissés sur les feuillets de ce livre.

Pendant deux heures, elle resta là; puis, avant de quitter cette place, elle me fit un signe pour me dire qu'elle rentrait chez elle et m'attendait.

Cinq minutes après, je laissais retomber le marteau de l'hôtel Solignac, et l'on m'introduisait dans un petit salon d'attente.

— Je ne sais si madame peut recevoir, dit le domestique, je vais le faire demander.

Ce moment d'attente me permit de me remettre, car l'émotion m'étouffait.

Quelques minutes s'écoulèrent, et le domestique m'ouvrit la porte du salon de réception : Clotilde, debout devant la cheminée, me tendait les deux mains.

— Enfin, vous voilà, dit-elle, après m'avoir fait asseoir près d'elle, chez moi, et nous sommes ensemble, sans avoir à trembler ou à nous cacher. Comme j'attendais ce moment avec impatience! Maintenant que nous sommes réunis, rien ne nous séparera plus. Mais, regardez-moi donc.

Et comme je tenais les yeux baissés sur le tapis :

— Pourquoi cette tristesse! vous n'êtes donc pas heureux d'être près de moi?

— Vous ne pensez qu'au présent; moi je suis dans le passé, et je ne peux pas être heureux en comparant ce présent à mes espérances. Est-ce dans la maison d'un autre, la femme d'un autre que je devais vous voir? Vous n'aviez donc jamais bâti de châteaux en Espagne ? Si vous saviez la vie que je m'étais arrangée avec vous !

— Pourquoi parler de ce qui est impossible, dit-elle avec impatience, et quel bonheur trouvez-vous à rappeler des souvenirs qui ne peuvent que nous attrister tous deux? L'heure présente n'a-t-elle donc pas de joies pour vous? Soyez juste et ne vous laissez pas aveugler par le chagrin. Il y a quinze jours, espériez-vous ce qui arrive aujourd'hui? Non, n'est-ce pas? Eh bien, croyez que demain, dans quinze jours, nous aurons d'autres bonheurs que nous ne pouvons pas prévoir en ce moment. Ayons foi dans l'avenir. Et pour aujourd'hui, ne me gâtez pas la joie de cette première visite. Faites qu'il m'en reste un souvenir qui me soutienne et m'égaye dans mes heures de tristesse ; car si vous avez des jours de douleur, vous devez bien penser que j'en ai aussi. Vous êtes seul, vous êtes libre, moi je n'ai pas cette solitude et cette liberté. Allons, donnez-moi vos yeux, Guillaume, donnez-moi votre sourire.

Qui peut résister à la voix de la femme aimée? L'amertume qui me gonflait le cœur lorsque j'étais entré, la colère, la jalousie se dissipèrent sous le charme de cette parole caressante. La séduction qui se dégageait de Clotilde m'enveloppa, m'étourdit, m'endormit et m'emporta dans un paradis idéal.

Cependant les heures en sonnant à la pendule me ramenèrent à la réalité. Je regardai le cadran, il était cinq heures, il y avait plus de deux heures que j'étais près d'elle.

Elle devina que je pensais à me retirer.

— Non, dit-elle en me retenant; pas encore, je vous avertirai.

Nous reprîmes notre causerie; mais enfin l'heure arriva où je ne pouvais plus prolonger ma visite.

— Demain, me dit Clotilde, je pourrai rester longtemps encore dans le jardin; mais si vous me voyez, moi je ne vous vois pas, et je voudrais cependant être avec vous. Pourquoi ne serions-nous pas ensemble par l'esprit comme nous y sommes? Pourquoi ne liriez-vous pas dans votre chambre le livre que je lis dans le jardin? Nous commencerions en même temps, nous tournerions les feuillets en même temps, et en même temps aussi nous aurions les mêmes idées et les mêmes émotions. Voyons, quel livre lirions-nous bien?

Elle me prit par la main et me conduisit devant une étagère sur laquelle étaient posés quelques volumes richement reliés. Mais si les reliures étaient belles, les livres étaient misérables : c'étaient des nouveautés prises au hasard, sans choix personnel, et pour la vogue du moment.

— Je veux quelque chose de tendre, de doux, dit-elle, que nous ne connaissions ni l'un ni l'autre, pour avoir le plaisir de créer ensemble et en même temps.

— Les volumes que vous avez ici ne peuvent pas vous donner cela.

— Eh bien! prenons-en d'autres.

— Si vous le voulez, je vais vous en envoyer un ; connaissez-vous *François le Champi ?*

— Non.

— Ni moi non plus, mais je sais que c'est un des meilleurs romans de G. Sand ; je vais en acheter deux exemplaires. J'en garderai un et je vous enverrai l'autre.

— C'est cela ; lire dans un livre donné par vous, le plaisir sera doublé ; vous ferez des marques sur votre exemplaire ; j'en ferai de mon côté sur le mien, et nous les échangerons après.

Cette première entrevue n'avait eu que des joies, mais maintenant il fallait voir M. de Solignac, et c'était là le douloureux. Il me fallait du courage pour cette visite, mais ce n'est pas le courage qui me manque d'ordinaire, c'est la résolution ; une fois que mon parti est pris, je vais de l'avant coûte que coûte ; et mon parti était pris, ou plus justement il m'était imposé par Clotilde.

Le mercredi suivant, à six heures, j'entrai dans le salon où Clotilde m'avait déjà reçu. Elle était là, et deux personnes étrangères s'entretenaient avec M. de Solignac.

J'allai à elle d'abord et elle me serra la main, en me lançant un regard qui n'avait pas besoin de commentaire : jamais paroles n'avaient dit si éloquemment : « Je t'aime. »

Je me retournai vers M. de Solignac qui me tendit la main ; il me fallut avancer la mienne.

Les personnes avec lesquelles il était en conversation se levèrent bientôt et sortirent. Nous restâmes seuls tous les trois.

— J'ai regretté, me dit-il, de ne m'être pas trouvé chez moi quand vous avez bien voulu venir voir madame de Solignac, je vous remercie d'avoir renouvelé votre visite pour moi. Vous avez vu le général ; comment est-il ?

J'étais tellement furieux contre moi que je voulus m'en venger sur M. de Solignac.

— Il se plaint beaucoup de la solitude, et à son âge, il est vraiment triste d'être seul, ce qu'il appelle abandonné.

— Sans doute ; mais à son âge il eût été plus mauvais encore de changer complétement sa vie ; c'est ce qui m'a empêché de le faire venir avec nous, comme nous en avions l'intention.

L'entretien roula sur des sujets insignifiants ; enfin je pus me lever pour partir.

— Puisque vous habitez Paris, me dit M. de Solignac, j'espère que nous nous verrons souvent ; il est inutile de dire, n'est-ce pas, que ce sera un bonheur pour madame de Solignac et pour moi.

Trois jours après cette visite, je reçus une lettre de M. de Solignac, qui m'invitait à dîner pour le mercredi suivant.

XLVIII

Cette invitation à dîner à l'hôtel de Solignac n'était pas faite pour me plaire.

C'était la menace d'une intimité qui m'effrayait ; car, si je pouvais garder jusqu'à un certain point l'espoir d'éviter la présence de M. de Solignac dans mes visites à Clotilde, j'allais maintenant subir le supplice de l'avoir devant les yeux pendant plusieurs heures. Il parlerait à *sa* femme, elle lui répondrait, et je serais ainsi initié, malgré moi, à des détails d'intérieur et de ménage qui ne pouvaient être que très-pénibles pour mon amour.

Mais il n'y aurait pas que mes illusions et ma jalousie qui souffriraient dans cette intimité.

J'avoue franchement que je ne me fais aucun scrupule d'aimer Clotilde, malgré qu'elle soit la femme d'un autre. Je l'aimais jeune fille, je l'aime mariée, sans me considérer comme coupable envers son mari, et je trouve que le plus coupable de nous deux, c'est lui qui m'a enlevé celle que j'aimais. D'ailleurs, ce mari, je le méprise et le hais.

Mais, pour garder ces sentiments, il faut que je reste avec M. de Solignac dans les termes où nous sommes. Si je vais chez lui, si je mange à sa table, si je deviens le familier de la maison, les conditions dans lesquelles je suis placé se trouvent changées par mon fait; je n'ai plus le droit de le haïr et de le mépriser. Si je garde cette haine et ce mépris au fond de mon cœur, je suis obligé à n'en laisser rien paraître et à afficher, au contraire, l'amitié ou tout au moins la sympathie.

La situation deviendra donc intolérable pour moi, — honteuse quand je serai avec Clotilde et son mari, — cruelle quand je serai seul avec moi-même.

Il y a une question que je me suis souvent posée : la perspicacité de l'esprit est-elle une bonne chose? Autrement dit, est-il bon, lorsque nous nous trouvons en présence d'une résolution à prendre, de prévoir les résultats que cette résolution amènera?

Il est évident que si cet examen nous permet de prendre la route qui conduit au bien et d'éviter celle qui nous conduirait au mal, c'est le plus merveilleux instrument, la plus utile boussole que la nature nous ait mise aux mains. Mais si, au contraire, il n'a pas une influence déterminante sur notre direction, il n'a plus les mêmes qualités. L'homme bien portant qui tombe écrasé sous un coup de tonnerre, n'a pas l'agonie du malheureux poitrinaire qui, trois ans d'avance, est condamné à une mort certaine et qui sait que, quoi qu'il fasse, il n'échappera pas à son sort.

Le cas du poitrinaire a été le mien : j'ai vu clairement, comme si je les touchais du doigt, toutes les raisons qui me défendaient d'aller chez M. de Solignac, et cependant j'y suis allé. Sachant d'avance à quels dangers et à quels tourments ce dîner m'exposerait, je n'ai pas eu la force de résister à l'impulsion qui m'entraînait. Mon esprit me disait : n'y va pas, et il me présentait mille raisons meilleures les unes que les autres pour m'arrêter. Mon cœur me disait : vas-y, et bien qu'il ne motivât son ordre sur rien, c'est lui qui l'a emporté.

Un regard de Clotilde, lorsque j'entrai dans le salon, me paya ma faiblesse et me fit oublier les angoisses de ces trois jours d'incertitude.

— J'étais inquiète de vous, me dit-elle en me serrant la main, votre lettre me faisait craindre de ne pas vous avoir.

— Jusqu'au dernier moment, j'ai craint moi-même de ne pouvoir pas venir.

— Nous aurions été désolés, dit M. de Solignac, intervenant, si vous aviez été empêché.

Nous étions entourés et nous ne pouvions, Clotilde et moi, échanger un seul mot en particulier, mais les paroles étaient inutiles entre nous; dans son regard et dans la pression de sa main il y avait tout un discours.

J'étais curieux de voir le monde que Clotilde recevait; sortant du cercle formé autour de la cheminée, j'allai m'asseoir sur un canapé au fond du salon.

Quelques personnes étaient arrivées avant moi; je pus les examiner librement. Les deux dames assises auprès de Clotilde présentaient entre elles un contraste frappant : l'une était jeune et fort belle, mais avec quelque chose de vulgaire dans la tournure, qui donnait une médiocre idée de sa naissance et de son éducation ; l'autre, au contraire, était laide et vieille, mais avec une physionomie ouverte, des manières discrètes, une toilette de bon goût qui inspiraient sinon le respect, au moins la confiance et une certaine sympathie. On se sentait en présence d'une honnête femme qui devait être une bonne mère de famille.

Les hommes n'avaient rien de frappant qui permît un jugement immédiat et certain : cependant l'ensemble n'était pas satisfaisant ; parmi eux assurément il ne se trouvait pas une seule personnalité remarquable, mais des gens d'affaires et de bourse, non des grandes affaires ou de la haute finance, mais de la chicane et de la coulisse.

On annonça « le baron Torladès » et je vis entrer un Portugais qui, à son cou et à la boutonnière de son habit, portait toutes les croix de la terre ; « le comte Vanackère-Vanackère », un Belge majestueux ; « sir Anthony Partridge », un patriarche anglais ; « le prince Mazzazoli », un Italien presque aussi décoré que le Portugais.

C'était à croire que M. de Solignac, ministre des affaires étrangères, recevait à dîner le corps diplomatique : allions-nous remanier la carte de l'Europe ?

Au milieu de ces convives qui parlaient tous un français de fantaisie, Clotilde montrait une aisance parfaite ; pour chacun elle avait un mot de politesse particulière, et, à la voir libre, légère, charmante, jouant admirablement son rôle de maîtresse de maison, on n'eût jamais supposé que son éducation s'était faite en répétant ce rôle avec quelques pauvres comparses de province dont j'étais le jeune premier, le général, le père noble, et M. de Solignac, le financier.

Je me trouvais fort dépaysé au milieu de ces étrangers et restais isolé sur mon canapé quand la porte du salon s'ouvrit pour laisser entrer un convive qu'on n'annonça pas. C'était un artiste, un pianiste, Emmanuel Treyve, que je connaissais pour avoir dîné plusieurs fois avec lui à notre restaurant.

Après avoir salué la maîtresse et le maître de la maison, il promena un regard circulaire dans le salon et, m'apercevant, il vint vivement à moi.

— En voilà une bonne fortune de vous trouver là, me dit-il à mi-voix; au milieu de ces magots décorés, le dîner n'eût pas été drôle. Quelles têtes! Regardez donc ce vieux gorille; comment ne s'est-il pas fait fendre le nez pour y passer une croix..... ou une bague?

— C'est un Portugais, le baron Torladès.

— Un Portugais de Batignolles. Qu'il serait beau au Palais-Royal!

Clotilde vint à nous.

— Je suis heureuse que vous connaissiez M. le comte de Saint-Nérée, dit-elle au pianiste; je vais vous faire mettre à côté l'un de l'autre, vous pourrez causer.

Puis elle nous quitta.

— C'est vrai? dit Treyve en me regardant d'un air étonné.

— Quoi donc?

— Vous n'êtes pas un comte de Batignolles? Vous êtes un vrai comte? Pourquoi vous en cachez-vous?

— Je ne cache pas mon titre, mais je ne m'en pare pas non plus. Ne serait-il pas plaisant que la bonne de notre gargote me servît en disant : « La portion de M. le comte de Saint-Nérée! »

— Eh bien! vous savez, votre noblesse me fâche tout à fait.

— Parce que?

— Parce que, en vous apercevant, je me suis flatté que vous étiez invité dans cette honorable maison pour faire le quatorzième à table, tandis que je l'étais, moi, pour mon talent et mon nom. Maintenant, il me faut perdre cette illusion, c'est moi le quatorzième.

— Où voyez-vous cela? nous sommes treize précisément.

— Nous sommes treize parce qu'on attend quelqu'un; vous verrez que tout à l'heure nous serons quatorze. Ah! mon cher, nous sommes dans un drôle de monde.

Treyve se montrait bien léger, bien étourdi, et j'étais blessé de ses propos qui atteignaient Clotilde jusqu'à un certain point; cependant je ne pus m'empêcher de lui demander quel était ce monde qu'il paraissait si bien connaître.

— Nous en reparlerons, dit-il, parmi ces longues oreilles, il y en a peut-être de fines.

Ses prévisions quant au quatorzième se réalisèrent, on annonça « le colonel Poirier » et je vis paraître mon ancien camarade, le nez au vent, les épaules effacées, la moustache en croc, en vainqueur qui connaît ses mérites et sait qu'il ne peut recueillir que des applaudissements sur son passage : le succès lui avait donné des ailes; il planait, et s'il voulut bien serrer les mains qui se tendaient vers lui, ce fut avec une majesté souveraine.

Avec moi seul il redevint le Poirier d'autrefois, et, quand il m'aperçut, il écarta le vénérable Partridge qui lui barrait le passage, planta là le Portugais qui s'attachait à lui, ne répondit pas au prince Mazzazoli qui lui insinuait un compliment et vint jusqu'à mon canapé les deux mains tendues.

L'accueil que m'avait fait le pianiste n'avait naturellement produit aucun effet, mais celui de Poirier me fit considérer comme un personnage. Personne ne m'avait regardé, tout le monde se tourna de mon côté.

— Vous connaissez M. le comte de Saint-Nérée? demanda M. de Solignac.

— Si je connais Saint-Nérée, s'écria Poirier, mais vous ne savez donc pas que je lui dois la vie?

Et il se mit à raconter comment j'avais été le chercher au milieu des Arabes. Jamais je n'avais vu tirer parti d'un service rendu avec cette superbe jactance : j'étais un héros, mais Poirier !

On passa dans la salle à manger. Poirier, bien entendu, offrit son bras à la maîtresse de la maison, et à table il s'assit à sa droite, tandis que le vénérable Partridge prenait place à sa gauche.

J'avais pour voisins Treyve, d'un côté, et de l'autre, un jeune homme à la figure chafouine qui me menaçait d'un entretien suivi.

Après le potage, Treyve se pencha vers moi, et parlant à mi-voix, en mâchant ses paroles de manière à les rendre à peu près inintelligibles :

— Voulez-vous le menu du dîner? dit-il. Le potage m'annonce d'où il vient : c'est signé Potel et Chabot. Nous allons voir sur cette table ce qu'on sert à cette heure dans dix autres maisons : la même sauce noire, la même sauce blanche, la même poularde truffée, le même foie gras, les mêmes asperges en branches. J'ai déjà vu dix fois cet hiver les pommes d'api qui sont devant nous. Je vais en marquer une et je suis certain de la retrouver la semaine prochaine dans une autre maison du genre de celle-ci. Les sauces, les pommes, le prince italien, le Portugais, tout est de Batignolles; ça manque d'originalité.

Mais la conversation générale étouffa les réflexions désagréables du pianiste.

— Il n'y a qu'à *Parisss* qu'on *s'amouse*, dit le baron portugais. *Parisss* provoque *l'émoulation* du monde entier.

— Si Paris est redevenu ce qu'il était autrefois, dit le prince italien, et s'il promet de prendre un essor nouveau, il ne faut pas oublier que nous le devons aux amis fidèles, aux dévoués collaborateurs du prince Louis-Napoléon.

Et de son verre il salua M. de Solignac et Poirier.

— Oh! messieurs, dit M. de Solignac, ne faisons pas de politique, je vous en prie; nous avons ici un représentant de la vieille noblesse française, un grand nom de notre pays — il se tourna vers moi en souriant — qui a quitté l'armée pour ne pas s'associer à l'œuvre du prince. Respectons toutes les opinions.

— Surtout celles qui sont vaincues, dit Clotilde.

— Décidément, me dit Treyve, après un moment de silence, je suis bien le quatorzième à table; vous, vous êtes « un grand nom de notre pays. » Nous faisons chacun notre partie dans ce dîner; moi, je rassure ces étrangers superstitieux, en apportant à cette table mon unité; vous, vous les éblouissez en apportant « votre vieille noblesse française. » Quel drôle de monde! C'est égal, le sauterne est bon; je vous engage à en prendre.

XLIX

Si je ne disais pas à chaque instant, comme le pianiste : « Quel drôle de monde, » je n'en faisais pas moins mes réflexions sur les convives de M. de Solignac.

Bien souvent, dans les premières années de ma vie de soldat, alors que je parcourais les garnisons de la France, il m'était arrivé de dîner chez des fonctionnaires dont les convives réunis par le hasard se connaissaient assez peu pour qu'il y eût à table une certaine réserve, mêlée quelquefois d'embarras. Mais ce que je voyais maintenant ne ressemblait en rien à ce que j'avais vu alors.

Évidemment les invités de M. de Solignac avaient eux aussi été réunis par le hasard, mais ce n'était point de l'embarras qui régnait entre eux, c'était plutôt de la défiance; à l'exception de Treyve qui s'était ouvert à moi en toute liberté, chacun semblait se garder de son voisin; c'était à croire que ces gens qui paraissaient ne pas se connaître, se connaissaient au contraire parfaitement et se craignaient ou se méprisaient les uns les autres. Quand on prononçait le nom du baron Torladès, le prince Mazzazoli avait un sourire indéfinissable, et quand le Portugais s'adressait à l'Italien, il avait une manière d'insister sur le titre de prince qui promettait de curieuses révélations à celui qui eût voulu les provoquer.

N'y avait-il là que des princes, des barons et des comtes de fantaisie? La question pouvait très-bien se présenter à l'esprit. En tous cas, que ceux qui prenaient ces titres en fussent ou n'en fussent pas légitimes propriétaires, il y avait une chose qui sautait aux yeux, c'est qu'ils avaient tous l'air de parfaits aventuriers, même le patriarche anglais dont la respectabilité, les cheveux blancs, les gestes bénisseurs appartenaient à un comédien « qui s'est fait une tête. »

La politique bannie de la conversation on se rabattit sur les affaires et tous ces nobles convives révélèrent une véritable compétence dans tout ce qui touchait le commerce de l'argent.

Si curieux que je fusse de connaître [les relations de M. de Solignac par ces conversations, et d'éclaircir ainsi plus d'un point obscur dans sa vie, je me laissai distraire par Clotilde.

Tout d'abord je m'étais contenté d'échanger avec elle un furtif regard, mais bientôt je remarquai qu'elle était engagée avec Poirier dans une conversation intime qui à la longue me tourmenta.

Pendant que le vénérable Partridge répliquait au baron portugais ou au comte flamand, Clotilde penchée vers Poirier s'entretenait avec lui dans une conversation animée. De temps en temps ils tournaient les yeux, à la dérobée, de mon côté, et bien que la distance m'empêchât d'entendre leurs paroles, je sentais qu'il était question de moi.

Que disaient-ils? Pourquoi s'occupaient-ils de moi? Quand leurs regards rencontraient le mien, il est vrai qu'ils me souriaient l'un et l'autre, mais il n'y avait pas là de quoi me rassurer, bien au contraire. Ceux qui ont aimé comprendront par quels sentiments je passais.

— Nous parlons de vous, me dit Clotilde répondant à un coup d'œil.

— Et que dites-vous de moi?

— Du bien, cher ami, répliqua Poirier en levant son verre.

— Et du mal, continua Clotilde en me souriant tendrement.

— Mais enfin?

— Plus tard, plus tard, répondit Poirier en riant; vous êtes trop ardent; il faut savoir attendre et ne pas toujours prendre la vie au tragique.

— La vie est une comédie, dit sentencieusement le prince italien.

— Un mélodrame, dit le baron portugais, où le rire se mêle aux larmes.

Il n'était pas possible de continuer sur ce ton. Il fallut attendre.

Le plus tard de Poirier arriva après le dîner ; lorsque nous fûmes rentrés dans le salon il vint me prendre par le bras et m'emmena dans le jardin pour fumer un cigare.

— Vous êtes curieux de savoir ce que nous disions de vous, n'est-ce pas ?

— Cela est vrai.

— Vos yeux me l'ont dit. Ils sont éloquents vos yeux. Peut-être même le sont-ils trop.

— Comment cela ?

— En disant des choses qu'il ne serait pas bon que tout le monde entendît. Heureusement je ne suis pas tout le monde, et je n'ai pas l'habitude de raconter ce que j'apprends ou devine.

L'entretien sur ce ton ne pouvait pas aller plus loin, je voulus le couper nettement.

— Vous avez beaucoup trop d'imagination, mon cher Poirier, et vous lisez mieux ce qui se passe en vous que ce qui se passe au dehors.

— Toujours la tragédie ; vous vous fâchez, vous avez tort, car je vous donne ma parole que je ne trouve pas mauvais du tout que madame de Solignac vous ait touché au cœur : elle est assez charmante pour cela, et Solignac de son côté est assez laid et assez vieux pour expliquer ces caprices de sa femme.

— Est-ce pour cela que vous m'avez amené dans ce jardin ?

— C'est « expliquer » qui vous blesse, mettons « justifier » et n'en parlons plus.

— N'en parlons plus, c'est ce que je demande pour moi autant que pour madame de Solignac.

— Vous êtes plus bégueule qu'elle ne l'est elle-même; car je vous assure que, pendant tout le dîner, elle a eu plaisir à me parler de vous.

— Et que vous disait-elle?

— Elle m'a raconté comment vous étiez devenu l'ami de son père, et... le sien. Si je me trompe dans l'ordre des faits, reprenez-moi, je vous prie; faut-il dire que vous êtes devenu d'abord l'ami de mademoiselle Martory et ensuite celui du général, ou bien faut-il dire que vous avez commencé par le général et fini par mademoiselle Martory; mais peu vous importe, n'est-ce pas?

— Parfaitement.

— Je m'en doutais. Je continue donc. Après m'avoir parlé de votre intimité, elle m'a dit comment vous aviez donné votre démission, et c'est là ce qui a singulièrement allongé notre entretien, car j'avoue que bien que vous m'ayez prouvé que nous ne jugions pas les choses de ce monde de la même manière, j'étais loin de m'attendre à ce qu'elle m'a appris. Comment diable, si vous désapprouviez le coup d'État, et je comprends cela de votre part, n'êtes-vous pas resté à Paris et pourquoi êtes-vous retourné à Marseille où vous étiez exposé à marcher avec votre régiment?

— Vous avez donné la raison de ma détermination tout à l'heure, je ne juge pas les choses de ce monde comme vous.

— Enfin, vous vous êtes mis dans la nécessité d'abandonner votre détachement, pour ne pas faire fusiller vos amis par vos soldats.

— C'est cela même.

— Savez-vous que vous vous êtes tiré de cette affaire

très-heureusement pour vous; il y a des officiers détenus dans la citadelle de Lille pour en avoir fait beaucoup moins que vous, car ils ont simplement refusé de prêter serment.

— Je n'ai rien demandé, et je serais allé au château d'If sans me plaindre, s'il avait plu au général de m'y envoyer.

— Dieu merci, cela n'est point arrivé; mais enfin il n'en est pas moins vrai que vous voici sorti de l'armée, ce qui n'est pas gai pour un officier comme vous, amoureux de son métier. J'ai été à peu près dans cette position pendant un moment et je sais ce qu'elle a de triste.

— Il ne fallait pas faire le 2 Décembre; sans votre coup d'État je serais toujours capitaine.

— L'intérêt du pays.

— Il n'y a rien à dire à cela; aussi je ne dis rien.

— Sans doute, mais vos amis disent pour vous.

— Mes amis parlent trop.

— Vos amis répondent aux questions d'un autre ami qui les interroge. Croyez-vous que je n'ai pas pressé de questions madame de Solignac quand j'ai su que vous aviez donné votre démission? Croyez-vous qu'il ne me déplait point de ne pouvoir pas vous être utile, alors que dans ma position, il me serait si facile de vous servir?

— Je vous remercie, mais vous savez que je ne peux rien demander à votre gouvernement et que je ne pourrais même en rien accepter, alors qu'il me ferait des avances.

— Je ne le sais que trop. Aussi je ne veux pas vous faire des propositions que vous ne pouvez pas écouter. Non, ce n'est pas cela qui me préoccupe; c'est votre situation. Madame de Solignac m'a dit que vous faisiez des dessins, des illustrations pour la maison Taupenot. Cela n'est pas digne de vous.

— Et pourquoi?

— Je ne veux pas dire que vous n'êtes point digne d'être artiste, je me rappelle des dessins de vous qui étaient très-remarquables et que je vous ai vu faire avec une facilité étonnante. Ce que je veux dire c'est que cela ne peut vous conduire à rien.

— Cela me conduit à vivre, ce qui est quelque chose, il me semble.

— Mais après?

— Après ces illustrations d'autres, à moins cependant que je ne...

— Ah! ne vous arrêtez pas; à moins que vous ne soyez réintégré dans votre grade par le gouvernement qui remplacera celui-ci, n'est-ce pas? c'est là ce que vous voulez dire et ce que vous ne dites pas par politesse. Eh bien! moi, je serai moins poli, et je vous dirai que ce gouvernement en a au moins pour quinze ou vingt ans, ce qui est la moyenne des gouvernements en France. Dans vingt ans, vous aurez cinquante ans et vous ne quitterez pas le crayon pour reprendre le sabre. Voilà pourquoi je voudrais vous voir le quitter tout de suite.

— Pour prendre quoi?

— Avec quoi, croyez-vous, que M. de Solignac entretienne le train qu'il mène? Ce n'est pas avec ses appointements de sénateur, n'est-ce pas? Un hôtel comme celui-ci, trois voitures sous les remises, cinq chevaux dans les écuries, un personnel convenable de domestiques, tout cela, sans compter les toilettes de madame et les dépenses de monsieur, ne se paye pas, vous le savez bien, avec trente mille francs. Ajoutons que mademoiselle Martory s'est mariée sans dot, et que Solignac était bas percé, extrêmement bas il y a quelques mois. Vous ne croyez pas, n'est-ce pas, que Solignac ait reçu du prince quelques-uns des nombreux millions volés par nous à la Banque? Non. Eh bien! le mot de ce mystère est tout simplement qu'il fait des affaires. Un âge nouveau a commencé pour la France, c'est celui des affaires et de la spéculation. Solignac l'a compris, et il s'est mis à la tête de ce mouvement qui va prendre un essor irrésistible. Aujourd'hui, vous avez vu à sa table un prince Mazzazoli, un baron Torladès, un comte Vanackère, un Partridge, et deux ou trois autres personnages qui valent ceux-là. Et cette réunion de convives ne vous a pas, j'en suis certain, inspiré une bien grande confiance. Vous vous êtes dit que c'étaient là des aventuriers, des intrigants, des fruits secs des gouvernements antérieurs.

— Je me suis trompé?

— Je ne dis pas cela; mais revenez dîner ici dans un an, jour pour jour, et, à la place de ces aventuriers cosmopolites, vous verrez les rois de la finance qui écouteront bouche ouverte les moindres mots de Solignac. Qui aura fait ce miracle? L'expérience. Aujourd'hui Solignac en est réduit à se servir de gens qui, j'en conviens, ne méritent pas l'estime des puritains; il débute et il n'a pas le droit d'être bien exigeant. Mais dans un an, tout le monde saura qu'il a fait attribuer des concessions de chemin de fer, de mines, de travaux, à ces aventuriers, et l'on comptera avec lui. Je vous assure que M. de Solignac est un homme habile qui deviendra une puissance dans l'État. Rien que son mariage prouve sa force. Pour la réussite de ses projets, il avait besoin d'une femme jeune et belle qui lui permît d'avoir un salon et surtout une salle à manger. A son âge et dans sa position, cela était difficile. Cependant il a su en trouver une qui réunit toutes les qualités exigées pour le rôle qu'il lui destinait : jeunesse, beauté, naissance, séduction ; n'est-ce pas votre avis ?

Je fis un signe affirmatif.

— Eh bien, mon cher, servez-vous de Solignac, faites des affaires avec lui, cela vaudra mieux que de faire des dessins. Vous avez un beau nom, vous êtes décoré, vous exercerez un prestige sur l'actionnaire, et Solignac sera heureux de vous avoir avec lui.

— Il vous l'a dit ?

— Non, mais avec la connaissance que j'ai de lui, j'en suis certain ; dans deux ou trois ans, vous serez à la tête de la finance, et alors si certaines circonstances se présentent, par exemple si vous voulez vous marier, vous pourrez épouser la femme que vous voudrez. C'est un conseil d'ami, un bon conseil.

L

Il est inutile de rapporter la réponse que je fis à Poirier ; elle fut ce qu'elle devait être.

Mon nom, s'il avait une valeur, « un prestige sur l'actionnaire, » comme disait Poirier, devait m'empêcher de faire des bassesses, il ne devait pas m'aider à en commettre. C'est là, il me semble, ce qu'il y a de meilleur dans les titres héréditaires ; si par malheur nous sommes trop faibles, dans des circonstances critiques, pour nous décider nous-mêmes, nous pouvons être très-utilement influencés par le souvenir de nos aïeux, par notre nom. On ne devient pas un coquin ou un lâche facilement, quand on se souvient qu'on a eu un père honnête ou brave.

Alors même que je n'aurais pas eu cette raison pour fermer l'oreille aux propositions de Poirier, j'en aurais eu dix autres.

Il est certain que le pays est en proie à la fièvre des affaires. Pendant les quinze années de la Restauration et les dix-huit années de règne de Louis-Philippe, la richesse publique s'est considérablement accrue : la bourgeoisie a gagné beaucoup et le paysan a commencé à amasser. Il y a une épargne qui ne demande qu'à être mise en mouvement.

Jusqu'à présent cette épargne est restée dans les armoires et au fond des vieux bas de laine, parce qu'on n'a pas su aller la chercher et qu'elle était trop timide pour venir elle-même s'offrir aux hauts barons de la finance. On l'employait prudemment en placements à 4 1/2 sur première hypothèque, ou bien en achats de terre, et ces placements faits on recommençait à économiser sou à sou jusqu'au jour où une somme nouvelle était amassée.

Mais ce mode de procéder a changé. Aux barons de la finance, qui restaient tranquillement chez eux, attendant qu'on leur apportât l'argent qu'il daignaient à peine accepter, sont venus se joindre des spéculateurs moins paresseux.

Le coup d'État a amené sur l'eau un tas de gens qui pataugeaient dans la boue et qui comprennent les affaires autrement que les financiers majestueux du gouvernement de Juillet. Ils ont prêté leur argent et leurs bras à l'homme en qui ils ont reconnu un bon aventurier, un bon chef de troupe, et maintenant que cet homme, poussé par eux, est arrivé, ils demandent le payement de leur argent et de leur dévouement. Il est bien probable que Louis-Napoléon serait heureux de se débarrasser de ses complices exigeants ; mais, grâce à Dieu, le châtiment de ceux qui ont eu recours à l'intrigue est d'être toujours exploités par l'intrigue. Vous vous êtes servi des gredins, les gredins à leur tour se serviront de vous et ne vous lâcheront plus. L'appui que vous leur avez demandé en un jour de détresse, vous serez condamné à le leur rendre pendant vos années de prospérité.

Ces gens sont d'autant plus pressés de profiter de la position qu'ils ont su conquérir brusquement et inespérément, qu'ils ont attendu plus longtemps. Ils ne sont point, comme leurs devanciers, restés derrière le grillage de leur caisse, se contentant d'en ouvrir le guichet pour ceux qui voulaient y verser leur argent. Ils ont pris la peine d'aller eux-mêmes à la recherche de cet argent, et tous les moyens, toutes les amorces, tous les appâts leur ont été bons pour le faire sortir. La révolution de 1848 a fait entrer le peuple dans la politique en lui donnant le suffrage universel, le coup d'État le fait entrer dans la spéculation.

Je ne veux rien dire du suffrage universel, bien que je sois terriblement irrité contre lui, depuis qu'il a eu la faiblesse d'absoudre l'auteur du Deux-Décembre, mais, la spéculation universelle, je n'en veux à aucun prix, et je n'irai pas me faire un de ses agents et de ses courtiers. Le beau résultat quand la contagion des affaires aura pénétré jusque dans les villages et quand le paysan lui-même aura souci de la cote de la Bourse : la fièvre de l'or est la maladie la plus effroyable qui puisse fondre sur un peuple.

Je ne sais si M. de Solignac pense comme moi sur ce sujet et s'il ne croit pas, au contraire, que les meilleurs gouvernements sont ceux qui développent la fortune publique. Mais peu importe ; il suffit que mon sentiment sur l'agiotage soit ce qu'il est pour m'empêcher de m'associer à ses spéculations pour la part la plus minime, alors même que j'aurais la preuve de l'honnêteté parfaite du spéculateur.

L'associé de M. de Solignac, moi !

Cette idée seule me fait monter le sang de la honte au front.

L'associé d'un homme que je méprise et que je hais : divisés par notre amour, réunis par notre intérêt.

C'est déjà trop de honte pour moi que la lâcheté de ma passion me fasse aller chez lui et m'oblige à lui serrer la main, à manger à sa table, à l'écouter, à lui sourire.

Mon amour m'est jusqu'à un certain point une excuse; mais l'intérêt ?

Pendant que Poirier m'exposait son plan, je me demandais comment il en avait eu l'idée, s'il en était le seul auteur, et si Clotilde ne le lui avait point suggéré. Je voulus l'interroger à ce sujet, mais je n'osai le faire directement, et mes questions timides n'eurent d'autre résultat que d'amener chez mon ancien camarade une chaleureuse protestation de dévouement : il avait voulu m'être utile, et son expérience de la vie en même temps que son amitié pour moi lui avaient inspiré ce moyen.

Je fus heureux de cette réponse et m'en voulus presque d'avoir pu croire Clotilde capable d'une pareille idée ; incontestablement elle n'avait pu naître que dans l'esprit d'un homme comme Poirier, absolument débarrassé de tous préjugés, qui, dans la vie, ne voit que des intérêts, et ne s'inquiète plus depuis longtemps des moyens par lesquels on arrive à les satisfaire.

La réflexion me confirma dans cette croyance. Aussi je fus bien surpris le mercredi suivant lorsque Clotilde me demanda tout à coup si j'avais pensé aux conseils du colonel Poirier.

Afin d'être seul avec elle, j'étais arrivé de bonne heure pour lui faire ma visite, et ce fut pour ainsi dire son premier mot.

Je la regardai un moment sans répondre tant j'étais étonné de sa question.

— Ainsi, c'est vous qui avez eu cette idée? dis-je à la fin.

— Cela vous étonne?

— Je l'avoue.

— Vous croyez donc que je ne pense pas à vous et que je ne fais pas sans cesse des projets auxquels je tâche de me rattacher par un lien quelconque. C'est là ce qui m'a inspiré cette idée.

— De l'intention je suis vivement touché, chère Clotilde, car elle est une preuve de tendresse; mais l'idée?

— Eh bien, qu'a de mauvais cette idée? Elle vous blesse dans votre fierté de gentilhomme? J'avoue que je n'avais pas pensé à cela. Je savais que vous ne pensiez pas comme ces hobereaux qui se croiraient déshonorés s'ils se servaient de leurs dix doigts ou de leur intelligence pour faire œuvre de travail. Vous travaillez; passez-moi le mot : « Vous gagnez votre vie, » qu'importe que ce soit en faisant des dessins ou que ce soit en faisant des affaires; c'est toujours travailler. Seulement les dessins vous obligent à travailler vous-même pour gagner peu, tandis que les affaires vous permettent de faire travailler les autres pour gagner beaucoup, voilà tout.

— Vous n'avez vu que cela dans votre idée?

— J'ai vu encore autre chose, et je suis surprise que vous ne le voyez pas vous-même. J'ai vu un moyen d'être réunis sans avoir rien à craindre de personne. Si vous étiez intéressé dans les affaires de M. de Solignac, vous seriez en relations quotidiennes avec lui. Au lieu de venir ici une fois par hasard en visite ou pour dîner, vous y viendriez tous les jours, amené par de bonnes raisons qui déferaient les insinuations et les calomnies. Je voudrais tant vous avoir sans cesse près de moi ; je serais si heureuse de vous voir toujours, à chaque instant, toute la journée, du matin au soir. Tout d'abord, j'avais eu un autre projet. Faut-il vous le dire et ne vous en fâcherez-vous pas ?

— Du projet peut-être, mais en tout cas je suis bien certain que je n'aurai qu'à vous remercier de l'intention.

— Puisque vous le voulez, je me confesse. Quand vous m'avez dit que vous aviez été forcé d'accepter ce travail de dessinateur, l'idée m'est venue de vous proposer un autre genre de travail qui serait moins pénible et qui aurait le grand avantage de nous réunir. Pourquoi ne serait-il pas le secrétaire de M. de Solignac ? me suis-je dit.

— Moi ! vous avez pu penser ?

— Laissez-moi vous dire ce que j'ai pensé et dans l'ordre où je l'ai pensé. D'abord, je n'ai songé qu'à une chose : notre réunion. Je vous voyais tous les matins, je descendais dans le cabinet de M. de Solignac pendant votre travail ; je vous voyais dans la journée, je vous voyais le soir. Peut-être même était-il possible de vous organiser un appartement dans le pavillon. Nous ne nous quittions plus.

— Et votre mari !

— Mon mari aurait été très-sensible à l'honneur d'avoir pour secrétaire un homme comme vous ; cela fait bien de dire : « Le comte de Saint-Nérée, mon secrétaire. » D'ailleurs, M. de Solignac n'est pas jaloux. Il a pu autrefois vous paraître gênant par sa surveillance ; mais alors je n'étais pas sa femme et il avait peur que je devinsse la vôtre ; maintenant qu'il est mon mari, il ne s'inquiète plus de moi et ne me demande qu'une chose : diriger sa maison comme il veut qu'elle aille pour le bien de ses affaires ; je suis pour lui une sorte de maître de cérémonies, et pourvu que chez lui on me trouve parée dans ce salon, pourvu que dans le monde je fasse mon entrée à son bras, il ne me demande rien de plus. Ce n'est donc pas lui qui a arrêté mon projet, c'est vous. J'ai craint de vous blesser. Je me suis dit que votre fierté ne pourrait pas se plier. J'ai cru que votre amour ne serait pas assez grand pour me faire ce sacrifice, et alors je me suis rabattue sur cette idée qui vous étonne.

— Ce qui m'étonne, c'est que vous n'ayez pas pensé à ce qu'il y a d'odieux et de honteux dans ce rôle que vous me destinez.

— Vous seul pouviez le rendre honteux ; si vous m'aimiez comme je vous aime et veux toujours vous aimer, si à votre amour vous ne mêliez pas de mauvaises espérances, ce rôle ne serait pas ce que vous dites.

— Pour ma dignité, je vous en supplie, Clotilde, ne m'obligez pas à des relations suivies avec M. de Solignac.

— Vous pensez à votre dignité, moi je ne pense qu'à mon amour, et vous dites que vous m'aimez.

Notre discussion menaçait de prendre une tournure dangereuse lorsqu'elle fut interrompue par l'arrivée de M. de Solignac.

— Je suis heureux de vous voir, dit-il, après les premières politesses et j'allais monter chez vous. Vous connaissez bien la province d'Oran, n'est-ce pas ?

— Je l'ai parcourue pendant cinq ans jour et nuit.

— Vous pouvez me rendre un grand service.

Alors il m'expliqua qu'il était en train de fonder une affaire pour construire des barrages sur les principales rivières de la province : Chelif, Mina, Habra, Sig, afin de fournir de l'eau aux irrigations, et il me demanda tout ce que je savais sur le cours de ces rivières, sur les plaines et sur les villages qu'elles traversent. Puis, comme il y avait des questions techniques sur le débit d'eau, l'altitude, le sous-sol, que je ne pouvais pas résoudre, il me pria de t'écrire.

— Quelques mots de l'officier de l'état-major qui relève ces contrées, me dit-il, me fortifieront auprès de nos ingénieurs.

Et sous sa dictée, pour ainsi dire, je t'écrivis la lettre géographique à laquelle tu as répondu, sans te douter bien certainement des conditions dans lesquelles je me trouvais, en te questionnant ainsi brusquement, sur un sujet que nous n'avons point l'habitude de traiter.

Ce ne fut pas tout ; il me pria encore de lui écrire une lettre dans laquelle je consignerais tout ce que je savais sur cette question.

J'étais pris de telle sorte qu'il m'était impossible de refuser ; je fis donc ma lettre en m'attachant surtout à m'enfermer dans une vérité rigoureuse, puis je ne pensai plus à cette affaire.

Mais hier je reçus la visite de M. de Solignac ; il m'apportait un long rapport sur ces barrages, et, dans ce rapport, se trouvaient ma lettre et la tienne, « lettres émanant de deux officiers, disait une note, qui, à des titres différents, ont toute autorité pour parler de cette question. »

Cela me fit faire une grimace qui s'accentua singulièrement quand M. de Solignac m'offrit un paquet d'actions libérées de sa compagnie.

Bien entendu, je ne les ai point acceptées. Mais le refus a été dur et la discussion difficile.

LI

Dans les anciens fabliaux, il y a un sujet qui revient souvent sous la plume des trouvères, à savoir si un amant peut être heureux en respectant la pureté de sa dame.

Je me rappelle avoir lu sur cette question de longues dissertations plaintives, mais combien sont légères les impressions de la lecture, à côté de celles que donne la réalité.

Depuis que je suis près de Clotilde ou plus justement depuis qu'elle me sait près d'elle, je vis continuellement dans le trouble et dans la fièvre.

Par le seul fait de notre amour et des exigences qui en résultent, la vie que je m'étais arrangée a été bouleversée.

Comme je suis contraint par la nécessité de faire un certain nombre de dessins par semaine, et que je n'ai plus, comme autrefois, toute ma journée pour travailler, je me lève à cinq heures tous les matins et je travaille jusqu'à dix ou onze heures avec toute l'activité dont je suis capable. Je ne me crois pas paresseux et je n'ai aucune frayeur du papier blanc; cependant ce procédé de travail que j'ai été contraint d'adopter m'est pénible et fatigant.

Faire douze lieues par jour en douze heures d'un pas régulier, n'est pas un exercice bien pénible, on jouit de la route et on en profite; si l'on rencontre un site agréable, on peut même s'arrêter pour l'examiner à loisir; au contraire, faire douze lieues en six heures, au pas gymnastique, demande une dépense de forces qui, à la longue, lasse et épuise. C'est le pas gymnastique que j'ai dû introduire dans mon travail, et c'est par lui que j'ai remplacé la promenade qui m'était si agréable.

Je ne *lâche* pas mes dessins, comme on dit en style d'atelier, et j'espère bien n'en jamais arriver là, mais enfin je n'ai plus le plaisir de les caresser; au lieu d'attendre que les idées me viennent doucement, je vais les chercher avec les fers et les amène de force. Je n'ai que cinq heures à moi et il faut qu'à onze heures mes yeux soient plus souvent sur mon miroir que sur mon papier, car c'est le moment où Clotilde se lève, et où elle paraît à la fenêtre de sa chambre en attendant qu'elle descende dans le jardin.

Je suis là et nous échangeons un regard; c'est alors que se décide ma journée, qui, bien entendu, est réglée sur celle de Clotilde.

Pour cela nous avons adopté un système de télégraphie qui nous est particulier et qui nous permet de nous entendre au moins sur quelques points principaux.

Comme je n'ai aucune direction, aucune volonté dans l'arrangement de cette journée et que je me conforme à ce que Clotilde m'indique, je ne parais pas à ma fenêtre pendant tout le temps qu'elle me transmet sa dépêche. Après que nous nous sommes regardés un moment, je rentre dans ma chambre et, me plaçant devant mon miroir que je dispose pour qu'il reçoive tous les mouvements de Clotilde, suivant qu'elle est à sa fenêtre ou dans le jardin, je note ses signaux.

Si elle lève le bras droit en l'air, cela veut dire qu'elle va le soir à un théâtre de musique; le bras levé une fois, c'est l'Opéra; deux fois, les Italiens; trois fois, l'Opéra-

Comique. Si c'est le bras gauche qui transmet le signal, cela veut dire que c'est à un théâtre de genre qu'elle ira, une fois les Français, deux fois le Gymnase, trois fois le Vaudeville et ainsi de suite : notre clef, convenue à l'avance, a prévu les théâtres les plus impossibles.

Si, en descendant au jardin, elle commence sa promenade à droite, cela signifie qu'elle ira au bois de Boulogne ; si elle s'arrête à moitié chemin et revient sur ses pas, elle s'arrêtera dans la journée à l'Arc-de-Triomphe et reviendra dans les Champs-Élysées.

Si elle se coiffe avec une natte relevée sur la tête, ainsi qu'elle se coiffait autrefois à Cassis, c'est que M. de Solignac sera absent durant la journée entière et qu'elle sera toute à moi. Un livre à la main, elle restera seule et ne recevra personne. Pas de livre, je pourrai lui faire visite.

Quelquefois les signaux sont longs et compliqués, et je dois les écrire pour ne pas les brouiller dans ma mémoire ; car, si précis que soit ce langage façonné à notre usage, il ne vaut pas la parole, et la nécessité de la traduction m'entraînerait facilement à des erreurs.

Sur cette dépêche, j'arrange ma journée.

Si Clotilde ne doit faire qu'une simple promenade dans les Champs-Élysées, je vais à l'avance m'asseoir au pied d'un orme, et je reste là au milieu des badauds et des étrangers venus pour jouir du Paris mondain qui défile dans l'avenue. Quand elle passe devant moi, je la salue, elle me sourit, nos regards s'embrassent.

Si elle doit aller jusqu'au bois de Boulogne, je vais l'attendre, et quelquefois elle me fait la grâce de descendre de voiture pour se promener pendant cinq minutes en s'appuyant sur mon bras. Nous cherchons un sentier écarté, et doucement serrés l'un contre l'autre, nous jouissons délicieusement de ce court moment.

Mais ces bonnes fortunes sont rares, car elles nous mettent à la discrétion d'un passant curieux ou d'un valet bavard; et chaque fois je suis le premier à représenter à Clotilde combien elles sont dangereuses. Que faut-il pour que nos rencontres soient connues de M. de Solignac ou du monde, et comment ne le sont-elles pas déjà?

— Vous aimeriez mieux me voir chez vous, n'est-ce pas? dit-elle en souriant.

— Sans doute, et, sous tous les rapports, le danger serait moindre.

— Peut-être. Mais si je retournais chez vous une seconde fois, je devrais bientôt y retourner une troisième, puis une quatrième, puis toujours, car je ne saurais pas résister à vos prières. C'est beaucoup trop d'y avoir été une première.

— Vous le regrettez?

— Non, mais voyez où cela nous a entraînés. Et cependant, si loin que nous soyons arrivés, je ne regrette pas cette visite, comme vous me le reprochez. C'était un devoir envers vous. Et bien que ce devoir accompli m'ait chargée d'une faute lourde pour le présent et menaçante pour l'avenir, je la ferais encore si c'était à recommencer. Mais pour ne pas augmenter le poids de cette faute, pour me l'alléger, il faut que vous n'insistiez pas ainsi sans cesse, et à propos de tout, sur votre désir de me voir une seconde fois chez vous. Comme vous, je reconnais que les chances d'être rencontrée seraient moins grandes qu'ici, mais ici j'ai une dernière ressource que je n'aurais pas chez vous; c'est d'avouer. Que M. de Solignac apprenne que nous nous sommes promenés dans cette allée, je ne nierai pas et j'aurai dans le hasard une explication que je n'aurais pas chez vous. Nous nous sommes rencontrés ; le hasard a tout fait. Mais le hasard ne peut pas me faire monter vos cinq étages. J'allais chez vous pour vous ; une femme peut-elle se résoudre à un pareil aveu : je ne supporterais pas cette honte. Au moins laissez-moi la liberté de choisir celle à laquelle je peux m'exposer.

— Si on découvre ces promenades, nous ne nous verrons plus.

— Nous ne nous verrions plus ici, mais nous nous verrions ailleurs, rien ne serait perdu. Pourquoi prendre toujours ainsi les choses par le plus mauvais côté et les pousser à l'extrême ? Pourquoi ne pas espérer et s'en fier à la chance ? C'est une fâcheuse disposition de votre caractère de vouloir que tout soit réglé méthodiquement dans votre vie ; pour être tranquille et confiant, vous auriez besoin de savoir ce que vous ferez d'aujourd'hui en dix ans ; si nous nous promènerons dans cette allée ; si je vous aimerai.

— Moi, je suis certain de vous aimer dans dix ans comme je vous aime aujourd'hui ; s'il y a un changement dans mon amour, ce sera en plus et non en moins, car vous m'êtes de plus en plus chère, aujourd'hui plus que vous ne l'étiez hier, hier plus que vous ne l'étiez il y a un mois.

— Qui est certain du lendemain, vous excepté, mon ami ? Laissez aller la vie, et prenons en riant les bonnes fortunes qu'elle nous envoie. L'imprévu n'a donc pas de charme pour vous ?

— L'incertitude m'épouvante.

— Je comprendrais cette peur de l'imprévu si vous ne me saviez pas disposée à profiter de toutes les occasions qu'il nous offre, et même à les faire naître ; mais ce reproche, vous ne pouvez pas me l'adresser, n'est-ce pas? Si nous ne sommes pas toujours ensemble du matin au soir, ce n'est pas ma faute, et vous voyez vous-même comment je travaille à notre réunion.

— A notre réunion en public, oui, mais dans l'intimité, dans le tête-à-tête...

— Et que voulez-vous que je fasse ?

— Si vous vouliez.

— Dites si je pouvais, ou plutôt ne dites rien, et ne revenons pas sur un sujet qui ne peut que nous peiner tous deux.

Ce qu'elle appelait les bonnes fortunes de la vie, c'étaient nos rencontres fortuites, et la vérité est qu'elles se produisaient presque chaque jour et même plusieurs fois par jour.

Partout où se réunissaient trois personnes à la mode, il était certain qu'elle ferait la quatrième : aux expositions de peinture, aux sermons de charité, aux courses, aux premières représentations.

J'aurais voulu ne voir là qu'un empressement à chercher les occasions d'être ensemble; par malheur, si bien disposé que je fusse à croire tout ce qui pouvait caresser mon amour, je ne pouvais me faire cette illusion.

En se montrant ainsi partout, Clotilde obéit un peu à son goût pour le plaisir, un peu aussi au désir de me rencontrer, mais surtout elle se conforme aux intentions de son mari qui veut qu'elle soit à la mode. Ce n'est pas pour lui qu'il a épousé une femme jeune et belle, c'est pour le monde ; de même que c'est pour le monde qu'il a de beaux chevaux et qu'il tâche d'avoir une bonne table. Il faut qu'on parle de lui, et tout ce qui peut augmenter sa notoriété et, en fin de compte, servir ses affaires, lui est bon. Que ce genre de vie expose sa femme à de certains dangers, il n'en a souci ; son ambition n'est pas qu'on écrive sur sa tombe : « Il fut bon père et bon époux. » S'il a jamais eu le sens de la famille, il y a longtemps qu'il l'a perdu. A son âge, il est pressé de jouir, et les jouissances qu'il demande, ne sont point celles qui font le bonheur du commun des mortels.

Quand je rencontre Clotilde au théâtre ou aux courses, nous avons là aussi, bien entendu, un langage muet pour nous entendre.

Si elle porte la main gauche à sa joue en me regardant, je peux m'approcher ; si, au contraire, elle ne me fait aucun signe, je dois rester éloigné d'elle ; enfin, si, pendant ma visite, elle arrange ses cheveux de la main droite, je dois aussitôt la quitter.

C'est là une de mes grandes souffrances, la plus poignante, la plus exaspérante peut-être. Dans sa position, jeune, charmante, mariée à un vieillard qui ne montre aucune jalousie et laisse toute liberté à sa femme, elle doit être entourée et courtisée. Elle l'est en effet. Tous les hommes de son monde s'empressent autour d'elle, et même beaucoup d'autres, qui, s'ils n'étaient attirés par sa séduction, n'auraient jamais salué M. de Solignac et qui pour obtenir un sourire de la femme se font les flatteurs du mari.

C'est au milieu de cette cour que bien souvent je suis obligé de la quitter. On la presse, on la complimente, on fait la roue devant elle, j'enrage dans le coin où je me suis retiré ; elle porte la main droite à ses cheveux, je me lève, je la salue et je pars.

Je ne dis pas un mot, mais je m'éloigne la colère dans le cœur, furieux contre elle, qui sourit à ces hommages, furieux contre ce mari qui les supporte, furieux contre ces hommes jeunes ou vieux, beaux ou laids, intelligents ou bêtes, qui la souillent de leurs désirs.

Redescendu à ma place, je braque ma lorgnette sur la scène, mais mes yeux, au lieu de regarder dans les tubes noircis, regardent du côté de sa loge. Je la vois rire et plaisanter; je la vois écouter ceux qui lui parlent; je la vois serrer les mains qui se tendent vers les siennes; puis, quand la toile est levée, je suis avec angoisse la direction de la lorgnette; qui cherche-t-elle dans la salle? Qui occupe sa pensée, son souvenir ou son caprice?

Le spectacle fini, je cours me placer dans l'escalier ou dans le vestibule, sur son passage; je la vois passer emmitouflée dans sa pelisse, souriant à tous ceux qui la saluent; elle me fait une inclination de tête, un signe à peine perceptible, et c'est fini.

Je n'ai plus qu'à rentrer, à regarder la fenêtre de sa chambre et à me coucher bien vite pour me lever le lendemain à cinq heures dispos au travail.

LII

Et qui vous force à supporter cette vie? me diraient les gens raisonnables, si je les prenais pour confidents de ma folie. Vous n'êtes point heureux, allez-vous-en. Vous avez à vous plaindre de celle que vous aimez, ne l'aimez plus; et s'il vous faut absolument un amour au cœur, aimez-en une autre.

Je reconnais volontiers que ce conseil est sage, et probablement c'est celui que je donnerais à l'ami qui me conterait des peines semblables aux miennes.

— Soyez fort, raidissez-vous, n'abdiquez pas votre volonté et votre dignité d'homme. Il n'y a que le premier effort qui soit douloureux. C'est une dent à arracher.

rien de plus; l'os de la mâchoire cassé, la dent vient facilement, et l'on est heureux d'en être débarrassé. Un peu de poigne.

Voilà bien le malheur; on se fait arracher les dents dont on souffre : on ne se les arrache pas soi-même : le dentiste qui déploie une belle solidité de poigne sur votre mâchoire serait beaucoup moins ferme sur la sienne propre; au premier craquement, il lâcherait la clef de Garengeot.

C'est ce qui m'est arrivé chaque fois que j'ai voulu m'arracher mon amour; j'étais bien décidé; je saisissais solidement la clef, j'appliquais le crochet; mais au moment où il s'agissait de faire opérer le mouvement de bascule, la douleur était plus forte que la volonté et je n'allais pas jusqu'au bout.

Ce ne sont pas les encouragements qui m'ont manqué pourtant; car, bien que je n'aie pas parlé de mon amour et n'aie point pris mes camarades pour confidents, ceux-ci se sont bien vite aperçus des changements qui se faisaient dans ma vie, tout d'abord si régulière et si calme.

Le jour même de la visite de Clotilde, ils m'ont raillé pendant le dîner sur ce qu'ils ont appelé en riant mon dévergondage.

— Vous savez qu'il est arrivé aujourd'hui un fait très-grave; une femme a passé sur notre palier, et comme elle n'est pas venue chez moi...

— Ni chez moi.

— Elle est allée chez Saint-Nérée; j'ai entendu le frou-frou de sa robe à son arrivée et à son départ.

— C'était peut-être la grand'mère de notre ami.

— Ou sa sœur.

— Notre ami n'a ni grand'mère, ni sœur, mais il a un caractère sournois; il cachait son jeu. Officier de cavalerie, œil sentimental, oreilles rouges et pas de maîtresse, c'était invraisemblable. Pendant plusieurs mois, il a pu nous tromper. Mais maintenant, nous savons la vérité; cet artiste vertueux s'enfermait pour travailler.

Comme je ne répondis rien à ces plaisanteries, elles n'allèrent pas plus loin ce jour-là; mais elles recommencèrent bientôt. Puis, quand on m'entendit rentrer à une heure presque toutes les nuits et me mettre au travail dès cinq heures; quand on me vit exagérer les économies de mon dîner déjà si maigre, les plaisanteries se changèrent en avertissements discrets, et l'on me reprocha doucement de trop travailler.

— Vous n'y résisterez pas, me dit-on, l'homme qui travaille de l'esprit a besoin de plus de sommeil que celui qui ne travaille que des jambes : il faut que la tête se repose en proportion de l'effort qu'elle a fait. Travaillez moins le matin, ou plutôt amusez-vous moins le soir.

Le conseil était bon, mais je ne pouvais le suivre. Si je rentrais tard, c'était pour rester avec Clotilde, et si je me levais tôt, c'était pour faire un plus grand nombre de dessins. Les fauteuils d'orchestre coûtent cher; les gants blancs ne durent pas longtemps, et chaque mois mes dépenses, si économe que je fusse, excédaient mes recettes.

Mes amis, voyant qu'ils n'obtenaient rien de moi, s'y prirent d'une autre manière. Nous étions en été, et depuis assez longtemps mes camarades parlaient d'aller faire des études en province. La veille de leur départ, je vis entrer dans mon atelier, à sept heures du matin, Gabriel Lindet, celui d'entre eux qui m'avait toujours témoigné le plus de sympathie.

— Vous savez que nous partons demain, me dit-il, je

viens au nom de nos camarades vous proposer de partir avec nous. Au lieu de rester à vous ennuyer ici tout seul, vous travaillerez avec nous, et cela ne vous sera peut-être pas inutile.

Je me rejetai sur mes travaux qui me retenaient à Paris.

— Je ne vous demande pas de confidences, dit-il, et je vous assure que je n'en veux pas provoquer, pas plus que je ne veux être indiscret. Cependant, laissez-moi vous dire que vous avez tort de repousser ma proposition. Vous souffrez, et d'un autre côté, vous travaillez beaucoup trop; vous vous userez dans cette double peine. Venez avec nous; nous vous distrairons.

Puis il ajouta tout ce qu'il pouvait dire pour me décider, mais naturellement ses efforts furent inutiles, je ne quittai point Paris, et n'ayant plus personne autour de moi pour me distraire, je m'enfonçai plus profondément dans ma passion et m'y enfermai étroitement.

Je ne veux pas dire qu'il n'est pas possible de vivre pleinement heureux auprès d'une jeune fille qu'on aime et de se contenter des joies immatérielles d'un amour pur. Je ne veux même pas dire qu'il n'y ait pas des femmes capables d'inspirer et de contenir un amour de ce genre.

Seulement le malheur de ma position, c'est que Clotilde n'est plus cette jeune fille et qu'elle n'est pas cette femme. Dans sa beauté vigoureuse, dans son regard ardent, dans ses mouvements ondoyants, dans toute sa personne enfin, il y a une voix qui parle une autre langue que celle de l'âme. Malgré qu'on veuille et qu'on fasse, on ne peut pas rester près d'elle sans être entraîné dans un tourbillon d'idées où ce n'est pas l'esprit qui commande en maître.

21.

Quand j'ai passé une heure dans sa loge, quand son pied s'est posé sur le mien, quand sa main a cherché et serré la mienne dans une furtive caresse, quand, sous prétexte de me dire un mot à l'oreille, ses lèvres ont effleuré ma joue, je ne suis point dans des dispositions à m'agenouiller devant elle et à l'adorer de loin respectueusement.

Quand, dans une visite chez elle, j'ai eu le bonheur de la trouver seule; quand je l'ai tenue serrée dans une longue étreinte, mes yeux sur ses yeux, son souffle mêlé au mien; quand de sa voix vibrante, en me regardant jusqu'au plus profond du cœur, elle m'a dit ce mot qu'elle me répète souvent : « Suis-je votre femme, Guillaume, est-ce comme votre femme que vous m'aimez et m'estimez? » quand, pendant ces visites qui se prolongent longtemps, chaque mot a été un mot d'amour, chaque regard une caresse, chaque sourire une promesse; quand, pendant de longs silences, la main dans la main, les yeux dans les yeux, nous sommes restés frémissants, enivrés, liés puissamment l'un à l'autre par ce courant magnétique que la chair dégage et transmet, je ne peux pas rentrer calme chez moi, et me mettre tranquillement au travail en me disant que Clotilde est un ange.

Femme au contraire; femme ou démon : c'est la femme que j'aime; c'est le démon qui allume la fièvre dans mes veines, que j'adore et que je désire ardemment. Je ne suis ni un vieillard ni un saint; j'ai trente ans, et, comme dit Lindet, je suis un officier de cavalerie.

Malgré tout, les choses eussent pu durer longtemps ainsi, sans un incident qui tout d'abord semblait devoir désespérer mon amour et qui au contraire fit son bonheur.

L'été arrivé, M. de Solignac avait trouvé qu'il ne pouvait pas rester à Paris Ce n'était pas qu'il eût des goûts bucoliques qui l'obligeassent à aller respirer l'air pur des champs. Ce n'était pas non plus que Clotilde aimât beaucoup la campagne, car, ainsi que presque toutes les femmes qui ont été menacées de vivre à la campagne, elle adorait Paris. Mais les lois du monde commandaient, et il était inconvenant de rester à Paris quand les gens marquants étaient dans leurs terres.

N'ayant ni terre ni château héréditaire, M. de Solignac avait loué une maison sur le coteau qui s'étend entre Andilly et Montmorency, et il avait fait aux convenances le sacrifice de s'établir pour trois mois, dans cette maison, une des plus charmantes de ce charmant pays.

Trois mois! En apprenant cette nouvelle, j'avais été désolé. Comment vivre pendant trois mois sans voir Clotilde chaque matin! Comment rompre mes habitudes de chaque jour! Mon miroir muet pendant trois mois, c'était impossible!

Pour m'adoucir cette désolation, Clotilde m'avait fait inviter à dîner tous les mercredis à Andilly; et comme je n'étais plus au temps où certains scrupules m'arrêtaient, j'avais accepté avec bonheur.

Le troisième mercredi qui suivit cette installation à la campagne, je vis venir Clotilde au-devant de moi quand j'entrai dans le jardin. Elle était souriante, et il y avait dans son regard quelque chose de gai qui me frappa.

— Une bonne nouvelle, dit-elle en me tendant la main, nous sommes libres, nous sommes seuls. M. de Solignac est parti hier à l'improviste pour Londres. Je devais vous en prévenir; *j'aurai* oublié. Nous avons deux heures avant le dîner : que veux-tu en faire? Tu es maître, commande.

— D'abord je veux ton bras.

Elle se serra contre moi.
— Comme cela?
— Tes yeux.
Elle pencha sa tête en arrière et me regarda longuement.
— Comme cela?
— Maintenant, allons droit devant nous.
— J'avais prévu ton désir, j'ai la clef du bois.
Et par la porte qui ouvre sur la forêt, nous sortîmes. Ce que fut cette promenade en plein bois, seuls, libres, serrés l'un contre l'autre, parlant sans retenir notre voix, nous regardant sans souci des importuns ou des jaloux, — un émerveillement, un rêve. Comme le soleil était radieux; comme l'ombre était fraîche; comme la musique de la brise dans le feuillage des trembles était douce, se mêlant aux chants des fauvettes qui voletaient çà et là sous les taillis!

Ces deux heures passèrent comme un éclair, et Clotilde, qui n'avait pas perdu au même degré que moi le sentiment de la vie ordinaire, me ramena à la maison.

— Et dîner! dit-elle. Comme je *devais* être seule, je n'ai pas pu ordonner le menu que j'aurais voulu. Cependant, tout en commandant un dîner pour moi, je crois que je suis arrivée à le faire faire au goût de mon ami. Nous allons voir si j'ai réussi.

Le couvert était mis sous une véranda qui prolonge la salle à manger jusque dans le jardin.

— Suis-je madame de Saint-Nérée? me dit-elle à voix basse en nous asseyant.

Et pendant tout le temps que dura le dîner, elle prit plaisir à jouer ce rôle; et ce qu'il y eut de particulier, c'est que, par des nuances pleines de finesse, elle sut très-bien préciser cette situation : elle ne fut pas madame de Solignac, elle fut madame de Saint-Nérée : j'étais son mari, elle n'en avait jamais eu d'autre. Et il y a de braves gens qui reprochent la tromperie aux femmes !

La soirée comme la journée s'écoula avec une rapidité terrible, et, à mesure que l'heure marcha, la tristesse m'envahit.

— Pourquoi ce regard chagrin? me dit-elle.

— Il va falloir partir. Ah! Clotilde, si vous vouliez.

— Faut-il donc que vous attristiez cette journée de bonheur, et voulez-vous me faire repentir de ma confiance en vous?

A dix heures, on vint me prévenir que la voiture m'attendait pour me conduire à la station d'Ermont. Je partis.

Mais à Ermont, au lieu de m'embarquer dans le chemin de fer, je revins rapidement à Andilly et j'entrai dans le jardin par le saut de loup que j'escaladai. Doucement et à pas étouffés je me dirigeai vers la maison. Une lampe brillait dans la chambre de Clotilde qui ouvrait sur le jardin par une porte-fenêtre.

Je m'approchai avec les précautions d'un voleur. Assise dans l'ouverture de la porte, Clotilde respirait la fraîcheur du soir : la nuit était admirable, douce et sereine, l'air était chargé du parfum des roses et des héliotropes.

Je restai longtemps à la contempler; puis, irrésistiblement attiré, je sortis de la charmille où je m'étais tenu caché.

— C'est vous, Pierre? dit-elle.

D'un bond, je fus près d'elle et la pris dans mon bras, tandis que, de l'autre main, j'éteignais la lampe.

Malgré mon étreinte, elle put se dégager et elle me supplia de m'éloigner. Elle se jeta à mes genoux, et tout ce qu'une femme peut dire, elle le trouva : prières, menaces, caresses. La lutte fut longue; mais comme toujours, elle triompha.

Je fis quelques pas pour m'éloigner.

— Tu pars, me dit-elle, c'est vrai n'est-ce pas? tu m'épargnes; tu pars; eh bien! reste.

Et elle se jeta dans mes bras.

LIII

Depuis longtemps ma vie flottait sur le fleuve aux eaux troubles qui la porte, et longtemps encore sans doute il m'eût entraîné dans son courant, si tout à coup je ne m'étais brusquement trouvé arrêté et forcé de revenir en arrière, au moins par la pensée, en mesurant le chemin parcouru.

Le gouvernement impérial, après avoir fait la guerre de Crimée pour réhabiliter l'armée et noyer dans la gloire militaire les souvenirs de Décembre, avait entrepris la guerre d'Italie.

Le hasard m'avait fait traverser la rue de Rivoli au moment où l'empereur, sortant des Tuileries, se dirigeait vers la gare de Lyon pour aller prendre le commandement des troupes. J'avais accompagné son cortége et j'avais vu l'enthousiasme de la foule.

Assis dans une calèche découverte, ayant l'impératrice près de lui, il avait été acclamé sur tout son passage. En petite tenue de général de division, il saluait le peuple, et jamais souverain, je crois, n'a recueilli plus d'applaudissements. Les maisons étaient pavoisées de drapeaux français et de drapeaux sardes, et tous les cœurs paraissaient unis dans une même pensée d'espérance et de confiance : l'armée de la France allait affranchir un peuple.

La rue Saint-Antoine, la place de la Bastille que j'avais vues pendant les journées de Décembre mornes et ensanglantées, étaient encombrées d'une population enthousiaste qui battait des mains et qui, du balcon, des fenêtres, du haut des toits, acclamait de ses cris et de ses saluts celui qui, quelques années auparavant, l'avait fait mitrailler.

Comme ces souvenirs de Décembre étaient loin ! Qui se les rappelait en cette belle soirée de mai, si ce n'est Napoléon lui-même peut-être, et aussi sans doute quelques-uns de ceux qui avaient été écrasés par le coup d'État et rejetés en dehors de la vie de leur pays?

J'avais suivi les incidents de cette guerre avec un poignant intérêt, non-seulement comme un Français qui pense à sa patrie, mais encore comme un soldat qui est de cœur avec son ancien régiment : les sabres brillaient au soleil, on sonnait la charge, la poudre parlait, et moi, dans mon atelier, courbé sur mon papier blanc, je maniais le crayon.

J'avoue que plus d'une fois, pendant cette campagne, en lisant les bulletins de Palestro, de Turbigo, de Magenta, de Melegnano, j'eus des moments cruels de doute. Plus d'une fois le journal m'échappa des mains et je restai pendant de longues heures plongé dans des réflexions douloureuses.

Qui avait eu raison? Mes camarades qui étaient restés à l'armée, ou moi qui l'avais quittée? Ils se battaient pour la liberté d'une nation, ils étaient à la gloire, et moi j'interrogeais ma conscience, ne sachant même pas où était le bien et où était le mal. La France avait absous l'homme du coup d'État ; la France s'était-elle trompée dans son indulgence, ou bien ceux qui persistaient dans leur haine et dans leur rancune ne se trompaient-ils pas ?

La paix de Villafranca vint dissiper ces inquiétudes qui, pendant deux mois, m'avaient oppressé, et me rendre moins amers mes regrets de n'avoir point pris part à cette campagne. Cette guerre, qui m'avait paru entreprise pour une noble cause, n'avait été, en réalité, qu'une nouvelle aventure au milieu de toutes celles qui avaient déjà été poursuivies. Ne pouvant vivre d'une vie qui lui fût propre, l'Empire avait été obligé d'agir ; et il s'était laissé embarquer sur le principe des nationalités sans trop savoir où cela le conduirait.

Il lui fallait agir, il lui fallait faire quelque chose sous peine de mourir ; il avait fait la guerre en parant son ambition personnelle d'un principe qu'il était incapable de comprendre et d'appliquer. Puis, lorsqu'il avait eu assez de gloire pour redorer son prestige, il s'était subitement arrêté sans souci de ses engagements ou de son principe. Il avait gagné deux grandes batailles, de plus il avait acquis Nice et la Savoie, que lui importait le reste ? Il y avait danger à aller plus loin, mieux valait revenir en arrière. Il n'y a que les idées qui nous entraînent aux extrêmes, les intérêts savent raisonner et ne faire que le strict nécessaire ; l'idée avait été le prétexte dans cette guerre, l'intérêt dynastique la réalité.

Je voulus cependant assister à la rentrée triomphale des troupes dans Paris, car, si désillusionné que je fusse par cette paix malheureuse, je n'en étais pas moins fier de l'armée : ce n'était pas l'armée qui avait fait cette politique tortueuse, et ce n'était pas elle qui avait demandé à s'arrêter avant d'avoir atteint l'Adriatique.

Dans les dispositions morales où je me trouvais, j'aurais

aimé à assister seul à cette entrée des troupes victorieuses, mais celle qui est maîtresse de ma vie et de ma volonté en disposa autrement.

— Je pense que vous voudrez voir le défilé des troupes, me dit-elle.

— Sans doute.

— Cela sera bien difficile pour ceux qui n'ont pas un appartement sur les boulevards.

— N'avez-vous pas une place réservée dans les tribunes du monde officiel ?

— Oui, mais il ne me convient pas de l'occuper; j'ai retenu une fenêtre sur le boulevard, à un premier étage, et j'ai pensé qu'il vous serait agréable de m'accompagner.

Nous n'étions plus au temps où je ne pouvais que difficilement l'approcher ; maintenant, le monde parisien est habitué à me voir presque partout à ses côtés, cela est admis. Je ne sais au juste ce qu'on en pense, car on n'a jamais osé m'en parler, mais enfin personne ne s'en étonne plus. Je dus accepter, et, une heure avant le défilé des troupes, nous allâmes occuper le balcon que Clotilde avait retenu.

D'instinct je déteste tout ce qui est théâtre et mise en scène. Cependant, quand je vis s'avancer les blessés traînant la jambe, le bras en écharpe, la tête bandée, j'oubliai les mâts vénitiens, les oriflammes, les arcs de triomphe en toile peinte, les larmes me montèrent aux yeux, et, comme tout le monde, je battis des mains.

Pendant mes dix années passées dans l'armée je m'étais naturellement trouvé en relation avec bien des officiers; mes chefs, mes camarades, mes amis. J'en vis un grand nombre défiler devant moi et mes souvenirs de jeunesse allèrent les chercher et les reconnaître en tête ou dans les rangs de leurs soldats. Les uns étaient venus généraux ou colonels et j'étais heureux de leurs succès; les autres étaient restés dans des grades inférieurs et je me demandais les raisons de cette injustice ou de cet oubli.

Les drapeaux passaient noircis par la poudre et déchiquetés par les balles, les musiques jouaient, les tambours-majors jetaient leur canne en l'air, et au milieu des applaudissements et des cris d'orgueil de la foule, les régiments se succédaient régulièrement, les uns en grand uniforme comme pour la parade, les autres en tenue de campagne, portant dans leurs tuniques trouées et leurs képis poussiéreux les traces glorieuses de la fatigue et de la bataille.

Tout à coup, une commotion me frappa au cœur : au milieu des éclairs des sabres, au loin, j'avais vu paraître un régiment dont l'uniforme m'était bien connu, — le mien.

Clotilde posa sa main sur mon bras.

— Voyez-vous là-bas? dit-elle. Cet uniforme vous parle-t-il au cœur? C'était celui que vous portiez quand nous nous sommes rencontrés.

Pour la première fois, je restai insensible à ce souvenir d'amour; d'autres souvenirs m'étreignaient, m'étouffaient.

Mes amis, mes camarades, mes soldats. Ils s'avançaient, et les uns après les autres je les retrouvais. Quelques-uns manquaient. Où étaient-ils? qu'étaient-ils devenus? Mazurier est lieutenant-colonel. Comment a-t-il pu arriver à ce grade? Danglas n'est encore que capitaine et il n'est même pas décoré. Comme les hommes ont bonne tenue! C'est le meilleur régiment de l'armée.

Ils passent, ils sont passés.

— Pourquoi n'êtes-vous pas à leur tête? me dit Clotilde; vous seriez leur colonel.

Oui, pourquoi ne suis-je pas avec eux? Ce mot jeté au milieu du tourbillon de mes souvenirs m'écrasa. Je quittai le balcon et j'allai m'asseoir dans un coin de la chambre; que m'importait ce défilé maintenant, je n'étais plus dans le présent, j'étais dans le passé, j'étais avec ceux au milieu desquels ma jeunesse s'était écoulée. L'antiquité a fait une fable de la robe de Nessus, l'uniforme s'attache à la peau comme cette robe légendaire, et quoi qu'on fasse on ne peut pas l'arracher.

Je voulus les revoir, et, au lieu de rester à dîner chez Clotilde, comme je le devais, je m'en allai à Vincennes.

Les troupes rentraient dans leur camp qui occupait le grand espace dénudé compris entre le château et le fort de Gravelle.

Beaucoup de jeunes officiers et de jeunes soldats regardèrent avec indifférence ou dédain ce pékin qui venait rôder autour de leur campement; mais les vieux voulurent bien me reconnaître et me faire fête.

Ce fut le trompette Zigang qui, le premier, me reconnut: je m'étais arrêté devant lui; il me regarda d'un air goguenard en me lançant au nez quelques bouffées de tabac, puis ses yeux s'agrandirent, sa bouche s'ouvrit, son visage s'épanouit; vivement, il retira sa pipe de ses lèvres, et, portant la main à son képi:

— Holà, s'écrie-t-il, c'est le *gabidaine*.

Que de choses s'étaient passées depuis que j'avais quitté le régiment! Que de questions! Que de récits!

La soirée s'écoula vite; puis après la soirée, une bonne partie de la nuit. On ne voulut pas me laisser rentrer à Paris, et je couchai sous la tente roulé dans une pelisse qu'on me prêta.

En sentant le drap d'uniforme sous ma joue, la tête pleine de récits et de souvenirs, le cœur ému, je rêvai que j'étais soldat et que je devais dormir d'un sommeil léger pour être prêt à partir le lendemain matin en expédition.

Le froid de l'aube me réveilla, car j'avais perdu l'habitude de coucher en plein air ; mais mon rêve se continua.

Pourquoi ce rêve ne serait-il pas la réalité ? Ils allaient partir, pourquoi ne pas les suivre et retourner en Afrique ? Pourquoi ne pas redevenir soldat ?

C'était au régiment qu'était le calme moral, la tranquillité de l'esprit, la vie que j'aimais.

Qu'étais-je à Paris ? L'amant d'une femme qui m'avait trahi, rien de plus. Que serais-je demain ? Ce que j'avais été hier, son amant, rien de plus.

J'avais quitté l'armée pour obéir à ma conscience. Mais depuis, dans combien de luttes cette conscience, fière autrefois, lâche maintenant, avait-elle succombé, entraînée par les faiblesses de la passion !

Et les unes après les autres toutes ces faiblesses me revinrent. Chaque fois, j'avais voulu résister et toujours j'avais succombé.

Sacrifie ton honneur au mien avait été le mot que chaque jour *elle* m'avait répété.

Quel rôle que le mien dans le monde parisien où je n'étais plus « Guillaume de Saint-Nérée, » mais seulement « l'amant de madame de Solignac. »

Mais la clarté du soleil levant dissipa les ombres de la rêverie ; je quittai mes amis pour rentrer à Paris.

J'avais rêvé. Avec le jour ma vie reprenait son cours.

LIV

Il y a six jours, Clotilde, en descendant dans son jardin, me fit le signal qui me disait que je devais l'aller voir immédiatement. Puis, au lieu de se promener quelques instants, comme à l'ordinaire, elle rentra vivement dans la maison.

Elle paraissait troublée et marchait avec une agitation que je ne lui avais jamais vue.

Que signifiait ce trouble? Pourquoi ce signal pressé?

Je l'avais quittée la veille à onze heures du soir, et notre soirée s'était passée comme de coutume, sans que rien fît prévoir qu'il devait arriver quelque chose d'extraordinaire.

Et cependant ce quelque chose s'était assurément produit.

Quoi?

Nous ne sommes plus au temps où nous nous inquiétions d'un rien; l'habitude nous a rendus indifférents au danger. D'ailleurs, quel danger pouvait nous menacer? D'où pouvait-il venir, de qui?

Je ne restai point sous le coup de ces questions et je courus chez Clotilde.

L'hôtel, où régnait habituellement un ordre rigoureux, où chaque chose comme chaque personne était strictement à sa place, me parut bouleversé. Il n'y avait point de valet dans le vestibule, et au timbre du concierge m'annonçant, personne n'avait répondu.

Le timbre sonna une seconde fois, et ce fut Clotilde elle-même qui parut dans le salon où j'étais entré.

— Que se passe-t-il donc?

— M. de Solignac a été rapporté hier soir dans un état très-grave.

— Hier soir?

— Aussitôt après votre départ, on est venu me prévenir que M. de Solignac était dans une voiture de place à moitié évanoui. Je l'ai fait porter dans sa chambre et j'ai envoyé chercher le docteur Horton.

Je dois avouer que je respirai. Ce danger n'était pas celui que je craignais, si véritablement je le craignais.

— Qu'a dit Horton?

— Hier soir, il n'a rien dit, si ce n'est que l'état était fort grave. Cependant M. de Solignac a bientôt repris sa pleine connaissance. Ce matin, M. Horton, qui vient de partir, a été plus précis. M. de Solignac avait été frappé par une congestion au cerveau, ce qui avait amené son évanouissement.

— Est-ce une attaque d'apoplexie?

— Je ne sais; Horton n'en a point parlé. Il regarde cette congestion comme une menace sérieuse...

Elle s'arrêta. Je la regardai pour lire dans ses yeux le mot qu'elle n'avait pas prononcé, mais elle tenait ses paupières baissées et je ne pus pas deviner sa pensée. Comme elle ne continuait pas, je n'eus pas la patience d'attendre.

— Ce danger est-il imminent? dis-je à voix basse.

— Il pourrait le devenir, m'a dit Horton, si M. de Solignac ne reste pas dans un calme absolu et surtout s'il a conscience de son état et du danger qui le menace; une émotion vive peut le tuer.

— Et qui lui donnera cette émotion? vous pouvez, il me semble, faire ce calme autour de lui.

— Moi, oui, et je le ferai assurément ; mais le trouble peut venir du dehors.

— Vous êtes maîtresse chez vous, vous pouvez fermer votre porte.

— Pas devant tout le monde. Ainsi vous savez qu'il est d'usage que l'empereur vienne dire adieu à ses amis mourants. Je ne pourrai pas fermer ma porte, comme vous m'en donnez le conseil, si l'empereur se présente.

— Il n'y a qu'à lui écrire quelle est la situation de M. de Solignac, et il ne viendra pas hâter sa mort par une visite imprudente. Il me semble, d'ailleurs, qu'il ne doit pas plus aimer à faire ces visites qu'on n'aime à les recevoir.

— J'ai pensé à écrire cette lettre, mais j'ai été retenue par un danger qui surgit d'un autre côté. Vous savez que M. de Solignac a entre les mains des papiers importants qui intéressent un grand nombre de personnages. Si on apprend aux Tuileries que M. de Solignac peut mourir, on voudra avoir ces papiers ; si ce n'est pas l'empereur lui-même qui vient les chercher, ce sera quelqu'un qui parlera en son nom et que je ne pourrai pas repousser.

— En effet, la situation est difficile. Que comptez-vous faire ?

— Cacher la maladie de M. de Solignac. Si on ne sait pas qu'il est malade, on ne s'inquiétera pas de lui, on ne voudra pas le voir et il se rassurera. Déjà, depuis ce matin, il a demandé plusieurs fois le nom de ceux qui s'étaient présentés pour prendre des nouvelles de sa santé. Il m'a dit qu'il voulait qu'on écrivît régulièrement le nom des personnes qui se présenteraient.

— Comment allez-vous faire alors, puisque précisémont, par suite de vos précautions, on ne se présentera pas ?

— Je vais faire dresser un livre de faux noms que je dicterai moi-même, car la situation est telle qu'il faut que personne ne sache la maladie de M. de Solignac, alors que lui-même croira que tout le monde en est informé. Comme le docteur Horton lui a interdit de recevoir, j'arriverai peut-être à le tromper. On dira aux gens d'affaires qui voudront le voir qu'il est indisposé.

— Mais si le secret est bien gardé par vous et vos gens, des indiscrétions peuvent être commises par les personnes chez lesquelles il a été frappé. Où a-t-il eu cette congestion ?

— Je crois savoir chez qui, dit-elle avec embarras, mais je ne sais pas dans quelle maison et je ne peux pas le demander à M. de Solignac. Enfin je vais faire tout ce que je pourrai pour étouffer le bruit de cette maladie et je vous prie de n'en parler à personne.

— Doutez-vous de moi ? dis-je en la regardant en face.

— Non, mon ami, puisque je m'ouvre à vous et vous explique les conséquences terribles qu'une indiscrétion pourrait amener. Vous voyez que je n'ai pas craint de mettre la vie de M. de Solignac entre vos mains. Songez qu'il y a cinq ou six jours à peine, dimanche précisément, parlant à table, il disait : « Pour moi, à moins d'être tué par hasard ou d'être frappé d'apoplexie, je suis certain d'apprendre ma mort au moins six ou huit heures à l'avance, car je recevrai une visite qui sera plus sûre que l'avertissement du médecin ou les consolations du curé. » Maintenant que nous nous sommes vus, laissez-moi retourner près de lui. Revenez dans la journée autant de fois que vous voudrez ; je vais donner des ordres pour qu'on vous reçoive et me prévienne aussitôt.

Elle tendit la main ; je la gardai dans les miennes.

Alors, la regardant longuement et l'obligeant pour ainsi dire à relever ses paupières qu'elle tenait obstinément baissées, et à fixer ses yeux sur les miens, je lui dis ce seul mot :

— Clotilde !

Mais elle détourna la tête, et retirant doucement sa main de dedans les miennes, elle sortit du salon sans se retourner.

J'avais bien souvent pensé à la mort de M. de Solignac. Mais ce qui flotte indécis dans notre esprit ne ressemble en rien aux faits matériels de la réalité.

M. de Solignac allait mourir. Quel résultat cette mort aurait-elle sur ma vie ?

Clotilde n'aimait pas son mari. De cela j'avais la certitude et la preuve. Elle avait fait un mariage d'argent ou plutôt de position, ce qu'on appelle dans le monde un mariage de raison. Pauvre, elle avait voulu la fortune, et elle l'avait prise où elle l'avait trouvée, sans s'inquiéter de la main qui la lui offrait. Le hasard avait servi son calcul. M. de Solignac, en dix années, avait conquis une fortune qu'on croyait considérable et qui lui avait créé une grande position dans la spéculation : il n'y avait pas d'affaire dans laquelle il n'eût mis les mains.

Les prédictions de mon camarade Poirier s'étaient réalisées, et M. de Solignac était rapidement devenu une puissance financière avec qui on avait dû compter ; en ces dernières années, ce n'étaient plus les aventuriers qui dînaient à sa table, des Partridge, des Torladès, mais les grands noms du monde des affaires. Et son habileté lui avait toujours permis de se retirer les mains pleines là où les autres restaient les mains vides.

Quelle influence cette fortune exercerait-elle sur Clotilde ?

J'étais en train de tourner et de retourner cette question, en suivant la rue Moncey, pour rentrer chez moi, quand je me sentis saisir par le bras. Je levai les yeux sur celui qui m'arrêtait, c'était Treyve.

— Vous sortez de chez M. de Solignac, me dit-il, comment se trouve-t-il ?

— M. de Solignac, dis-je, surpris par cette interrogation, mais il va bien.

— Tout à fait bien ; il ne se ressent donc pas de son attaque d'hier ?

— Comment son attaque, il n'a pas eu d'attaque.

— Si vous me dites que M. de Solignac n'a pas eu d'attaque hier, c'est que vous avez vos raisons pour cela, et je ne me permets pas de les deviner ; seulement, quand je vous dis que M. de Solignac a eu une attaque hier soir, il ne faut pas me répondre non. Je n'avance jamais que ce dont je suis sûr, et je suis sûr de cette attaque ; si vous ne la connaissez pas, apprenez-la de ma bouche et faites-en votre profit, si profit il peut y avoir pour vous.

— Je vous répète ce que je viens d'apprendre ; on m'a dit que M. de Solignac, que je n'ai pas vu, était indisposé, voilà tout.

— Eh bien, mon cher, la légère indisposition de M. de Solignac n'est rien moins qu'une bonne congestion au cerveau, qui a été causée hier soir, à onze heures, par un accès de colère. Vous voyez que je précise.

— En effet, et je commence à croire que vous êtes bien informé.

— Comment vous commencez? mais vous êtes donc le doute incarné. Eh bien, je vais vous achever. Vous connaissez Lina Boireau, n'est-ce pas?

— J'en ai entendu parler.

— Cela suffit; moi je la connais davantage, un peu, beaucoup, tendrement, en attendant que ce soit pas du tout. Lina a une nièce, mademoiselle Zulma, une adorable diablotine de quinze ans. Zulma connaît M. de Solignac qui, depuis un an, lui veut du bien, mais en même temps elle connaît un Arthur du nom de Polyte, qui lui veut du mal. La lutte du bon et du mauvais principe s'est précisée hier à l'occasion d'une lettre de cet aimable Polyte, qui est tombée entre les mains de M. de Solignac. En se voyant trompé pour un pâle voyou, car Polyte n'est, hélas! qu'un pâle voyou, M. de Solignac a eu un accès de colère terrible, et il a été frappé d'une congestion chez Zulma, rue Neuve-des-Mathurins. Frayeur de l'enfant qui perd la tête et s'adresse en désespoir de cause à sa tante. On emballe M. de Solignac dans un fiacre, car un illustre sénateur, un célèbre financier ne peut pas mourir chez mademoiselle Zulma, et on l'expédie chez lui. Madame de Solignac a dû le recevoir franco, ou le cocher est un voleur.

J'étais tellement frappé de ce récit, que je restai sans répondre.

— Me croyez-vous, maintenant? Vous savez bien que M. de Solignac passe sans cesse d'une Zulma à une autre, et qu'il lui faut absolument des pommes vertes.

Mon parti était pris.

— Je crois, dis-je à Treyve, que vous ferez sagement de ne pas parler de cette congestion. Si on cache la maladie de M. de Solignac, c'est qu'on a intérêt à la cacher.

Je peux même vous dire que cet intérêt est considérable. Voyez donc au plus vite mademoiselle Zulma et mademoiselle Lina, et obtenez, n'importe à quel prix, qu'elles ne parlent pas de l'accident d'hier. Il y va de la fortune de M. de Solignac, même de sa vie.

Treyve leva les bras au ciel.

— Et moi, dit-il, qui viens de raconter l'histoire à Adrien Sebert ; il va l'arranger pour la mettre dans son journal.

— Qu'est-ce que c'est que M. Adrien Sebert ?

— Un chroniqueur du *Courrier de Paris*. Comme l'histoire était drôle, je la lui ai contée ; elle sera ce soir dans son journal.

— Il ne faut pas qu'elle y soit. Où est M. Sebert ?

— Il m'a quitté pour aller à son journal.

— Eh bien, donnez-moi votre carte, je vais l'aller trouver ; pour vous, courez chez votre amie Lina et faites-lui comprendre qu'il ne faut pas dire un mot de ce qui s'est passé hier.

— Ça faisait une si belle réclame à sa nièce. Enfin, je vous promets de faire le possible et même l'impossible.

— Notez que le secret n'a d'importance que tant que M. de Solignac est en vie ; le jour de sa mort on pourra parler.

— Et s'il ne meurt pas ?

LV

S'il ne meurt pas.

Ce fut le mot que je me répétai en allant aux bureaux du *Courrier de Paris*.

S'il ne meurt pas, notre situation reste ce qu'elle a été depuis plusieurs années.

S'il meurt au contraire, Clotilde est libre, et moi je suis affranchi de toutes les servitudes, de toutes les hontes que j'ai dû m'imposer depuis que je suis son ami.

Car il y a cela de terrible dans ma position que pour le monde je suis « l'ami de la maison », aussi bien celui du mari que celui de la femme ; et le monde n'a pas tort. Par ma conduite, par mon attitude tout au moins avec M. de Solignac, j'ai autorisé toutes les insinuations, toutes les accusations. Comment le monde, en me voyant sans cesse à ses côtés, en apprenant certains services que je lui rendais, ou, ce qui est plus grave encore, ceux que je me laissais rendre par lui ; en trouvant nos noms mêlés dans mille circonstances où ils n'auraient pas dû l'être, comment le monde eût-il pu supposer que les apparences étaient mensongères et qu'en réalité, au fond du cœur, je n'avais pour cet homme que de la haine et du mépris ?

Quel poids sa mort m'enlèverait de dessus la conscience ! plus d'hypocrisie, plus de bassesses, plus de lâchetés ; Clotilde libre et moi plus libre qu'elle.

Je ne serais pas sincère si je n'avouais pas que bien souvent j'avais pensé à cette mort. Plus d'une fois je m'étais écrié : « Je n'en serai donc jamais délivré ! » Mais il était si solidement bâti, si vigoureux, si résistant, que cette mort ne m'était jamais apparue que dans un lointain brumeux. La réalité avait été plus vite que ma pensée. Maintenant il était mourant.

Et pour qu'il mourût, pour que Clotilde fût libre, pour que je le fusse, je n'avais qu'un mot à dire ou plutôt à ne pas dire.

J'étais arrivé devant les bureaux du *Courrier de Paris*,

je m'arrêtai pour réfléchir un moment ; mais les passants qui allaient et venaient sur le trottoir ne me permettaient pas d'être maître de ma pensée. Ou plutôt le trouble qui s'était fait en moi ne me permettait pas de peser froidement les idées qui s'agitaient confusément dans mon âme. J'attribuais mon agitation aux distractions extérieures quand, en réalité, c'était un bouleversement intérieur qui m'empêchait de me recueillir.

J'allai sur le boulevard ; là aussi il y avait foule ; on me coudoyait, on me poussait ; je me heurtais à des groupes que je ne voyais pas.

Et cependant j'avais besoin de ressaisir ma volonté et ma raison ; j'avais besoin de me recueillir.

L'horloge d'un kiosque sur laquelle mes yeux s'arrêtèrent machinalement me dit qu'il était midi dix minutes ; les journaux ne se publient qu'après la Bourse, j'avais du temps devant moi, je poussai jusqu'aux Tuileries.

Tout se heurtait si confusément dans mon cerveau qu'une idée à peine formée était effacée par une nouvelle, il me fallait le calme pour descendre en moi, et avant de prendre une résolution savoir nettement ce que j'allais faire.

Il pleuvait une petite pluie fine qui avait empêché les enfants et les promeneurs de sortir ; le jardin était désert ; je ne trouvai personne sous les marronniers, dont l'épais feuillage retenait la pluie.

Je n'étais plus distrait, je n'étais plus troublé, et cependant je ne voyais pas plus clair en moi : j'étais dans un tourbillon, et mes pensées tournoyaient dans ma tête comme les feuilles sèches, alors que, saisies par un vent violent, elles tournoient dans un mouvement vertigineux.

Il allait mourir, il devait mourir et je me jetais au devant de la mort pour l'empêcher de frapper son dernier coup.

Telle était la situation ; il fallait l'envisager avec calme et voir quelle conduite elle devait m'inspirer.

Malheureusement ce calme, je ne pouvais pas l'imposer à ma raison chancelante.

Cependant cette situation était bien simple et je n'étais pour rien dans les faits qui l'avaient amenée. Elle s'était produite en dehors de moi, à mon insu, sans que j'eusse rien fait pour la préparer. Ce n'était pas moi qui avais conduit M. de Solignac chez mademoiselle Zulma, pas moi qui avais excité sa fureur, pas moi qui l'avais frappé d'une congestion mortelle. S'il mourait de cette congestion, c'est que son heure était venue et que la Providence voulait qu'il mourût.

De quel droit est-ce que j'osais me mettre entre la Providence et lui ? Cela ne me regardait point. Étais-je le fils de M. de Solignac ? son ami ?

Son ennemi au contraire, son ennemi implacable. Il m'avait pris celle que j'aimais, il m'avait réduit à cette vie misérable que je menais depuis si longtemps. Il était puni de ses infamies, et Dieu prenait enfin pitié de mes souffrances.

Et je voulais arrêter la main de Dieu ! Au moment où j'allais atteindre le but que j'avais si longtemps rêvé, je m'en éloignais. Et pourquoi ? Pour sauver un homme qui ne faisait que le mal sur la terre.

Sans doute c'eût été un crime à moi, sachant ce que Clotilde m'avait appris, d'aller répéter partout : « M. de Solignac est dans un état désespéré, et s'il apprend la vérité de la situation, il peut en mourir. » Mais ce n'est point ainsi que les choses se présentent.

Je n'ai dit à personne que M. de Solignac était mourant,

et j'ai eu même la générosité de demander à celui qui pouvait répandre cette nouvelle de la cacher.

C'est bien assez. Plus serait folie. Si le journal édite cette nouvelle, si elle arrive sous les yeux de ceux qui ont intérêt à la connaître, et par eux si elle pénètre jusqu'à M. de Solignac, tant pis pour lui ; ce ne sera pas ma faute.

Dieu l'aura voulu.

Je n'avais rien à faire, je n'avais qu'à laisser faire, ce qui était bien différent.

Cette conclusion apaisa instantanément le tumulte qui m'avait si profondément troublé. Je m'assis sur un banc. Rien ne pressait plus, puisque je n'irais pas au journal. Je me mis à regarder des pigeons qui roucoulaient dans les branches.

Le jardin était toujours désert et les oiseaux causaient en liberté. Au loin on entendait le murmure de la ville.

— Rien à faire, me disais-je. S'il doit mourir, il mourra ; s'il doit guérir, il guérira ; cela ne me regarde en rien. Les choses iront comme elles doivent aller.

Toute la question maintenant était de savoir s'il vivrait ou s'il mourrait. A son âge une congestion devait être mortelle. La mort était donc la probabilité. Clotilde serait veuve. Enfin !

Mais à cette idée je ne sentis pas en moi la joie qui aurait dû me transporter ; au contraire.

Je me levai et repris ma marche sous les arbres, plus troublé peut-être qu'au moment où je discutais ma résolution ; et, cependant, cette résolution était prise, maintenant, elle avait été raisonnée, pesée. D'où venait donc le tumulte qui soulevait ma conscience ?

— Et quand il sera mort, me criait une voix, crois-tu que tu ne te souviendras pas que tu avais aux mains un moyen pour empêcher cette mort et que tu as tenu tes mains fermées? Si cette visite dont on t'a parlé a lieu, si elle le tue, pourras-tu te croire innocent? Quand tu embrasseras ta Clotilde, qui maintenant sera bien *ta Clotilde*, un fantôme ne se dressera-t-il pas derrière elle? En racontant cette nouvelle, Treyve ne savait pas l'effet qu'elle pouvait produire; toi, tu le connais, cet effet, et cependant tu permets qu'on publie la nouvelle. Tu appelles cela laisser aller les choses à la grâce de Dieu. As-tu le droit de laisser accomplir ce que tu peux empêcher? Ne tendras-tu pas la main à l'homme qui se noie et te diras-tu que c'est Dieu qui l'a voulu? Cet homme est ton ennemi. Mais c'est là ce qui, précisément, aggrave ton crime. Sa mort t'affranchit de tes lâchetés de chaque jour; tu seras libre. Le seras-tu, vraiment, et le poids du remords ne t'écrasera-t-il pas?

J'ai dit le mauvais, je peux dire le bon. Lorsque cette pensée se fut précisée dans mon esprit, je n'hésitai plus, et, quittant aussitôt les Tuileries, je repris le chemin du *Courrier de Paris*.

Deux heures sonnaient à l'horloge, ne serait-il pas trop tard?

Je demandai M. Sebert; on me répondit qu'il était parti après avoir corrigé ses épreuves. Je n'avais pas prévu cela. Je demandai où je pourrais le trouver. On me répondit : à cinq heures au café du Vaudeville.

— Et à quelle heure paraît le journal?

— A trois heures et demie.

Je restai un moment déconcerté. Si je ne pouvais voir le rédacteur qu'à cinq heures et si le journal paraissait à trois heures et demie, il m'était donc impossible d'empêcher la nouvelle de paraître.

— Si c'est pour affaire de rédaction, me dit le garçon

de bureau, vous pouvez voir le secrétaire de la rédaction.

Assurément je devais le voir. J'entrai donc au bureau du secrétaire et lui expliquai le but de ma visite. Je m'adressais à sa complaisance pour qu'il ne publiât point la nouvelle de l'accident qui était arrivé à M. de Solignac.

— Le fait est vrai, n'est-ce pas ? dit-il en mettant son pince-nez pour me regarder.

— Très-vrai.

— Alors, monsieur, je suis désolé de vous dire que je ne peux pas ne pas le publier.

— Cette publication peut tuer M. de Solignac s'il lit votre journal ou si quelqu'un lui parle de votre article.

— Cela pourrait peut-être arriver si l'article était rédigé dans une forme inquiétante. Mais cela n'est pas. Nous nous contentons d'annoncer le fait lui-même. M. de Solignac sait bien qu'il a éprouvé un accident.

— Il faudrait qu'il fût seul à le savoir, tous les jours on se sent malade et l'on ne s'inquiète que quand on est averti par ses amis.

— M. de Solignac serait le premier venu, je vous dirais tout de suite que je vais supprimer cette nouvelle. Mais il n'en est pas ainsi. Mieux que personne, puisque vous êtes l'ami de M. de Solignac, vous savez quelle position il occupe.

— Il ne faut pas s'exagérer l'importance de cette position ; ce n'est pas parce que M. de Solignac est malade, que l'État est en danger ou que la Bourse va baisser.

— La Bourse, non, c'est-à-dire la Rente, mais les affaires dont M. de Solignac est le fondateur ? C'est là ce qui donne une véritable importance à cette nouvelle. La mort de M. de Solignac peut ruiner bien des gens, car il est l'âme de ses entreprises. Excellentes tant qu'il les dirige, ces entreprises peuvent devenir mauvaises le jour où il ne sera plus là. Vous voyez donc que, sachant la maladie de M. de Solignac, il nous est impossible de n'en pas parler. On ne fait pas un journal pour soi, on le fait pour le public, et c'est un devoir d'apprendre au public tout ce qui peut l'intéresser. La maladie de M. de Solignac l'intéresse, je la lui annonce.

J'insistai; il ne se laissa point toucher.

— Le rédacteur en chef est absent pour le moment, me dit-il en manière de conclusion; je pense qu'il va rentrer avant la mise en pages; vous lui expliquerez votre demande, et s'il consent à supprimer la nouvelle, ce sera bien.

— Et s'il ne rentre pas?
— Je la publierai.

J'attendis. Rentrerait-il à temps, ou rentrerait-il trop tard?

— Si j'étais venu il y a deux heures, aurais-je trouvé votre rédacteur en chef ici? demandai-je.

— Non monsieur; il n'est pas venu aujourd'hui.

Je respirai. Les minutes, les quarts d'heure s'écoulèrent. Le rédacteur en chef n'arrivait pas. Trois heures sonnèrent, puis le quart, puis la demie. Il ne viendrait pas. La nouvelle paraîtrait.

— On va serrer la troisième page, dit un gamin coiffé d'un chapeau de papier.

— C'est celle où se trouve le fait Solignac, me dit le secrétaire de la rédaction.

Décidément Dieu le voulait. J'avais fait le possible.

À ce moment, la porte s'ouvrit.

— Voici le rédacteur en chef, dit le secrétaire. Et il expliqua à celui-ci ce que je demandais.

— Vous tenez beaucoup à ce que cette nouvelle ne paraisse pas ? me dit le rédacteur en chef.

— Je tiens à faire tout ce que je pourrai pour l'empêcher.

— Eh bien ! qu'on la supprime.

Il me fallut le remercier. Je tâchai de le faire de bonne grâce.

— Si vous voulez empêcher cette nouvelle d'être connue, me dit le secrétaire de la rédaction, il faudrait voir Sebert ; car il va la mettre dans sa correspondance belge. Vous le trouverez au café du Vaudeville à cinq heures.

J'attendis M. Sebert jusqu'à cinq heures et demie, et une fois encore je crus que malgré mes efforts la nouvelle serait publiée ; mais enfin il arriva ; on me le désigna et il me fit le sacrifice de sa nouvelle. Tout d'abord il me refusa, j'insistai, il céda.

Je rentrai chez moi brisé : je trouvai un mot de Clotilde : M. de Solignac était mort à cinq heures.

Cette fois je respirai pleinement.

LVI

M. de Solignac mort, je croyais que Clotilde serait la première à me parler de l'avenir.

Cela pour moi résultait de nos deux positions : elle était riche et j'étais pauvre.

Sa fortune, il est vrai, n'était pas ce qu'on avait cru, car les affaires de M. de Solignac étaient fort embrouillées ou plus justement fort compliquées ; mais leur liquidation, si mauvaise qu'elle fût, promettait encore un magnifique reliquat.

En tous cas cette fortune, alors même qu'elle serait diminuée dans des proportions improbables, serait toujours une grosse fortune en la comparant à ce que je pouvais mettre à côté d'elle, puisque mon avoir se réduit à rien.

Bien souvent, pensant à la mort de M. de Solignac et l'escomptant, si j'ose me servir de ce mot, je m'étais dit que, pour ce moment, il me fallait une fortune ou tout au moins une position pour l'offrir à Clotilde.

Malheureusement, une fortune ne s'acquiert point ainsi à volonté, et par cette seule raison qu'on en a besoin. Tous les jours, il y a des gens de bonne foi naïve qui se disent en se levant que décidément le moment est arrivé pour eux de faire fortune, et qui cependant se couchent le soir sans avoir pu réaliser cette idée judicieuse. Comment aurais-je fait fortune, d'ailleurs? Avec mes dessins, c'est à peine s'ils m'ont donné le nécessaire; car s'il y a des dessinateurs qui gagnent de l'argent, ce sont ceux qui joignent au talent un travail régulier, et ce n'est pas là mon cas. Je n'ai pas de talent, et je n'ai jamais pu travailler régulièrement, ce qui s'appelle travailler du matin au soir.

La seule chose que j'aie pu faire avec régularité, avec emportement, avec feu, ç'a été d'aimer.

Par là, par ce côté seulement, j'ai été un artiste. En ce temps de calme, de bourgeoisie et d'effacement, où l'amour ne semble plus être qu'une affaire comme les autres dans laquelle chacun cherche son intérêt, j'ai aimé. Pendant huit ans, ma vie a tenu dans le sourire d'une femme. Je me suis donné à elle tout entier, esprit, volonté, conscience. Je n'ai eu qu'un but, elle, qu'un désir, elle, toujours elle.

Durant ces huit années, la grande affaire, pour moi,

n'a pas été le Grand-Central, l'attentat d'Orsini ou les élections de Paris, mais simplement de savoir le lundi si Clotilde irait à l'Opéra, et le mardi si elle irait aux Italiens ; puis, cela connu, ma grande affaire a été d'aller moi-même à l'Opéra ou aux Italiens. J'ai été le satellite d'un astre qui m'a entraîné dans ses mouvements, ne m'en permettant pas d'autres que ceux qu'il accomplissait lui-même.

Il est facile de comprendre, n'est-ce pas, qu'à vivre ainsi on ne fait pas fortune? C'est ce qui est arrivé pour moi.

Pécuniairement, je suis exactement dans la même situation qu'au moment où j'ai donné ma démission. Vingt fois, peut-être cinquante fois, M. de Solignac m'a offert des occasions superbes pour gagner sans peine de grosses sommes qui, mises bout à bout et additionnées, eussent bien vite formé une fortune. Mais, grâce au ciel, je n'en ai jamais profité. Il suffisait qu'elles me vinssent de M. de Solignac pour qu'il me fût impossible de les accepter. Quant à celles qui ont pu se présenter autrement (et dans le monde où je vivais elles ne m'ont pas manqué), je n'ai jamais eu le temps de m'en occuper. Je ne m'appartenais pas ; mon intelligence comme mon cœur étaient à Clotilde.

Donc je n'avais rien et c'était vraiment trop peu pour demander en mariage une femme riche.

Si vous étiez bon pour être son amant, me dira-t-on, vous l'étiez encore pour devenir son mari. Sans doute, cet argument serait tout-puissant si le monde était organisé d'après la loi naturelle ; mais comme il est réglé par les conventions sociales, ce raisonnement, qui tout d'abord paraît excellent, se trouve en fin de compte n'avoir aucune valeur.

Dans ces conditions, je n'avais qu'une chose à faire : attendre que Clotilde me parlât de ce mariage.

Assez souvent elle m'avait dit : « Suis-je ta femme, m'aimes-tu comme ta femme, » pour me répéter ces paroles alors qu'elles pouvaient prendre une signification immédiate et devenir la réalité. Il me semblait qu'elle m'aimait assez pour venir au-devant de mes espérances.

Cependant ce ne fut point cette question de mariage qu'elle aborda, mais bien une autre à laquelle, je l'avoue, j'étais loin de penser.

Pendant son mariage, Clotilde avait été si peu la femme de M. de Solignac, que je n'avais pas cru que la mort de celui dont elle portait le nom, dût amener le plus léger changement entre nous. Nous serions un peu plus libres, voilà tout, et cette liberté avait été si grande, qu'elle ne pouvait guère l'être davantage, à moins que je n'allasse demeurer chez elle.

Faut-il dire que j'eus peur qu'elle ne m'en fit la proposition ? Que je la connaissais peu !

— Mon ami, me dit-elle un soir, peu de temps après la mort de M. de Solignac, le moment est venu de traiter entre nous une question délicate.

— Depuis plusieurs jours j'attends que vous l'abordiez la première, et je ne saurais vous dire combien je suis heureux de vous voir mettre tant d'empressement à venir au-devant de mes désirs.

Elle me regarda avec surprise ; mais j'étais si bien convaincu qu'elle ne pouvait que vouloir me parler de notre mariage, que je ne m'arrêtai pas devant cet étonnement et je continuai :

— Avant tout, laissez-moi vous dire ce que vous savez, mais ce que je veux répéter, c'est que rien n'est au-dessus de mon amour pour vous ; c'est cet amour qui a fait ma vie, il la fera encore. Assurément, le rôle que joue dans le monde un homme pauvre qui épouse une femme riche est fort ridicule, et il l'expose à toutes sortes d'humiliations, à toutes sortes d'accusations. Personne ne veut admettre la passion, tout le monde croit à la spéculation. Que cela ne vous arrête pas : aimé par vous, les accusations ne m'atteindront pas, les humiliations glisseront sur mon cœur, si bien rempli qu'il n'y aura place en lui que pour la joie.

Elle ne me laissa pas aller plus loin ; de la main elle m'arrêta :

— Ce n'est pas de l'avenir que je veux vous parler, me dit-elle, nous avons tout le temps de nous en occuper, c'est du présent. La mort de M. Solignac m'impose des convenances que nous devons respecter.

— Ah ! c'est de questions de convenances que vous voulez m'entretenir, dis-je, tombant du rêve dans la réalité, rougissant de ma naïveté, humilié de ma sottise, profondément blessé dans ma confiance.

— Vous sentez, n'est-ce pas, que nous ne pouvons pas garder maintenant les habitudes que nous avions au temps de M. de Solignac.

— Vraiment ?

— Oh ! j'entends en public. Une veuve est obligée à une réserve dont une femme est affranchie par l'usage.

— L'usage est admirable.

— Il ne s'agit pas de savoir s'il est ou s'il n'est pas admirable ; il est, cela suffit pour que je désire lui obéir et pour que je vous demande de me faciliter cette tâche... pénible. Si vous y consentez, nous ne nous verrons donc que dans l'intimité la plus étroite. Si nous étions maintenant ce que nous étions naguère, ce serait nous afficher pour le présent, et en même temps ce serait donner de notre passé une explication que le monde ne pardonnerait pas.

Je n'avais rien à répondre à cette morale mondaine, ou plutôt la surprise, l'indignation et la douleur ne me permettaient pas de dire ce que j'avais dans le cœur : les paroles seraient allées trop vite et trop loin.

Je me conformai à ce qu'elle exigeait, nous adoptâmes un genre de vie qui devait respecter ses singuliers scrupules, et bien entendu il ne fut pas question entre nous de mariage. Nous avions le temps, suivant son expression ; ce n'était pas à moi maintenant qu'il appartenait de s'occuper de notre avenir ; l'expérience du présent m'était une trop cruelle leçon.

Le temps s'écoulait ainsi, lorsqu'un fait se présenta qui exaspéra encore ma réserve à ce sujet. Clotilde se trouva enceinte.

De même qu'elle m'avait souvent parlé autrefois de son désir d'être ma femme, de même elle m'avait parlé souvent aussi de son désir d'avoir un enfant. « Un enfant de toi, me disait-elle, un enfant qui te ressemble, qui porte ton nom, pourquoi n'est-ce pas possible? » Il semblait donc que, ce souhait réalisé, elle devrait en être heureuse.

Ce fut la figure sombre et avec un véritable chagrin qu'elle m'annonça cette nouvelle.

Mon premier mouvement fut un transport de joie ; mais je n'étais malheureusement plus au temps où je m'abandonnais à mon premier mouvement. Avant de répondre par un mot ou par un regard de bonheur, j'examinai Clotilde : son attitude me confirma ce que le son de sa voix m'avait déjà indiqué.

Pour toute autre femme, il n'y avait qu'une issue à ette situation, le mariage. Mais telles étaient les conditions dans lesquelles nous nous trouvions placés que je ne pouvais pas prononcer ce mot si simple, car aussitôt l'enfant devenait un moyen dont je me serais servi pour forcer un consentement qu'on ne donnait pas de bonne volonté.

Je ne répondis pas.

— Vous ne me répondez pas, dit-elle, en me regardant.

— Vous êtes convaincue, n'est-ce pas, que ce que vous m'apprenez me donne la joie la plus grande que je puisse recevoir de vous; mais que puis-je vous répondre? C'est à vous de parler. Que voulez-vous pour nous? que voulez-vous pour cet enfant? que voulez-vous pour moi?

Elle resta pendant plusieurs minutes silencieuse :

— J'ai la tête troublée, dit-elle, je ne saurais prendre en ce moment une résolution sur un sujet de cette importance ; laissez-moi réfléchir, nous en reparlerons.

Ce retard ne donnait que trop clairement à entendre ce que serait cette résolution. Elle fut en effet d'attendre, attendre encore ; un mariage suivant de si près la mort de M. de Solignac était un aveu brutal. On cacherait la grossesse, et pour cela nous irions à l'étranger.

Ce fut ainsi que nous partîmes pour l'Angleterre et que nous allâmes nous établir dans l'île de Wight, à Ryde, où, sous un faux nom, nous occupâmes une villa de *Brigstocke Terrace*.

J'aurais eu le cœur libre de toute préoccupation que les sept mois que nous passâmes là auraient assurément été les plus beaux de ma vie. Nous étions libres, nous étions seuls, et jamais amants, jamais mari et femme n'ont vécu dans une plus étroite intimité. Pour tout le monde, en effet, nous étions mari et femme, excepté pour nous, hélas !

Cependant ces sept mois s'écoulèrent vite dans cette île charmante où chaque jour nous faisions de délicieuses promenades, et où les jours de pluie nous avions pour nous distraire la vue splendide qui de notre terrasse s'étendait sur les côtes du Hampshire, le détroit du Solent et les flottes de navires aux blanches voiles qui passent et repassent sans cesse dans cette baie.

Quand le terme fatal arriva, nous quittâmes l'île de Wight pour Londres, obéissant en cela à une nouvelle exigence de Clotilde.

— Vous vous êtes jusqu'à présent conformé à mon désir, me dit-elle, et je saurai un jour vous payer le sacrifice que vous m'avez fait si généreusement. Maintenant, j'ai une nouvelle grâce à vous demander. Il faut que la naissance de notre enfant soit cachée. Ici, il serait trop facile de la découvrir. Allons à Londres.

Nous allâmes à Londres où elle donna naissance à une fille que j'appelai Valentine, du nom de ma mère.

— Maintenant, me dit Clotilde, tu es bien certain que je serai ta femme, n'est-ce pas, et notre enfant doit te rassurer mieux que toutes les promesses. Laisse-moi donc arranger notre vie pour assurer notre amour sans rien compromettre.

Au bout d'un mois, nous revînmes à Paris et j'allai conduire ma fille chez une nourrice qui m'avait été trouvée à Courtigis sur les bords de l'Eure. La veuve d'un de mes anciens camarades, madame d'Arondel, habite ce pays; c'est une très-excellente et très digne femme qui voulut bien me promettre de veiller sur ma fille et d'être pour elle une mère en attendant le moment où la mère véritable voudrait se faire connaître.

LVII

La naissance de ma fille fit ce que les observations, les inductions, les raisonnements n'avaient pu faire, elle me démontra jusqu'à l'évidence que Clotilde ne voulait pas me prendre pour mari.

Pourquoi ?

Un autre que moi examinant cette question eût trouvé l'explication de sa résistance dans des raisons personnelles, c'est-à-dire dans la fatigue d'une liaison qui durait depuis trop longtemps. Seul peut-être je ne pouvais accepter cette conclusion, car chaque jour j'avais des preuves certaines que son amour ne s'était point affaibli et qu'il était maintenant ce qu'il avait été pendant les premiers mois de notre liaison. Seulement, la mort de Solignac ne lui avait pas fait faire un pas décisif : Clotilde voulait bien être aimée par moi, elle voulait bien m'aimer, elle ne voulait pas plus.

Ce n'était donc pas dans des raisons personnelles qu'il fallait chercher, mais dans des raisons professionnelles, si l'on peut s'exprimer ainsi, c'est-à-dire que le motif déterminant de son refus était dans ma position. Elle ne voulait pas prendre pour mari, un homme qui n'était rien et qui n'avait rien. En agissant ainsi, était-elle entraînée par l'intérêt ? Jamais je ne lui ai fait l'injure de le supposer un instant ; légataire de M. de Solignac, elle était assez riche pour n'avoir pas besoin de s'enrichir par un nouveau mariage. Ce qui la dominait, c'était l'opinion du monde. Elle ne voulait pas qu'on pût dire qu'elle avait épousé par amour un homme de rien. Que le monde, au temps où elle était mariée, dit que cet homme était son amant, elle n'en avait eu souci. Mais qu'il dit maintenant que de cet amant elle faisait son mari, c'était ce qu'elle ne pouvait supporter. Étrange morale, contradiction bizarre, tout ce qu'on voudra ; mais c'était ainsi ; et d'ailleurs, il ne serait peut-être pas difficile de trouver d'autres femmes qui aient agi de cette manière.

Avant la naissance de Valentine, j'avais souffert de ne pas voir Clotilde venir au-devant de mes désirs en me donnant ce dernier témoignage d'amour. Mais enfin, comme elle m'aimait, comme elle me donnait d'autres marques de tendresse, comme rien n'était changé dans notre vie intime, je m'étais résigné à rester dans cette situation tant qu'elle voudrait la garder : pourvu que je la visse chaque jour ; pourvu qu'elle fût à moi, c'était l'essentiel. Le mariage viendrait plus tard, s'il devait venir. J'avais son amour, et c'était son amour seul que je voulais ; le sacrement matrimonial ne pouvait y ajouter que les joies de l'intérieur et du foyer.

Mais la naissance de Valentine changeait complétement la situation. Il fallait qu'elle eût un père, une mère, une famille, la chère petite. Et le mariage, qui pour nous n'était pas rigoureusement exigé, le devenait pour elle ; il fallait qu'elle fût notre fille, pour elle d'abord, et aussi pour nous.

Arrivé à cette conclusion, je me décidai à forcer le consentement de Clotilde. Pour cela, je n'avais qu'un moyen, un seul, conquérir un nom ou une fortune, et, ainsi armé, exiger ce qu'on ne m'offrait pas.

Malheureusement on ne conquiert pas un nom ou une fortune du jour au lendemain : il faut des conditions particulières, du temps, des occasions et encore bien d'autres choses. J'examinai le possible, et après avoir reconnu que j'étais absolument incapable de faire fortune, je m'arrêtai à l'idée de tâcher de me faire un nom dans la guerre d'Amérique. Il me sembla que pour un homme déterminé qui connaissait la guerre, il y avait là des occasions de se distinguer : les Américains avaient besoin de soldats, ils accueilleraient bien, sans doute, ceux qui se présenteraient.

Sans doute, pour réaliser cette idée, il me fallait quitter Clotilde, quitter ma fille, mais c'était un sacrifice nécessaire, et, si douloureux qu'il pût être, je ne devais pas hésiter à me l'imposer.

Avant de partir pour l'Amérique, je voulus m'y préparer un bon accueil et m'entourer d'appuis et de recommandations, qui pouvaient m'être utiles. Pour cela, je songeai à m'adresser à mon ancien camarade Poirier, qui, si souvent, m'avait fait des offres de service que je n'avais pas pu accepter.

Devenu général, Poirier était maintenant un personnage dans l'État ; il avait l'oreille et la confiance de son maître et tout le monde comptait avec lui ; il pouvait à peu près ce qu'il voulait. Pour ce que je désirais obtenir, cette toute-puissance n'eût pas pu cependant m'être d'une grande utilité ; mais il avait épousé une riche Américaine, et je savais que la famille de sa femme jouissait d'une influence considérable aux États-Unis.

Sans avoir entretenu des relations suivies, nous nous étions assez souvent rencontrés, et toujours il m'avait raillé de ce qu'il appelait « la fidélité de ma paresse ; » dans les circonstances présentes, il voudrait peut-être m'aider à m'affranchir de cette « paresse. »

Je lui écrivis pour lui demander un rendez-vous ; il me répondit aussitôt qu'il me recevrait le lendemain matin, entre neuf et dix heures. A neuf heures, je me présentai à l'hôtel qu'il occupe au haut des Champs-Élysées.

Non content d'être devenu général et d'occuper deux ou trois fonctions de cour qui lui font une riche position, Poirier, comme M. de Solignac et comme beaucoup d'autres, a profité de sa situation pour faire des affaires, et il y a bien peu d'entreprises dans lesquelles il n'ait la main. Je trouvai dans le salon d'attente cinq ou six spéculateurs que j'avais l'habitude de voir chez M. de Solignac. Je crus qu'il me faudrait attendre et ne passer qu'après eux, mais quand j'eus donné mon nom, on me fit entrer aussitôt dans le cabinet du général.

En veston du matin, Poirier était assis dans un fauteuil, et trois enfants, dont l'aîné n'avait pas cinq ans, jouaient autour de lui, l'un lui grimpant aux jambes, les autres se roulant sur le tapis.

— Pardonnez-moi de ne pas me lever, me dit-il, mais je ne veux pas déranger M. Number one.

Et comme je le regardais :

— Vous cherchez M. Number one, dit-il en riant. J'ai l'honneur de vous le présenter; le voici, c'est mon fils aîné. Maintenant, voici miss Number two, ma fille ; puis Number three, mon second fils; quant à miss Number four, elle dort avec sa nourrice. Je me perdais dans les noms de mes enfants ; j'ai trouvé plus commode de les désigner par un numéro. Je sais d'avance comment ils s'appelleront, car Number four n'est pas le dernier. Un enfant tous les ans, mon cher, il n'y a que cela pour qu'une femme vous laisse tranquillité et liberté ; elle s'occupe de sa famille, elle se soigne elle-même et elle ne peut pas faire de reproches à un mari aussi... bon mari. Quant à doter ou à caser tout ce petit monde, la France y pourvoira. Je vous recommande mon exemple et je vous assure qu'il est bon à suivre. Venez-vous m'annoncer votre mariage ?

— Je viens vous demander si vous pouvez me faire admettre dans l'armée américaine avec mon grade de capitaine ?

— Vous voulez quitter Paris, vous, maintenant ?

— Je suis arrivé à un âge où il faut absolument que je me fasse une position, et je viens vous prier de m'y aider.

— Vous voulez une position et vous voulez en même temps quitter la France ! pardonnez ma surprise, mais ce que vous me dites là est tellement extraordinaire pour quelqu'un qui vous connaît et qui vous a suivi comme moi, que vous ne vous fâcherez pas, je l'espère, de mes exclamations.

— Nullement ; vous avez le droit d'être surpris d'une détermination qui ne peut pas être plus étrange pour vous qu'elle ne l'est pour moi-même.

— Alors, très-bien. Mais revenons à votre affaire. Vous voulez prendre du service dans l'armée américaine. Dans laquelle, celle du Nord ou celle du Sud ? Mon beau-père est pour le Nord et les oncles de ma femme sont pour le Sud ; je puis donc vous servir dans l'un ou l'autre parti, et je le ferai avec plaisir. Seulement, si vous me permettez un conseil, je vous engagerai à ne prendre ni l'un ni l'autre.

— Et pourquoi ?

— Parce que, pour prendre tel ou tel parti, il faut savoir d'avance celui qui triomphera, et dans la guerre d'Amérique, la question, en ce moment, est difficile. Le Nord ? le Sud ? Pour moi, je n'en sais rien. A quoi vous servira de vous être battu pour le Nord, si c'est le Sud qui triomphe ? Vous serez un vaincu, et il faut toujours s'arranger pour être un vainqueur ; au moins, c'est m'a règle de conduite, et je la crois bonne. Je ne vous conseille donc pas de prendre du service en Amérique.

— J'aurais bien des choses à répondre à votre théorie, mais ce que je veux dire seulement, c'est que si l'idée m'est venue d'aller en Amérique, c'est qu'il n'y a qu'en Amérique qu'on fasse la guerre en ce moment, et comme c'est par la guerre seule que je peux gagner la position que je veux, il faut bien que j'aille où l'on se bat.

— Alors nous pouvons nous entendre; dès lors que c'est une affaire, une bonne affaire que vous cherchez, j'ai mieux à vous proposer que ce que vous avez en vue. Mais qui m'eût dit que vous seriez un jour ambitieux? comme les hommes changent !

— Hélas !

— Je ne dis pas hélas comme vous, car comment gouverner un pays si tous les hommes gardaient les illusions de la jeunesse? Enfin voici ce que j'ai à vous offrir. S'il n'y a qu'aux États-Unis qu'on se batte en ce moment, on pourrait bientôt se battre ailleurs, c'est-à-dire au Mexique. Vous savez que l'Espagne, l'Angleterre et la France ont des réclamations à adresser à ce pays pour des dettes qu'il ne paye pas. Si le Mexique ne s'exécute pas de bonne volonté, on l'exécutera par la force. Les choses en sont là pour le moment, et ce qui rend une expédition assez probable, c'est que dans les réclamations de la France, se trouve une créance qui est une affaire personnelle pour l'un des maîtres de notre gouvernement. En un mot, un banquier de Mexico nommé Jecker demande au gouvernement mexicain quinze millions de piastres, et sur cette somme il abandonnera 30 pour 100 à un de nos amis, si celui-ci parvient, par un moyen quelconque, à le faire payer. Vous comprenez, n'est-ce pas, que si un tel personnage est dans l'affaire, il saura en tirer parti, et que, coûte que coûte, il la poussera jusqu'au bout?

— Jusqu'à faire la guerre?

— Jusqu'à tout. Mais cette affaire n'est pas celle que je veux vous proposer. Le puissant associé qu'a su trouver Jecker a éveillé des convoitises au Mexique. On a pensé ne pas s'en tenir au recouvrement des créances, et l'on est venu m'offrir l'achat de mines d'or, d'argent et de diamants dans deux provinces. Ces mines, paraît-il, sont d'une richesse extraordinaire, et elles pourraient être la source d'une immense fortune pour ceux qui les exploiteront. Je ne puis aller au Mexique voir ce qu'il y a de vrai dans ce qu'on me raconte : voulez-vous y aller à ma place?

— Je ne verrais rien ; je ne connais pas les mines.

— Vous savez l'espagnol, et, de plus, vous êtes le seul homme en qui j'aie une confiance absolue ; d'avance je suis certain que vous ne tâcherez pas de prendre pour vous seul l'affaire que je vous offre, et que vous vous contenterez de la part qui vous sera faite, laquelle part, bien entendu, sera considérable. Quant à ce qui est des mines, je vous donnerai un ingénieur que vous dirigerez et qui vous renseignera sur la partie technique de l'affaire.

— Je vous demandais la guerre et c'est la fortune que vous me proposez.

— La guerre n'était-elle pas pour vous une occasion de faire fortune? prenez celle qui se présente, elle est moins dangereuse et plus sûre. Pour vous montrer une partie des chances qu'elle offre, je dois ajouter à ce que je vous ai dit que j'ai l'espérance de la faire accepter par l'empereur. Déjà il a été question pour lui d'acheter la terre d'Encenillas, dans la province de Chihuahua. Mon affaire est beaucoup plus belle ; je crois qu'elle pourra le tenter. Il a toujours eu les yeux tournés vers le Mexique ; autrefois, il a voulu percer l'isthme de Tehuantepec et depuis il s'est enthousiasmé pour le triomphe des races latines dans l'ancien et le nouveau continent. Si je l'entraîne dans mon projet, c'est pour nous la fortune la plus considérable qu'on puisse rêver ; c'est l'exploitation des mines du Mexique qui, pendant plusieurs siècles, a fait la grandeur de l'Espagne. Cela vaudra bien les 75 millions de notre ami.

Pendant plus d'une heure, il m'exposa aussi son idée que je résume dans ces quelques mots ; puis il me donna jusqu'au lendemain pour lui rapporter une réponse définitive.

LVIII

Il y a si longtemps que j'ai interrompu le récit de mes confidences, que je ne sais trop où je l'ai arrêté. Tant de choses se sont passées depuis, que les faits se brouillent dans ma mémoire et que je ne sais plus ce que j'ai dit ou n'ai pas dit. Il me semble que j'en étais resté à ma première entrevue avec Poirier, celle dans laquelle il m'a proposé de venir au Mexique. C'est là que je vais reprendre mon récit. Si je me répète, je réclame ton indulgence.

Je sortis de chez Poirier fort troublé, perplexe et incertain sur ce que je devais faire. Ce mirage des millions m'avait ébloui ; je ne voyais plus clair en moi. Sensible à l'argent, quelle chute et quelle honte !

Mais en réalité ce n'était pas à l'argent que j'étais sensible, c'était au but qu'il me permettait d'atteindre promptement et sûrement. En prenant du service dans l'armée américaine j'arriverais peut-être à conquérir un grade élevé. Mais il y avait un peut-être, tandis que dans la proposition de Poirier, il y avait une certitude. C'était une fortune, et cette grosse fortune me donnait Clotilde et ma fille ; en quelques mois, j'obtenais la réalisation assurée de mes désirs. A mon retour du Mexique, je pouvais parler hautement, et Clotilde n'avait plus de raisons pour se défendre et attendre.

On dit qu'on ne peut pas savoir si l'on est solidement honnête, quand on ne s'est pas trouvé mourant de faim, devant un pain qu'on pouvait dérober en allongeant la main. On devrait dire de même qu'on ne sait pas quelle est la solidité de la conscience, quand elle n'a eu à lutter que pour résister à nos propres besoins et non à ceux des êtres que nous aimons. Se sacrifier à son devoir n'est pas bien difficile ; ce qui l'est, c'est de sacrifier sa femme, son enfant.

Seul, j'avais donné ma démission pour ne pas servir le gouvernement du coup d'État ! Amant et père, je balançais pour savoir si j'accepterais ou refuserais de m'associer à l'auteur même de ce coup d'État. Que de distance parcourue en dix années ! Autrefois, la seule idée d'une pareille association m'eût indigné ; maintenant je la discutais et je cherchais des raisons pour ne pas la repousser.

Par malheur je n'en trouvais que trop. Cependant quand j'allai le soir chez Clotilde, j'étais encore irrésolu.

Elle était si bien habituée à lire sur mon visage ce qui se passait dans mon âme ou dans mon esprit, que son premier mot fut pour me demander quel sujet me préoccupait.

— On m'a proposé aujourd'hui d'aller au Mexique.

— Au Mexique, vous ?

— Et l'on m'a offert le moyen de gagner une fortune considérable.

— Vous avez souci de la fortune maintenant.

— J'ai souci de vous et de Valentine.

— Il me semble que nous n'avons pas besoin que vous nous gagniez une fortune, et si votre voyage au Mexique n'a pas un autre but, vous pouvez ne pas l'entreprendre.

— Faut-il être franc et ne m'en voudrez-vous pas si je vous dis toutes les pensées qui ont traversé mon esprit inquiet ?

— Je vous en veux, ayant eu ces idées, de me les avoir cachées.

— Eh bien, j'ai cru que si vous n'aviez point encore réalisé le rêve que nous caressions tous deux autrefois, en un mot, que si vous n'aviez pas encore décidé notre mariage, c'est que vous aviez été, c'est que vous étiez arrêtée par des raisons de convenance qui résultent de ma position.

— De la nôtre, cela est vrai, mais non pas exclusivement de la vôtre.

— Enfin j'ai cru que si au lieu d'être ce que je suis, j'étais général ou bien si j'avais une certaine situation financière, ces raisons perdraient singulièrement de leur force.

— A quels mobiles supposez-vous donc que j'obéisse en différant notre mariage ?

— A la peur de certaines interprétations. Pour vous mettre à l'abri des interprétations et pouvoir dès lors faire valoir hardiment mes droits, j'ai voulu obtenir cette situation, et je suis allé demander à Poirier les moyens d'être admis avec mon grade dans l'armée américaine. Au lieu de m'aider à prendre du service aux États Unis,

Poirier m'a proposé de m'associer à une grande entreprise pour une exploitation des mines au Mexique ; cette entreprise doit faire la fortune de ceux qui la dirigeront.

— Vous seriez forcé de rester au Mexique.

— Si cette condition m'avait été posée, vous ne me verriez pas hésitant ; j'aurais refusé tout de suite. Vous savez bien que je ne peux rester que là où vous êtes ; il s'agit seulement d'un voyage de quelques mois.

— Et vous hésitez ?

— J'ai peur de m'éloigner ; et puis j'ai honte d'entrer dans une affaire où se trouvent certains associés.

Je lui expliquai alors la combinaison de Poirier.

— Vous m'avez demandé à être franc, dit-elle après m'avoir attentivement écouté ; à mon tour je veux être franche aussi. Que vous alliez prendre du service dans l'armée américaine, je m'y oppose, pour moi d'abord, pour Valentine ensuite. Mais que vous alliez au Mexique dans les conditions qui vous sont offertes, j'en serai bien aise. Si votre affaire réussit, il me sera agréable de recevoir de vous une fortune. Si elle ne réussit pas, vous aurez par votre absence fait taire certains bruits dont je m'effraye, et alors rien ne s'opposera plus à ce mariage que vous ne pouvez pas désirer plus vivement que je ne le désire moi-même.

Engagé dans ces termes, cet entretien, qui fut long, ne pouvait avoir qu'un résultat : me décider à accepter les propositions de Poirier. Les unes après les autres, Clotilde combattit mes hésitations. Raison, raillerie, tendresse, elle parla toutes les langues, et je dois le dire, elle n'eut pas grand'peine à réduire au silence ma conscience troublée. Je luttais plus par devoir que par conviction et je combattais pour pouvoir me dire que j'avais combattu. Ma misérable résistance était celle de la femme entraînée par sa passion qui dit « non » des lèvres et « oui » du cœur.

— Je sais, dit-elle, lorsque je la quittai, tard, dans la nuit, ce que sont les doutes qui nous torturent dans la séparation. Au Mexique, loin de moi, ne recevant pas les lettres que tu attendras, ton esprit jaloux s'inquiétera peut-être et se forgera des chimères qui te tourmenteront. Il faut alors que tu retrouves au fond de ton cœur des souvenirs qui te rassurent mieux que des paroles certaines : Je te jure donc qu'à ton retour, que ce soit dans trois mois, que ce soit dans un an, tu me retrouveras t'aimant comme je t'aime aujourd'hui, comme je t'aime depuis que nous nous sommes vus pour la première fois.

— Ma femme ?
— Oui, ta femme.

Le lendemain matin j'étais chez Poirier pour lui annoncer mon acceptation.

— Du moment que vous ne me refusiez pas au premier mot, me dit-il avec un sourire railleur, j'étais certain d'avance de la réponse que vous me feriez aujourd'hui. C'est pour cela que je vous ai donné sans inquiétude le temps de la réflexion et du conseil.

Il dit ce dernier mot en le soulignant.

— Maintenant, continua-t-il, il ne reste plus qu'à arranger votre départ ; le plus tôt sera le mieux. Je me suis occupé de l'ingénieur que je dois vous adjoindre et je l'attends. Avant qu'il arrive, je dois vous dire que vous serez le véritable chef de l'expédition ; c'est à vous qu'il aura affaire et non à moi ; c'est en vous seul que je mets ma confiance. Je ne veux de lui que des rapports techniques. Pour vous, naturellement, vous m'adresserez tous les rapports que vous jugerez utiles. Cependant, je dois vous prévenir qu'il serait bon que votre correspondance avec moi eût un double caractère : l'un confidentiel, dans lequel vous me diriez tout, ce qui s'appelle tout ; l'autre, dans lequel vous pourriez vous en tenir aux généralités.

Et comme je faisais un mouvement de surprise :

— Ce que je vous demande, me dit-il, ce n'est pas d'altérer la vérité et de montrer le bon de notre entreprise en cachant le mauvais. Je ne pense pas à cela ; je sais qu'il serait inutile de vous faire une proposition de ce genre. Je pense à notre principal associé, qui aime la chimère. Si vos lettres qui seront lues par lui étaient trop nettes et trop affirmatives, elles l'ennuieraient ; si, au contraire, elles se tiennent dans un certain vague en côtoyant l'irréalisable et l'impossible ; si, en même temps, elles sont bourrées de considérations profondes sur le rôle des races latines dans l'humanité, elles produiront un effet utile. Je vous indique ce point de vue et vous prie de ne pas le négliger.

Mon départ fut bien vite arrangé, et Clotilde voulut me conduire jusqu'à Southampton, où je donnai rendez-vous à mon ingénieur pour nous embarquer.

Après avoir été à Courtigis embrasser ma fille et la recommander à madame d'Arondel, nous partîmes, Clotilde et moi, pour l'île de Wight ; et en attendant mon embarquement pour Vera-Cruz, nous pûmes passer trois journées dans notre ancienne villa de Brigstocke Terrace. Ce sont assurément les plus belles de ma vie, car, bien que je fusse à la veille d'une séparation qui serait longue peut-être, je ne pensais qu'aux joies de l'heure présente et au bonheur du retour.

Le hasard permit que mon ingénieur eût un caractère qui sympathisât avec le mien ; nous fûmes bien vite amis et il voulut bien employer le temps de la traversée à faire mon éducation minière : quand nous débarquâmes, je savais ce que c'était que le gypse, le basalte, le trapp, les amygdaloïdes.

Les mines que nous devions visiter se trouvent dans les États de Guanaxuato et de Michoacan ; leur richesse n'avait point été surfaite pour ce qui touchait la production de l'argent et de l'or ; cette production annuelle était de 10 millions de piastres, et le bénéfice net à 25 pour 100 donnait aux propriétaires des mines plus de 12 millions de francs ; le fonds social nécessaire étant de 50 millions, on voit quelle source de fortune elles pouvaient être dans des mains habiles. C'était à donner le vertige.

Quant aux terrains qui fournissaient les diamants et les pierres précieuses, il en était tout autrement. Des recherches nous firent trouver, il est vrai, des diamants, au grand étonnement de mon ingénieur, qui soutenait qu'on ne pouvait pas en rencontrer dans des terrains de cette nature. Mais des recherches d'un autre genre, que je fus assez heureux pour diriger et mener à bonne fin, m'apprirent que nous avions failli être victimes d'une curieuse escroquerie. Ces terrains avaient été *salés*, c'est-à-dire qu'on y avait semé des diamants provenant de l'Afrique méridionale, et cette opération du *salage* avait été importée de la Californie au Mexique pour nous vendre des terres qui n'avaient aucune valeur. En Californie, en effet, on ensemence souvent les *claims* de pépites d'or avant de les vendre aux mineurs qui, alléchés par ces pépites, ne trouvent plus rien quand ils se mettent au travail.

Nous étions tout à la joie de cette découverte et en plein dans l'organisation de nos mines d'argent, lorsque nous fûmes rappelés à Vera-Cruz par l'arrivée de l'expédition française. Il fallait arrêter notre entreprise au moment où elle allait réussir.

Je croyais pouvoir revenir en France, mais à Vera-Cruz je trouvai une lettre de Poirier qui me disait de rester au Mexique pour être à même de reprendre notre affaire au moment où un arrangement surviendrait entre le Mexique et les alliés. Puis, pour que je pusse défendre nos intérêts, Poirier m'apprenait qu'il m'avait fait accepter comme « attaché militaire » par le général Prim.

Comment du général Prim suis-je passé à l'état-major français? autant demander comment le bras suit la main qui a été prise dans un engrenage, et comment le corps tout entier passe où a passé la main.

Ce qu'il y a de certain, c'est que, venu au Mexique pour y surveiller une affaire, je suis de pas en pas arrivé à rentrer dans l'armée.

Ce n'était vraiment pas la peine d'en sortir franchement il y a dix ans, pour y rentrer maintenant par la petite porte et la tête basse.

LIX

Rentré dans les rangs de l'armée, j'avais hâte de reprendre un service actif.

Jouer le rôle de comparse ou de confident dans les négociations ne pouvait pas me convenir ; j'avais vu de près les intrigues des premiers mois de l'occupation et un tel spectacle n'était pas fait pour m'encourager.

Je connais peu l'histoire de la diplomatie, mais je crois qu'on y trouverait difficilement l'équivalent de ce qui s'est passé au Mexique depuis le débarquement des troupes espagnoles jusqu'au moment où notre petit corps d'armée s'est mis en mouvement.

Espagnols, Anglais, Français, chacun tirait à soi ; Prim, arrivé au Mexique avec des projets d'ambition personnelle, tâchait d'arranger les choses de manière à se préparer un trône ; les Français, au contraire, ou au moins certains négociateurs parmi les Français, s'efforçaient de rendre tout arrangement impossible de manière à ce que la guerre fût inévitable.

Ce fut ainsi qu'au moment où le Mexique était disposé à donner toute satisfaction aux alliés et à mettre fin par là à l'expédition, l'arrangement ne fut pas conclu parce que les plénipotentiaires français exigèrent que le gouvernement mexicain exécutât pleinement le contrat passé avec le banquier Jecker.

Par ce que je t'ai déjà dit, tu sais de qui ce banquier est l'associé, et tu sais aussi qu'il a abandonné à cet associé 30 pour 100 sur le montant des créances qu'il réclame au Mexique. Mais ce que tu ne sais pas, c'est que cette créance réunie à quelques autres et qui s'élève au chiffre de 60 millions de francs, ne représente en réalité qu'une somme de 3 millions due véritablement au banquier Jecker. C'est donc pour faire valoir les réclamations de ce banquier ou plutôt celles de son puissant associé (car M. Jecker, sujet suisse, n'eût jamais été soutenu par nous s'il avait été seul), c'est pour faire gagner quelques millions à M. Jecker et Cⁱᵉ que l'arrangement qu'on allait signer a été repoussé par les plénipotentiaires français. Et comme conséquence de ce fait, c'est pour des intérêts aussi respectables que la France s'est lancée dans une guerre qui pourra nous entraîner beaucoup plus loin qu'on ne pense, car ceux qui croient que le Mexique est une Chine qu'on soumettra facilement avec quelques régiments se trompent étrangement.

Quand on a été dans la coulisse où agissent les ficelles

qui tiennent des affaires de ce genre, quand on a vu les acteurs se préparer à leurs rôles, quand on a entendu leurs réflexions, on n'a qu'une envie : sortir au plus vite de cette caverne où l'on étouffe.

Aussi, quand on commença à parler de marcher en avant, ce fut avec une joie de sous-lieutenant qui arrive à son régiment la veille d'une bataille, que j'accueillis cette bonne nouvelle.

J'allais donc pouvoir monter à cheval, je n'aurais plus de lettres, plus de rapports à écrire ; je redevenais soldat.

Sans doute cette déclaration des hostilités retardait mon retour en France, sans doute aussi elle compromettait gravement le succès de notre entreprise financière, mais je ne pensai pas à tout cela, pas plus que je ne pensai aux raisons qui faisaient entreprendre cette expédition ; comme le cheval de guerre qui a entendu la sonnerie des trompettes, je courais prendre ma place dans les rangs pour marcher en avant : je ne savais pas trop pourquoi je marchais, ni où je devais marcher, mais je devais aller de l'avant et cela suffisait pour m'entraîner. Ce n'est pas impunément qu'on a été soldat pendant dix ans et qu'on a respiré l'odeur de la poudre.

Dans mon enivrement j'en vins jusqu'à me demander pourquoi j'avais donné ma démission. J'avais alors été peut-être un peu jeune. Sans cette démission j'aurais fait la campagne de Crimée, celle d'Italie, et me trouvant maintenant au Mexique, ce serait avec une position nettement définie, au lieu de me traîner à la suite de l'armée, sans trop bien savoir moi-même ce que je suis, moitié homme d'affaires, moitié soldat.

Cette fausse situation m'a entraîné dans une aventure

qui m'a déjà coûté cher et qui me coûtera plus cher encore dans l'avenir probablement. Voici comment.

Quand j'appris que le général Lorencez pensait à marcher en avant pour pousser sans doute jusqu'à Mexico, je fus véritablement désolé de n'avoir rien à faire dans cette expédition qui se préparait. Je voulus me rendre utile à quelque chose et je me proposai pour éclairer la route. Les hostilités n'étaient point encore commencées ; avant de s'aventurer dans un pays que nos officiers ne connaissaient pas, il fallait savoir quel était ce pays et voir quelles troupes on aurait à combattre si toutefois on nous opposait de la résistance. On accepta ma proposition et l'on me fixa une date à laquelle je devais être de retour, les hostilités ne devant pas commencer avant cette date.

Me voilà donc parti avec un guide mexicain. J'avais déjà parcouru deux fois la route de Vera-Cruz à Mexico, mais en simple curieux, qui n'est attentif qu'au charme du paysage. Cette fois, je voyageais plus sérieusement, en officier qui fait une reconnaissance.

J'allai jusqu'à Mexico et je revins sur mes pas. A mon retour des bruits contradictoires que je recueillis çà et là me firent hâter ma marche. On disait que les troupes françaises avaient quitté leurs cantonnements et qu'elles se dirigeaient sur Puebla.

Tout d'abord, je refusai d'admettre cette nouvelle : la date qui m'avait été fixée n'était point arrivée, et ce que je savais de l'organisation de nos troupes, de leur approvisionnement en vivres et en munitions, ne me permettait pas d'admettre qu'on se fût lancé ainsi dans une aventure qui pouvait offrir de sérieuses difficultés.

Cependant ces bruits se répétant et se confirmant, je

commençai à être assez inquiet, et j'accélérai encore ma marche : les Mexicains paraissaient décidés à la résistance, et, en raison du petit nombre de nos troupes, en raison surtout des difficultés de terrain que nous aurions à traverser, ils pouvaient très-bien nous faire éprouver un échec. Il fallait que le général en chef fût prévenu.

Aussi, en arrivant à Puebla, au lieu de coucher dans cette ville, comme j'en avais eu tout d'abord l'intention, je continuai ma route tant que nos chevaux purent aller, c'est-à-dire à trois ou quatre lieues au delà.

Jusque-là, j'avais pu voyager sans être inquiété ; car dans ce pays, qui était menacé d'une guerre par les Français, on laissait les Français circuler et aller à leurs affaires sans la moindre difficulté. Mais dans ce hameau, où nous nous arrêtâmes, il me parut qu'il devait en être autrement.

Bien que je ne parlasse que l'espagnol avec mon guide, il me sembla qu'on me regardait d'un mauvais œil, et pendant le souper il y eut des allées et venues, des colloques à voix basse entre notre hôte et deux ou trois chenapans à figure sinistre qui n'étaient pas rassurants.

Mon repas fini, je tirai mon guide à part et lui dis qu'il aurait à coucher dans ma chambre, sans m'expliquer autrement. Mais il avait comme moi fait ses remarques et il me répliqua que, bien qu'il ne crût pas que nous fussions en danger, il fallait prendre ses précautions, que dans ce but il se proposait de coucher à l'écurie à côté de nos chevaux pour veiller sur eux, car c'était sans doute à nos bêtes qu'on en voulait et non à nous ; qu'en tout cas, si nous étions attaqués, il nous fallait nos chevaux pour nous sauver.

L'observation avait du juste, je le laissai aller à l'écurie et je montai seul à ma chambre ; à quoi d'ailleurs m'eût servi un Mexicain poureux qu'il m'eût fallu défendre en même temps que je me défendrais moi-même?

Ma chambre était au premier étage de la maison et on y pénétrait par une porte qui me parut assez solide. J'ouvris la fenêtre, elle donnait sur une petite cour carrée, fermée de deux côtés par des murs et du troisième par l'écurie. Il faisait un faible clair de lune qui ne me montra rien de suspect dans cette cour.

Cependant, comme je voulais me tenir sur mes gardes, je commençai par visiter mon revolver, la seule arme que j'eusse, puis je traînai le lit devant la porte pour la barricader, et, cela fait, au lieu de me coucher, je me roulai dans mon manteau et m'endormis.

Par bonheur j'ai le sommeil léger, et plus je suis fatigué, plus je suis disposé à m'éveiller facilement.

Il y avait à peu près deux heures que je dormais lorsque j'entendis un léger bruit à ma porte. Je me redressai vivement.

On la poussa franchement; mais le lit contre lequel je m'arc-boutai résista.

— Qui est là?
— *Por Dios*, ouvrez.

Au lieu d'ouvrir la porte, j'ouvris rapidement la fenêtre. Mais à la clarté de la lune, j'aperçus cinq ou six hommes rangés le long des murs, ils étaient enveloppés de leur sarapé et armés de fusils.

Deux me couchèrent en joue et je n'eus que le temps de me jeter à terre; deux coups de feu retentirent et j'entendis les balles me siffler au-dessus de la tête.

C'est dans des circonstances de ce genre qu'il est bon d'avoir été soldat et de s'être habitué à la musique des balles. Un bourgeois eût perdu la tête. Je ne me laissai point affoler et j'examinai rapidement ma situation.

Attendre, on enfoncerait la porte.

Sortir, il faudrait lutter dans l'obscurité de l'escalier.

Sauter par la fenêtre, ce serait tomber au milieu de mes six chenapans qui me fusilleraient à leur aise.

Ce fut cependant à la fenêtre que je demandai mon salut.

Vivement, je pris les draps, la couverture et l'oreiller de mon lit et les roulai dans mon manteau. A la rigueur et dans l'obscurité, ce paquet pouvait être pris pour un homme.

Je me baissai de manière à ne pas dépasser la fenêtre, puis, soulevant mon paquet, je le jetai dans la cour. Immédiatement une décharge retentit. Ma ruse avait réussi; mes chenapans avaient cru que j'étais dans mon manteau et ils m'avaient fusillé.

Leurs fusils étaient vides. C'était le moment de sauter à mon tour. Je pris mon revolver de la main droite et me suspendant de la main gauche à l'appui de la fenêtre, je me laissai tomber dans la cour.

Mes assaillants, qui me savaient seul dans ma chambre, et qui voyaient deux hommes sauter par la fenêtre, furent épouvantés de ce prodige. Avant qu'ils fussent revenus de leur surprise, je leur envoyai deux coups de revolver. Pris d'une terreur folle, ils ouvrirent la porte de la route et se sauvèrent.

Je courus à l'écurie; si mon guide avait été là, je pouvais échapper; mais j'eus beau appeler, personne ne répondit. Dans l'obscurité, trouver mon cheval et le seller était difficile. Je perdis du temps.

Quand je sortis de la cour, mes brigands étaient revenus de leur terreur; ils me saluèrent d'une fusillade qui abattit mon cheval et me cassa la jambe.

Comment je ne fus pas massacré, je n'en sais rien. Je

reçus force coups; puis, le matin, comme je n'étais pas mort, on me transporta à Puebla. Je suis prisonnier à l'hôpital, où l'on soigne ma jambe cassée.

Maintenant, que va-t-il arriver de moi? Je n'en sais vraiment rien. La guerre est commencée.

Le général Lorencez a été repoussé hier en attaquant les hauteurs de Guadalupe, et on vient d'amener à l'hôpital quelques-uns de nos soldats blessés.

On me dit qu'il y a en ville des officiers français prisonniers.

Cette aventure est déplorable, et quand on pense que le drapeau de la France a été ainsi engagé pour une misérable question d'argent, on a le cœur serré.

LX

Je suis resté à l'hôpital de Puebla depuis le 4 mai jusqu'au commencement du mois d'août. Ce n'est pas qu'il faille d'ordinaire tant de temps pour guérir une jambe cassée; mais à ma blessure se joignit une belle attaque de typhus, qui pendant trois semaines me mit entre la vie et la mort. Du 10 mai au 2 juin, il y a une lacune dans mon existence; j'ai été mort.

Enfin je me rétablis, et grâce à la solidité de ma santé, grâce aussi aux bons soins dont je fus entouré, je fus assez vite sur pied.

On fit pour moi ce qu'on avait fait pour les Français blessés à l'affaire de Lorette; lorsque je fus guéri on me rendit la liberté, et le 8 août j'arrivai à Orizaba où j'aperçus, avec une joie qui ne se décrit pas, les pantalons rouges de nos soldats.

Mes lettres, mes lettres de France, je n'en trouvai que deux de Clotilde : l'une datée de la fin d'avril, l'autre du commencement de mai. Comment depuis cette époque ne m'avait-elle pas écrit? Aussitôt après mon accident, je lui avais écrit, et si j'étais resté trois semaines sans pouvoir tenir une plume, j'avais regagné le temps perdu aussitôt que j'étais entré en convalescence. Que signifiait ce silence? Mes lettres ne lui étaient-elles pas parvenues? Était-elle malade? Que se passait-il?

Une lettre de Poirier vint, jusqu'à un certain point, répondre à ces questions. On m'avait cru mort; mon guide qui s'était sauvé avait rapporté qu'il m'avait vu sauter par la fenêtre et que j'avais été frappé de quatre coups de fusil; les journaux avaient raconté cette histoire et enregistré ma mort. Ma lettre, écrite à mon entrée à l'hôpital de Puebla, n'était pas parvenue à Poirier, et c'était seulement à celle qui datait des premiers jours de ma convalescence qu'il répondait.

Ce que Poirier avait pu faire était possible pour Clotilde. Pourquoi ne m'avait-elle pas répondu? Me croyait-elle mort? La pauvre femme, comme elle devait souffrir!

Dans sa lettre, Poirier me disait que si l'on me rendait la liberté comme j'en avais manifesté l'espérance, je ferais bien de rester au Mexique pour être à même de surveiller nos intérêts; et il insistait vivement sur la nécessité de ne pas rentrer en France.

Mais je ne pouvais pas obéir à de pareilles instructions; l'angoisse que me causait le silence de Clotilde m'eût bien vite renvoyé à l'hôpital; Orizaba au lieu de Puebla, un major au lieu d'un médecin mexicain, toute la différence eût été là. D'ailleurs les médecins exigeaient que je retournasse en France, et de ce retour ils faisaient une question de vie ou de mort pour moi.

Ils n'eurent pas besoin d'insister; je partis aussitôt pour Vera-Cruz où je m'embarquai sur le paquebot de Saint-Nazaire.

Les vingt-cinq jours de traversée me parurent terriblement longs, mais ils me furent salutaires; l'air fortifiant de la mer me rétablit tout à fait; quand j'aperçus les signaux de Belle-Isle, il me sembla que je n'avais jamais été malade et que j'avais vingt ans.

En touchant le quai de Saint-Nazaire, je courus au télégraphe et j'envoyai une dépêche à Clotilde pour lui dire que j'arrivais en France et que je serais à Paris à neuf heures du soir.

A chaque station je m'impatientai contre le mécanicien qui perdait du temps; les chefs de gare, les employés, les voyageurs étaient d'une lenteur désespérante : nous aurions plus d'une heure de retard. A neuf heures précises cependant nous entrâmes dans la gare d'Orléans : Clotilde n'aurait pas à attendre.

Je me dirigeai rapidement vers la sortie, mais tout à coup je m'arrêtai : une femme s'avançait au-devant de moi. A la démarche, il me sembla que c'était Clotilde; mais un voile épais lui cachait le visage. Ce n'était pas elle assurément. Elle m'attendait chez elle et non dans cette gare. Elle avait continué de s'avancer et je me m'étais remis en marche. Nous nous joignîmes. Elle s'arrêta et vivement elle me prit le bras. Elle, c'était elle!

Un éclair traversa ma joie : ma fille; c'était sans doute pour m'avertir d'une terrible nouvelle que Clotilde était venue au-devant de moi.

— Valentine?

Elle me rassura d'un mot. Valentine était chez sa nourrice. Elle m'entraîna. Une voiture nous attendait. Nous partîmes. Elle était dans mes bras.

— Toi, disait-elle, c'est toi, enfin !

La voiture roula longtemps sans qu'il y eût d'autres paroles entre nous. Enfin elle voulut m'interroger. Elle n'avait pas reçu mes lettres et c'était par les journaux qu'elle avait appris ma mort, brusquement, un soir. Quel coup !

Et elle me serra dans une étreinte passionnée.

Pendant trois mois elle m'avait pleuré. Ma dépêche lui avait appris en même temps et ma vie et mon arrivée.

Je la regardai et la lueur d'un bec de gaz devant lequel nous passions me montra son visage pâle qui gardait les traces de cette longue angoisse.

Je lui racontai alors comment je lui avais écrit, comment j'avais écrit aussi à Poirier qui, lui, avait reçu ma lettre et m'avait répondu. Mais elle n'avait pas vu Poirier depuis mon départ.

— Que de souffrances évitées, s'écria-t-elle, si Poirier m'avait communiqué ta lettre !

Je crus qu'elle parlait de ses souffrances pendant ces trois mois, mais, depuis, ce mot m'est revenu et j'ai compris sa cruelle signification.

La voiture s'arrêta : je regardai : nous étions devant ma porte.

— Chez moi ?

— Cela te déplaît donc, dit-elle en me serrant la main, que je vienne chez toi ? Je vais monter pendant que tu expliqueras à ton concierge que tu n'es pas un revenant.

Elle baissa son voile et entra la première. Bientôt je la rejoignis.

Quelle joie ! Il y avait bientôt un an que nous nous étions quittés.

Enfin un peu de calme se fit en nous, en moi plutôt. Malgré mon ivresse, il m'avait déjà semblé remarquer qu'il y avait en Clotilde quelque chose qui n'était point ordinaire. Je l'examinai plus attentivement et la pressai de parler.

Elle se jeta à mes genoux et un flot de larmes jaillit de ses yeux : elle suffoquait ; elle me serrait dans ses bras ; elle m'embrassait, elle ne parlait point.

— Eh bien, oui, s'écria-t-elle, il faut parler, il faut tout dire, mais le coup qui nous atteint est si horrible que je n'ose pas.

Effrayé, je cherchais de douces paroles pour la rassurer et la décider.

— Tu sais comment j'ai appris ta mort, dit-elle. Alors, au milieu de ma douleur, j'ai eu une pensée d'inquiétude affreuse, non pour moi, ma vie était brisée, mais pour Valentine, pour notre fille, pour ta fille. Que serait-elle la pauvre petite, une enfant sans nom ; ta mort m'avait montré la faute que nous avions faite en ne la reconnaissant pas. Un homme, depuis longtemps, avait demandé à m'épouser, un vieillard, je lui ai dit la vérité. Il a consenti à accepter Valentine comme sa fille. Pour qu'elle eût un père, j'ai cédé.

— Mariée !

Elle baissa la tête.

— Vous m'avez pris mon enfant, ma fille à moi, pour la donner à un autre.

Un poignard était accroché à la muraille, devant moi. Je sautai dessus et revins d'un bond sur Clotilde la main levée. Elle s'était rejetée en arrière, et son visage bouleversé, ses yeux, ses bras tendus imploraient la pitié.

Grâce à Dieu, je ne frappai point ; allant à la fenêtre je jetai mon poignard et revins vers elle.

— C'est un mariage in extremis, dit-elle, M. de Torladès est vieux, il n'a que quelques jours peut-être. Je serai à toi, Guillaume, je te jure que je t'aime.

Mais je ne l'écoutai point. Je la pris par les deux poignets et la traînai vers la porte. Elle se défendit, elle m'implora. Je ne lui répondis qu'un mot, toujours le même :

— Va-t'en, va-t'en.

J'avais ouvert la porte et j'avais entraîné Clotilde avec moi. Elle voulut se cramponner à mes bras. Je la repoussai et rentrai dans ma chambre dont je refermai la porte.

Je tombai anéanti. Quel épouvantable écroulement ! Ma vie brisée, ma dignité abaissée, ma fierté perdue, mon honneur flétri, dix années de sacrifices et de honte pour en arriver là !

Tout cela n'était rien cependant ; elle m'avait oublié, sacrifié, trahi, c'était bien, c'était ma faute, la juste expiation de mes faiblesses et de mes lâchetés. Tout se paye sur la terre, l'heure du payement avait sonné pour moi. Mais, ma fille !

Pendant toute la nuit, je marchai dans ma chambre. A cinq heures du matin, j'étais à la gare Montparnasse. A neuf heures, j'étais à Courtigis chez madame d'Arondel.

Mais Valentine n'était plus à Courtigis ; sa mère était venue la chercher, et madame d'Arondel, qui me croyait mort, n'avait pas pu s'opposer au départ de l'enfant. Où était-elle ? Personne ne le savait.

Je revins à Paris. Je voulais ma fille. Je courus chez Clotilde, chez madame la baronne Torladès.

Elle me reçut. Elle était calme, j'étais fou.

— Je viens de Courtigis, je n'ai pas trouvé ma fille, où est-elle ? Je veux la voir, je la veux.

— Je comprends votre désespoir, dit-elle; mais si vous parlez ainsi, je ne peux pas vous écouter. Il n'entre pas dans mes intentions de vous empêcher de voir votre fille.

— Où est-elle?

— Je vous conduirai près d'elle; mais vous ne la verrez pas sans moi; nous la verrons ensemble.

— Avec vous, jamais!

Je sortis. Que faire? Elle n'avait pas pu faire prendre mon enfant pour la donner à un autre. J'étais son père. Mes droits étaient certains. J'allai consulter un avocat de mes amis. Par malheur mes droits n'existaient pas, puisque l'acte de naissance de ma fille ne portait pas que j'étais son père; elle n'était pas à moi. M. et madame la baronne Torladès avaient pu « la légitimer par mariage subséquent. »

Cette consultation et les délais nécessaires pour que mon ami se procurât cet acte de mariage donnèrent le temps à ma fureur de s'apaiser; le sentiment paternel l'emporta.

J'écrivis à madame la baronne Torladès que j'étais à sa disposition pour faire la visite dont elle m'avait parlé. Elle me répondit qu'elle serait le lendemain à la gare du Nord à dix heures.

Elle fut exacte au rendez-vous. Nous partîmes pour Bernes, un village auprès de Beaumont, et nous fîmes la route sans échanger un seul mot.

Je trouvai ma fille chez une fermière. Mais après nous avoir regardés quelques secondes, elle ne fit plus attention à nous : elle ne connaissait que sa nourrice.

Le retour fut ce qu'avait été l'aller. Je ne levai même pas les yeux sur cette femme que j'avais tant aimée, que j'aimais tant.

— Quand vous voudrez voir Valentine, me dit-elle en

arrivant dans la gare, vous n'aurez qu'à m'avertir, car je dois vous dire que j'ai donné des ordres pour qu'on ne puisse pas l'approcher sans moi.

Je ne répondis pas et m'éloignai.

Le soir même, je prenais le train de Saint-Nazaire.

Et c'est de ma cabine de la *Floride* que je t'écris cette lettre.

Je retourne au Mexique. Arrivé le 12, je repars le 20! Je suis resté huit jours en France ; les huit jours les plus douloureux de ma vie.

Je t'écrirai de là-bas si j'assiste à des choses intéressantes, ce qui est probable.

On va se battre. Des renforts sont envoyés ; la guerre va être vigoureusement poussée. Fasse le ciel que je puisse mourir sur le champ de bataille, et que j'aie le temps de me voir mourir... pour mon pays. J'ai besoin que ma mort rachète ma vie.

FIN

NOTICE SUR CLOTILDE MARTORY

Au mois d'avril 1871, aller de Versailles à Fontenay-sous-Bois, était un voyage qui demandait plus de vingt-quatre heures, et qui, si l'itinéraire n'en était pas choisi avec certaines précautions, pouvait présenter des dangers puisque sur la ligne des fortifications qui va d'Ivry à Asnières, les troupes de la Commune et de Versailles se battaient chaque jour du matin au soir, souvent même une partie de la nuit, et qu'il fallait faire un circuit assez large pour ne pas être pris dans la mêlée.

Mais combien curieux aussi était-il ce voyage, et lamentable, le long des routes dont les arbres avaient été coupés, et à travers les villages dévastés par cinq mois de guerre, aux murs des jardins crénelés, aux façades rayées par les balles, éventrées par les obus, avec çà et là des trous noirs qui marquaient la place des maisons incendiées. Maintenant la guerre civile succédait à la guerre étrangère, et la canonnade, la fusillade, les défilés d'artillerie, les marches des troupes, les sonneries de clairons, les batteries de tambours continuaient comme s'il n'y avait rien de changé. Mais ce que les paysans voyaient et n'avaient pas vu pendant la guerre, c'étaient des cavalcades de gens du monde qui, à cheval ou en break, venaient se donner le spectacle de la bataille du haut des collines d'où l'on a des vues sur Paris : le temps était généralement beau, l'éclosion du printemps s'accomplissait avec cette immuable sérénité de la nature qui ne connaît ni les douleurs ni les catastrophes humaines, et cet agréable déplacement était un sport qui remplaçait Longchamps, cette année-là fermé pour cause de bombardement; dans les sous-bois, aux carrefours il y avait des haltes où les claires toilettes des femmes se mêlaient aux uniformes des officiers, en jolis tableaux bien composés, tandis que sur les routes passaient et repassaient à la file des omnibus chargés de Parisiens qui allaient de Versailles à Saint-Germain et de Saint-Germain à Versailles, incessamment, toujours en mouvement comme des abeilles autour de leur ruche envahie et dévastée par un ennemi contre qui elles ne peuvent que bourdonner effarées.

Quand des lignes françaises on passait aux lignes ennemies, on ne rencontrait plus ces cavalcades, mais l'aspect des villages était le même : les troupes au lieu de marcher à la bataille s'en allaient à l'exercice, et c'était le défilé successif de tous les uniformes de l'armée allemande : Prussiens, Saxons, Bavarois, Wurtembergeois, et ce qui était un étonnement c'était de voir sur les murs blancs, souvent sous les inscriptions d'étapes en langue allemande, un cri français écrit sous l'œil même des vainqueurs : « Werder assassin. »

Parti de Versailles dès le matin je devais passer par Marly, Saint-Germain, Maisons, Argenteuil, Saint-Denis pour prendre à Pantin le chemin de fer qui m'amènerait à Nogent, et j'espérais, en me hâtant, qu'il ne me faudrait pas plus d'une bonne journée pour faire cette route, mais comme je n'arrivai à Saint-Denis qu'après le soleil couché, il me fut impossible de trouver une voiture, et je dus me décider à passer la nuit dans un pauvre hôtel près de la gare.

Bien qu'il ne fût guère attrayant ni même engageant, il était si bien rempli de Parisiens attendant là naïvement le moment de rentrer chez eux, qu'on ne put me donner qu'un cabinet noir, sans fenêtre, sous les toits, et dans la salle à manger qu'une place à une petite table de café déjà occupée.

Mon vis-à-vis était un homme de cinquante ans environ, de grande taille, au visage fin, à l'air distingué et de tournure militaire. Comme je le regardais, curieusement surpris du contraste qu'il présentait avec les gens dont nous étions environnés, il m'examinait aussi.

— Nous n'avons pas trop l'air d'être dans le même commerce que ces pistolets-là, me dit-il en souriant.

Nos noms furent bientôt échangés.

Le hasard voulut qu'il connût le mien.

Le sien était celui d'un officier de l'aristocratie démissionnant au coup d'État, dans des conditions qui avaient frappé l'attention publique, et après être rentré dans l'armée au moment de la guerre du Mexique s'était signalé de telle sorte que, pendant plusieurs années, ce nom avait rempli les journaux.

On n'est pas romancier si l'on ne sait pas écouter.

J'aurais bien voulu savoir ce qu'il faisait alors à Saint-Denis, et ce qu'il attendait dans cet hôtel.

Mais ce ne fut pas de cela qu'il me parla : ce fut de sa sortie de l'armée et de ses luttes de conscience à ce moment, ce fut aussi du Mexique.

Notre soirée se passa : lui à parler, moi à écouter, pendant qu'autour de Paris, au sud et à l'ouest, une de ces fusillades folles comme il y en eut plusieurs sous la Commune, emplissait le ciel d'éclairs fulgurants que nous suivions sur les eaux noires du canal au bord duquel nous nous promenions : l'orage le plus terrible n'eût pas mieux enflammé le ciel et les eaux.

Ce fut là, sous cette impression si forte et si poignante de la guerre civile, que me vint l'idée de ce roman qui parut dans l'*Opinion nationale* sous le titre : *Le Roman d'une Conscience*, et ne prit celui de *Clotilde Martory* que lorsqu'après un certain recul je sentis que c'était réellement Clotilde qui remplissait le premier rôle et non Saint-Nérée.

H. M.

ÉMILE COLIN — IMPRIMERIE DE LAGNY

www.ingramcontent.com/pod-product-compliance
Lightning Source LLC
Chambersburg PA
CBHW071106230426
43666CB00009B/1849